Peter Koletzki

Das Leben der Ursula Schulz

Auf den Spuren meiner Mutter

Der Treck

Der 20. Januar 1945 war ein eisig kalter Tag. Es herrschten Minustemperaturen um die fünfzehn Grad. In sternenklaren Nächten sank die Temperatur auch noch tiefer, bereits seit Anfang Januar hatte es in Posen ergiebig geschneit.

Um 5.45 Uhr erklärte Gauleiter Arthur Greiser die Hauptstadt des Warthegaus zur Festung. Das bedeutete für die Bevölkerung Posens weitreichende Veränderungen. Eine der wichtigsten: Zivilisten hatten die Stadt innerhalb weniger Stunden zu verlassen. Mehr als siebzigtausend Menschen, überwiegend Ältere, Frauen und Kinder, waren davon betroffen.

In allen Stadtteilen wurden Sammelstationen errichtet und Trecks zusammengestellt, und damit fing das Dilemma für uns auch schon an: Meine Mutter war keinesfalls linientreu. Sie war kein Parteimitglied und verabscheute den »braunen Zauber«, wie sie es nannte, zutiefst. Sich unterordnen zu müssen, persönliche Freiheiten aufzugeben und sich anzupassen, fiel meiner Mutter schwer. Mit dieser Haltung war sie jetzt abhängig von der Gunst der Parteigenossen; auf etwaiges Entgegenkommen zu hoffen, konnte sie getrost vergessen.

Treckführer Edwin Heinsen war ein Parteigenosse mit allen Vollmachten. Er arbeitete im Fürsorge- und Versorgungsamt in der Litzmannallee, und dort war sie mit ihm in der Vergangenheit schon mehrfach aneinander geraten. Zumeist ging es dabei um die Verteilung von Lebensmittelkarten.

Ihrer Meinung nach handelte es sich bei ihm um einen blinden Fanatiker, der nur nach Vorschrift handelte und nicht mit sich reden ließ. Sie drückte es noch drastischer aus: Er sei zu keiner menschlichen Regung in der Lage. Ausgerechnet ihm war sie nun auf Gedeih und Verderb ausgeliefert.

Um 21 Uhr sammelte sich der Treck Ortsgruppe Stadtpark in der Nähe unserer Wohnung in der Glogauerstraße. Eigentlich sollte er diesen Bereich schon um 18 Uhr verlassen haben, aber die Benachrichtigung zur Bildung der Kolonnen war erst zwei Stunden zuvor bekannt gegeben worden. Der Abmarsch stand unter großem Zeitdruck, organisatorische Mängel kamen hinzu. Wer sollte und konnte die Wagen führen? Die Führer der Trecks konnten sich nur schwer damit abfinden, polnische Fahrer einzusetzen. Waren diese noch vertrauenswürdig? Durfte man deutsche Frauen und Kinder in deren Obhut geben?

Deutsche Fahrer waren jedoch nur noch in Ausnahmefällen verfügbar. Meist handelte es sich dabei um ehemalige Landwirte, die ihre eigenen Fahrzeuge und Pferde zur Verfügung stellten. Dafür nahmen sie sich das Recht heraus, mehr Gepäck mitzunehmen, als erlaubt war. Oft ging es dabei um zusätzliche Verpflegung, sodass sich die Kritik der Mitfahrer in Grenzen hielt. Heimlich spekulierte jeder darauf, selbst davon zu profitieren.

Der Zug sollte mit zwölf Wagen die Reise antreten, doch zu viele Menschen wollten mitfahren. Kurzerhand wurde ein Wagen zum Gepäckwagen umfunktioniert. Pro Person war ein Gepäckstück erlaubt, alles Übrige musste rigoros am Straßenrand zurückgelassen werden.

Der Treckführer machte mit wenigen Worten deutlich, was alle zu beachten hatten: »Leute, hier hat einer das Sagen, und das bin ich. Ich trage die Verantwortung für euch, und wer etwas dagegen hat, der sollte besser gleich hierbleiben. Wer von euch keinen Platz auf den Wagen findet, kann sein Gepäck mittransportieren lassen und zu Fuß mitkommen. Aber damit das allen klar ist: Bis ins Altreich haben wir eine Strecke von knapp hundert Kilometern hinter uns zu bringen. Wer das nicht schafft, muss zurückbleiben, schon im Interesse der anderen. Also überlegt euch gut, ob ihr mitziehen wollt oder nicht. Möglicherweise könnt ihr morgen noch Platz in einem der letzten Züge für Zivilisten bekommen, große Hoffnungen kann ich euch aber nicht machen.«

Damit sah sich meine Mutter einem echten Problem gegenübergestellt. Ich lag in einem schönen Korbkinderwagen mit echter Gummibereifung, auf den sie zu Recht stolz war. Es handelte sich um ein Geschenk meiner Pateneltern. Diesen Wagen wollte sie unter keinen Umständen hergeben.

»Der Wagen kommt hier nicht rauf«, giftete eine Nachbarin sie an, eine Frau, mit der sie früher schon aneinander geraten war. »Du glaubst immer, du musst eine Extrawurst haben!« Andere mischten sich in das Wortgefecht ein, und es kam zu einem Streit zwischen den Flüchtlingen, die nervös darauf drängten, endlich losfahren zu können.

Edwin Heinsen bekam den Tumult mit und stürzte sich wütend auf meine Mutter. Er packte sie am Ellbogen und schrie: »Pass bloß auf, junge Frau, du hast mir gerade noch gefehlt! Entscheide dich – Bankert oder Kinderwagen.«

Als meine Mutter einen Schritt zurücktrat, griff er in den Wagen, zog mich heraus und warf mich neben sich auf die Straße. Mit einem Aufschrei fuhr meine Mutter ihm mit beiden Händen ins Gesicht. Bevor er sich zur Wehr setzen konnte, traten zwei andere Frauen energisch dazwischen und trennten die Streithähne.

Ich war unglücklich auf den Kantstein gefallen, ein kleiner Finger stand in einem bizarren Winkel von der Hand ab. Zudem hatte ich eine Wunde von einem scharfkantigen Gegenstand auf der linken Brust davongetragen.

Heinsen stürmte zurück an die Spitze des Trecks und gab laut den Befehl zur Abfahrt. Helfende Hände hoben meine Mutter und mich auf einen der hinteren Wagen, wo sich eine junge Frau, die in den letzten Wochen in einem Hilfslazarett eingesetzt gewesen war, um meine Verletzungen kümmerte. Der kleine Finger war gebrochen, und die Brustwunde blutete stark. Windeln wurden zerrissen, Tücher gereicht, und aus einer Thermoskanne gab es warmes Wasser, um die Wunden zu säubern. Die Verletzung am Oberkörper stellte sich als harmloser heraus, als zunächst gedacht. Die Blutung konnte bald gestillt werden, der Finger wurde notdürftig geschient.

Der Schreck war meiner Mutter tief in die Glieder gefahren. »Peterle, Peterle«, flüsterte sie fassungslos vor sich hin. An den Kinderwagen dachte sie nicht mehr.

Die Geschwindigkeit unseres Zuges war lächerlich gering. Hinzu kam, dass von den Straßen links und rechts immer wieder andere Wagen auf die Hauptstraße einbogen, um wie wir die Stadt in westlicher Richtung zu verlassen. Damit die verlorene Zeit wieder aufgeholt werden konnte, beschloss Heinsen, auf eine Pause zu verzichten und die Nacht durchzufahren.

Was für ein Elendszug war das! Auf den Wagen saßen Alte, Kranke sowie überwiegend Frauen mit kleinen Kindern. Die Wagen waren mit Stroh ausgelegt, worauf sich alle auf engstem Raum drängten. Manche hielten Decken und sogar Oberbetten um ihren Körper geschlungen, in einem verzweifelten Versuch, zumindest etwas von der klirrenden Kälte abzuhalten.

Zwischen den einzelnen Wagen liefen Menschen, die nicht mehr auf die Wagen gepasst hatten. Die größeren Kinder versuchten, dahinter mit unserem Zug Schritt zu halten. Die meisten trugen Rucksäcke, dicke Handschuhen und Mützen sollten sie vor der Kälte schützen. Einige alte Männer und Frauen zogen Handkarren hinter sich her, in denen immer wieder auch Kinder saßen. Alle Karren waren so voll wie nur irgend möglich gepackt. Manche schoben ihre Fahrräder neben sich her.

Viele hatten Hausrat jeglicher Art dabei, Pfannen, Töpfe, Ballen mit Wäsche. Das meiste davon würde sich bald als lästig und überflüssig erweisen und in den Straßengräben landen. Aber noch klammerten sich die Flüchtlinge an den Gedanken, bald zurückkehren zu können.

Andere, die an den Straßenrändern standen, winkten den Abziehenden zu. »Wir passen auf eure Sachen auf«, hörte man hier und da rufen. »In ein paar Wochen seid ihr wieder hier.« So versuchten sich die Zurückgebliebenen Mut zu machen, den Flüchtenden und sich selbst.

Die Menschen auf den Wagen rückten in jeder Hinsicht eng zusammen. Sie tauschten Namen, Wohnorte und Herkunft aus und wuchsen auf diese Weise zu einer Schicksalsgemeinschaft zusammen. »Sind wir zu spät losgefahren?«, lautete die bange Frage, die bald die Runde machte. Erste Vorwürfe an die Adresse des Gauleiters wurden laut, zusammen mit dem Wunsch, endlich wieder einmal seine Meinung frei sagen zu können. »Wenn wir hier weiter so langsam dahinkutschieren, hat uns der Russe in zwei Tagen«, so lautete die mit schrecklichen Gedanken unterlegte Ansicht der meisten. Vor allem Frauen äußerten sich dahingehend, und man sah die Angst in ihren Gesichtern.

Völlig verwirrt waren die Menschen, wenn sie von deutschen Militäreinheiten überholt wurden, die gehetzt in Richtung Westen an ihnen vorbeidrängten. Handelte es sich bei ihnen um Deserteure? Konnte es sein, dass die Russen schon so weit vorgerückt waren, dass die deutsche Wehrmacht vor ihnen zurückweichen musste? Es war ein einziges Hasten und Drängen in alle Richtungen. Schon am nächsten Tag konnte es passieren, dass ihnen urplötzlich wieder deutsche Soldaten entgegenkamen, die gen Osten zogen. Die Situation wurde immer verworrener, sie verunsicherte die Menschen zutiefst.

Bereits in dieser Anfangsphase konnten die Ersten, die den Zug zu Fuß begleiteten, nicht mehr mithalten und fielen gnadenlos zurück. Für Rücksichtnahme war kein Platz. Hilfe anzubieten, war strengstens untersagt. Die Wagen waren ausschließlich für Frauen mit kleinen Kindern sowie für Alte und Gebrechliche reserviert. Als der Morgen graute, hörten die Flüchtenden eine gewaltige Detonation aus Richtung Posen. Es stellte sich bald heraus, dass die Ursache eine gewollte Sprengung eines Munitionslagers war, doch sofort machten wilde Gerüchte die Runde. »Der Russe ist durchgebrochen«, lautete die allgemeine Befürchtung. Die Angst vor Racheakten der Roten Armee, wie sie bekannt geworden waren, nachdem das ostpreußische Nemmersdorf wieder von den Russen befreit worden war, versetzte die Menschen in Panik.

Seit damals, Ende Oktober 1944, hatte es für die Flüchtenden kein Halten mehr gegeben. Der Weg führte alle in Richtung Westen, das Ziel war das sogenannte Altreich oder zumindest die Oder.

Die erste Ortschaft, in der Station gemacht werden sollte, Buk, war bereits hoffnungslos überfüllt. Für die Wegstrecke von Posen nach Buk, etwa dreißig Kilometer, hatte der Treck über anderthalb Tage gebraucht. Der Ortsvorsteher winkte alle Wagen durch. »Leute, das hat hier keinen Zweck, wir können keine Maus mehr aufnehmen. Es gibt keine Lebensmittel, ihr könnt nur frisches Wasser aus den Brunnen aufnehmen, mehr geht beim besten Willen nicht.«

Heinsen versuchte noch, auf »Parteigenossen-Ebene«, wie er sagte, etwas zu erreichen, aber besonders auf diesem Ohr schien der Ortsvorsteher völlig taub zu sein. »Mann, Sie sehen doch, was hier los ist. Gucken Sie sich die Straßengräben an. Hier liegen die Leute schon links und rechts in ihren Wagen und kommen nicht weiter.«

Es war nichts zu machen, der Mann hatte recht. Den Flüchtlingen bot sich ein Bild der Verwüstung. Auf den blank gefrorenen Straßen waren zahlreiche Wagen abgerutscht. Die bedauernswerten Pferde hatten keine Kraft mehr gehabt, die Fahrzeuge zu ziehen. Viele Tiere lagen mit gebrochenen Gliedmaßen in den Gräben und mussten von ihren Qualen erlöst werden. Für so manchen Flüchtling bedeutete das Pferdefleisch, das dadurch plötzlich verteilt werden konnte, Rettung in höchster Not.

Wenige Kilometer hinter Buk beschloss der Treckführer auf dringenden Wunsch der Mitfahrer, einen Halt einzulegen. Auch war es höchste Zeit, den Tieren Zeit zu geben, um wieder zu Kräften zu kommen. Was immer man auch gegen Heinsen vorbringen mochte – er setzte sich für die ihm anvertrauten Leute mit Nachdruck ein. Dabei war seine Aufgabe, den Treck unbeschadet in Richtung Westen zu bringen, eigentlich eine nahezu unlösbare. Die widrigen Bedingungen, die Eiseskälte, die willkürliche Zusammensetzung der Wagen sowie die permanente Bedrohung durch die näher kommenden Russen ließen eine geordnete Flucht kaum noch zu.

Endlose Wagenkolonnen zeichneten ein einziges Bild des Schreckens. Auf ihnen türmten sich die Habseligkeiten zu riesigen Bergen, dazwischen, eingepackt bis über die Ohren, hockten die frierenden Menschen.

Meine Mutter hatte es die ganze Zeit über neben dem Wagen, auf dem ich lag, ausgehalten. Die beiden Frauen, die sie in der Auseinandersetzung mit Heinsen unterstützt hatten, wechselten sich ab, nach mir zu sehen. Beide hatten selbst Kinder dabei. Als meine Mutter mit ihren Kräften am Ende war, rückten alle so eng zusammen, dass sie sich zwischen uns zwängen konnte.

Heinsen selbst war zusehends überfordert damit, den Treck zusammenzuhalten. Der erste Wagen, der verschwand, war der Gepäckwagen, was zum Glück keiner so schnell bemerkte. Und so geschah es auch, dass die ersten Familien, die in unterschiedlichen Wagen saßen, auseinandergerissen wurden. In höchster Eile riefen sich die Menschen etwaige Treffpunkte auf den nächsten Etappen zu, aber das Entsetzen über die Trennung und die Angst, sich vielleicht nicht wiederzufinden, überlagerte alles.

Lotte und Margaretha, die beide ebenfalls aus Posen kamen, bildeten mit meiner Mutter eine Art Kameradschaft. Die drei Frauen waren fast gleichaltrig. Margaretha war sechsundzwanzig und hatte zwei Kinder, ihre Tochter Gretel war fünf Jahre alt und ihr Sohn Gerhard vier. Lotte war achtundzwanzig, ihre Tochter Christine zwei. Beide Frauen mussten, wie so viele andere, ihre Kinder allein durchbringen. Wo ihre Männer eingesetzt waren, wussten sie nicht. Seit Monaten schon hatten sie keine Feldpostbriefe mehr bekommen. Sie konnten nur hoffen, dass ihre Männer noch am Leben waren. Die Situation meiner Mutter war eine ganz andere.

In der Eintönigkeit des Dahinfahrens blieb es nicht aus, dass sich die drei Frauen annäherten. Lotte brach das Eis als Erste. »Ist es nicht schlimm, wie schnell man sich an diese Bilder gewöhnt? Wenn mir vor ein paar Tagen jemand gesagt hätte, ich würde stundenlang an liegen gebliebenen Wagen und an sterbenden Pferden vorbeifahren, hätte ich es nicht geglaubt. Und jetzt berührt es mich schon kaum mehr. Ich habe das Gefühl, der Tod rückt einem so richtig auf die Pelle. Guckt euch mal den alten Mann da hinten in der Ecke an. Man sieht ihn kaum noch vor lauter Decken und Kissen. Und wann hat er sich eigentlich zuletzt gezeigt? Wann hat er sich bewegt? Man könnte meinen, er sei schon tot.«

Es war ihr anzusehen, dass sie am liebsten aufgestanden und zu dem Mann gekrochen wäre, um sich zu vergewissern, dass er noch lebt. »Mensch, man muss sich doch kümmern«, sagte sie. Dann stemmte sie sich hoch und kroch entschlossen auf die gegenüberliegende Seite des Wagens.

Der Mann war allein.

Lotte sprach ihn an. »Hallo, geht es Ihnen gut?« Der Mann reagierte nicht. Sie wandte sich an die Runde und fragte: »Zu wem gehört denn der Herr hier?« Niemand antwortete. »Das kann doch nicht sein, dass hier keiner weiß, zu wem der Mann gehört. Hallo, könnt ihr mal die Ohren aufsperren!« Sie war zornig geworden.

Dann beugte sie sich über den Mann. Seine Augen waren geöffnet. Sie versuchte, seinen Puls zu spüren, vergeblich. Lotte war entsetzt. »Verflucht noch mal, der Mann hier ist tot. Merkt das denn keiner? Wir können doch nicht stumpfsinnig im Wagen sitzen, und vor unseren Augen krepiert einfach ein alter Mann. Hier sitzen zwanzig Leute, und jeder kümmert sich nur um seine eigenen Dinge. Wir sind doch alles Christenmenschen, oder nicht!« Sie begann zu weinen und war kaum zu beruhigen. Nun war guter Rat teuer. Was sollte mit dem Mann passieren?

»Wir müssen anhalten und dem Mann ein angemessenes Grab geben«, sagte Lotte.

Die Reaktion der Mitfahrenden war abweisend. Die meisten taten so, als ginge sie das Ganze nichts an, und eine Frau murmelte vor sich hin: »Der ist doch sowieso hinüber. Wir wollen jetzt weiter, und zwar schnell.«

»Ihr wollt den doch wohl nicht einfach vom Wagen kippen? Seid ihr alle so verroht?«, rief Lotte empört aus.

Wenige Schritte hinter dem Fuhrwerk lief einer der Männer vom Volkssturm, ein Gewehr unter dem Arm. Die Männer waren abkommandiert worden, um die jeweiligen Trecks zu begleiten und sie gegen Partisanen zu beschützen.

»Können Sie bitte kommen, wir haben hier ein Problem«, rief Lotte ihm zu.

Der Mann ließ sich berichten. Er kletterte auf den Wagen und sah sich den Verstorbenen an. »Tja, das war's dann. Wer weiß, was ihm erspart geblieben ist«, meinte er desinteressiert.

Dann richtete er sich auf und rief nach hinten: »Rudi, Herbert, kommt mal her. Wieder ein Abgang.« Lotte war entsetzt über die rohe Sprache.

Zu zweit machten sich die Männer anschließend an der Leiche

zu schaffen. Der Wagenführer wurde aufgefordert, kurz zu halten, und unsanft wurde der Tote in den Graben gelegt.

»Was machen Sie da, das geht doch nicht«, stammelte Lotte empört. »Wollen Sie den Mann einfach liegen lassen?«

»Nee, junge Frau, der kriegt ein Staatsbegräbnis. Wir warten nur noch auf den Führer und die Ehrenkompanie.« Mit grimmigen Mienen drehten sich die Männer um und kehrten zu ihren Plätzen zurück.

Von hinten kamen empörte Rufe. »Weiter da vorne! Was ist denn jetzt schon wieder los?« Der Wagen fuhr an, und nach einer Biegung wurde der Ort des Geschehens gnädig ihren Blicken entzogen.

Irgendwann wuchs in unserem Wagen die Unruhe: Mein Zustand verschlechterte sich rapide. Die immer noch offene Wunde unter dem Arm machte dem kleinen Körper zu schaffen. Die eisigen Temperaturen taten ein Übriges, ich wurde schwächer und schwächer.

Susanne, die junge Frau, die in Posen Erste Hilfe geleistet hatte, fuhr zwei Wagen hinter uns. Meine Mutter ging zu ihr und bat sie, noch einmal zu helfen. »Mein Peterle wird immer schwächer.« Es gab keine andere Möglichkeit, sie war die Einzige, die in unserem Treck über medizinische Grundkenntnisse verfügte.

Doch Susanne war inzwischen ebenfalls am Ende ihrer Kräfte. Sie hatte auf ihre Eltern zu achten, die bei ihr im Wagen saßen, und musste auf ihre vier Geschwister aufpassen. Deren Wagen, etwas weiter hinten im Treck, war seit einiger Zeit nicht mehr zu sehen. Sie war mehrfach die Fahrzeugkolonne auf und ab gelaufen, ohne eine Spur ihrer Geschwister zu entdecken. Von den einstmals zwölf gestarteten Fuhrwerken waren nur noch fünf beisammen.

»Du musst unbedingt versuchen, irgendwo Milch zu bekommen«, riet sie meiner Mutter. »Ich habe keine Ahnung, wie das gehen soll, aber etwas Besseres wüsste ich nicht.« Dann gab sie ihr noch zwei kleine Pakete Verbandmull mit. »Ursel, klapper einfach ein paar Gehöfte links und rechts der Straße ab. Das ist beschwerlich, aber alles andere wird vergebliche Mühe sein. Alle Bauern hier unmittelbar am Weg werden dir nichts geben. Da sind schon zu viele vor dir gewesen.«

Meine Mutter informierte ihre beiden neuen Freundinnen über ihren Plan. »Es ist jetzt zehn Uhr in der Früh. Bis zum Mittag will ich zurück sein. Drückt mir die Daumen, vielleicht habe ich ja Glück.«

Verständlicherweise waren beide beim Anblick der Schneeberge auf beiden Seiten der Straße besorgt. »Früher waren noch einige Kühe an die Wagen angebunden«, meinte Margarethe, die nach einem Ausweg suchte. Wahrscheinlich hatte man sie schon geschlachtet, denn auch für sie gab es nichts mehr zu fressen.

Entschlossen stülpte sich meine Mutter eine Mütze auf, borgte sich von Lotte einen Schal und war dankbar für ein zweites Paar Handschuhe von Margarethe. Dann schnappte sie sich in ihrem Optimismus einen Beutel und eine kleine Kanne für die erhofften Lebensmittel und zog los.

Nur wenige Schritte waren gemacht, da wusste sie, was sie sich zumutete. Aber jetzt gab es kein Zurück mehr. Sie fand eine kleine Abzweigung, die zu schmal war, als dass Wagen sie hätten passieren können. Das konnte ihre Chance sein.

Der Weg, von tiefen Furchen durchzogen, war beschwerlich, sie kam nur langsam voran. Als sie in einiger Entfernung die Umrisse zweier Gebäude wahrnahm, schöpfte sie etwas Mut. Vielleicht hatte sie doch Glück. Nach einer knappen Stunde eines kräftezehrenden Marsches erreichte sie ihr Ziel.

Vor ihr stand eine Kate, reichlich windschief. Daneben sah sie zwei kleine, durchwühlte Beete; schon andere hatten hier nach Essbarem gesucht. Rechts von ihr befand sich ein stallartiges Gebäude, aus dem scharrende Geräusche zu vernehmen waren.

Je näher sie dem Haus kam, desto lauter schlug irgendwo ein Hund an. In ihrem Elternhaus hatte es immer einen Hofhund gegeben, ein Hund machte ihr eigentlich keine Angst.

Vorsichtig ging sie auf die Kate zu, die ihr eindeutig eine menschliche Behausung zu sein schien. Die Tür war nur angelehnt. Der erste Blick in die schummrige Stube zeigte grobe Unordnung. Schmutziges Geschirr. Über den Tisch verteilte Speisereste, teilweise schon verschimmelt. Den aufdringlichen Geruch, der in der Luft hing, schrieb sie den verdorbenen Lebensmitteln zu.

Sie entdeckte Spuren von Mäusen oder Ratten, die sich über das Essen hergemacht hatten. Hier drinnen war es nicht so kalt wie draußen, aber kalt genug, sodass sie ihren Atem sehen konnte. Um sie herum war es still, bis auf das immer noch aufgeregte Bellen des Hundes.

Sie musste jetzt mutig sein. Bei dem Gedanken an meinen angegriffenen Gesundheitszustand überwand sie ihre Bedenken und machte einige vorsichtige Schritte in die Mitte des Raumes. Links und rechts waren Alkoven in die Wände eingebaut. Zerwühlte Decken verströmten einen muffigen Geruch. Im Bett zur Rechten waren unregelmäßige Erhebungen zu sehen. Vorsichtig hob sie eine Decke an und prallte entsetzt zurück. Vor ihr lagen zwei kleine Kinderkörper, eng aneinander geschmiegt. Die Kinder umarmten sich fest, noch im Tod.

Äußere Verletzungen waren nicht zu erkennen, daher nahm meine Mutter an, dass die Kinder entweder verhungert oder erfroren sein mussten. Die kleinen Hemdchen, die die beiden Mädchen anhatten, waren auf keinen Fall geeignet gewesen, um sich vor der beißenden Kälte zu schützen.

Der zweite Alkoven war leer. Die an der Stirnseite des Raumes angebrachte Küche bestand lediglich aus drei kleinen Unterschränken, einem Herd und einer Abstellkammer. Küchengeräte, Töpfe, Pfannen und Geschirr lagen wahllos herum.

Besonders große Hoffnung verband sie mit der Abstellkammer. Es handelte sich dabei wie erwartet um die Speisekammer, aber selbst eine Maus wäre dort verhungert. In ihr war nichts zu finden, gar nichts. Kein Korn, kein Krümel, nicht die geringste Spur eines Nahrungsmittels. Tief enttäuscht wandte sie sich ab.

Zu ihrer eigenen Verwunderung war sie über die zwei Leichen gar nicht so sehr erschrocken, auch wenn es Kinder waren. Die letzten Tage hatten sie in dieser Hinsicht hart gemacht. Zu viele Tote, zu viel Elend hatte sie gesehen.

Sie verließ das Haus und steuerte auf die Beete zu. Der Boden war hart gefroren, ohne Gerätschaften konnte sie hier nichts ausrichten. Auf der Suche nach einem Werkzeug musste sie in den Stall, und dazu musste sie an dem Hund vorbei. Das Tier war völlig abgemagert. Es war ein Schäferhund, so wie ihr Harras, den sie, als sie selbst sechs Jahre alt war, geschenkt bekommen und bis zu seinem Tod umsorgt und gepflegt hatte. Ein Nachbar, ein schlechter Mensch, hatte Harras mit Rattengift in einen entsetzlichen Todeskampf geschickt.

Auf dem Wassernapf lag eine dicke Eisschicht. Der Hund konnte seinen Durst nur durch aufgetauten Schnee stillen. Zu fressen hatte er offensichtlich seit längerer Zeit nichts bekommen. Das Halsband hatte sein Fell bis auf das Fleisch durchgescheuert.

So wie sie es kannte, ging sie mit beruhigenden Worten auf ihn zu, und der Hund spürte, dass ihm jemand helfen wollte. Er beruhigte sich schnell. Das Risiko einer Attacke in Kauf nehmend, band sie ihn los. Er tanzte um sie herum, bellte erneut, aber in einer ganz anderen, nun freundlichen Tonlage. Sie kraulte ihn, redete beruhigend auf ihn ein und ging beherzt auf den Stall zu.

Der Hund, den sie spontan Harras nannte, wich ihr nicht von der Seite. Die Tür war verriegelt, und sie ging langsam um das Gebäude herum. Auf der Rückseite bemerkte sie vier fehlende Bretter, durch die sie Einlass finden konnte. Harras ließ ein kurzes Fiepen hören, das meine Mutter als Hinweis nahm, vorsichtig zu sein.

Sie bückte sich und zwängte sich entschlossen durch das Loch. Sie brauchte einen Moment, um in der Dunkelheit etwas erkennen zu können. So sehr sie noch wenige Minuten zuvor erschrocken war über ihre eher distanzierte Reaktion auf die beiden toten Kinder, jetzt gefror ihr doch das Blut in den Adern. An zwei Querbalken waren vier Menschen aufgehängt, die langsam hin und her schaukelten. Der Anblick verstörte sie so sehr, dass sie sich minutenlang nicht von der Stelle rühren konnte.

Doch dann zeigte sich ihre Kämpfernatur. So schnell war sie nicht zu entmutigen, obwohl sie kurz davor war, davonzulaufen. Aber wem hätte das genützt? Den Toten vor ihr? Mir, ihrem Sohn, oder ihren beiden Freundinnen, die sicher schon ungeduldig auf sie warteten? Nein, sie war nicht bereit, auf halber Strecke umzukehren.

Sie ermahnte sich, ruhig vorzugehen. Der Tote zu ihrer Linken war ohne Zweifel ein deutscher Soldat. Ein Ärmelaufnäher mit zwei ineinandergeschobenen Winkeln wies ihn als Obergefreiten aus. Im selben Moment dachte sie, mein Gott, wie verrückt bin ich denn schon? Was haben diese wenigen grauenhaften Tage aus mir gemacht, dass ich einen Toten in Uniform sehe und ihn sofort einordne?

Die drei anderen Toten waren eine Frau, sie trug keine Kleidungsstücke mehr. Meine Mutter wollte sich nicht vorstellen, was ihr vor ihrem Tod widerfahren war. Daneben hingen zwei Zivilisten, bei denen es sich offensichtlich um den Bauern und einen Jungen, vielleicht zehn Jahre alt, handelte.

Der Blick auf die Uhr zeigte ihr, dass sie schon zwei Stunden unterwegs war. Sie musste sich beeilen, nicht nur um die ersehnte Milch oder andere Nahrungsmittel zu finden, sondern vor allem um nicht den Anschluss an die Wagenkolonne zu verlieren.

Diese schreckliche Tat war ohne Zweifel ein Werk polnischer Partisanen, die die Situation ausnutzten, dass die Bauern nicht mehr geschützt werden konnten. Das Militär war mit der näher rückenden Front überfordert, und die örtlichen Sicherheitskräfte waren mit der Organisation der Trecks und anderen Tätigkeiten völlig in Anspruch genommen. Gleichwohl hatte sie den Eindruck, als wenn die Partisanen bei ihrer Schandtat gestört worden waren. Oftmals, so hatte sie es gehört, trat die rasende Wut der Partisanen noch viel ungezügelter auf.

Im Stall war es so unruhig, wie sie das erwartet hatte. Irgendetwas machte Geräusche, doch ohne dass Harras anschlug. Aber zunächst suchte sie nach einem geeigneten Werkzeug für das Gemüsebeet. An einer Wand fand sie eine Leiste, an der Schaufeln, Spaten, Harken in verschiedenen Größen hingen. Sofort regte sich ihr Blick, der die Dinge auf Verwertbarkeit taxierte. Zugleich ermahnte sie sich, an den langen und beschwerlichen Rückweg zu denken.

Sie nahm eine kleine, spitze Schaufel und eine handliche Harke an sich. Solcherart ausgerüstet ging sie auf die Ecke zu, aus der das Rascheln zu hören war. Sie konnte ihren Augen kaum trauen: Halb verborgen unter einer Plane und überdeckt von anderen Gerätschaften, stand eine Kuh vor ihr. Auch dieses Tier war völlig entkräftet, aber es lebte. Panisch dachte sie nur an die Milch, die Kuh vor sich herzutreiben oder sie gar zu schlachten, daran war natürlich nicht zu denken.

Das Tier stand unsicher in der Ecke, das Euter wirkte schlaff. Neben ihr befanden sich nicht nur der einbeinige Melkschemel, sondern auch noch zwei Zinkeimer. Obwohl die Kuh unwillig schnaubte und mit dem Schwanz ausschlug, setzte sich meine Mutter hin und versuchte Bewegungen auszuführen, die sie für melken hielt. Nie zuvor in ihrem Leben hatte sie gemolken.

Zunächst versuchte sie, der Kuh ein wenig Wärme zu geben. Sie umschloss das Euter mit beiden Händen und streichelte es ganz sanft. Dabei summte sie vor sich hin, in der Hoffnung, die Kuh würde darauf reagieren. Und siehe da: Die Kuh wurde sanfter, Tropfen für Tropfen ließ sie sich jetzt langsam die Milch aus dem Euter ziehen. Es reichte für knapp einen halben Eimer voll, den meine Mutter mit einem Lappen, den sie in einer eiskalten Wasserlache ausgespült hatte, bedeckte. Dann suchte sie noch die letzten verbliebenen Strohreste zusammen und legte sie neben der Kuh ab.

Der Hund war inzwischen verschwunden. Natürlich hatte sie kein Futter für ihn auftreiben können, und dafür blieb auch keine Zeit. Wahrscheinlich war er schon längst unterwegs, um selbst etwas zu fressen zu suchen.

Doch da war noch das Beet, das wollte sie auf keinen Fall auslassen. Sie kniete sich nieder und versuchte mit aller Kraft, die hart gefrorene Erdkruste aufzubrechen. Ihre Mühe war nicht umsonst, denn frühere Plünderer hatten nicht alles mitgenommen. Ein paar Wurzeln, vier Steckrüben und eine Handvoll Kartoffeln waren der Lohn für die Plackerei. Natürlich war alles angefroren, und doch waren das kaum zu erhoffende Schätze.

Jetzt konnte sie sich auf den Rückweg machen. Links die Kanne mit der Milch in der Hand, über der Schulter hing die Harke, und den Sack Gemüse hatte sie sich mit einem Zugband um den Hals geschlungen. Die rechte Hand wollte sie frei haben.

Sie musste sich konzentrieren. Jetzt galt es, so schnell wie möglich wieder zu ihren Leuten zu kommen. Die Frage nach dem Hund erübrigte sich von selbst – auf einmal trabte er neben ihr und schaute fragend zu ihr hoch. Was sollte sie mit einem Hund? Ein Fresser mehr, was würden die Leute im Treck dazu sagen?

Aber ihr war auch ein wenig mulmig zumute, mit den erbeuteten Schätzen ganz allein durch die Gegend zu laufen. Viele hatten Hunger, und die Hemmschwelle, Gewalt anzuwenden, war bei den meisten längst erschreckend gesunken. Vielleicht war es gar keine schlechte Idee, den Hund als Begleiter bei sich zu haben. Später würde man weiter sehen.

Der Rückweg forderte ihr noch einmal alles ab. Manches mal war sie so erschöpft, dass sie sich am liebsten in den Schnee geworfen hätte, um nicht weitergehen zu müssen. Aber sie hatte ihre Aufgabe zu erfüllen. Und ihr gingen immer wieder die schrecklichen Bilder aus der Scheune durch den Kopf. Aufgeben war keine Option für sie, in dieser Situation schon gar nicht. »Da habe ich schon ganz andere Dinge hinter mich gebracht«, murmelte sie vor sich hin und sprach sich Mut zu.

Als sie die Wagenkolonne endlich erreichte, war die Dämmerung schon angebrochen. Lotte und Margarethe merkte man ihre Erleichterung an. Sie berichteten meiner Mutter, wie sehr sich die Stimmung verschlechtert hatte. Der anfänglich so hoffnungsvolle Zusammenhalt in den einzelnen Wagen bröckelte zusehends. Die Vorräte schmolzen schneller als gedacht, durch die Kälte aßen alle mehr, als eigentlich geplant war. Die beiden gaben meiner Mutter zu verstehen, sie solle über die mitgebrachten Lebensmittel besser kein großes Aufhebens machen.

Wie sollte sie nun aber die Milch aufwärmen? Meine Mutter schaute sich um und suchte den Blickkontakt zu einem der begleitenden Volkssturm-Männer. Dann schnappte sie sich die Kanne und ging mit einem Lächeln auf den Mann zu. Sie wechselte ein paar Worte mit ihm, und beide verschwanden auf einem der Fuhrwerke weiter hinten.

Meine Mutter war eine hübsche, attraktive Frau von fünfundzwanzig Jahren. Sie hatte langes blondes, leicht gewelltes Haar, graugrüne Augen, auf deren Ausdruck sie stolz war, eine körperbetonte Figur, und sie konnte ausgesprochen herzlich lachen. Es machte ihr nichts aus, ihre äußerlichen Attribute einzusetzen, um daraus einen Vorteil zu ziehen. Wenn es dazu führte, dass der Mann mit seinem kleinen Spirituskocher die Milch warm machen konnte und er auch das Gemüse einweichte, war ihr das nur recht.

Für den weiteren Verlauf der Flucht, die sehr viel länger als geplant dauern sollte, war diese Begegnung von großer Bedeutung. Von nun an stand unser Wagen unter besonders aufmerksamer Beobachtung. Und damit war nicht der mitgebrachte Hund gemeint, der im allgemeinen Durcheinander gar nicht groß auffiel.

Wieder ging es nur zögerlich voran. Die Männer neben den Wagen ermahnten alle, kein überflüssiges Licht zu machen. »Also manchmal sind das doch Wichtigtuer«, empörte sich Lotte. »Guck dir mal den Vollmond an. Wir sind hier doch auf dem Präsentierteller, wenn jemand uns beschießen will, gehen wir ohnehin drauf.«

Das bisschen warmes Essen, das meine Mutter verteilen konnte, hob gleich die Stimmung unter den drei Frauen, die noch enger zusammenrückten. Als Margaretha dann auch noch eine Flasche herausrückte, die sich als Schnaps entpuppte, und zwar als ein »kolossal selbstgebrannter«, wie sie mit tiefer Stimme verkündete, kam eine fast gelöste Atmosphäre auf.

»Ursel, nun erzähl doch mal etwas von dir«, begann Lotte. »Ich kann mich nicht erinnern, dich in der Stadt schon einmal gesehen zu haben. Dabei ist die Glogauerstraße nur wenige Schritte von unserem Haus entfernt. Und dann trägst du einen hübschen Ring, aber nach Ehering sieht der nicht aus. Was denn nun, bist du verheiratet oder nicht? Der kleine Mann hier wird dir kaum beim Fensterputzen unter den Rock gekrochen sein.«

Lotte wurde übermütig. »Nu mal los, du fängst an, und dann ich und dann Margaretha, so kriegen wir die Nächte wenigstens schneller rum.«

Meine Mutter musste tief durchatmen. Das war nun gar nicht nach ihrem Geschmack. Sie kannte die beiden doch erst ein paar Tage, was durfte sie da erzählen? Doch sie war empfänglich dafür, nach langer Zeit ihr Herz wieder einmal auszuschütten und endlich eine Gelegenheit zu haben, ihre Sorgen und ihren Kummer jemandem anzuvertrauen. Nach kurzem Zögern fasste sie Mut und begann.

Also gut, das Ganze begann folgendermaßen. Das ist jetzt, wartet mal, fast vier Jahre her. Ich sag euch gleich, es fällt mir nicht so leicht, darüber zu reden. Wahrscheinlich tut es mir gut, aber ihr würdet mir einen großen Gefallen tun, wenn ihr mir einfach zuhört und mich erzählen lasst. Lachen oder weinen könnt ihr später immer noch.

Ich habe zwei Jahre bei der Reichsbahn als Zugbegleiterin gearbeitet, bis ich nicht mehr weitermachen wollte. Ich hatte einfach genug und bin dann auf der letzten Fahrt in Posen von Bord gegangen, wie man so schön sagt.

Eigentlich bin ich eine ziemlich gute Köchin, das stimmt, auch wenn ihr jetzt lacht. Im Ernst, ich hab das auf einer Schule gelernt, aber das ist eine andere Geschichte. Ich will erst mal die hier erzählen, das dauert ohnehin lang genug.

Also Ausstieg in Posen, mit zwei kleinen Koffern in der Hand, und da stand ich nun auf dem Bahnhof und schaute mich um. Zwei Dinge sind in einer solchen Situation wichtig, dachte ich mir: Unterkunft und Arbeit. Eigentlich genau in dieser Reihenfolge, aber auf dem Weg zum Ausgang entdeckte ich einen Anschlag auf einem Schwarzen Brett und las: »Junge freundliche Küchenhilfe für unsere Hotelküche gesucht«. Darunter stand der Name Hotel Ostland.

Na, der Aushang sah ganz schön nobel aus. Als Küchenhilfe zu arbeiten, war nun nicht gerade die Erfüllung meiner Wünsche, aber ich machte mich auf den Weg. Natürlich hatte ich noch keine Gelegenheit gehabt, mich umzuziehen, ich trug die Eisenbahneruniform, also dunkelblauer Rock und dunkelblaue Jacke, durchgeknöpft und mit Kragenspiegel, der mich als Schaffnerin kenntlich machte. Nicht wirklich geeignet für ein Vorstellungsgespräch in einem Hotel, aber flott war das schon.

Nun ist die Atmosphäre eines sehr guten Hotels nicht unbedingt das gewesen, was ich tagein tagaus erlebt hatte, und ihr könnt euch vorstellen, wie mir das Herz bis zum Halse schlug, als ich in die pompöse Hotelhalle kam. Wen, überlegte ich, sollte ich hier nach der Stelle fragen. Alles sah so fein und vornehm aus, man erkannte es auch an den Gästen, die in der Halle herumstolzierten.

Wahrscheinlich hätte ich lieber den Dienstboteneingang nehmen sollen. Na ja, nun war es zu spät. Der Portier kam schon zielstrebig auf mich zu, und ich dachte, nee Ursel, den nimmste nicht. Ich schritt mutig an ihm vorbei in Richtung Rezeption und sah dabei aus den Augenwinkeln in der Ecke hinter einem riesigen dunklen Schreibtisch einen älteren Herrn, der sich damit abmühte, einen Rollschrank von einer Seite des Schreibtischs zur anderen zu bewegen. Ich konnte unschwer erkennen, warum das nicht funktionierte, denn eines der Räder war abgebrochen. Und mir kam eigentlich nur der Gedanke, dem Manne muss geholfen werden.

»Entschuldigen Sie bitte, wenn ich mich in Ihre Bemühungen einmische, mein Herr, aber das Rad auf der rechten Seite ist abgebrochen, und wenn Sie da jetzt weiter so rummurksen, dann geht eher der Teppich kaputt, als dass Sie den Schrank bewegen können.«

Der Mann tauchte mit hochrotem Kopf hinter dem Schreibtisch auf, und ich dachte, oha, jetzt gibt's ein Donnerwetter. Wahrscheinlich hatte der schon länger an der Sache herumgebastelt und ärgerte sich nun. Da kommt so ein weiblicher Schlauberger und will ihm was erzählen. Er stand auf, schaute mich zunächst grimmig an, ging um den Schrank herum, beugte sich nach vorn, blickte nach links, nach rechts und sagte: »Da sieht man mal wieder, dass es nur auf den richtigen Blickwinkel ankommt. Vielen Dank, junge Frau, Sie haben mir viel Zeit erspart, und den Teppich haben wir nun ja auch gerettet. Das mit dem Rummurksen will ich mal überhört haben, aber kann ich mich irgendwie für Ihre Hilfe revanchieren?«

Das war ja nun bloß eine Floskel, aber blitzschnell ging es mir durch den Kopf: Du willst zwar nicht mit der Tür ins Haus fallen, andererseits kommt so eine Gelegenheit wahrscheinlich nie wieder. Vielleicht kann er dir jemanden empfehlen, den du wegen der Stellenanzeige ansprechen kannst?

»Also, das ist nicht ganz einfach«, fing ich an, »aber wenn Sie hier jemanden kennen, der für das Küchenpersonal zuständig ist, wäre mir das schon eine große Hilfe. Ich habe am Bahnhof eine Stellenanzeige für dieses Hotel gelesen.«

»Ja, aber junge Frau, Sie sind doch Schaffnerin?«

»Nein, nicht mehr. Ich habe abgemustert und würde gern in Posen bleiben. Doch dazu brauche ich erst mal Arbeit.«

Der Mann wiegte bedächtig den Kopf. »Aber was befähigt Sie für die ausgeschriebene Position?«

»Oh, ich bin fleißig, pünktlich, zuverlässig, kochen kann ich auch ganz gut. Außerdem ist das hier ein feines Haus, das würde mich schon reizen.«

»Na«, sagte der Mann lächelnd, »auf jeden Fall haben Sie eine rasche Auffassungsgabe. Mal sehen, was wir für Sie machen können. Dann kommen Sie mal mit.«

Ich kann euch sagen, ich war ganz schön verdutzt, als der mich am Ellbogen auf den Fahrstuhl zuschob und den Liftboy anwies, ins Untergeschoss zu fahren. Ich sagte erst mal lieber nichts. Als wir unten ankamen und die Fahrstuhltüren sich öffneten, traf mich fast der Schlag. Eine Hitzewelle und zugleich ein Lärmpegel, wie ich es so noch nicht erlebt hatte, schlugen uns entgegen. Das waren schon heftige Eindrücke! Wie ein riesiger Ameisenhaufen kam mir das vor. Mindestens zwanzig Leute in weißen Jacken, einige mit Kochmützen, wuselten durch die Gegend, Kommandos waren zu hören, aber irgendwie war da doch eine gewisse Ordnung zu spüren.

»Hansemann«, hörte ich meinen Begleiter rufen, »kommen Sie doch mal eben kurz her.«

Eine gewaltige Masse Mensch, seine Umgebung um etliche

Zentimeter überragend, schob sich zwischen Kochstellen, Töpfen, Schüsseln und Pfannen auf uns zu.

»Ich hab Ihnen hier eine junge Dame mitgebracht, die mir sehr selbstbewusst mitgeteilt hat, dass sie nicht nur gern, sondern auch noch gut kochen kann. Probieren Sie dieses Wesen doch einfach mal aus. Und wenn das nichts ist mit ihr, geben Sie ihr fünf Mark und schicken sie einfach wieder nach Hause.«

»Ach Mensch, Herr Direktor, das passt ja nun gar nicht«, knurrte der Klops, »wir sind hier mitten in den Vorbereitungen für das Treffen der Goldfasane mit fünfundzwanzig Personen. Das liegt Ihnen doch auch immer am Herzen. Da kann ich mich jetzt nicht mit so einem Frischling abgeben. Also toll ist das nicht gerade.«

Ich muss schon sagen: Im ersten Moment war ich sprachlos und wusste gar nicht, worüber die redeten. Und »Goldfasan« ergab für mich überhaupt keinen Sinn. Die Art und Weise aber, wie diese beiden hohen Herren glaubten, mit mir umgehen zu können, also das konnten die doch nicht machen. Ich hatte nichts zu verlieren, wandte mich also dem Dicken zu und sagte ihm direkt ins Gesicht: »Mein Herr, ich hab vielleicht bei Ihnen keine Chance, aber genau die werde ich nutzen. Ich bin mir für keine ehrliche Arbeit zu schade, aber behandeln Sie mich bitte nicht wie ein dummes, kleines Mädchen.«

Im nächsten Moment tat mir das schon leid, aber ich kann es einfach nicht vertragen, wenn ich mich ungerecht behandelt fühle. Dabei war ich wohl ein wenig laut geworden, denn in der Küche sank der Geräuschpegel im Nu beträchtlich. Der gute Mann, der ja für diese Vorstellung durchaus verantwortlich war, zuckte kurz mit den Mundwinkeln. Als ich ihn dann später etwas besser kennengelernt hatte, wusste ich, dass das der Beginn eines heftigen Lachanfalls war, aber in diesem Moment beherrschte er sich.

Hansemann musterte mich skeptisch. »In diesem Karnevalskostüm können wir Sie hier sowieso nicht gebrauchen. Wenn der Herr Direktor Berger das wünscht, von mir aus, probieren wir's mal zusammen, und wenn Sie mit Geist und Tatkraft so resolut sind wie mit dem Mund, dann kann aus uns ja vielleicht was werden. Wir sehen uns morgen früh 6.30 Uhr, junge Dame. Arbeitskleidung wird gestellt. Und sagen Sie Ihrem Freund gleich, dass Sie die nächsten Wochen keine Zeit für ihn haben werden. Die Finanzen regelt der Chef, und tschüs.«

Ich stand da, wie vor den Kopf geschlagen. Könnt ihr euch das vorstellen? Da hatte ich gleich mit dem Direktor des Hotels zu tun gehabt! Na ja, so war es nun mal. Wir fuhren wieder nach oben. Ich durfte jetzt an seinem Schreibtisch Platz nehmen, gab ihm meine Papiere, die er sorgfältig studierte, ohne etwas zu sagen. Ein wenig Herzklopfen hatte ich schon, denn ich hatte mich, bevor ich bei der Reichsbahn anfing, ein Jahr älter gemacht, sonst hätten die mich gar nicht genommen.

»Also, Fräulein Schulz«, wandte sich Herr Berger an mich. »Sie haben es gehört, Arbeitszeit von 6.30 Uhr bis 17 Uhr, wobei Herr Hansemann, wenn es einmal später werden sollte, und ich verspreche Ihnen, es wird immer später, nicht auf die Uhr guckt. Rechnen Sie einfach damit, dass es später wird und Sie keine geregelte Arbeitszeit haben. Aber ich verspreche Ihnen, die sonstigen Vergünstigungen hier im Hotel werden Ihnen über manches hinweg helfen. Sie haben einen Tag in der Woche frei. Wie Sie den legen, sprechen Sie mit Hansemann selbst ab. Wenn Sie sich eingearbeitet haben, müssen Sie auch den Schichtdienst übernehmen. Kleidung und Schuhe bekommen Sie von uns, Sie haben freies Essen, und ich biete Ihnen ein Anfangsgehalt von 180 Reichsmark pro Monat. Und nach einer angemessenen Probezeit schauen wir uns dann noch mal in die Augen.«

Mir schwirrte der Kopf, und ich nickte einfach immer nur. Ich hätte überhaupt nichts sagen können in dem Moment. Aber Herr Berger war noch nicht fertig.

»Sie sind ja offenbar gerade erst angekommen. Wo wohnen Sie denn?«

»Tja, Herr Berger«, seufzte ich, »das ist dann das nächste Problem. Ich habe keine Ahnung, will mich jetzt aber gleich darum kümmern. Eine Stellung zu finden, schien mir zunächst das Wichtigste zu sein.«

Er sah mich an. »Wissen Sie, Fräulein Schulz, eigentlich bin ich ein unpolitischer Mensch, aber in diesen Zeiten geht das ja leider nicht. Wir müssen alle Farbe bekennen. Sie haben im Moment einfach Glück, auch wenn das zu Lasten anderer geht. Unser Wartheland soll ja in neuer Größe erstrahlen. Und damit das auch alles klappt, haben wir die polnische Bevölkerung erst mal weggeschickt.«

Bei diesen Worten verzog er das Gesicht und machte eine teils abwertende, aber auch resignierende Handbewegung. Natürlich hatte ich von diesen ganzen Zwangsumsiedlungen gehört, und mir war nicht wohl dabei.

»Also, ich kenne viele Menschen hier in der Stadt, und ich weiß, dass es eine Reihe von leer stehenden Wohnungen gibt«, fuhr er fort. »Sie sind noch sehr jung, Fräulein Schulz, und müssen jetzt in einer fremden Stadt zurecht kommen. Ich würde Sie gern in der Nähe von Leuten wissen, denen Sie nicht nur vertrauen können, sondern die auch ein wenig auf Sie achten, wenn Sie das bitte nicht für zu aufdringlich halten würden.«

Ich war so gerührt von der Fürsorge dieses Mannes. Ich hätte ihn am liebsten umarmt.

»Am besten, Sie machen sich jetzt gleich auf den Weg und gehen in die Glogauerstraße Nr. 101. Dort klingeln Sie bei Lucas und sagen, dass Sie von mir kommen. Und dass Sie eine Wohnung suchen, dann wird mein Freund Georg das schon regeln. Aber vergessen Sie nicht, ihn und seine Frau, sie heißt übrigens Luise, recht herzlich von mir zu grüßen.«

Dann wechselte er den Ton und wurde förmlich. »So, und nun muss ich weiter meinen Aufgaben nachgehen. Schön, dass der Zufall Sie hierhergeführt hat. Ich kann mir vorstellen, wir werden noch viel Freude miteinander haben. Ach ja, da fällt mir noch etwas ein. Erzählen Sie doch Georg, also dem Herrn Lucas, er soll mal in seinem Keller nachsehen, ob er noch Ersatz hat für mein kaputtes Schrankrad, auf das mich hinzuweisen Sie so freundlich waren.« Er schmunzelte.

Ich bedankte mich bei ihm, aber eine Frage konnte ich mir nicht verkneifen. »Herr Direktor, was ist denn ein Goldfasan?«

Er prustete los. »Das lassen Sie sich mal morgen von Hansemann erklären, so schön wie er kann das keiner.«

Ihr könnt euch vorstellen, wie verdutzt ich war. Na gut, sagte ich mir und machte mich mit meinem Gepäck auf den Weg zurück zum Hauptbahnhof, von wo ich die Straßenbahn nahm. Es waren nur wenige Stationen, und ich war froh und glücklich, einen so kurzen Weg zur Arbeitsstätte zu haben, vorausgesetzt, dass es jetzt auch noch mit der Wohnung klappen würde.

So, ihr Lieben, seid mir nicht böse, aber jetzt kann ich nicht mehr. Ich erzähle morgen weiter. Das ist jetzt die zweite Nacht, ich habe das Gefühl, wir werden weiterhin wachsam sein müssen. Beide Zuhörerinnen waren einverstanden. Etwas Schlaf würde allen guttun.

Am nächsten Morgen, es war unverändert kalt, überschlugen sich die Gerüchte. Die Russen, hieß es, hätten die Warthe überschritten und machten sich daran, Posen komplett einzuschließen.

Durch den Nebel, der über den Feldern aufstieg, war zu sehen, wie der Treckführer alle Wagen abschritt. Er unterhielt sich mit den Menschen, erkundigte sich hier und da nach dem persönlichen Wohlergehen oder fragte, wie es um Essen und Trinken bestellt sei. Der ursprüngliche Plan, in fünf bis sieben Tagen die einhundert Kilometer zurückgelegt zu haben, war längst nicht mehr einzuhalten.

Meine Mutter war überrascht von dem, was sie sah. »Na, Herr Heinsen«, sagte sie freundlich zu ihm, »das ist jetzt doch für uns alle sehr viel schwerer geworden als erwartet.«

Heinsen war das Erstaunen anzusehen. »Fräulein Schulz«, begann er, »Sie können ja nicht nur schimpfen. Sieh mal einer an. Aber im Ernst: Ich mache mir Sorgen, große Sorgen, weil ich nicht weiß, wo die anderen, die mit uns aufgebrochen waren, geblieben sind. Mit Nahrung sind wir ja noch ganz gut versorgt. Aber kommen Sie zu mir nach vorn, wenn Sie etwas dringend brauchen. Bei Ihnen sind viele kleine Kinder, wie ich sehe. Aber das kriegen wir schon hin.«

Nach einer kleinen Pause fuhr er fort. »Wenn jetzt Nebel aufkommt, werden sich die Verhältnisse ändern. Es wird wärmer, beginnt zu tauen, dann gehen wir hier buchstäblich in Matsch und Schlamm unter. Und dann diese ständigen Militärkonvois in beide Richtungen. Wir kommen jetzt in eine Gegend, da steht noch Reserve, und wenn die schnell an die Front verlagert wird, werden wir den Fahrzeugen mitten auf der Straße begegnen. Es gibt den klaren Befehl, dass Kolonnen absoluten Vorrang haben. Wer im Weg steht, wird in die Gräben geschoben. Ich habe vorhin einen Kradmelder mit einigen Zigaretten dazu überreden können, mal ein wenig vorauszufahren und uns zu berichten, was da los ist. Eventuell müssen wir uns eine Ersatzroute suchen.«

Er drehte sich weg, ging ein, zwei Schritte nach hinten, drehte sich spontan um und berührte meine Mutter leicht am Arm.

»Fräulein Schulz, das mit Ihrem Kleinen hätte nicht passieren dürfen. Wir waren alle wohl überdreht, ich auch. Es tut mir leid, ich hoffe, Ihrem Jungen geht es wieder besser. Ich habe gehört, dass Sie sich in ganz besonderer Weise um Verpflegung gekümmert haben. Machen Sie das bitte nicht noch einmal, in Ihrem eigenen Interesse. Es ist zu gefährlich. Hier in der Gegend nimmt die Partisanentätigkeit täglich zu. Wir bekommen jetzt zu spüren, was wir den Polen sechs Jahre lang angetan haben. Wie gesagt, kommen Sie zu mir, wenn Sie etwas brauchen, aber bitte diskret.«

Nun war es an meiner Mutter, Abbitte zu leisten. Sie war beeindruckt von Heinsen. Natürlich hatte er sich falsch verhalten, doch nun verstand sie besser, welche Verantwortung auf seinen Schultern lastete.

Dennoch wollte sie von dem Angebot keinen Gebrauch machen, obwohl sie bald dazu gezwungen sein würde. Bei meiner Geburt war bei mir Rachitis festgestellt worden, eine Kinderkrankheit, die durch Calciummangel hervorgerufen wird. Das beste Mittel gegen dieses Leiden war Lebertran. Meine Mutter hatte sich extra einen Vorrat für mich angelegt, der aber langsam zur Neige ging.

Währenddessen rückte der Kriegslärm näher. Die Menschen, aber auch die Tiere wurden unruhig. Harras entfernte sich kaum noch von unserem Wagen. Die Kinder fanden sich mit der Situation ab, nur die fünfjährige Tochter von Margarethe war kaum zu bremsen. Ihre Mutter musste sie energisch davon abhalten, sich einmal »umzusehen«, wie sie es nannte.

Gegen Mittag wurde es hektisch. Heinsen bat meine Mutter und eine Person von jedem anderen Wagen zu sich nach vorn. »Ich war im nächsten Ort«, erklärte er der kleinen Runde, »und habe mit einem der Offiziere gesprochen. Heute Abend geht ein Konvoi in Richtung Front, in etwa vier bis fünf Stunden werden wir aufeinandertreffen. Offiziell darf das niemand von uns wissen, damit hier keine Panik entsteht. Wir müssen das absolut geheim halten.«

Alle rückten noch etwas enger zusammen.

»Wir versuchen, mit unseren verbliebenen Wagen langsamer zu werden. Lasst euch also ruhig überholen. Wer weiß, vielleicht geschieht ein Wunder und unsere zurückhängenden Wagen können aufschließen. Der Plan sieh dann so aus: Nach vier Kilometern geht links ein Weg ab, der zu einer kleinen Lichtung führt. Da fahren wir hin und rühren uns die nächsten Stunden nicht vom Fleck. Lieber etwas Zeit verlieren, als von den eigenen Leuten über den Haufen gefahren zu werden. Wir können auf der Lichtung Schäden an den Wagen ausbessern und den Pferden ein wenig Erholung gönnen. Die Pause wird uns allen guttun. Also los, zurück zu den Wagen. Und kein Wort weitersagen, wir müssen jetzt an uns denken.«

Als meine Mutter zu uns zurückkam, schüttelte sie nur wortkarg den Kopf und murmelte nur ein »Alles unter Kontrolle«. Aber eigentlich schlug ihr das Herz bis zum Hals. Würde das alles klappen? Was, wenn sich ein Wagen nicht wie vereinbart verhielte?

Als nun die Wagen besonders langsam fuhren, kroch auch die Zeit noch langsamer dahin. Angestrengt beobachtete meine Mutter die Wagen vor sich, um nur ja nicht das Ausscheren in Richtung der Lichtung zu verpassen. Lotte, die sich über das Verhalten meiner Mutter wunderte, spottete schon bald: »Na, Ursel, tut sich da vielleicht was? Du hältst ja ganz nervös nach deinem Liebsten Ausschau.«

Nach zwei Stunden bog Heinsen von der Straße ab und verschwand hinter einem kleinen Wäldchen mit Krüppelkiefern. Meine Mutter gab unserem Fahrer ein Zeichen, dem Wagen zu folgen. »Warum das denn«, wunderte sich der Fahrer. »Endlich kommen wir mal voran.«

Sie wurde energisch. »Sie fahren da links ab, sonst fliegen Sie hier aber flott vom Bock.« Das war ziemlich mutig, natürlich wäre meine Mutter nie in der Lage gewesen, einen solchen Wagen zu lenken. Doch der Kutscher hatte auch keine Lust, sich mit dieser resoluten Frau anzulegen, und steuerte das Gefährt wie gewünscht von der Straße. Die übrigen Wagen unseres kleinen Zuges folgten.

Aus dem Haupttreck folgten uns nicht nur überraschte Blicke, sondern auch ein paar spöttische Zurufe. »Na, Schlaumeier Heinsen mal wieder auf Abwegen?«

Die Lichtung erwies sich als idealer Haltepunkt. Sie war groß genug für alle Wagen, aber von der Straße kaum einzusehen. Heinsen forderte die Fahrer auf, die Wagen in einem Kreis abzustellen. Alle hörten, wie ein kleiner Junge zu seiner Mutter sagte: »Das ist ja wie im Wilden Westen, Mami. Wir sind die Cowboys, und kommen auch die Indianer?« Als alle lachten, hatte das etwas Befreiendes. Für die meisten war es wohl zum ersten Mal seit ihrer Flucht aus Posen, dass sie lachen konnten. »Wenn die kommen, kriegen sie Saures«, versprach einer der Fahrer dem Jungen.

Heinsen wirkte fast irritiert, dass alles so glatt gegangen war. »Merkwürdig, die Männer vom Volkssturm haben ja kaum reagiert. Gut, denen geht allmählich auch die Kraft aus. Egal. Also, bewegt euch, Leute, und ruht euch ein bisschen aus. Lauft nicht zu weit weg von den Wagen. Wer in die Büsche muss, ach, den kann ich auch nicht aufhalten.« Unter allgemeinem Kichern löste sich die Gruppe auf.

Decken wurden ausgeklopft, einige Männer versuchten, ein kleines Feuer anzuzünden. Sie stellten Gefäße auf die Flammen und schmolzen Schnee, sodass etwas warmes Wasser für Getränke und für die Katzenwäsche zur Verfügung stand.

Als die Dämmerung einsetzte, war zu spüren, wie sich überall Ruhe ausbreitete. Viele begannen, sich um ihre persönlichen Dinge zu kümmern, es herrschte fast so etwas wie eine Atmosphäre der Zuversicht und Hoffnung.

Die Angst, von der Roten Armee überrollt zu werden, war gleichwohl zu spüren. Trotz des erbitterten Widerstands der deutschen Wehrmacht hatte sich der Vormarsch ihrer Truppen mit hohem Tempo fortgesetzt. Auch an der Westfront rückte die Entscheidung näher. Die westlichen Alliierten hatten dank ihrer technischen Überlegenheit starke Brückenköpfe am Atlantik gebildet.

In diesem Moment der Ruhe baten Lotte und Margarethe am Abend meine Mutter, mit dem Erzählen fortzufahren. »Los, nun sag schon, wie ging das weiter mit deiner Wohnung?« Mutter fühlte sich geschmeichelt von dem Interesse der beiden. Sie ließ sich nicht lange bitten.

Da stand ich nun vor dieser fremden Tür und klingelte. Als geöffnet wurde, kam mir die Frau sofort wie ein sehr gütiger Mensch vor. Ich kann gar nicht genau sagen, wieso. Sie hatte eine Aura und strahlte Vertrauen und Gelassenheit aus, als ruhte sie fest in sich.

Sie sah mich überhaupt nicht misstrauisch an. Immerhin war ich ja eine vollkommen fremde Person für sie, die da mit zwei Koffern in der Hand vor ihr stand. Da hätte sich niemand wundern dürfen, skeptisch beäugt zu werden. Aber sie sah mich nur fragend an und wartete ab.

Ihr habt ja schon mitbekommen, dass ich nicht auf den Mund gefallen bin und auch energisch auftreten kann. Aber jetzt sagte ich einfach nur meinen Spruch auf. »Mein Name ist Ursula Schulz, und ich komme auf Empfehlung von Herrn Direktor Berger vom Hotel Ostland. Ich habe im Hotel einen Arbeitsplatz bekommen und suche nun eine Wohnung. Aus diesem Grund hat er mich zu Ihnen geschickt.«

Ich spürte, dass ich ihr Zutrauen gewonnen hatte. »Na, dann kommen Sie mal rein, junge Frau«, begrüßte sie mich. »Das müssen wir ja jetzt nicht alles hier vor der Haustür besprechen. Legen Sie ab, Ihre Koffer können Sie im Flur stehen lassen, und dann hinein in die gute Stube. Sie kommen gerade recht, mein Mann und ich sitzen bei unserer nachmittäglichen Kaffeeplauderei, da tut uns frischer Wind mal ganz gut.«

Als ich die warme, gemütliche Stube betrat, saß in einem wunderschönen Ohrensessel der Hausherr vor mir. »Ich bin Luise Lucas«, hörte ich die Frau hinter mir sagen, »und da vor Ihnen, das ist mein Mann Georg. Lassen Sie sich von ihm nicht ins Bockshorn jagen, Fräulein Schulz. Der Herr ist notorisch unfreundlich.«

Als wenn er die Worte seiner Frau bestätigen wollte, legte er gleich los. »Jetzt schickt uns der Herr Direktor schon Uniformträger, das hab ich ja besonders gern. Hätten Sie sich nicht mal was Ordentliches anziehen können? Was sind das eigentlich für komische Klamotten?«

Ehe ich reagieren konnte, fuhr ihm seine Frau über den Mund. »Also Georg, jetzt benimm dich mal. Was soll die junge Frau von uns denken. Dass Ludwig Berger über eine besonders gute Menschenkenntnis verfügt, muss ich dir ja nicht erklären. Fräulein Schulz wird ihn auf eine Weise beeindruckt haben, sonst wäre sie jetzt nicht hier.«

Dann wandte sie sich an mich. »Am Anfang ist er immer so. Wenn etwas Neues geschieht, stellt er sich quer, wie ein kleiner Junge. Kommen Sie, setzen Sie sich zu mir aufs Sofa, es gibt frischen Butterkuchen. Mögen Sie eine Tasse Kaffee?«

Ihr Mann grummelte etwas wegen des Bohnenkaffees, aber er hatte dabei eine Art, die mich überhaupt nicht einschüchterte. Hinter der Fassade spürte ich den Schelm.

Luise Lucas ging gar nicht darauf ein. »So, eine Wohnung suchen Sie. Ab wann denn und für wie lange?« Mir wurde die Situation jetzt doch etwas peinlich. »Eigentlich brauche ich sie sofort«, fing ich an, »und für wie lange, das weiß ich noch gar nicht. Ich verfüge leider auch nicht über große finanzielle Möglichkeiten.«

Der Mann klopfte sich auf die Schenkel. »Ich hab's gewusst, ich hab's gewusst. Der Tag fing schon so komisch an. Und da haben wir's. Die junge Dame braucht eine Wohnung, und zwar sofort. Mir kommen die Tränen, dabei weiß ich nicht, ob ich lachen oder weinen soll. Aber«, dabei stand er auf und rief in einer dramatischen Art, als wollte er die ganze Welt umarmen, »aber meine Damen, machen Sie sich keine Sorgen. Unmögliches wird sofort erledigt, Wunder dauern etwas länger. Denn es gibt ja Georg Lucas, den großen Zampano. Der besorgt in Windeseile ganze Paläste, Schlösser, da wird ja noch eine kleine, läppische Wohnung möglich sein! Vielleicht mit Balkon, Terrasse, großem Garten? Wie hätten Sie's denn gern?«

»So, Georg«, fiel ihm seine Frau ins Wort, »nun haben wir es alle gehört und du hast dich fein ausgetobt. Nimm dir mal ein Stück Kuchen, das wird dich hoffentlich stoppen, weiterhin so dummes Zeug zu reden. Wenn du nicht willst, mach ich die Wohnungsbesichtigung mit Fräulein Schulz allein.«

»Wie denn, was denn, das kannst du nicht machen. Immerhin bin ich hier der Hausmeister.«

»Da bin ich völlig deiner Meinung, dass das so nicht geht. Also benimm dich, aber nun wollen wir erst einmal wissen, mit wem wir es hier zu tun haben. Ihren Namen habe ich schon verstanden, aber erzählen Sie uns doch mit ein paar Worten, wer Sie sind, woher Sie kommen und wohin Sie unterwegs sind?«

Ich kann euch sagen, diese Frau tat mir so was von gut. Ich hab ja eine richtige Mutter nie bewusst erleben dürfen, aber wenn ich mir eine gewünscht hätte, dann wäre sie so gewesen wie diese Luise Lucas.

»Ganz korrekt heiße ich Ursula Karla Ernestine Hermine Schulz, und ich bin am 15. Oktober 1920 in Wustrow an der Dumme geboren. Das ist im Wendland.« Aus dem Sessel kamen schon wieder komische Geräusche. »Meine Mutter –«, doch dann unterbrach ich mich und fragte: »Wollen Sie jetzt alles bis ins Kleinste wissen? Das ist nämlich eine ziemlich lange Geschichte, vielleicht kürze ich das lieber mal ab.«

Von Georg Lucas kam der Einwurf: »Für eine Frau war das aber ein ganz bemerkenswerter Satz.« Langsam fing ich an, mich an diese Kommentare zu gewöhnen.

»Nachdem ich eine lange Ausbildung in verschiedensten Bereichen im wahrsten Sinne des Wortes erlitten habe, bin ich zur Reichsbahn gegangen und habe dort als Zugbegleiterin zu arbeiten begonnen.«

Jetzt fing der Typ auch noch an zu singen. Ich wusste, was jetzt kommt: Immer wenn ich an dieser Stelle meiner Lebensgeschichte angelangt bin, kommt einer und bringt diese dämliche Nummer:

Liebe kleine Schaffnerin – kling, kling, kling,
Sag wo fährt dein Wagen hin? Kling, kling, kling.
Liebe kleine Schaffnerin, gern bleib ich im Wagen drin,
Und dann küsse ich sehr galant,
Deine kleine entzückende, kleine berückende
fahrkartenzwickende Hand.

Eigentlich war es zum Heulen. Immer wurde ich mit diesem Lied gehänselt. Mir ging es gehörig auf die Nerven, doch als Luise auch noch anfing mitzusingen, konnte ich nicht anders und musste einfach mitlachen. Ich fühlte mich in den wenigen Minuten, die ich mit diesen beiden Menschen verbrachte, gleich wohl. Bestimmt würden sie mir helfen.

Als hätte er meine Gedanken gelesen, stand Georg Lucas auf. »Dann wollen wir uns mal wie zivilisierte Menschen die Hand geben. Ich bin der Mann dieser leichtsinnigen Frau, die Uniformträger in diese heiligen Hallen lässt. Aber bei Ihnen will ich mal eine Ausnahme machen. Sie sind sicher müde, also will ich Sie nicht auf die Folter spannen. Hier im Haus haben wir tatsächlich eine freie Wohnung, allerdings nur Mansarde, direkt unterm Dach. Im Sommer wird es richtig schön warm, dafür im Winter besonders kalt. Ich schlage vor, wir gehen gleich hoch und schauen uns das an. Luise, kommst du bitte mit? Du bist dann für die fraulichen Fragen zuständig.«

Gesagt, getan, die Kaffeetafel wurde unterbrochen, sehr zu meiner Freude. Ich spürte, wie zappelig ich war, bestimmt hatten die beiden das schon gemerkt. Wir stiegen vier Etagen hoch, und was soll ich sagen: Die Wohnung war eine richtige kleine Puppenstube. Zwei Zimmer, eine Küche, ein komplett eingerichtetes Badezimmer. Ich konnte es gar nicht glauben. Dazu noch ein kleiner Balkon mit einem wunderbaren Blick über die Dächer der Stadt.

Aber ich bremste mich sofort: Bestimmt würde ich die Miete nicht zahlen können. Dazu kam, dass ich ja nur etwas Kleidung, meine Bücher und nur das Nötigste an Tischwäsche bei mir hatte. Wie sollte ich da eine Wohnung beziehen?

Beide sagten nichts, sondern ließen die Wohnung auf mich wirken. Mit jedem Augenblick war ich fester entschlossen, mir diese große Chance nicht aus der Hand nehmen zu lassen. So eine Gelegenheit würde bestimmt nicht wieder kommen, so viel Glück konnte man doch gar nicht haben.

»Ja, Herr Lucas, diese Wohnung ist wirklich ein Geschenk. Sie wäre die Erfüllung meiner Träume. Aber wie soll ich das bezahlen? Ich bekomme ein Anfangsgehalt von hundertachtzig Reichsmark, große Sprünge werde ich damit nicht machen können. Wie hoch ist denn die Miete für die Wohnung?« Ich merkte, wie bang meine Stimme klang.

»Fräulein Schulz«, fing er wieder großartig an, wobei er das Grinsen nicht aus dem Gesicht bekam, es machte mich ganz wirr, »diese Wohnung steht leer. Und das tut einer Wohnung nie gut. Das letzte Wort hat die Verwaltung. Ich werde aber den Leuten sagen, dass die Wohnung bewohnt werden muss. Dass in letzter Zeit eine ganze Reihe von Wohnungen leer geworden sind«, er räusperte sich, »täuscht nicht darüber hinweg, dass ich in diesem Haus keinen Leerstand haben will. Bestimmt werden kluge Köpfe dafür sorgen, dass auch in die anderen Wohnungen bald wieder Mieter einziehen. Ich werde gegenüber der Verwaltung also eine Empfehlung aussprechen, und für die Zwischenzeit entscheide ich spontan. Das heißt: Sie können hier bleiben.«

Ich konnte das alles überhaupt nicht fassen. Ich hatte übersehen, dass die Wohnung keinesfalls völlig leer war. In dem Schlafzimmer stand ein Bettgestell, ohne Matratzen, und ein Kleiderschrank war auch vorhanden. Immerhin ein Anfang.

»Wieso stehen hier noch Möbel«, fragte ich neugierig.

»Das haben Sie fein beobachtet. Sie dürfen sie sogar erst einmal benutzen, und wenn Sie sich in unserer wunderbaren Gauhauptstadt Posen eingelebt haben, können Sie sich diese Frage in ein paar Wochen selbst beantworten.« Es war klar, dass er dazu nicht mehr sagen würde.

»So, ihr Lieben«, gab er das Zeichen zum Aufbruch, »der Kuchen wartet, und jetzt sollten wir uns doch erst einmal etwas näher kennenlernen.«

Als wir wieder in der Stube saßen, jeder eine Tasse echten Bohnenkaffee vor sich, merkte ich, wie ich es einfach genoss, so etwas Gutes zu trinken. Ich wollte lieber nicht fragen, wie diese freundlichen Menschen an so eine Rarität gekommen waren. Dazu gab es einen wunderbaren Kuchen. Wann zuletzt hatte ich so etwas genießen dürfen? Und dann die heimelige Atmosphäre, ich hatte das Gefühl, die beiden schon lang zu kennen. Ich erzählte noch ein bisschen von mir, merkte aber, dass ich mich nicht konzentrieren konnte.

Was in den letzten Stunden geschehen war, war schwer zu verstehen. Gerade noch war ich ohne Arbeit, ohne Unterkunft, ja ohne irgendjemanden zu kennen am Posener Hauptbahnhof gestanden, und nun saß ich mit den nettesten Menschen zusammen, die ich mir vorstellen konnte. Mich überkam ein Glücksgefühl, wie ich es lange nicht mehr erlebt hatte. Vor Freude und Erleichterung konnte ich die Tränen nicht zurückhalten.

Als sie gar nicht mehr aufhören wollten zu fließen, räusperte sich Georg vorsichtig und wies darauf hin, dass ja nun doch ein wenig Arbeit vor uns allen liegen würde. Die Art, wie er sich selber miteinbezog, rührte mich besonders.

»Im Keller haben wir eine ganz gut erhaltene Matratze. Es sollte mich sehr wundern, wenn meine Frau nicht auch noch ein wenig Bettwäsche, die wir nicht benötigen, in ihren undurchdringlichen Schränken vergraben hätte. Hab ich recht, mein Schatz?« Dabei blinzelte er sie vergnügt an.

»Einverstanden. Du sorgst dafür, dass die Matratze hoch

kommt, und die anderen organisatorischen Dinge überlässt du mal uns Frauen.«

Damit brachen wir auf. Ich nahm meine Koffer, und Frau Lucas schnappte sich ein Bündel Wäsche. »Na, Kindchen, dann wollen wir mal sehen, was Sie überhaupt dabei haben.«

Jeder Satz, den ich hätte sagen können, wäre einer zu viel gewesen. Ich nahm einfach alles hin, ließ mich bemuttern und genoss dabei doch jeden Augenblick.

In der Mansarde angekommen, stellten wir fest, dass es keine Lampen gab. An einer Stelle hing noch eine nackte Glühbirne von der Decke, sodass wir wenigstens etwas Licht hatten. Frau Lucas packte tüchtig mit an, als ich meine Koffer ausräumte, aber ich bin auch fix in solchen Dingen, was mir bewundernde Blicke eintrug.

Kurz darauf klopfte es an der Tür. Ein stämmiger Mann trat ein, groß, mit markantem Gesicht, einem Gesicht, das Geschichten erzählte, wie es mir schien. Ohne ein Wort zu sagen, wuchtete er die Matratze auf das Bettgestell, tippte kurz an seine dunkelblaue Strickmütze und verschwand wieder. Wer war das? Ich nahm mir vor, später danach zu fragen. Nach knapp zwei Stunden waren wir fertig, und Frau Lucas verabschiedete sich. »So, Fräulein Schulz, machen Sie sich ruhig noch etwas vertraut mit Ihrer neuen Umgebung. Am besten notieren Sie sich, was Sie noch benötigen. Legen Sie sich aufs Bett und träumen ein wenig, und wenn Sie fertig sind, kommen Sie zu uns hinunter. Wir gehen dann Ihre Listen durch und können alles besprechen.«

Sie klopfte mir auf die Schulter, als wollte sie mir sagen, Kopf hoch, es wird alles gut. Und genau so fühlte es sich an für mich.

Wie ich ein paar Tage später erfuhr, entspann sich vier Stockwerke tiefer eine erregte Diskussion zwischen den Eheleuten Lucas. Luise war der emotionale Teil der beiden, obwohl sie sehr praktisch und nüchtern veranlagt war. In diesem Moment aber war sie sehr berührt, ja aufgewühlt.

»Georg«, sagte sie, »ich habe das Gefühl, dass das Schicksal uns beiden heute eine ganz besondere Chance bietet. Diese junge Frau kommt mir wie ein Ersatz für die Kinder vor, die ich dir leider nie schenken konnte. Ich bin sehr glücklich mit dir, ich habe dich von Herzen lieb. Du bist ein aufmerksamer, großartiger Mann. Das Beste, was mir passieren konnte. Du weißt, wie traurig ich immer darüber war, dass es bei uns nicht mit Kindern geklappt hat. Und du warst auch traurig, das habe ich doch gespürt. Und jetzt haben wir plötzlich so eine schöne Gelegenheit, eine Art von Familienzuwachs zu bekommen. Ich bin sicher, egal wie selbstbewusst dieses Fräulein auftritt, eigentlich braucht sie unsere Hilfe und Unterstützung. Sie ist hier ganz allein, und ich möchte, dass wir ihr ein Familienleben anbieten. Irgendwie ist mir diese junge Frau jetzt schon ans Herz gewachsen. Und deine raubeinige Art zeigt mir, dass sie auch bei dir etwas zum Klingen gebracht hat. Aber wenn wir uns um sie kümmern, übernehmen wir damit auch Verantwortung. Deshalb bitte ich dich noch eindringlicher als bisher schon, besonders vorsichtig zu sein. Dass du den Pawel mit der Matratze geschickt hast, war einfach unüberlegt. Wie ich Fräulein Schulz einschätze, wird sie uns mit Sicherheit fragen, wer das ist. Bitte, Georg, lass uns damit aufhören, bevor es zu spät ist. Noch können wir das relativ gefahrlos tun.«

Georg Lucas war noch ganz von der langen Ansprache seiner Frau gefangen, dann drückte er sein Kreuz durch, machte sich gerade und schaute sie liebevoll an. Es erstaunte ihn immer wieder, wie klug und sicher seine Frau Situationen einzuschätzen vermochte.

»Ich gebe dir völlig recht, Luise, und ich teile deine Gefühle. Auch mich hat Fräulein Schulz für sich eingenommen. Deinen Wunsch nach Nähe zu ihr kann ich verstehen, ich werde dich dabei gern unterstützen. Ja, du hast recht, wir müssen vorsichtig sein, aber das gilt ebenso für dich. Und es gilt übrigens auch gegenüber dieser jungen Frau, die wir nicht kennen. Wir beobachten also alles erst einmal sehr genau, und wenn sie tatsächlich nach Pawel fragt, werden wir schon eine Erklärung finden.«

Währenddessen machte ich in meiner kleinen Wohnung eine Art Bestandsaufnahme. Die Küche war mehr oder weniger komplett eingerichtet, was mich besonders freute, denn neben dem Schneidern war das Kochen meine große Leidenschaft. Bei der Beleuchtung musste ich mir helfen lassen. Gerade für meine Hand- und Näharbeiten benötigte ich unbedingt gutes Licht.

Sodann fehlte mir eine Garderobe, fiel mir ein, als ich meine Uniform auszog. Und mit Schrecken durchfuhr mich der Gedanke, dass ich die Kleidung ja noch zur Reichsbahn zurückbringen musste. Aber diesen unangenehmen Gedanken schob ich schnell beiseite. Das hatte Zeit. Ich zog mir eine frische Bluse an, dazu einen Faltenrock und flache Schuhe. Dann lief ich die Treppen zu den Lucas' hinunter.

Frau Lucas sah mir an, wie müde ich war, obwohl es erst kurz nach sieben Uhr war. »Na, heute werden Sie nicht alt, das merke ich schon. Ist ja auch alles ein bisschen viel für einen Tag. Legen Sie mal Ihre Liste mit den offenen Punkten hier auf den Tisch, mein Mann wird sich darum kümmern. Er ist schon wieder unterwegs.«

Mit Schrecken fiel mir ein, dass mir Herr Berger ja einen Auftrag mitgegeben hatte. »Ach, das ist ja schade. Ich habe nämlich vergessen, Ihren Mann zu fragen, ob er ein Ersatzrad hat für den Schreibtisch von Herrn Berger. Er hat mir das extra aufgetragen. Wenn ich ihm morgen früh dazu nichts sagen kann, ist mir das unangenehm. Außerdem benötige ich noch seinen Rat, wie ich zu einer guten Beleuchtung für die Wohnung kommen kann.«

Ich hatte die beiden unterschätzt. Frau Lucas erklärte mir, dass ich die nächsten beiden Tage frei hätte, das hätte ihr Mann mit Herrn Berger schon besprochen. Alles habe bis dahin Zeit. Auch die Bettwäsche hatte sie mir schon herausgelegt.

Sie lud mich noch auf eine Tasse Tee ein. »Bitte seien Sie mir nicht böse«, entgegnete ich, »aber ich möchte einfach ins Bett. Ich bin so müde, ich glaube, ich kippe gleich aus den Schuhen.« Sie drückte mir Bettwäsche in den Arm und schickte mich nach oben. »Schlafen Sie gut. Und denken Sie daran: Der erste Traum im neuen Heim geht in Erfüllung.«

Als meine Mutter in ihrer Erzählung an dieser Stelle angekommen war, wurde sie unterbrochen. Ein ständig anschwellender Lärm war zu vernehmen, ein Lärm, der aus Westen kam. Behielt Heinsen recht? Militärfahrzeuge drängten sich zwischen den Wagen hindurch, Pferde wieherten angsterfüllt. Ihre Hufe stampften wild auf den blank gefrorenen Boden. Obwohl wir uns einige hundert Meter von der Straße entfernt befanden, hörten wir Menschen schreien.

Wir wurden Zeugen des vorhergesagten Aufmarsches der deutschen Kampftruppen. Um schnell vorwärtszukommen, räumten sie die Straße rigoros frei. Was im Weg stand, wurde rücksichtslos in die Straßengräben geschoben. Fahrzeuge erlitten irreparable Schäden, Tiere wurden verletzt. Zahlreiche Pferde mussten durch Schüsse von ihren Qualen erlöst werden. Das Wehklagen der Menschen war groß. Den Kindern wurden die Augen zugehalten, doch auch den Menschen, darunter viele Landwirte, denen die Tiere über lange Jahre treue Begleiter gewesen waren, ging das Schicksal ihrer Tiere nah.

Heinsen lief durch unsere Reihen und beruhigte alle. »Lasst uns noch warten, bis sich das größte Durcheinander gelegt hat. Schon jetzt möchte ich euch aber bitten, zusammenzurücken. Wir werden andere Menschen aufnehmen müssen. Zu viel ist kaputt gegangen, wir können unsere Landsleute nicht im Stich lassen.«

Dann ging er langsam in Richtung Straße, drehte sich nach ein paar Metern aber noch einmal um. »Susanne und Fräulein Schulz, vielleicht kommen Sie beide mit? Wir wollen einmal sehen, ob wir helfen können.«

Meine Mutter war erstaunt, dass sie angesprochen wurde. Susanne besaß medizinische Kenntnisse, aber sie? Heinsen schien ihre Verwunderung zu spüren. »Fräulein Schulz, ja, ich brauche tatkräftige Unterstützung, und Sie machen mir den Eindruck, als redeten Sie nicht lang herum.« Lächelnd fügte er hinzu: »Das haben Sie mit mir ja auch nicht getan.« Nun war das Eis zwischen den beiden endgültig geschmolzen.

Als die drei an der Straße ankamen, bot sich ihnen ein unbeschreibliches Bild. Mehr als zehn Wagen waren rücksichtslos in die Gräben geschoben worden. Einige der Menschen hatten nicht mehr rechtzeitig abspringen können und lagen nun teilweise oder ganz unter den Wagen und Pferden begraben.

So gut es eben ging, versuchten Heinsen, Susanne und meine Mutter die Verletzten zu bergen. Acht Flüchtlinge waren ums Leben gekommen, bei drei Kindern stellte Susanne so schwere Verletzungen fest, dass nach ihrer Einschätzung kaum eine Überlebenschance für sie bestand. Sie schiente Brüche, notdürftig, meine Mutter verteilte Schmerztabletten und legte Salben auf. Es fehlte an allem.

Nach einiger Zeit kamen sie in der Begleitung von zwanzig Menschen zu uns zurück, Menschen, die alles verloren hatten und denen dringend geholfen werden musste. Das Wenige, das sie mit sich trugen, wurde auf die Wagen verteilt, ebenso die Flüchtlinge selbst. Überraschenderweise waren zwei der aus unserem Treck verschwundenen Wagen aufgetaucht, sodass wieder etwas mehr Platz zur Verfügung stand. Diejenigen Familien, die sich wiedergefunden hatten, lagen sich glücklich in den Armen.

Meine Mutter hielt immer wieder Ausschau nach Harras, konnte ihn aber nicht entdecken. Auch wenn er viel herumstreunte, war sie es inzwischen doch gewohnt, ihn in der Nähe zu wissen.

Mein Zustand hatte sich etwas stabilisiert, die Verletzungen heilten. Susanne wies meine Mutter jedoch eindringlich darauf hin, dass ich unbedingt warm gehalten werden musste. Als hätte er Gedanken lesen können, kam Heinsen genau in diesem Moment zu uns. Unterm Arm hielt er ein kleines Päckchen.

»Eh ich es vergesse, Fräulein Schulz. Im Nachbarort gab es eine kleine Apotheke, und der gute Mann dort überließ mir drei Flaschen Lebertran. Sie haben doch nur noch einen kleinen Rest.«

Meine Mutter war sprachlos. Sie bedankte sich und fühlte sich nun verpflichtet, ein paar private Worte mit ihm zu wechseln. »Fahren Sie eigentlich ganz allein mit uns? Sie haben doch sicherlich auch Familie.«

Heinsen wirkte erleichtert, auch einmal über andere Dinge als das nur unbedingt Notwendige sprechen zu können. »Ich war als Hoheitsträger verpflichtet, so lange wie möglich in Posen zu bleiben, aber mittlerweile habe ich den Glauben an den Endsieg aufgegeben. Das festzustellen, war für mich ein Schock. Ich habe an diese Bewegung geglaubt.«

Es war zu spüren, wie schwer Heinsen diese Bemerkung fiel. »Ich habe dem Führer vertraut und mich hundertprozentig in den Dienst der Sache gestellt.« Er wandte sich ab, als hätte er sich nun doch zu sehr offenbart. Er gab allen den Befehl, auf die Wagen zu steigen, es musste endlich weitergehen.

Im Weggehen drehte Heinsen sich noch einmal um und sah meine Mutter an. »Fräulein Schulz, warten Sie nicht auf den Hund. Er hat es nicht geschafft. Die Wagenkolonne war zu schnell.« Brüsk wandte er sich ab.

Meine Mutter weinte, aber vielleicht, sagte sie sich, war es besser so. Auch wenn der Hund sie an ihre Kindheit erinnert hatte, in den Wirren hätte sie sich nicht um ihn kümmern können.

Die dritte eiskalte Nacht brach an. Alle waren erschöpft. Hunger, Kälte, Angst hatten die letzten Kraftreserven aufgezehrt. Unser Wagen war mit zwölf Menschen überfüllt. Niemand konnte schlafen, so unruhig war die Fahrt. Ganz in der Nähe waren immer wieder Geräusche zu hören, die auf Kämpfe schließen ließen.

Meine Mutter spürte, wie wichtig es gerade in einer solchen Situation war, die Moral und den Lebenswillen der Menschen zu stärken, und sei es nur, indem man an bessere Momente zurückdachte. Und so begann sie, mit ihrem Bericht fortzufahren.

Am nächsten Morgen musste ich als Erstes an die Worte von Frau Lucas denken. Hatte ich einen Traum gehabt? Nein, ich entsann mich nicht, und so sagte ich mir, lieber gar keinen Traum als einen schlechten.

Gleich am Morgen wollte ich die Eisenbahneruniform zurückgeben. Ich legte den Weg zum Bahnhof bewusst zu Fuß zurück, um zu sehen, wo ich eigentlich gelandet war.

Es war so ein schönes Wetter. Alles war ruhig und friedlich, Posen schien eine Idylle zu sein, während in den Städten im Westen und im Norden Deutschlands im Frühjahr 1941 schon die ersten Bombenangriffe großen Schaden anrichteten. Ich konnte gar nicht glauben, was ich sah. Ich kam an einem kleinen Markt vorbei, der überraschend gut mit Nahrungsmitteln eingedeckt war. Es wurde nur deutsch gesprochen, zumindest bei den Verkäufern in der ersten Reihe. Die Helfer, die dahinter standen und die Kisten auffüllten und andere Handlangerdienste verrichteten, waren polnische Bauern, wie ich später erfuhr. Sie mussten auf ihren eigenen Höfen als Knechte arbeiten, selbstständige Arbeit war ihnen nicht mehr erlaubt. Dabei konnten sie offensichtlich noch froh sein, überhaupt bleiben zu dürfen.

Am Hauptbahnhof angekommen, suchte ich die Dienststelle auf. Hinter dem Abfertigungsschalter entdeckte ich meinen Kollegen Hans-Werner aus Bielefeld. Meinen ehemaligen Kollegen, korrigierte ich mich. In dem Jahr, als wir zusammen bei der Reichsbahn Dienst taten, war er mir ein guter Freund geworden. Groß, blond, blaue Augen, wir hatten über ihn immer als unseren Vorzeige-Arier gewitzelt. Und weil ich ja auch nicht ganz unansehnlich war, hatten die Kollegen aus uns schnell ein Traumpaar konstruiert. Wir fanden das eher peinlich, konnten aber gut damit umgehen. Hans-Werner war verlobt und wollte in Kürze heiraten.

»Oho, wen haben wir denn da?«, trompetete er los, ohne sich um die Umstehenden zu kümmern. »Reuige Sünderin oder herzlose Abtrünnige? Was bekomme ich denn jetzt gleich zu hören?«

»Dir scheint es ja gut zu gehen, Hans-Werner«, entgegnete ich. »Schön, dich zu sehen. Aber was machst du denn hier in der Etappe? Und um deine Frage zu beantworten – weder noch. Ich habe nur einfach keine Lust mehr, ständig herumzufahren. Deshalb habe ich beschlossen, hier in Posen zu bleiben. Stell dir vor, ich habe innerhalb eines Tages eine Wohnung und sogar eine Anstellung gefunden.«

»Bei deinem Elan wundert mich das nicht, Ursel. Was kann ich jetzt für dich tun?« Ich erklärte ihm, warum ich hier war.

Um ehrlich zu sein, muss ich hinzufügen, dass ich dem Hans-Werner einiges zu verdanken habe. Es gab bei der Bahn einen Vorgesetzten, einen ekligen Kerl, der sich für unwiderstehlich hielt. Da hat mich Hans-Werner immer ein wenig beschützt.

Lotte und Margaretha nickten zustimmend, und eng, wie alle zusammensaßen, waren jetzt auch einige Kommentare anderer Frauen zu hören. Jede wollte eine kleine Geschichte dazu beitragen. Man kicherte herum, und meine Mutter freute sich. Wenn hier jetzt ein bisschen gute Stimmung aufkommt, sagte sie sich, dann tut uns das allen gut. Über wen wir da lästern, ist ganz egal.

Also, fuhr sie fort, nachdem ich meine Uniform abgegeben hatte, verabschiedeten wir uns schnell, allerdings nicht ohne zu vereinbaren, uns bald mal auf ein Glas Bier zu treffen. Da er verlobt war, hatte ich keine Bedenken, einem Treffen zuzustimmen.

Ich wollte schnell wieder zurück in meine Wohnung, es gab genug zu tun. Als ich vor dem Haus stand, kam gerade dieser Mensch aus dem Keller, der mir schon am Vortag geholfen hatte.

Ich lächelte ihn freundlich an und wollte ihn gerade ansprechen, als er schon wieder im Keller verschwunden war.

Luise öffnete mir die Tür, es war offensichtlich, dass sie sich freute, mich zu sehen. Sie kümmerte sich anscheinend ausschließlich um den Haushalt, war dabei aber adrett gekleidet, ohne dass es übertrieben wirkte. Sie machte den Eindruck einer sehr tüchtigen Frau. Mit ihren dunklen, leicht gewellten Haaren und ihren großen braunen Augen sah sie gut aus. Und sie überragte mich um einen Kopf, was bei meinen 1,67 Meter keine besondere Kunst war. Die wenigen Falten, die sie hatte, waren offenbar auch eher durch Lachen entstanden. Ich schätzte sie auf Ende fünfzig.

Ihr Mann war ebenfalls in diesem Alter, aber ein Kerl wie ein Baum. Er war bestimmt 1,80 Meter groß und hatte kräftige Hände. Es waren Hände, die Vertrauen ausstrahlten, die zupacken konnten und denen man sich gern anvertraute. Er stand gut im Futter, ohne dick zu sein. Sein volles blondes Haar trug er links gescheitelt, er wirkte gepflegt. Man sah, dass er bei sich und anderen keinen Schlendrian duldete. Seine ruhige Stimme klang angenehm, ein Eindruck, der von seinem ganzen Verhalten ausging.

Später erzählte mir Luise einmal, wie sie sich kennengelernt hatten. Das war im Kino gewesen. Sie saßen zwei Plätze entfernt voneinander, sie mit einer Freundin und er mit seinem besten Kumpel. Später sagten sie übereinstimmend, dass sie sich augenblicklich in das Lachen des jeweils anderen verliebt hätten. Der Moment, von dem sie erzählte, als beide darauf warteten, dass endlich das Licht wieder angehen würde, um den anderen endlich auch sehen zu können, berührte mich sehr. So stellte ich mir einen richtig romantischen Moment vor.

»Na, mein Kind, wollen Sie noch lang hier vor der Tür stehen?«, riss mich Luise aus meinen Gedanken. »Wissen Sie, das ist im Moment alles ganz schön viel für mich. Ich war nur ein bisschen weggetreten«, antwortete ich ihr. »Na, dann werden wir uns jetzt mal gemeinsam ein paar Gedanken machen, wie wir weiter vorgehen. In Hektik wollen wir aber nicht geraten.«

Damit schob sie mich in die Stube, in der Georg saß. Er stand auf, reichte mir förmlich die Hand. »Na, Uniform abgegeben? Das würde mich sehr beruhigen.«

»Also wissen Sie, Herr Lucas, in diesen Zeiten den Anblick von Uniformierten nicht ertragen zu können, kommt mir doch ein bisschen wirklichkeitsfremd vor«, wagte ich mich mutig nach vorn. Frau Lucas fand das amüsant. »Wie schön, Fräulein Schulz, dass ich mit meiner Meinung nicht länger allein da stehe. Wer weiß, vielleicht können wir zwei zusammen diesem sturen Haushaltsvorstand mal ein wenig Paroli bieten.«

Herr Lucas ließ den Blick von mir zu seiner Frau und wieder zurück wandern. »Da steht mir ja noch einiges bevor. Aber nun an die Arbeit, meine Damen.«

Und was soll ich sagen: Der liebe Georg hatte schon alles bestens vorbereitet. Auf einer langen Liste, die er zusammengestellt hatte, standen Dinge, die ich mir in meinen kühnsten Träumen nicht vorgestellt hatte. Sogar an einen Volksempfänger hatte er gedacht. »Woher, um Gottes Willen, wollen Sie das denn alles bekommen?«, fragte ich ihn entgeistert.

»Na, Gottes Willen lassen wir mal lieber beiseite, der gute Mann hat sich im Moment um wichtigere Dinge zu kümmern als um Ihre Einrichtung. Am besten, wir gehen gleich mal los. Ich sage noch kurz Pawel Bescheid, der kann mir helfen.«

Ich hatte den Eindruck, dass es das Beste war, den Dingen ihren Lauf zu lassen. Das war nicht mein gewohntes Verhalten, aber schließlich wollte ich hier sesshaft werden und mein kleines Reich für mich haben. Hätte ich damals schon gewusst, welche Zustände im gesamten Warthegau herrschten und wie die Behandlung der polnischen Bevölkerung aussah, dann wäre ich sensibler gewesen. So aber war es offensichtlich, dass Herr Lucas mich nicht dabei haben wollte. Also hielt ich den Mund, später würde für Fragen immer noch Zeit sein.

An dieser Stelle wurde meine Mutter unterbrochen. Treckführer Heinsen kam mit zwei bewaffneten Männern zu unserem Wagen. »Wir müssen uns jetzt entscheiden, welchen Weg wir nehmen wollen«, begann er. »Die Gerüchteküche brodelt, wir müssen damit rechnen, dass alles um uns herum immer chaotischer wird. Angeblich ist Posen schon komplett eingeschlossen und die Russen rücken unaufhaltsam in breiter Front Richtung Westen vor. Ich will uns allen das Schicksal ersparen, von der Roten Armee überrollt zu werden.«

Alle standen besorgt um die drei Männer herum. Waren wir zu spät aus Posen aufgebrochen? War alles umsonst gewesen?

Heinsen sprach weiter. »Offenbar versuchen alle, irgendwie nach Frankfurt/Oder zu gelangen, um von dort aus mit dem Zug in Richtung Westen zu fahren. Die Strecke nach Berlin wird zwar von allen möglichen Leuten empfohlen, aber mir erscheint sie viel zu voll zu sein. Und sie ist leicht ausrechenbar. Natürlich wollen alle dort hin. Ich schlage deshalb vor, lieber eine andere Richtung zu nehmen.«

Nach einer kleinen Pause ließ er die Katze aus dem Sack. »Wir haben eben noch mit einem Offizier gesprochen, der uns empfohlen hat, in Richtung Guben zu fahren. Diese Strecke müsste leerer sein, weil man vermutet, dass die Russen sich zunächst auf die Einnahme von Frankfurt konzentrieren werden. Hat jemand von euch konkrete Pläne und ein festes Ziel?«

Alle murmelten vor sich hin, die meisten waren ratlos. Meine Mutter meldete sich zu Wort. »Ich will hier nur so schnell wie möglich weg. Ich will weit weg von diesem Krieg, ich will keine Soldaten mehr sehen und keinen Kriegslärm mehr hören. Ich will einfach nur leben, endlich leben, verdammt noch mal.«

Damit sprach sie allen aus der Seele, das merkte man an den Reaktionen. Lotte und Margarethe nahmen sie in den Arm. »Ursel, du und dein Peter, ihr kommt mit uns. Wir haben gemeinsame Freunde in Dessau, da können wir zunächst mal unterkommen. Hoffentlich wird das weit genug entfernt sein von diesem ganzen Elend. Mach dir keine Sorgen, da ist auf alle Fälle Platz genug für uns alle. Wir halten fest zusammen.«

Meine Mutter war tief gerührt über diese Solidarität. Wie wichtig war es doch, gerade jetzt nicht allein zu sein.

»Also abgemacht«, sagte Heinsen. »Wie verlassen in Kürze die Straße und biegen in Richtung Guben ab. Von dort aus versuchen wir, mit der Bahn weiterzukommen.«

Die meisten, so schien es, waren erleichtert, dass ihnen eine Entscheidung abgenommen wurde. Kaum jemand hatte einen festen Plan, welche Route er einschlagen wollte. Alles war so schnell gegangen, auch wenn einige murrten, man hätte schon viel früher Posen verlassen sollen. Andere entgegneten, dass man dann unweigerlich von den Behörden verfolgt und vermutlich bestraft worden wäre.

Zudem vermuteten manche, dass schon in ein paar Monaten wieder eine ganz neue Situation vorliegen würde. »Passt mal auf, in sechs Monaten ruft uns der Russe wieder zurück. Ohne uns kommen die doch überhaupt nicht klar. Wer soll denn die Felder bewirtschaften und die ganze Arbeit machen? Das kann doch keiner von denen.«

Meine Mutter hielt sich aus allen Diskussionen heraus. Sie nahm mich fest in den Arm und flüsterte mir zu: »Wir machen uns ein schönes Leben, mein Peterle. Nur wir zwei. Ich suche uns einen Platz, von dem wir nicht mehr fortlaufen müssen. Aber erst einmal passen wir gut auf, dass du gesund wirst.«

Mir ging es schon besser. Mutter schaffte es immer wieder, Brot und Milch für mich zu besorgen. Wie sie das machte, war allen ein Rätsel, aber auch Lotte und Margaretha profitierten davon, und so fragte keiner.

Eher unwillig erklärte sie sich dazu bereit, mit ihrer Erzählung fortzufahren. Dabei wurden die ganzen Erinnerungen an die vergangenen Jahre in ihr wachgerufen, und das waren ja nicht nur angenehme Erinnerungen.

Auch wenn es zunächst alles wirklich gut lief, wuchsen in Posen für mich die Bäume auch nicht in den Himmel. Ich hatte natürlich riesiges Glück, so eine schöne Wohnung zu finden und eine Arbeit, die mich nicht nur ausfüllte, sondern die mir auch einen unglaublichen Spaß machte. Sie war eine tägliche Herausforderung, umso mehr, als kriegsbedingt viele Köche und andere männliche Mitarbeiter von Küche und Hotel eingezogen wurden. Nur ganz wenige von ihnen galten als unverzichtbar, darunter Hansemann. Direktor Berger hatte den verantwortlichen Nazigrößen offenbar klargemacht, dass ihre Möglichkeit, nach Lust und Laune zu schlemmen und zu trinken, nicht zuletzt von den Einkaufs- und Kochkünsten eines Hansemann abhing.

In dieser Beziehung war er einfach nicht zu schlagen. Wenn er sich aufmachte zu organisieren, wie er es nannte, brach er in aller Frühe auf. Ein oder zwei Köche begleiteten ihn. Direktor Berger besorgte einen umgebauten Kübelwagen, organisierte Treibstoff und vor allen Dingen die nötigen Passierscheine. Gegen Mittag kamen sie dann zurück, der Wagen voll mit Fleisch, Würsten, Obst und Gemüse, frischer Milch, Käse. Es sah aus, als wären sie direkt aus dem Schlaraffenland gekommen. Nie verriet er seine Quellen, und die, die ihn begleiten durften, wurden strengstens dazu vergattert, den Mund zu halten.

Er kannte überall jemanden, und derjenige kannte wieder andere, so war ein richtiges Beziehungsgeflecht entstanden. Im Gegenzug für die Lebensmittel besorgte er zum Beispiel Ersatzteile für Maschinen. Auch Georg Lucas gehörte zu diesem Kreis.

Ich erkannte an seinem Dialekt, dass Hansemann aus Norddeutschland stammen musste, aber als ich ihn darauf ansprach, stritt er das ab. Bei anderer Gelegenheit raunzte er mich aber schon mal mit dem Spruch an: »Ick bün ut Hamborch, min Deern.« Als ich ihm einmal vertraulich erzählte, dass meine Familie ebenfalls aus Hamburg kam, schuf das eine besondere Nähe zwischen uns.

Und so erfuhr ich, wie aus ihm ein Koch geworden war. Er hatte die Schule geschmissen und war zur See gefahren. Einen festen Platz in der Besatzung bekam er allerdings erst, als der Kochsjunge in einem Hafen in der Karibik nicht mehr wiederkam. »Den hefft se shanghait«, sagte der Kapitän lakonisch, »dann soll sich der Smutje mal einen aus der Crew anlernen.« Die Wahl fiel auf Hansemann, der ab da in der Kombüse arbeiten musste. Da er als junger Kerl ständig Hunger hatte, gefiel ihm diese Lösung. Er musste nur aufpassen, dass die Lücken in den Vorräten nicht zu groß wurden, dann hatte er ein feines Leben. Und von dem Smutje konnte er tüchtig was lernen.

Das war alles lange her, doch wenn er gut gelaunt war, summte er »Nimm mich mit, Kapitän, auf die Reise« vor sich hin. Auf den Besorgungsfahrten kam das immer wieder vor, obwohl diese Ausflüge auch eine bedrückende Seite hatten. Wir fanden schnell heraus, dass wir den Umgang der Deutschen mit der polnischen Bevölkerung ähnlich beurteilten. Wir lehnten die Drangsalierungen, die allerorten zu beobachten waren, entschieden ab. Während man die polnischen Hofbesitzer verjagte, setzte man Landwirte aus Bessarabien für sie ein. Durch den Stalin-Hitler-Pakt hatten mehr als 90 000 Bessarabien-Deutsche ihr Land verlassen müssen und waren nach Polen gekommen. Doch die Absicht, sogenanntes deutsches Siedlungs- und Volksgut einzuführen, klappte hinten und vorne nicht. Zu viele unterschiedliche Volksgruppen waren rigoros umgesiedelt und zusammengeworfen worden. Balten, Wolhynier, Wolgadeutsche, sie alle sollten mit Gewalt zu einer Volksgemeinschaft zusammengeschweißt werden. In der Folge konnten nur wenige Höfe die Erträge liefern, die man von ihnen zur Versorgung der Bevölkerung und des Militärs erwartet hatte. Aber solch einen Hof hatte Hansemann gefunden.

Wenn ihm danach war und er wusste, wer seine Zuhörer waren, konnte er herrlich lästerliche Geschichten erzählen. »Stellt euch mal vor«, begann eine dieser Einlagen, »einer großen Kampfeinheit unserer tüchtigen italienischen Verbündeten ist es gelungen, an der Front in Nordafrika einen gegnerischen Radfahrer zum Absteigen zu zwingen. Das Vorderrad wurde am Boden vernichtet, mit dem Verlust des Hinterrads ist in Kürze zu rechnen. Die Lenkstange wurde erobert, aber um den Rahmen wird noch immer gekämpft. Den Führer redet den Duce übrigens nicht mehr mit ›Benito‹, sondern mit ›Finito‹ an.« Als ich zum ersten Mal so eine Geschichte hörte, blieb mir das Lachen im Halse stecken; zu viele waren aufgrund von ähnlichen Bemerkungen schon auf Nimmerwiedersehen verschwunden.

Schon stand Heinsen wieder vor dem Wagen. Es war auffällig, wie oft er inzwischen um Rat fragte oder einfach die Gesellschaft meiner Mutter suchte. »In Kürze ziehen wir in Richtung Süden weiter«, informierte er alle, »dann geht es hoffentlich schneller voran. Wir könnten schon morgen Abend in Guben sein. Wollen Sie nicht doch mitkommen, Fräulein Schulz?«

Als meine Mutter ablehnte, war ihm die Enttäuschung anzusehen. Er gab sich einen Ruck. »Schon gut, ich verstehe das. Dann will ich mich mal auf die Socken machen und schauen, ob ich ein annehmbares Quartier für uns zum Übernachten ergattern kann, während der Treck noch eine Weile weiterzieht.«

Dass Heinsen sie spät am Nachmittag verließ, erstaunte alle. Den sehen wir nie wieder, der setzt sich ab, lautete die einhellige Meinung.

Später stießen sie auf eine große Gruppe von Menschen, deren Anblick sie erschütterte. Die Gestalten, die gestreifte Kleidung trugen, schleppten sich mehr vorwärts, als dass sie gingen. Manche hatten nur noch Lappen um die Füße gewickelt, mit denen sie sich durch Schnee und Matsch mühten. Als sie die Gruppe passierten, erkannten sie, dass sie ausschließlich aus Frauen bestand. Alle trugen den Judenstern auf der linken Seite ihrer Jacken und zusätzlich noch einen Stern auf der rechten Schulter.

Und wer stand am Straßenrand? Heinsen. Er unterhielt sich angeregt und offensichtlich amüsiert mit einer der Bewacherinnen. Als eine der erbarmungswürdigen Gestalten direkt vor ihm zu Fall kam, packte er sie am Kragen, riss sie hoch und schrie sie an. Sein Gesicht wurde dabei zu einer wütenden Fratze.

Mehrere weibliche Uniformierte sorgten dafür, dass die Frauen hintereinander gingen und den Weg neben sich frei hielten, selbst wenn sie stürzten. Einige machten keine Anstalten mehr aufzustehen, nachdem sie hingefallen waren, doch sofort war eine der Wachen zur Stelle und zerrte die armen Kreaturen wieder hoch.

Alle auf unserem Wagen waren entsetzt, als sie das sahen. Meine Mutter richtete sich auf, bereit, im nächsten Moment einzugreifen. Doch Margaretha hielt sie fest. »Ursel, du hältst dich da raus. Sonst bringt du uns alle in Gefahr.« Margaretha hatte recht, und meine Mutter sank auf ihren Platz zurück. Doch dann griff sie in ihre Tasche, holte ihren kleinen Photoapparat heraus und machte unauffällig ein paar Aufnahmen. Sie hatte sich in der Beurteilung der Gesinnung von Heinsen also doch nicht getäuscht! Fast hätte sie sich von seiner Art einwickeln lassen.

»Habt ihr eine Ahnung, wo diese Menschen herkommen und wohin sie jetzt gehen?«, fragte jemand. »Ich habe von einem Lager gehört, in dem Zwangsarbeiter untergebracht sind. Das sind überwiegend Polen, Juden, Zigeuner und Deserteure«, berichtete Lotte. »Aber ich wusste nicht, dass sie so schlimm behandelt werden. In diesem Zustand kommen die doch gar nicht mehr weit«, fügte sie empört hinzu.

Meine Mutter wusste mehr über diese Lager. Sie war erstaunt über die Naivität, die aus Lottes Worten sprach. Auch im Umkreis von Posen befanden sich solche Lager, und sie hatte sehr viel drastischere Einzelheiten über die Zustände dort gehört.

Während sie alle noch mit diesen Gedanken beschäftigt waren, setzte hinter ihnen neuer Lärm ein. Eine kleine Kolonne von Lastwagen überholte sie. Auf den Ladeflächen saßen Soldaten.

Als einer der Lastwagen anhalten musste, beugte sich ein junger Soldat zu uns herüber. Die meisten Zivilisten waren längst zu Experten in Sachen Rangabzeichen und Militärdienstgraden geworden, und so war der Mann als Fahnenjunker Unteroffizier zu erkennen.

»Machen Sie sich keine Sorgen«, rief er uns zu, »wir sind auf dem Weg in die Etappe, um dort Waffen, Munition und Verpflegung aufzunehmen. Es läuft alles nach Plan, und wenn der Führer erst einmal den Befehl zum Einsatz der Wunderwaffen gegeben hat, werden wir die Bolschewiken für immer in die Sümpfe schicken, das können Sie mir glauben.« Vor Begeisterung glühte sein Gesicht, ihm war anzumerken, dass er jedes seiner Worte glaubte.

Von dem Wagen, der folgte, war inzwischen ein Mann abgesprungen, der nun nach vorne kam. »Krüger«, schrie er, außer sich vor Wut, »wenn Sie noch einmal in meiner Gegenwart so einen Unsinn verzapfen, unterstelle ich Ihnen die Nachhut, und zwar so lange, bis der Russe Ihnen die Haut in Streifen abgezogen hat, Sie verdammter Spinner.«

Dann wandte er sich uns zu. »Herrschaften, sehen Sie zu, dass Sie so schnell wie möglich über die Oder kommen. Hinter uns ist so gut wie gar nichts mehr. Gucken Sie sich an, was ich hier auf den Wagen habe, alte Männer und junge, unerfahrene Spinner wie der da. Das wird nichts mehr mit dem Endsieg. Der Krieg ist verloren, jetzt rettet jeder seine Haut, so gut er kann. Nur in einem Punkt hat der Fahnenjunker recht: Wir versuchen, unsere völlig dezimierten Verbände aufzufüllen, und dann geht es zurück an die Front, vorausgesetzt dass es die dann überhaupt noch gibt.«

Eine der Frauen auf unserem Wagen flüsterte: »Der Mann ist Ritterkreuzträger, wie kann der nur so etwas sagen.« Der Offizier hörte das. »Gnädige Frau, ich bin seit dem ersten Tag in diesem Krieg. Was ich erlebt habe, hat mir sämtliche Illusionen geraubt. Wenn ich Ihnen sage, dass wir den Krieg verloren habe, dann tue ich es, weil ich hoffe, dass Sie mich ernst nehmen und jede Anstrengung auf sich nehmen, hier wegzukommen. Ich will mir nicht vorstellen, dass Sie den Russen in die Hände fallen.«

»Und wie steht es um Posen, Herr Oberst?«, fragte Lotte.

»Posen ist so gut wie eingeschlossen. Vermutlich werden die Russen die Stadt einschließen, aushungern und ansonsten nichts mehr riskieren. Die sind uns in jeder Hinsicht überlegen, da bleibt kein Raum für Hoffnung mehr.«

Bis zum 25. Januar war die Rote Armee auf einer Breite von 500 Kilometern mehr als 150 Kilometer weit nach Westen vorgedrungen und hatte dabei die Heeresgruppe A komplett zerschlagen. Selbst der Einsatz von vierzig Divisionen, die von andern Frontabschnitten abgezogen und den Russen entgegengeworfen wurden, konnte diesen Vormarsch nicht stoppen. Die russische Armee kreiste die großen deutschen Städte wie Breslau oder Posen ein, zog jedoch sofort weiter. Mit der Einnahme der Städte konnten sie sich Zeit lassen, zunächst galt es, das Deutsche Reich vollständig zu besiegen. Unterstützung bekamen sie von den Alliierten, die an der Westfront immer weiter vordrangen, weite Teile Süddeutschlands waren von ihnen bereits erobert.

Die Situation in unserem Treck verschlechterte sich von Stunde zu Stunde. Zwei Wagen mussten komplett aufgegeben werden. Bei einem brachen zwei Räder, bei dem anderen weigerten sich die Pferde, noch einen Schritt zu tun. Sie waren am Ende mit ihren Kräften.

Die Trauer um die Tiere war groß. Sie waren ja nicht nur Arbeitskräfte gewesen, sie hatten auf den Höfen zum Leben dazu gehört. Kinder hatten auf ihnen ihre ersten Ausritte unternommen, sie hatten sie gepflegt, gestriegelt und gefüttert, und nun lagen diese bedauernswerten Geschöpfe fast tot am Straßenrand.

Ausgerechnet jetzt war Heinsen nicht da, doch es musste schnell gehandelt werden. Wie nicht anders zu erwarten, ergriff meine Mutter die Initiative. Sie holte sich zwei Männer vom Volkssturm zur Unterstützung. Die Verteilung der Menschen, deren Wagen liegen bleiben, musste organisiert werden.

Natürlich gab es Geschrei und Auseinandersetzungen, niemand wollte etwas von seinen Sachen zurücklassen. Meine Mutter schaute sich das nicht lange an. »Leute, hier geht es nicht um Töpfe und Pfannen. Alle Menschen müssen mitkommen können, das ist das Wichtigste. Diese Reisekoffer bleiben hier, wir müssen noch vier Erwachsene unterbringen. Nehmt das Wichtigste heraus, alles andere bleibt hier. Wer noch laufen kann, geht jetzt neben dem Wagen. Wir können uns ja abwechseln.«

Ihr energischer Ton zeigte Wirkung, alle befolgten die Anordnungen, freilich nicht ohne Flüche zu unterdrücken. Meine Mutter ließ sich davon nicht beeinflussen. Sie wandte sich an die beiden Männer an ihrer Seite. »Tut mir einen Gefallen. Sobald wir außer Sichtweite sind, sorgt bitte dafür, dass wir so viel Pferdefleisch wie möglich mitnehmen können, bevor andere sich darüber hermachen. Für eine kurze Weile können wir unsere Besitzansprüche noch anmelden.«

Die Männer nickten, stellten sich neben den Pferdekörpern auf und warteten, bis sich unsere dezimierte Kolonne entfernte. Bald darauf ertönten zwei Schüsse, und nach einer Stunde hatten die beiden, jeder mit einem Sack über den Schultern, wieder zu uns aufgeschlossen.

Einer gab meiner Mutter zu verstehen, dass er auf seinem Gut als Schlachter eingesetzt gewesen war. »Das hat gerade noch geklappt, Fräulein Schulz«, berichtete er. »Kaum waren wir fertig mit unserer Arbeit, fielen alle möglichen andern wie die Fliegen über den Rest her. Jetzt müssen wir nur zusehen, dass wir das Fleisch so bald wie möglich verarbeiten können. Das Beste wäre, wir hätten einen Platz, wo wir es gleich anbraten können.«

Es war beruhigend zu wissen, dass wir über neue Vorräte verfügten, denn bei jeder Durchfahrt durch Dörfer oder kleine Ortschaften wurde deutlich, dass hier absolut nichts mehr zu holen war. Die dringend benötigte Milch wurde knapp. Die Älteren wurden immer schwächer, viele von ihnen lagen apathisch im Wagen. Die Angst vor der schnell näher rückenden Front tat ein Übriges, um die Lebenskraft schwinden zu lassen. Es zeigten sich immer mehr Flugzeuge am Himmel, und da deren Nationalitätsabzeichen oft nicht zu erkennen waren, wuchs die Bedrohung.

Kurz vor Einbruch der Nacht tauchte Heinsen wieder auf. Meine Mutter war erleichtert. Sie spürte, dass es ein schmaler Grat war, ob ihr energisches Auftreten den erhofften Erfolg zeigte oder ob man ihr in den Rücken fallen und ihr anmaßendes Verhalten vorwerfen würde. Bis jetzt hatte sie sich durchgesetzt, doch das musste nicht so bleiben.

Die Wälder beiderseits der Straße waren undurchdringlich. Und niemand wusste genau, wo wir uns befanden. Heinsen schärfte den Volkssturmmännern ein, besonders aufmerksam zu sein. »Wir müssen jederzeit mit polnischen Partisanen rechnen«, warnte er und fügte mit gedämpfter Stimme hinzu: »Die sind noch schlimmer als die Russen. Also haltet die Augen offen. Wenn ihr euch nicht sicher seid, erst schießen, dann fragen.«

Wir befanden uns irgendwo zwischen einer Ortschaft namens Gossen und unserem vorläufigen Ziel Guben an der Oder. Dorthin zu gelangen, erwies sich zunehmend als schwierig. Auf der Straße stießen inzwischen auch Kutschen zu dem Flüchtlingsstrom, die von eleganten Reitpferden gezogen wurden. Dazwischen zogen zwei Frauen vierrädrige Karren hinter sich her, in denen dick eingepackt kleine Kinder saßen. Immer noch lag die Temperatur deutlich unter Null.

Heinsen hatte mitgeteilt, es seien noch dreißig Kilometer bis nach Guben. Die Hoffnung, dort ein ruhiges Quartier zu finden, hatte er sofort zunichte gemacht. »Die Stadt ist völlig überfüllt«, sagte er resignierend. »Von vielen Seiten kommen Trecks. Wir müssen da einfach rein und gucken, dass wir von den Behörden Hilfe bekommen. Das Problem sind die vielen Militärs, von denen es nur so wimmelt. Für die russischen Militärmaschinen ist das ein gefundenes Fressen. Wenn sie das erst mal bemerkt haben, werden sie die Stadt kurz und klein schießen.«

Meine Mutter war lange neben dem Wagen hergelaufen, jetzt gönnte sie sich endlich eine Pause. Sie kuschelte sich zwischen zwei Bettdecken, während Lotte ihr mit bedauerndem Lächeln einen Kanten trockenes Brot reichte. »Mehr gibt es leider nicht, Ursel.« Immerhin konnte sie ihr noch einen halben Becher gesüßten Tee geben.

An Schlaf war nicht zu denken. Neben den Wagen herrschte viel Verkehr, einmal kam sogar eine Gruppe Sträflinge, die von schwer bewaffneten SS-Soldaten bewacht wurden, entgegen. Keiner wagte zu fragen, was mit den Männern passierte. Zu groß war die Angst, der Waffen-SS eilte ein besonders menschenverachtender Ruf voraus.

Margaretha war aber aus anderen Gründen nervös. »Ursel, ich glaube, ich bin schon wieder schwanger«, flüsterte sie meiner Mutter zu. »Das kann doch nicht angehen. Da kommt der Mann für ein paar Stunden auf einen kurzen Fronturlaub nach Hause, und dann passiert das. Ich hab doch schon zwei. Ich hab das nicht gewollt, wie kann man denn Kinder in diese Welt setzen.«

Meine Mutter nahm sie in den Arm. Sie konnte Margaretha gut verstehen, dabei war sie selbst noch schlechter dran. »Komm, Margaretha«, machte sie ihr Mut, »ich erzähl dir mal, wie es mir in Posen weiter ergangen ist.« Die beiden Frauen nahmen mich in ihre Mitte und rückten noch ein bisschen enger zusammen.

Ich hatte euch ja schon erzählt, wie Georg Lucas sich auf den Weg gemacht hatte, um mir die fehlenden Möbel zu besorgen. Der Kerl war ein Zauberer. Wenige Stunden später hatte er eine komplette Wohnungseinrichtung für mich beisammen. Die beiden besten Stücke waren eine Singer-Nähmaschine und der Volksempfänger. Besonders gefreut habe ich mich auch über ein Bücherregal. Ich hatte mir eine kleine Sammlung von Kochbüchern angeschafft, die ich dabei hatte.

Ein Buch war mir besonders ans Herz gewachsen. Gar nicht so sehr wegen der Rezepte. Ich lese euch mal vor, was auf dem Umschlag steht. Ich hab ihn sogar mitgenommen. Nach kurzem Kramen zog sie den zusammengefalteten Umschlag aus ihrem Koffer.

»Die durch den uns aufgezwungenen Kampf bedingte Einführung von Lebensmittelkarten garantiert jedem Volksgenossen das ihm zustehende tägliche Brot. Die nationalsozialistische Staatsführung hat von vornherein dafür gesorgt, dass bei der Verteilung der lebenswichtigen Güter niemand zu kurz kommt und keiner bevorzugt wird. Selbstverständlich verlangt die Rationalisierung von jedem Deutschen der inneren Front Einsicht und Verständnis für die sich aus der gegenwärtigen ernährungspolitischen Situation ergebenden Fragen, und in erster Linie ist es unsere Hausfrau, die sich den augenblicklichen Gegebenheiten anzupassen hat, die wissen muss, welche Mittel unserem Volk in dieser schweren Zeit zur Verfügung stehen, und wie sie diese Mittel auf das Beste ausnutzen und auswerten kann für eine gesunde Ernährung und gesunde Volkswirtschaft. Der deutschen Hausfrau die Umstellung in der Küche in vielem zu erleichtern, soll der Zweck dieser Seiten sein.«

Dass dann zur Zubereitung von Hirse-Auflauf, falschem Butterteig, Grießtorte oder Schwarzmehlklößen geraten wurde, ist ja klar. Bei meiner neuen Arbeitsstelle würde ich damit jedenfalls nicht punkten können.

Am Nachmittag brachten Georg Lucas und sein Helfer alles zu

mir in den vierten Stock. Kurz darauf erschien auch Luise Lucas, die uns beim Einrichten half.

Pawel hatte Werkzeug dabei, sodass wir gleich Schrauben nachziehen und einige Nägel in die Wände schlagen konnten. Uns war die Freude anzumerken, wie sich alles zu einem kleinen, gemütlichen Heim gestaltete. Selbst der verschlossene Pawel schmunzelte einige Male, wenn er meine kindliche Freude bemerkte, endlich ein Zuhause für mich zu haben.

Es herrschte eine ganz besondere Atmosphäre in diesem Moment, zumal Luise Lucas im Handumdrehen den kleinen Tisch zu einer gemütlichen Kaffeetafel gedeckt hatte, auf den sie einen Gugelhupf stellte. Wir saßen zu viert um den Tisch herum.

Sie bemerkte meine Rührung. »Fräulein Schulz, wir freuen uns doch auch für Sie. Genießen Sie Ihr Leben, seien Sie froh darüber, dass es das Schicksal gut mit Ihnen meint. Bestimmt haben Sie das alles einfach verdient. So, Ende der Ansprache, und nun wird Kaffee getrunken.«

Ich wollte die Gunst der Stunde nutzen und richtete meinen Blick auf Pawel, der sich auf den Kaffee konzentrierte. »Ich danke Ihnen ganz besonders, Pawel. Sie haben all diese schweren Stücke hochgetragen. Wie kann ich das gutmachen?«

Pawel wirkte von meiner Frage überrascht, ja regelrecht erschrocken. Unsicher blickte er auf Georg Lucas, als wartete er auf dessen Reaktion. Er machte einen hilflosen Eindruck. Erst als von Georg ein fast unmerkliches Nicken erfolgte, antwortete er.

»Müssen Sie sich nicht bedanken. Hab ich gern gemacht.« Seine Aussprache war hart, ein bisschen knarrend. Er sah mich respektvoll an.

Hatte ich ihn in Verlegenheit gebracht? Georg Lucas kam ihm zu Hilfe. »Pawel ist unser Freund, Fräulein Schulz. Er hilft mir hier im Haus. Er ist ein sehr guter Handwerker, und wie er es selbst sagte, Dank ist ihm Belohnung genug.«

Als wollte sie diese Unterhaltung beenden, stand Frau Lucas

auf. »Genug geschwafelt, meine Herren. Die junge Dame richtet sich jetzt mal häuslich ein. Im Übrigen brauchen Sie bestimmt ein wenig Zeit, um sich auf Ihren ersten Arbeitstag morgen vorzubereiten.«

Sie hatte recht. Wir verabschiedeten uns freundlich voneinander, und nachdem ich die Tür geschlossen hatte, genoss ich die Ruhe und das Gefühl, mein eigener Herr zu sein. In diesem Moment war ich glücklich.

Am nächsten Morgen traf ich pünktlich an meinem Arbeitsplatz ein. Eine junge Frau namens Hildegard wurde mir zur Seite gestellt, sie war in meinem Alter und wir hatten gleich einen guten Draht zueinander. Nachdem ich meine Arbeitskleidung erhalten hatte, feste, aber bequeme Schuhe sowie eine weiße Haube, führte sie mich zunächst durch die Räumlichkeiten.

Alles glänzte vor Sauberkeit. Nichts stand herum, alles war professionell zugeordnet. Hildegard ließ es sich nicht nehmen, ein paar persönliche Kommentare zu dem einen oder anderen Kollegen abzugeben.

Mir war das alles fast zu viel. Ich hatte in der Hauswirtschaftsschule kochen gelernt, und es machte mir Spaß, auch mal ein bisschen zu experimentieren, mit Gewürzen und anderen Zutaten zu spielen. Ich wusste, dass ich was kann. Doch vorerst durfte ich nur Handlangerdienste verrichten. Das war in Ordnung. Ich merkte, dass es sinnvoll war, sich erst einmal anzupassen und überhaupt alle Abläufe zu sehen und zu verstehen. Auch Hansemann musste ich besser kennenlernen.

Meine Mutter schaute sich um. Mittlerweile hatten sich fünf Frauen eingefunden, die, eng zusammengerückt, dasaßen. Ein wenig sah es aus, als suchten sie alle Schutz. Immer wieder kreiste die Flasche mit dem hochprozentigen Inhalt.

Luise und Georg Lucas wurden mit der Zeit meine besten Freunde, aber auch die Kollegen in der Hotelküche waren nett. Jedenfalls hatte ich es mehr als gut getroffen. Freilich, so ganz im Inneren meines Herzens fehlte noch etwas. Ich hätte gern einen Freund gehabt, aber all die jungen Burschen, die sich für unwiderstehlich halten und einem gleich an die Wäsche wollen, nein, das war es bestimmt nicht. Und so habe ich mir einfach Zeit gelassen.

Es verging mehr als ein Jahr, in dem ich allein lebte. Mittlerweile war es wieder Herbst geworden. Mit Luise, wir waren längst beim Du angekommen, bin ich hin und wieder ins Kino gegangen. Mir hat das immer viel Spaß gemacht.

Eines Tages, nach einem anstrengenden Arbeitstag, beschloss ich spontan, allein ins Kino zu gehen. Im Kino Ufa-Deli gleich neben dem Hotel lief »Kleider machen Leute«, für mich als Fan von Heinz Rühmann ein Muss. Helmut Käutner führte Regie. Der Film war lustig, ein wenig oberflächlich – genau das, was ich an dem Abend brauchte.

Ich hatte mir angewöhnt, immer erst den Saal zu betreten, wenn die Wochenschau vorbei war. Diese ganzen Erfolgsmeldungen, die aufdringliche Berichterstattung und die durchdringenden Fanfarenstöße konnte ich nicht ertragen. Die metallisch klingende Stimme des Sprechers mit der aggressiven Hintergrundmusik war nichts für mich.

Also musste ich mir immer im Dunklen einen Platz suchen, und da ich lieber alleine saß, nahm ich gleich den Platz direkt neben dem Gang. Und schon begann der Film.

Drei Plätze weiter saß ein Mann, der, soweit ich das erkennen konnte, eine Uniform trug. Mehr war nicht auszumachen. Sein Lachen allerdings war nicht zu überhören. Mich erinnerte das auf einmal stark an die Situation, in der sich Georg und Luise kennengelernt haben mussten.

Ich ertappte mich dabei, dass die Handlung des Films immer mehr in den Hintergrund trat, je größer mein Interesse für den

Mann ein paar Sitze weiter wurde. Zumal wir immer an denselben Stellen lachten.

Nach eineinhalb Stunden war die Geschichte auf der Leinwand zu Ende, natürlich mit einem glücklichen Ausgang. Das Licht ging an, ich schaute nach links, und was soll ich sagen: Ich blickte in die schönsten braunen, verträumten Augen, die ich je gesehen hatte. Die gesamte Gestalt des Mannes war eher unscheinbar, aber gleich in diesen ersten Sekunden spürte ich eine Ausstrahlung, die mich gefangen nahm.

Er stand auf und kam auf mich zu. Ohne Anstalten zu machen, sich an mir vorbeizuzwängen, blickte er mich mit einem entwaffnenden Lächeln an. »Na, ein Paukenschlag war's ja nicht gerade, aber Ihnen wird es auch gefallen haben«, sagte er in schönstem Österreichisch zu mir und schob ein »Hob i recht?« hinterher.

Darauf war ich ja nun überhaupt nicht gefasst. Zuerst schoss mir durch den Kopf: ein Ausländer. Das war natürlich ein bisschen dumm, aber mit so einem Dialekt hatte ich einfach nicht gerechnet.

»Ach«, entgegnete ich, »es muss ja nicht immer nur das ganz große Kino sein. Ich mag den Rühmann gern, und Erich Ponto mag ich auch.«

Er machte große Augen. »Soso, den Ponto auch, na, das ist ja eher ungewöhnlich. Die meisten jungen Damen schwärmen vor allem für Stars, aber ich teile Ihre Meinung, er ist ein besonders guter, feinsinniger Schauspieler.«

Auch wenn es lächerlich klingt: Diese kleine, unbedeutende Übereinstimmung hat mich sofort für diesen Menschen eingenommen. »Haben Sie ihn denn auch in ›Schneider Wibbel‹ gesehen?«, fragte ich übermütig. Er reagierte amüsiert. »Ja, natürlich, den habe ich mir in meinem Stammkino in Wien sogar dreimal angeschaut.«

Damit war's heraus. Kein Bayer, ein Österreicher, offenbar sogar ein Wiener. Gibt Schlimmeres, dachte ich mir. Ein paar Gedanken an den Führer, der ja auch aus Österreich kam, konnte ich mir allerdings nicht verkneifen. Meine Güte, dachte ich im selben Moment, wie man sich doch verrennen kann in dieser verrückten Welt. Da steht ein interessanter Mann vor einem – und ich denke an den Führer!

Das Kino hatte sich längst geleert, nur wir standen uns in dem engen Gang zwischen den Sitzreihen immer noch gegenüber. Wer macht jetzt den ersten Schritt, überlegte ich. Den macht doch eigentlich immer der Mann, oder? Als hätte er meine Gedanken erraten, fragte er mich, wieder in weichstem Österreichisch: »Gehen wir noch ein Stückerl, wenn Sie Zeit haben?«

Befreit lachte ich auf. Wie unkompliziert sich das alles anließ. »Gut«, antwortete ich und lächelte ihn an, »aber nur, wenn Sie Hochdeutsch mit mir sprechen.«

»Na, dieser Strafe unterziehe ich mich gern, wenn ich Ihnen damit eine Freude mache. Aber ich gebe zu bedenken, dass ich nicht versprechen kann, in alte Sünden zurückzufallen, sprachlich gesehen.«

Draußen war es schon recht kühl. Wie von selbst hakte ich mich bei dem Mann unter. Eine erstaunliche Leichtigkeit überkam mich. Konnte es sein, dass mir das passierte, was ich mir immer schon gewünscht hatte? Eine Schulter zum Anlehnen, einen Menschen zum Austauschen, Reden, jemand, dem ich vielleicht vertrauen konnte? Im gleichen Atemzug bemerkte ich meine Blockade. Hab es nicht so eilig, ermahnte ich mich. Sei kritisch und halte deine Gefühle im Zaum. Vor allem aber: Lass dir Zeit. Doch ich spürte, wie Kopf und Herz miteinander rangen.

Der Mann an meiner Seite verlangsamte seine Schritte und schaute mich von der Seite an. Ob er meine Zerrissenheit spürte? »Also, mein Fräulein, ich bin der Robert aus Wien. Und wie Sie zweifellos selbst in der Dunkelheit erkannt haben, so ganz taufrisch bin i net mehr.« Seine Stimme wurde zu einem Flüstern. »Jahrgang 03. Aber«, fuhr er fröhlich fort, »ansonsten noch ganz intakt.«

Dann holte er etwas weiter aus. »Mein militärischer Ehrgeiz hält sich in Grenzen, manchmal überkommt mich großes Heimweh. Ich bin katholisch, hatte einen Gewerbebetrieb zu Hause, den ich aufgeben musste, um für Führer, Volk und Vaterland zu kämpfen. Ob ich das will, hat mich keiner gefragt. So, das war jetzt mein Lebenslauf, das polizeiliche Führungszeugnis liegt in meinem Spind, das bring ich das nächste Mal mit.« Er lächelte mich schelmisch an.

Na, so ein Draufgänger, dachte ich. Aber irgendwie charmant. Es machte mir Spaß, ihm zuzuhören, seine Stimme war sanft, selbstbewusst. Ich spürte seine Hand an meinem Unterarm, und wie von selbst rutschten unsere Hände ineinander. Es fühlte sich gut an, vertrauensvoll, fest und doch auch zärtlich. Ich weiß, es klingt albern, aber vom ersten Moment an war das für mich »der Bertl«. Ich wusste, das passt.

Die kleine Stille zwischen uns war mir ganz recht, aber jetzt war ich dran. »Ich bin die Ursula Schulz aus Wustrow an der Dumme. Wie Sie merken, kann ich in Sachen hochherrschaftlicher Herkunft mit Ihnen nicht vollständig mithalten.«

Wir lachten beide, während wir dem Hotel Ostland immer näher kamen. »Hätten Sie Lust auf ein Glaserl Wein?«, fragte er mich fast schüchtern.

»Also, das mit dem Glaserl nehme ich dann mal als Ausrutscher hin«, antwortete ich, »aber seien Sie mir nicht böse. Ich arbeite hier, da möchte ich in meiner Freizeit lieber woanders einkehren. Vielleicht finden wir etwas ganz in der Nähe?« Er nickte, und so betraten wir nur wenige Schritte weiter ein kleines Weinlokal, von dem ich wusste, dass man hier ohne besondere Formalitäten noch etwas zu trinken bekam.

Er betrat vor mir das Lokal und half mir aus dem Mantel. Meine Güte, dachte ich, alles kleine Gesten, die ich nie richtig wahrgenommen habe und die mir doch so gut gefielen. Wir fanden einen Ecktisch, und der Kellner kam und sah mich freundlich an.

»Na, Frau Kollegin, schön, dass Sie sich einmal bei uns entspannen möchten.«

Mir war dieser Empfang etwas peinlich, aber da ich im Hotel gelegentlich im Service eingesprungen war, kannte ich natürlich den einen oder anderen Kollegen.

Bertl reagierte souverän. »Was gibt es denn bei Ihnen dieser Tage noch so?« Dem Kellner bereitete die Situation Vergnügen. »Wenn ich mich nicht täusche, dann könnte Ihnen ein Grüner Veltliner Freude machen. Ich darf Ihnen den nur glasweise ausschenken, und grundsätzlich eigentlich überhaupt nicht, aber bei besonderen Gästen lässt sich der Patron schon mal überzeugen.«

Bertl war fassungslos. »Was geschieht denn hier? Bin ich an eine gute Fee geraten? Einen Veltliner, ja wo gibt's denn so was!« Ich sah ihn an und drückte ihm die Hand. Es war einfach zu schön.

Wir hatten uns so viel zu sagen, dass die Distanz des Tisches zwischen uns bald überwunden war und wir vertraut nebeneinander saßen. Beinahe schon Schulter an Schulter, dann wieder fast erschrocken auseinander fahrend, als hätten wir Angst vor unserer eigenen Courage.

Luise hatte mir mal einen Rat gegeben. Wenn du ihn riechen kannst, dann ist er der Richtige, hatte sie gesagt. Daran musste ich denken, als er neben mir saß. Ja, ich konnte ihn gut riechen. Ich mochte den leicht herben, männlichen, nicht zu aufdringlichen Geruch. Und ich mochte seine Hände. Sie waren schmal, aber kräftig. Sie verrieten, dass er es gewohnt war anzupacken, und doch waren sie gepflegt. Dass ich nach Spuren eines Ringes suchte, könnt ihr bestimmt verstehen. Ich fand keine.

Für einen Soldaten waren seine braunen, zurückgekämmten Haare lang. Sie rahmten ein schmales Gesicht ein, das verträumt wirkte, fast wehmütig. Seine Uniform schlotterte ihm um den Körper. Mit meiner weiblichen Besorgnis nahm ich mir vor, ihn aufzupäppeln, sobald ich dazu Gelegenheit haben würde.

Das Du gehörte bald ganz selbstverständlich dazu. Ich erzählte ihm, dass er für mich gleich der Bertl gewesen war, und so war ich für ihn von nun an das Uschele.

Früher als ich es wollte, kam der Moment, dass er auf die Uhr sah und ernst wurde. »Uschele, es tut mir sehr leid, aber ich muss los. Ich darf den Zapfenstreich nicht verpassen, mein Zug geht in wenigen Minuten. Begleitest du mich noch zum Bahnhof? Ich bin im Warthelager stationiert.«

Er war jetzt nervös und rief schnell nach dem Kellner. Der trat ganz gelassen an unseren Tisch. »Herrschaften, das geht aufs Haus. Aber nur, wenn ihr eure Verlobung bei uns feiert!« Er strahlte uns an, wehrte jeden Dank ab und verschwand.

Nun hieß es, schleunigst zum Bahnhof zu kommen, bedanken konnte ich mich später. Wir mussten uns beeilen, auch wenn der Bahnhof nur wenige Minuten entfernt lag. Unterwegs schmiedeten wir einen Plan, wie wir uns wiedersehen konnten. Bertl schlug einen Termin in etwa zehn Tagen vor, vielleicht würde er dann sogar ein Wochenende in Posen verbringen können.

»Irgendwie sorge ich dafür, dass du von mir hörst, Uschele«, sagte er zum Abschied. Im Gedränge der Reisenden, die meisten davon in Uniform, beließen wir es bei einem vorsichtigen, fast gehauchten Wangenkuss, der aber viel mehr ausdrückte. Er war Abschied und Versprechen zugleich. Und Vorfreude auf ein Wiedersehen.

Ich stand so lange am Bahnhof, bis der Zug ganz und gar verschwunden war. Was soll ich sagen: Ich war verliebt bis über beide Ohren. So also fühlte sich das an. Und sofort fragte ich mich, wie ich bloß die Zeit überstehen sollte, bis dieser Mann wieder hier sein würde.

Als ich nach Hause ging, wusste ich nicht, wie ich mit dem, was ich gerade erlebt hatte, umgehen sollte. Ich konnte es doch nicht nur für mich behalten. Am liebsten hätte ich es laut hinausgeschrien, ich wollte die ganze Welt an meinem Glück teilhaben lassen.

Mein erstes Opfer war Luise. Da es noch nicht spät war, musste ich bei ihr klingeln. Offenbar sehr stürmisch.

Georg öffnete die Tür und schimpfte los. »Was soll das denn?«, im dunklen Flur konnte er mich nicht sofort erkennen. »Ach, du bist's«, sagte er dann. »Das Geklingel hörte sich so dramatisch an, ich dachte schon, der Führer sei tot. Aber so viel Glück können wir wohl nicht haben. Komm rein, oder willst du auf dem Flur erfrieren?«

Ich hatte die Kälte gar nicht gespürt. Als ich in die Stube trat, sah ich Luise, die sich schon bettfein gemacht hatte, in einen Morgenmantel gehüllt auf dem Sofa sitzen. Sie schaute mich aufmerksam an. »Na, diese leuchtenden Augen haben doch etwas zu bedeuten? Und bestimmt nicht deine Beförderung zur Chefköchin.«

»Nein«, schoss ich los, »allerdings nicht. Stellt euch vor, ich war im Kino und hab einen ganz zauberhaften, umwerfenden Mann getroffen. So nett, so freundlich.«

»Himmel hilf«, unterbrach mich Georg, »die Prinzen sind ausgestorben. Es dürfte sich also, trotz all deiner Schwärmerei, doch um einen normalen Menschen handeln? Siehst du, Luise«, fuhr er fort, »da lässt du das arme Mädel einmal allein ins Kino, und schon passiert so etwas.« Er wandte sich mir zu. »Na gut, weiter mit deiner Schwärmerei. Wer ist es, was macht er, was will er und wo kommt er her?«

»Um mit der letzten Frage anzufangen, er ist Österreicher.«

»Nein, bitte nicht«, stöhnte Georg theatralisch auf. »Bitte bitte nicht. Sag nicht auch noch, dass er das R nachdrücklich rollt, einen kleinen Bart unter der Nase hat und an die Vorsehung glaubt!« Georg warf sich seiner Frau in die Arme. »Luise, sag du mir, dass ich mir das nur einbilde. Kneif mich, schnell!«

»Weißt du, Georg, ohne euch Männer wäre das Leben schon leichter, besonders wenn ihr euch benehmt wie kleine Buben. Ursel hat sich verliebt, und du hast ihr gefälligst alles Glück dieser

Erde zu wünschen. Nun lass sie doch erst mal erzählen.«

Ich war dankbar für diesen Ton, aber ich spürte bei Luise auch eine bislang nicht gekannte Sorge, vielleicht sogar so etwas wie Distanz in ihrer Stimme.

Als ich erzählte, machte ich lauter völlig unnötige Ausschweifungen. Das Herz floss mir einfach über, alles musste heraus. »Luise, ich habe so an dich denken müssen, als dieser Mensch drei Plätze neben mir saß. Es war dieses Lachen, so sorglos, so befreit, das mich förmlich mitriss.«

»Natürlich, Kind, das verstehe ich schon. Wie soll es denn nun weitergehen? Habt ihr euch schon verabredet?«

Ich erzählte, dass Bertl Urlaub beantragen würde. Und dass er mir eine Nachricht zukommen lassen wollte. Auf meine Bemerkung hin, er sei im Warthelager stationiert, reagierte Georg. »Na, das ist ja nicht weit. Und was heißt das nun? Bleibt er dann für länger?«

»Georg, sei still«, fuhr Luise dazwischen. »Deine lästerlichen Gedanken behältst du mal für dich und lässt Ursel erzählen.« Als ich mich wenig später von den beiden verabschiedete, rief ich Georg noch zu: »Er ist übrigens Wiener, das wird dir hoffentlich besser gefallen.«

In meiner Wohnung angekommen, erschien es mir absurd, ins Bett zu gehen. So wach wie jetzt war ich lange nicht mehr gewesen. Tausend Fragen schossen mir durch den Kopf. Ich merkte, wie ich mich selbst ganz verrückt machte. Aber die Vernunft sagte mir, dass ich Schlaf suchen musste, mein Küchendienst war anstrengend.

Zum Glück wurde ich in den nächsten Tagen bei der Arbeit richtig gefordert, sodass kaum Zeit blieb für abschweifende Gedanken. Eines Tages übergab mir der Hotelportier einen Brief. »Ist eben abgegeben worden.«

Mein Herz schlug mir bis zum Hals. Endlich eine Nachricht. Zitternd nestelte ich an dem Brief herum, bis ich ihn geöffnet hatte.

Liebes Uschele,
es hat geklappt, ich hab ein Wochenende frei bekommen und werde am 4. Dezember um 14.38 Uhr mit dem Zug in Posen Hauptbahnhof ankommen. Es wäre schön, wenn Du mich abholen könntest. Ich freu mich so sehr auf Dich,
Dein Bertl

Sofort ratterten die Gedanken los. Wo sollte er denn übernachten, wenn er kam? Ich konnte ihn doch nicht in ein Hotel stecken. Aber was sonst? Ich musste das am Abend sofort mit Luise und Georg besprechen.

Als der Dienst endlich vorbei war und ich vor ihrer Tür stand, konnte ich vor Ungeduld kaum den Mantel ausziehen. »Er kommt«, rief ich Luise zu, die im Flur stand. »Wer?«, fragte Georg. »Doch nicht etwa der Führer?« Luise lachte. »Ursel, ganz ruhig. Er hat wieder seine drolligen fünf Minuten. Mich macht nur sein unvorsichtiges Gerede in der Öffentlichkeit nervös. Wenn das mal die falschen Leute hören, bekommen wir Scherereien. Komm rein.«

Ich platzte los. »Er kommt. Sein Urlaubsantrag ist genehmigt worden. Er kommt am 4. Dezember und wird bestimmt über das Wochenende bleiben können. Ich wollte eure Meinung dazu hören.«

»Ursel«, begann Luise, »das ist deine Entscheidung. Du musst niemanden um Erlaubnis fragen. Du tust, was du für richtig hältst, und dann wird es gut sein.«

»Aber ich weiß nicht, wie ich das organisieren soll. Ich will doch nicht von Lokal zu Lokal und von Kino zu Kino mit ihm ziehen. Wir wollen doch auch ungestört beisammen sein. Ich dachte, es ist kein Problem, wenn er bei mir im Wohnzimmer auf dem Sofa schläft. Ich hab ja das Schlafzimmer für mich.«

Luise sah mich an, ihre Worte waren aber gar nicht an mich gerichtet. »Georg Lucas, sollte ich jetzt von Ihnen auch nur irgendeine Äußerung, und sei es ein Räuspern, vernehmen, dann dürfen Sie sich in den nächsten drei Wochen auf Liebesentzug einstellen.«

Dann nahm sie mich in den Arm. »Mädel, freu dich! So wie

ich dich kennengelernt habe, wirst du schon alles richtig machen. Wenn du möchtest, kannst du uns deinen Märchenprinzen gern mal vorstellen. Wir machen einen kleinen Kaffeeplausch zusammen, aber das will ich ganz dir oder besser euch überlassen.«

»Ich bin dir dankbar, wenn du mir mit Rat und Tat zur Seite stehst.« Dann verabschiedete ich mich schnell wieder, weil ich mit meinen Gedanken und Gefühlen allein sein wollte.

Sollte ich mir ein Programm für die drei Tage ausdenken? Aber ich war doch nicht seine Fremdenführerin! Im Radio sang Willi Forst »Ich bin ja heute so verliebt«, aber das wusste ich selbst. Was ich nicht wusste, war, ob ich noch zum Friseur gehen sollte? Hatte ich etwas Schönes zum Anziehen? Wofür musste ich noch sorgen, richtig, Bettwäsche, einen eigenen Pyjama besaß er ja wohl. Du meine Güte, war das alles kompliziert. Und was sollte ich uns zum Frühstück machen? Wiener essen bestimmt nur Schnitzel, Tafelspitz und Kaiserschmarrn. Na, das konnte ja heiter werden. Mit solchen Gedanken schlief ich ein.

Die folgenden Tage schlichen nur so dahin. Immerhin wurde ich gelassener und beschloss, alles auf mich zukommen zu lassen. Vielleicht ließen sie ihn ja doch nicht aus der Kaserne raus.

An besagtem Freitag stand ich früh auf. Im Hotel hatte ich mir freigenommen. Als ich Hansemann stotternd und mit knallrotem Kopf um Urlaub gebeten hatte, hatte er gegrinst. »Ich beobachte Sie ja nun schon eine Weile, nicht zuletzt weil ich große Stücke auf Sie halte. Ich will die Gelegenheit gern nutzen, um Ihnen einmal zu sagen, dass ich mit Ihrer Arbeit sehr zufrieden bin. In den letzten Tagen kamen Sie mir allerdings etwas ›tüffelich‹ vor, wie wir in Hamburg sagen. Ich nehme mal an, Sie sind mit Ihren Gedanken ganz woanders. Bevor Sie sich also bei uns in der Küche verletzen, sollten Sie die freie Zeit lieber genießen. In diesem Jahr ist es ohnehin das letzte freie Wochenende für Sie wie für alle anderen hier in der Küche. Hotel und Restaurant sind bis Anfang Januar ausgebucht. Richten Sie sich bitte darauf ein.«

Ich nickte brav und gab mich besonders folgsam. »Sagen Sie, Herr Hansemann«, wagte ich doch meine Frage. »Ich würde so gern für einen netten Besuch einen Tafelspitz zubereiten. Ich weiß, es klingt unverschämt, aber könnte ich vielleicht ein kleines Stück Fleisch aus der Kühlkammer nehmen?«

»Machen Sie's unauffällig und lassen Sie es niemand sehen. Und bitte nicht zu oft, junges Fräulein. Dann wünsche ich ein schönes Wochenende.« Ich war über seine Großzügigkeit richtiggehend beschämt.

Ab zwei Uhr stand ich im Bahnhof, viel zu früh. Luise hatte mir noch aufmunternd zugewinkt. Am Tag zuvor hatte sie mir einen Pelzmuff zugesteckt, damit ich nicht total erfroren vor ihn treten müsse, wie sie es formuliert hatte.

Endlich, nach einer Ewigkeit, kam der Zug. Der Lärm und das Gedränge am Bahnsteig waren unerträglich. Wie sollten wir uns da finden? Aber meine Sorge war unbegründet. Es klingt banal, ich weiß, aber die Begegnung mit ihm, das Suchen und Ausschauhalten war wie eine einzige Bewegung.

Wie eine in den Schnee gespurte Linie gingen wir aufeinander zu. Er ein wenig gemächlicher, seine Uniform hemmte ihn offenbar, aber ich wollte meine Freude nicht zurückhalten. Wir hielten uns fest und konnten uns gar nicht sattsehen. Um uns herum herrschte Hochbetrieb, und wir merkten bald, dass wir im Weg standen. »Komm, lass uns schnell weggehen, sonst muss ich womöglich noch Vorgesetzte grüßen«, flüsterte mir Bertl zu.

Das Wochenende stand vor der Tür, Posen zog alle Menschen an, die ins Kino gehen, tanzen oder einfach ein Restaurant besuchen wollten. Der Krieg war damals ja noch kaum zu spüren.

»Komm, wir nehmen die Straßenbahn«, sagte ich. »In der Uniform kannst du doch nicht durch die Kälte laufen.« Kurz darauf standen wir an der Haltestelle. Wir stiegen vorne ein, wie es üblich war. Der hintere Wagen war für die Polen bestimmt.

Und dann waren wir auch schon bei mir zu Hause. Mir klopfte das Herz bis zum Hals. Um keine unnötige Spannung aufkommen zu lassen, drehte ich mich zu ihm um. »Na komm schon, alter Mann. Die vier Etagen wirst du ja wohl schaffen.«

»Dir wird ich helfen, mich alter Mann zu nennen. Pass bloß auf!« Wir kicherten wie Kinder, die gerade einen Streich ausgeheckt hatte.

Auf der Fußmatte vor meiner Tür entdeckte ich eine Backform, über die ein Handtuch geschlagen war. Darunter verbarg sich ein noch warmer Napfkuchen. Bertl sah mich verwundert an. »Ach, die liebe Luise grüßt auf ihre Art«, versuchte ich eine Erklärung.

Ich schloss die Tür auf und bemühte mich um Normalität. Mein glühendes Gesicht, die roten Wangen und die strahlenden Augen, befürchtete ich, würden mich ohnehin verraten. »Komm, leg ab, ich brühe uns einen Kaffee auf. Dann wird uns warm.«

Während ich mich geschäftig in die Küche begab, blieb Bertl im Flur stehen. Dann stellte ich alles auf ein kleines Tablett und wollte es ins Wohnzimmer tragen. Bertl stand noch immer im Flur, als traute er sich nicht einzutreten.

»Na, komm rein«, neckte ich ihn, »oder hast du Angst?« Er kam auf mich zu, sagte kein Wort, nahm mich in die Arme und hielt mich fest. Wie sehr hatte ich mir solch eine Umarmung, solch eine Nähe immer gewünscht. »Lass mich nicht mehr los«, flüsterte ich, etwas ängstlich, zu schnell zu viel von meinen Gefühlen preiszugeben.

Ich löste mich aus der Umarmung, holte das Tablett und wir setzten uns. »Ich bin so froh, bei dir zu sein«, sagte er. »Weißt du, beim Militär muss man sich doch arg bescheiden. Nie hat man etwas Schönes, einen gedeckten Tisch, Wärme, Gemütlichkeit. All das gibt es in meinem Leben im Moment nicht. Zu uns Österreichern sagen sie zu allem Übel auch noch Kamerad Schnürschuh. Das ist ein alter Schmähruf aus dem Ersten Weltkrieg. Noch schlimmer ist ›schlapper Ostmärker‹. Dir kann ich's ja sagen: Ich hab schon richtiges Heimweh.« Er schien unter dem ganzen Drill sehr zu leiden, das Laute, Zackige sagte ihm gar nicht zu.

Im Radio trällerte Ilse Werner gerade den neuesten Schlager »Ich hab dich und du hast mich«, was uns beide losprusten ließ. Na, wenn das nicht passte. Aber diese Stimmung wurde sofort wieder unterbrochen, als eine Fanfare eine Sondermeldung des Oberkommandos der Wehrmacht ankündigte. Ich stand auf und machte das Radio aus. Bertl nickte mir zu.

»Danke, Uschele. Jetzt vergewaltigen sie auch noch unsere großartigen Komponisten, diese Verbrecher«, stieß er hervor. »Weißt du eigentlich, was das für eine Eröffnung ist?« Ich schüttelte den Kopf. »Das war Franz Liszt, ein Österreicher. Er hat eine großartige sinfonische Dichtung für Orchester komponiert, ›Les Preludes‹, ein Teil davon ist diese sogenannte Russlandfanfare, mit der jetzt jede Sondermeldung beginnt. Der Franzl würd sich im Grab herumdrehen, wenn er das wüsste.«

Ich spürte, wie er in Gedanken versank. Gleich darauf sah er mich an. »Ach, wir lassen uns doch nicht den schönen Abend verderben. Wir machen die Tür nach draußen einfach zu.«

Ich zündete zwei Kerzen an. Wir saßen da, sahen, wie es um uns herum allmählich dunkler wurde, tranken unseren Kaffee und probierten den himmlischen Kuchen. Vermutlich spürten wir auch beide, wie wir eine Entscheidung hinauszögerten. Dabei bedurfte es gar keiner Worte. Wir wollten das Gleiche.

Ich hatte weder die Kraft noch die Geduld für einen weiteren Aufschub. Zu lang hatte ich auf diesen Moment gewartet, auf dieses Glück und die Bereitschaft, alles mit jemandem zu teilen. So stand ich auf und nahm diesen Mann, den ich liebte und begehrte wie noch nie jemanden zuvor, bei der Hand. »Komm, Bertl, komm.«

An dieser Stelle unterbrach meine Mutter ihre Erzählung und fing an zu weinen. Die Frauen versuchten, sie zu trösten, aber sie hatte schon viel zu lang allein mit dieser Geschichte umgehen müssen. Jetzt brach alles aus ihr heraus.

Ich hatte so eine schöne Zeit mit ihm. Er war liebevoll, ja geradezu ritterlich. Er war galant und gut erzogen, und er brachte mich immer wieder zum Lachen. Meine Sorgen waren dann wie weggeblasen.

Außerdem weihte er mich gleich an diesen ersten Tagen in ein Geheimnis ein. Nach einem wunderbaren Spaziergang erzählte er mir Folgendes. »Weißt du, Uschele, ich hatte einen wichtigen Kunden in Wien, für den durfte ich einen großen Auftrag erledigen. Er fragte mich eines Tages, ob er die Hälfte der Rechnung in bar und den Rest in Naturalien zahlen könne. Ich wusste da schon, dass der Mann seine Finger überall drin hatte. Er handelte mit allem und jedem. Er tauschte, wechselte, importierte, exportierte, hatte dabei aber den Ruf, anständig und seriös zu sein. Man munkelte, er verfügte bis zu den höchsten Spitzen der Partei hinauf über hervorragende Beziehungen. Kurz und gut, er bot mir an, die zweite Hälfte meiner Arbeit mit Tabak zu entlohnen.

Bald lief das für mich wie ein kleiner Nebenerwerb zu meinem eigentlichen Handwerksbetrieb. Ich trieb nicht allzu viel Handel, nur ein bisschen und immer schön vorsichtig, damit ich niemandem in die Quere kam. So konnte ich mir bald einen kleinen Vorrat zur Seite legen. Mit meinem Vater vereinbarte ich, als ich im Juli 1942 eingezogen wurde, dass er meinen beträchtlichen Tabakvorrat übernahm. Er sollte ihn einfach für mich aufbewahren.

Als ich dann hier merkte, wie begehrt Tabak ist, ließ ich mir von zu Hause gleich einige Päckchen schicken. Tabak und Zigaretten oder Zigarettenpapier sind fast schon zu einer Ersatzwährung geworden. Womit ich nicht gerechnet hatte, war der Neid meiner Kameraden, und was noch schlimmer war, das Verhalten der Langfinger. Pakete, in denen sie etwas Interessantes vermuten, öffneten die angeblichen Kameraden und ließen den Inhalt in ihren Taschen verschwinden.

Lange Rede kurzer Sinn: Ich wollte dich fragen, ob ich meinem Vater deine Adresse geben darf? Er würde die Päckchen dann an dich schicken, und du sammelst das einfach hier. Wenn wir uns sehen, kannst du mir dann ein bisschen davon geben, damit ich mir meinen persönlichen Proviant etwas aufbessern kann. Du kannst dir selbstverständlich auch etwas davon nehmen und schauen, was du dafür eintauschen kannst.«

Ich wusste, wie begehrt Tabak war, und so verschlug es mir erst einmal die Sprache. Vor allem aber freute mich, dass Bertl mir so schnell Vertrauen schenkte.

Das Wochenende ging natürlich viel zu schnell vorbei. Für den Sonntagnachmittag hatten wir uns den Anstandsbesuch bei Luise und Georg aufgehoben, ich wollte unbedingt, dass die beiden meinen Bertl kennenlernten. Bertl wiederum wusste inzwischen, wie wichtig die beiden für mich waren.

Wie unschwer vorherzusehen, machte Georg seine Witzchen, und der arme Bertl musste sich allerhand Vergleiche mit dem »Gröfaz« gefallen lassen. Hier konnte so ein Wort schon mal fallen, außerhalb der eigenen vier Wände hätte man jetzt schnell um sein Leben bangen müssen.

Luise war die liebenswürdige Gastgeberin, bei der ich nun aber doch so etwas wie Mutterallüren merkte. Sie musterte Bertl mehr als einmal sehr sorgfältig, was ihm nicht verborgen bleiben konnte. Als dann erst die Fragerunde begann, wäre ich am liebsten im Boden versunken.

»So«, fing Georg an, »verheiratet sind Sie also nicht?«

Bertl verneinte, erzählte kurz von seiner Familie in Wien und betonte noch einmal, dass er ungebunden sei. Er tat mir fast leid, wie inquisitorisch er befragt wurde und wie sehr er sich anstrengte, einigermaßen Hochdeutsch zu sprechen.

»Hm«, bohrte Georg weiter, » nehmen Sie mir das nicht übel, bitte, aber ein Mann in Ihrem Alter? Und ganz ansehnlich sind Sie schließlich auch. Nie die Richtige gefunden?«

Als Bertl zunehmend nervös auf seinem Stuhl herumrutschte, machte Luise einen Versuch, diesem elenden Frage-und-Antwort-Spiel ein Ende zu bereiten. Doch Bertl wehrte ab. »Nein, nein, gnädige Frau. ich versteh Sie ja und auch Ihren Mann. Sie wollen wissen, mit wem sich Uschele einlässt. Also, ich war einmal verheiratet, und aus dieser Ehe ging auch ein Sohn hervor, Robert. Er heißt so wie ich und ist jetzt dreizehn Jahre alt. Er ist in der Familie groß geworden, meine Eltern und meine beiden Schwestern kümmern sich um ihn. Trotzdem bin ich gerade jetzt in großer Sorge. Ich wäre gern zu Hause. Das alles macht diesen militärischen Unsinn, wenn ich das einmal hier so offen sagen darf, nicht leichter für mich.«

Ich kannte diese Einzelheiten bereits, wir hatten lang und einfühlsam über alle diese Themen gesprochen. Seine Frau war einer verschleppten Lungenentzündung zum Opfer gefallen. Ich bewunderte ihn dafür, wie er diese enorme Belastung neben der Übernahme des väterlichen Betriebs durchgestanden hatte. Ich wusste, wie eng Bertl mit seiner Familie verbunden war.

Der weitere Verlauf der Kaffeerunde verlief reservierter, als ich mir das ausgemalt hatte, aber ich tröstete mich mit der Hoffnung, dass es ja nur ein erster Besuch war. Wie hätte es da schon zu innigen Verbrüderungen kommen sollen? Ich nahm mir vor, dafür zu sorgen, dass dies nicht unser letztes Treffen zu viert sein sollte.

Nachdem wir uns voneinander verabschiedet hatten und wir wieder in meiner kleinen Wohnung waren, konnte ich Bertl endlich bekochen. So hatte ich mir das immer für einen Mann gewünscht. Es gab Tafelspitz, ein einfaches Rezept eigentlich, nur wollte ich es ihm auf typisch wienerische Art servieren. Dazu hatte ich am Vortag schon Kartoffeln gestampft und mit Mehl und Salz zu einer bröseligen Masse verarbeitet, die über Nacht ziehen musste.

Jetzt bereitete ich frisch das Rindfleisch zu und fügte Zwiebel, Lauch und Wacholderbeeren zu einer Soße hinzu. Dazu gab es dann, schön knusprig in der Pfanne gebraten, die gestampften Kartoffeln und natürlich Meerrettich.

Bald saßen wir an dem gedeckten Tisch, mit Stoffservietten vor uns und einer Kerze, dazu hatte ich uns den Grünen Veltliner eingeschenkt, der uns bei unserem ersten Treffen so gemundet hatte. Gleich am nächsten Tag war ich zu dem Kellner gegangen, und da hatte er mir diese Flasche mitgegeben. »Nehmen Sie's hin, junge Frau«, hatte er gesagt. »Ich habe doch gesehen, wie viel Freude Sie an diesem Abend hatten. Der Wein ist also in guten Händen, über die Bezahlung reden wir später einmal.«

Bertl war sehr gerührt, als er das alles sah. »Jesses Maria, Mädel, was hast du denn alles gezaubert? Und dann noch der Kartoffelschmarrn. Wie kommst du denn an all diese guten Sachen? Und erst der Wein!«

Was glaubt ihr, wie glücklich ich war. Er nahm mich in den Arm, und das tat so gut. Eine heiße Welle bereitete sich in mir vom Kopf bis zu den Zehen aus. Wir aßen bedächtig, Bertl behandelte jeden Bissen wie ein Geschenk. Wir sprachen fast nichts, schauten uns nur gelegentlich an. Wir spürten beide eine enge Verbindung. Nichts vermochte uns zu trennen.

Zum Nachtisch hatte ich Palatschinken vorbereitet, allerdings nur mit Marmelade, das war leider die Einschränkung. Raffiniertere Zutaten hatte ich nicht bekommen können.

»Noch einen Kaffee, Bertl?«, fragte ich. »Oder noch einen Wein? Du hast ja kaum etwas getrunken.«

»Alles zu seiner Zeit, Uschele. Ich mag keinen Wein mehr. Ich möchte bei dir sein, mit dir, das will ich nicht durch Alkohol verderben. Außerdem muss ich morgen ganz früh aufstehen, der Zug geht um 6.45 Uhr, da kennen sie in der Kaserne kein Pardon.«

Er stand auf, nahm mein Gesicht in seine beiden, sich so zart anfühlenden Hände. Ich mochte seinen Geruch, seine Berührungen, seine Stimme, ich mochte ihn ganz und gar. Eng umschlungen verließen wir das Zimmer.

Als ich nachts einmal aufwachte und seinen Atem hörte, der so viel Ruhe ausstrahlte, war ich glücklich. Es hatte sich gelohnt, zu warten.

Um 5.30 Uhr klingelte der Wecker. Es gab einen kurzen Imbiss, und natürlich bestand ich darauf, ihn zum Bahnhof zu bringen. Es war bitterkalt, und es hatte geschneit. Unterwegs teilte er mir seine Entscheidungen mit, die er sich offenbar überlegt hatte.

»Du, ich red noch mal mit dem Spieß. Ich würde so gern Weihnachten mit dir zusammen verbringen. Und ich werde gleich dem Vater schreiben, dass er den Tabak ab jetzt an dich schicken soll. Es könnte allerdings sein, dass dann einer meiner Kameraden bei dir vorbeikommt und sich seinen Teil abholt, einige von ihnen sind regelmäßig hier. Du darfst ihm jedoch auf keinen Fall mehr als die vereinbarten hundert Gramm geben, das sind vier Päckchen. Und du darfst dir auch nicht anmerken lassen, dass du noch mehr hast. Ich schicke dir eine Nachricht in dein Hotel, ob es mit dem Weihnachtsurlaub klappt.«

Im Bahnhof, der trotz der frühen Stunde voll war wie immer, nahm mich Bertl zur Seite. »Uschele, lass uns hier Abschied nehmen. Das erregt sonst nur Aufsehen am Bahnsteig. Mädel, ich hab dich sehr lieb. Du bist so eine Freude für mich, ich kann's gar nicht fassen. Lass mich dich ganz fest in den Arm nehmen. Du hast mir so viel gegeben, danke. Pass auf dich auf.«

Abrupt drehte er sich um und war auch schon weg. Ich war überrascht über diesen Abschied, aber auch dankbar. Was sollten wir uns hier noch sagen.

An dieser Stelle beendete Mutter ihre Erzählung. Es hatte zu dämmern begonnen, und was aus den Schatten der Nacht auftauchte, war so entsetzlich anzusehen, dass sich die Worte sperrten. Links und rechts der Straße lagen umgestürzte Wagen, daneben tote Pferde, deren steife Beine in den Himmel ragten. Kaum noch zu erkennen waren verendete Kühe, größtenteils schon zerlegt, während einige Verzweifelte immer noch versuchten, Fleisch aus den Kadavern zu schneiden. Möbel, Kisten, beschlagene Truhen lagen in den Gräben, Kleidung lag verstreut herum, selbst Leichen waren zu sehen, die niemand bestattet hatte. Dazwischen bewegten sich kleine Kinder.

Lotte und Margaretha versuchten, ihren Kindern diesen Anblick zu ersparen. Was natürlich nicht gelang, und die Kinder fingen laut an zu weinen. In der Nähe waren bereits die Vororte von Guben zu sehen, doch es war klar, es würde noch Stunden dauern, bis der Treck die Stadt erreichte.

Während wir nur im Schritttempo vorwärts kamen, häuften sich links und rechts die Leichen, teilweise gnädig zugedeckt von dem fallenden Schnee.

Heinsen kam an unseren Wagen und sprach meine Mutter an. »Guben ist überfüllt, wie alle anderen Ortschaften auch. Aber ich will unbedingt rein in die Stadt, dann könnten wir zumindest ruhig schlafen. Ich kenne jemanden, der uns vielleicht helfen kann. Die Wagen und die Pferde werden wir ohnehin bald abgeben müssen. Vielleicht kommen wir mit der Bahn weiter, mit Glück sogar bis Cottbus.«

Seit meine Mutter beobachtet hatte, wie Heinsen sich den Frauen aus dem Straflager gegenüber verhalten hatte, hielt sie wieder Abstand. Ihm war nicht zu trauen. Sie spürte, dass es höchste Zeit war, sich von dem Treck abzusetzen.

Dessau-Roßlau

Als die Stadtgrenze erreicht war, nahm Heinsen eine Zählung vor. Auf drei Wagen verteilten sich vier Männer, sechzehn Frauen und zwölf Kinder.

»Wie ihr wisst, haben wir eine andere Route genommen als ursprünglich geplant«, begann Heinsen. »Das war gut für uns, aber jetzt haben wir das Problem, dass wir hier von den offiziellen Versorgungsstellen nicht angenommen werden, weil wir nicht angemeldet sind. Etwa drei Kilometer von hier gibt es einen alten Gasthof. Wir können den ehemaligen Tanzsaal zum Schlafen bekommen. Dort können wir unser Gepäck ordnen und uns endlich mal wieder waschen. Dann versuchen wir, einen Platz in einem Zug zu bekommen. Bis dahin rührt sich keiner vom Fleck – sonst ist sein Platz weg. Einverstanden?« Dann sah er meine Mutter an. »Fräulein Schulz, können wir kurz miteinander reden?«

Beide tuschelten miteinander, und bald machte meine Mutter eine abwehrende Handbewegung. Danach ging das Gespräch deutlich erregter weiter. Schließlich sah es so aus, als ob meine Mutter nachgeben würde. Sie ging zum Wagen zurück, nestelte an ihrem Gepäck herum und drückte Heinsen ein kleines in Papier eingeschlagenes Päckchen in die Hand. Der Kommentar, den sie dazu abgab, schien Heinsen nicht zu erfreuen. Brüsk drehte er ab.

Lotte kam auf meine Mutter zu. »Ursel, kann ich dir helfen? Hier stimmt doch etwas nicht.«

Meine Mutter sah verzweifelt aus. »Lotte, du weißt, dass ich mich dir ganz anvertraue. Und vorhin habe ich euch erzählt, wie ich für Bertl und sein Tabakgeschäft zu einer wichtigen Schaltstelle wurde. Ich habe den gesamten Tabak, der sich bei mir angesammelt hat, dabei. Glaub mir, das ist eine ganze Menge. Irgendwie hat das Heinsen im wahrsten Sinne des Wortes gerochen. So ist das halt: Ich brauche ihn, weil ich für Peterle Lebertran brauche, und er nutzt das für sich aus. Heinsen macht für mich Tauschgeschäfte. Aber langsam wächst mir das über den Kopf. Wenn wir in dem Gasthof unterkommen, wird das von mir bezahlt, mit meinem Tabak. Es gibt nichts mehr umsonst, schon lange nicht. Für alles muss bezahlt werden, und Heinsen zapft mich regelmäßig an. Ich muss hier weg, Lotte. Irgendwann kommt es zum Streit mit ihm.«

Lotte war die Verwirrung anzusehen, aber sie beschloss, sich mit dieser Erklärung zufrieden zu geben. Sie wusste, dass meine Mutter eine ehrliche, verlässliche Frau war.

Stunden später erreichten unsere Wagen den Gasthof. Schwerfällig und steif gefroren stiegen alle ab und reckten und streckten sich. Die Männer begannen, das Gepäck abzuladen, während sich die Mütter mit den Kindern eine Schlafecke einrichteten. Das Besitzerehepaar hieß alle willkommen und verteilte eine dünne, aber warme Suppe. Dazu gab es Brot und ein wenig Käse. Für die Kinder war die warme Milch am wichtigsten.

Alle waren zum Umfallen müde und hatten nur einen einzigen Wunsch: warm und ohne Angst ein paar Stunden schlafen zu können.

Entschlossen zog sich meine Mutter mit Lotte und Margaretha in eine Ecke zurück. Die beiden sahen sie neugierig an.

»Ich bin so müde wie ihr und muss unbedingt endlich mal richtig schlafen. Aber ihr sollt wissen, was hier vorgeht.« Sie atmete tief durch. »Von dem Tabakgeschäft, das ich von Bertl geerbt habe, habe ich euch erzählt. Alles in allem hatte ich mehr als zehn Kilo Tabak und ziemlich viele Päckchen mit feinstem Zigarettenpapier gehortet. Von dem Teil, der mir gehören sollte, habe ich nach und nach Schmuck gekauft, guten, teuren Schmuck. Das ist meine Währung, mit der ich mir und Peterle ein neues Leben schaffen möchte. Wenn jemand erfährt, was für Sachen ich hier mit mir herumtrage, muss ich um mein Leben fürchten. Inzwischen schlagen sich die Leute doch schon für ein Stück Brot den Schädel ein. Heinsen hat keine Ahnung, wie viel Tabak ich habe, er darf es auch nicht erfahren. Aber er ist hartnäckig, er wird mir keine Ruhe geben. Deshalb muss ich schauen, dass ich hier wegkomme.«

Lächelnd fügte sie hinzu: »So, jetzt kennt ihr alle meine Geheimnisse. Die anderen, die es sonst noch gibt, behalte ich lieber für mich. Seid mir bitte nicht böse, ich leg mich jetzt hin und will endlich mit Peterle mal wieder kuscheln. In den letzten Tagen hat er mich doch kaum gesehen.«

Am nächsten Morgen erwachten wir, weil es im Saal sehr unruhig war. Fast alle waren bereits wach, viele redeten, es gab Ersatzkaffee und einige Scheiben Brot für jeden. Ein regelrechter Luxus angesichts der allgemeinen Not.

Alle stellten sich die Frage, wie es weitergehen sollte. Wohin konnte man fliehen? Und musste man dafür noch mehr Sachen zurücklassen? Nach wie vor gingen die meisten davon aus, in absehbarer Zeit in ihre Heimat zurückkehren zu können. Dann würden sie alles, was sie mit sich schleppten, wieder benötigen.

Mittlerweile schrieb man den 28. Januar. Ein Sonntag. Die Nachrichten, die man aus Posen hörte, waren schrecklich. Die Stadt war von den Russen komplett eingeschlossen worden. Ihr Vormarsch war nicht aufzuhalten. Die Kampftruppen zogen an den großen Städten im Warthegau, in Schlesien und Pommern vorbei in Richtung Westen. Wo immer die Rote Armee einmarschierte, herrschte Chaos und es kam zu den Übergriffen, wie sie immer befürchtet worden waren. Auch unter den Flüchtlingen in Guben nahm die Panik zu.

Meiner Mutter standen die Sorgen ins Gesicht geschrieben, als sie sich ihren Freundinnen zuwandte. »Darf ich euch bitten, auf Peterle aufzupassen? Ich will mal rausgehen, um zu sehen, was hier wirklich los ist.« Zuvor hatte sie ihrem Rucksack zwei kleine Päckchen entnommen.

Lotte schob sich nach vorn. »Natürlich, Ursel, wir passen auf. Sei vorsichtig, und vielleicht kannst du Milch bekommen?«

Meine Mutter sah sie überrascht an. »Warum? Was ist los?«

»Ich glaube, Margaretha hat Probleme. Sie klagt über Mattigkeit, vermutlich hat sie Fieber. Ich werde versuchen, einen Arzt zu finden. Sie hat eine belegte Zunge, und an ihrem Oberkörper sind so merkwürdige Verfärbungen.«

Als meine Mutter rausgegangen war, lief ihr der Wirt des Gasthofs über den Weg. »Na, junge Frau. Einkäufe machen? Das vergessen Sie mal besser. Die Stadt ist ausgeplündert, da ist nichts mehr zu holen. Noch nicht mal die Herrschaften der NSDAP haben Reserven. Sie können es ja mal beim Roten Kreuz versuchen, aber da möchte ich lieber nicht die Schlangen sehen.«

»Ach, wissen Sie, mit Geld geht doch alles, oder?«

Er lachte höhnisch. »Geld? Wer will schon Geld! Nee, meine Liebe, da muss schon mehr passieren. Schmuck, Tabak, Zigaretten, damit kann man sich über Wasser halten, aber Geld? Schöne Ringe haben Sie da an den Fingern. Das wär vielleicht was, aber sonst.« Wieder einer, der sich nur am Elend der anderen bereichern will, dachte meine Mutter und ließ ihn stehen.

In der Stadt herrschte ein gewaltiges Durcheinander. Meine Mutter war überrascht, dass es offenbar keinen Evakuierungsbefehl gegeben hatte, überall waren Zivilisten. Ständig kamen neue Trecks an. Gleichzeitig war sie beunruhigt über die massive Präsenz des Militärs. Sogar Waffen-SS mit schwerem Gerät war zu sehen.

Sie stand an einer großen Kreuzung, wo sich Treckwagen, Truppeneinheiten und Flüchtlinge zu Fuß gegenseitig behinderten. Eine Gruppe Kradmelder preschte mit ihren Motorrädern durch jede sich bietende Lücke. Es wurde geschrien und geschimpft, und in dem ganzen Durcheinander saßen alte Frauen, alte Männer und Kinder, völlig apathisch. Sie waren mit ihren Kräften am Ende.

Hinter ihr näherte sich eine Gruppe von Offizieren der Kreuzung. »Was ist denn das hier für eine Sauerei!«, brüllte einer von ihnen. »Wieso wird hier der Verkehr nicht geregelt?« Mit einer Pfeife im Mund und in Begleitung zweier Uniformierter ging er furchtlos mitten auf die Kreuzung und breitete seine Arme aus. Als hätten alle auf eine ordnende Hand gewartet, trat zumindest für einen kurzen Moment Ruhe ein.

»Die Trecks zur Seite, aber dalli. Los, los, links, rechts, in die Büsche«, kommandierte er herum. Die Kutscher fluchten, so schnell konnten sie mit ihren Wagen nicht ausweichen. Ein Trupp Volkssturm, der sich der Kreuzung näherte, wurde sofort angehalten. »Los, Männer, helft da drüben, damit nicht unnötig viel kaputt geht. Die Leute müssen ja auch irgendwie weiterkommen. Also angepackt!«

»Moment, Moment«, meldete sich im Rücken des Offiziers eine Stimme. »Über meine Leute bestimme ich, und wir haben einen ganz anderen Stellungsbefehl auszuführen.«

Provozierend langsam drehte sich der Offizier um, musterte den älteren Mann und sagte mit schneidender Stimme: »Siehst du das hier?« Er deutete an seinen Hals. »Guck genau hin. Ich hab mein Ritterkreuz nicht, damit ich mir von Leuten wie dir etwas sagen lasse. Militärischen Einheiten ist unverzüglich Platz zu machen, oder willst du mit deinen Pappnasen Krieg führen? Also, steh mir nicht im Weg, sieh zu, dass deine Leute den Flüchtlingen helfen, die Bahn freizumachen, sonst stell ich dich vors Kriegsgericht. Noch Fragen?«

Sein Widersacher schlug die Hacken zusammen und eilte zu seinen Leuten.

Langsam löste sich der Stau auf. Der Offizier gab den Volkssturmmännern den Befehl, so lange die Ordnungsarbeiten durchzuführen, bis sich die Trecks wieder in Bewegung setzen konnten. »Und ich will, dass die Straße frei bleibt, da kommt noch einiges, was wir Richtung Iwan schicken.«

Meine Mutter, die alles beobachtet hatte, stand noch an der Kreuzung, als der Offizier auf sie zukam. »So macht man das, junge Frau, und dann braucht uns um den Endsieg nicht bange zu sein.«

Seine Miene schien jedoch etwas ganz anderes auszudrücken. »Sie machen ja einen optimistischen Eindruck. Wenigstens einer«, erwiderte sie, ihn offen anschauend.

Er nahm sie am Ellenbogen und bugsierte sie ein paar Schritte zur Seite. »Die Lage ist beschissen, und das ist noch untertrieben. Der Russe ist nicht mehr aufzuhalten. Die legen ein Tempo vor, da kann einem Angst und Bange werden.«

Meine Mutter sah ihn besorgt an. »Ist es wirklich so schlimm?«

»Schlimmer. Sehen Sie sich die Leute an, Volkssturm, sechzehn und siebzehn Jahre alte Kinder, die hier einen Schnellkurs in Sachen Kriegsführung erhalten, dann noch diverse versprengte Einheiten. Damit kann man die Rote Armee nicht mehr lange aufhalten. Ich rede hier schon seit ein paar Tagen auf die örtlichen Parteikader ein, dass die Zivilbevölkerung raus muss. Aber nein, die Herrschaften wollen lieber noch warten. Ich weiß nicht, worauf. Sind Sie von hier?«

Meine Mutter berichtete von ihrem Treck. »Na, da haben Sie ja Glück gehabt«, antwortete der Offizier. »Die Stadt ist eingekesselt. Und an den anderen Fronten sieht es nicht viel besser aus. Im Westen sind die Amerikaner und die Engländer auch nicht langsam.

Aachen ist gefallen, die Reichsgrenzen sind überall überschritten. Sie sollten sehen, dass Sie hier so schnell wie möglich wegkommen. Wird die Stadt erst einmal offiziell evakuiert, gehen Sie unter.«

Diese Informationen verstörten meine Mutter tief. Wie sehr hatte sie sich gewünscht, hier ein paar Tage ausruhen zu können. Sie bedankte sich bei dem Mann, der sie anlächelte. »In anderen Zeiten hätte ich sie um ein Wiedersehen gebeten, aber das geht nun nicht. Immerhin sind Sie ein schöner Anblick inmitten dieser trostlosen Umgebung.« Er salutierte und wandte sich ab.

Als sie zum Gasthof zurückkam, begrüßte sie der Wirt erneut. »Na, da haben wir uns ja was Tolles eingefangen!« Als meine Mutter nachfragte, sagte er: »Eine der Frauen hat Typhus. Wir mussten sie gleich isolieren und wegbringen.«

»Oh Gott, um wen handelt es sich denn?«

»Keine Ahnung, ich kenn die Leute doch nicht.«

»Sagen Sie«, ging meine Mutter in die Offensive, »kann ich hier Milch bekommen? Mein Sohn und die Kinder meiner Freundinnen brauchen unbedingt ein wenig warme Milch und vielleicht auch ein Stück Obst oder etwas Gemüse.«

Der Mann verschränkte seine Arme vor der Brust und kniff die Augen zusammen. »Bin ich der Weihnachtsmann? Oder ein Zauberer? Ich bin so abgebrannt wie alle anderen auch. Seien Sie froh, dass Sie ein Dach über dem Kopf haben und in Ruhe schlafen können. Davon können andere nur träumen«, schnaubte er.

Meine Mutter ahnte, wie viel davon gespielt war. »Es gibt doch gewiss etwas, das Sie veranlassen könnte, noch einmal besonders sorgfältig in Ihrer Speise- und Vorratskammer nachzusehen? Vielleicht entdecken Sie ein Kännchen Milch darin, einen Zipfel Wurst oder ein Stück Käse. Was meinen Sie, ich würde Ihnen beim Nachschauen gern helfen?« Meine Mutter musterte ihn herausfordernd, durchaus etwas kokett.

»Na, sieh mal an. Wenn sie was haben wollen, die Damen, dann werden sie plötzlich nett und freundlich. Aber gegen weibliche Reize bin ich immun. Da müssen Sie mir schon handfester kommen.«

Meine Mutter sah sich vorsichtig um, machte dann einen Schritt auf ihn zu und flüsterte: »Wie wär's mit ein wenig Tabak?«

»Ach Sie sind das! Ich hab mich gleich gewundert, woher dieser spinnerte Treckführer den Tabak hat. Immerhin hat er damit ein gutes Werk getan und euch diese Unterkunft besorgt. Haben Sie noch mehr davon?«

Meine Mutter schickte sich an, die Unterhaltung zu beenden und wandte sich ab.

»Stopp, stopp«, beschwichtigte der Mann, »nun seien Sie mal nicht so empfindlich. Wie viel haben Sie?«

»Einhundert Gramm und fünf Hefte Papier.«

»Und was wollen Sie dafür haben?«

»Zwei Eier, drei Tassen Milch, ein halbes Brot, eine Mettwurst und einen Laib Käse. Und die Erlaubnis, Ihre Badewanne zu benutzen, für meine Freundinnen, deren Kinder und mich. Sie haben eine Wanne, stimmt's?«

Er stutzte. »Sie haben doch nicht etwa bei mir herumgeschnüffelt? Also einhundertfünfzig Gramm und zehn Hefte. Dafür kommen Sie in zwei Stunden zu mir ins Haus, meinetwegen auch mit Ihren Freundinnen. Aber Maul halten, junge Frau.«

Im Gasthof traf meine Mutter auf Lotte, die tränenüberströmt dasaß. Sie schüttelte immer nur den Kopf. »Sie haben Margaretha abgeholt, Verdacht auf Typhus. Es hat schon mehrere Fälle gegeben, und jetzt ist sie irgendwo in Isolation.«

»Und was ist mit den Kindern?«

»Sie wollte sie unbedingt bei sich haben. Das geht natürlich nicht, aber man hat sie alle zusammen mitgenommen.« Lotte hatte keine Ahnung, wohin man Margaretha gebracht hatte. Alles wäre so schnell gegangen, auch ihre gesamten Sachen hätte man mitgenommen. »Aber niemand wollte in ihre Nähe kommen, alle waren panisch.«

Meine Mutter tröstete sie. »Wie müssen jetzt zusammenstehen. Allein gehen wir alle unter. Ich hab mit diesem Kerl gesprochen, dem der Laden hier gehört. Im Tausch gegen ein paar Sachen bekommen wir Lebensmittel. Milch für die Kinder, Eier, Wurst, Brot. Damit kommen wir erst einmal über die Runden. Und dann hab ich ausgehandelt, dass wir seine Badewanne benutzen dürfen«, fügte sie besonders stolz hinzu.

Sie blickte besorgt drein. »Ein Offizier, mit dem ich in der Stadt sprechen konnte, hat mir dringend geraten, so schnell wie möglich von hier zu verschwinden. Er meinte, wenn Guben erst einmal geräumt werde, würde hier das totale Chaos ausbrechen. Also, wir gehen jetzt mal und holen die Sachen, bevor er sich das wieder anders überlegt. Danach sehen wir weiter.«

Lotte nickte, sie war ganz durcheinander. Zu viel war in kurzer Zeit geschehen. Immerhin gab es nun etwas Konkretes zu tun. Sie schnappte sich ihre kleine Christine, während meine Mutter mich auf den Arm nahm. Zuvor hatte sie sich ein weiteres Mal an ihrem Rucksack zu schaffen gemacht.

Als sie schon losgehen wollten, zögerte meine Mutter. Die Rucksäcke unbeaufsichtigt auf der Pritsche stehen zu lassen, war keine gute Idee. »Komm, Lotte, du nimmst bitte den einen, ich den anderen.«

Als sie auf der anderen Seite des Innenhofs klingelten, wurde ihnen schnell aufgemacht. »Na, das sieht ja nach Aufbruch aus. Und da wollen die Damen sich jetzt noch schnell verproviantieren, hab ich recht?« Der Wirt grinste sie frech an.

»Sie sind ja ein Hellseher, wie schade, dass wir das jetzt nicht mehr für uns nutzen können. Oder wissen Sie sogar, wann hier der nächste Zug abgeht?« Mit blitzenden Augen blickte meine Mutter den Mann an.

»Na, Sie haben ja Mut«, antwortete er. »Woher Sie den nehmen, um so mit mir zu reden, weiß ich zwar nicht, aber gut. Wir haben es alle in diesen Tagen nicht ganz leicht.« Damit hielt er ihnen das Bündel hin. Meine Mutter bat darum, hineinsehen zu können. Nachdem sie den Inhalt überprüft hatte, übergab sie dem Mann zwei kleine Pakete.

»Aber stopp! Wo ist die Milch? Die fehlt!« Irritiert sah sie ihn an.

»Ach ja, hab ich vergessen. Moment.«

Meine Mutter sah Lotte an. »Er probiert es halt. Das ist ein Gauner wie alle anderen.«

Lotte beschwichtigte sie. »Psst, Ursel, du bist aber manchmal auch zu frech. Ich hatte schon Angst, der knallt uns die Tür vor der Nase zu.«

»Guck dir nur seine gierigen Augen an, dann weißt du alles. Den Blick kenne ich mittlerweile. Er weiß genau, was für ein gutes Geschäft er macht.«

Als der Wirt zurückkam, hielt er ihnen eine kleine Kanne entgegen, sogar mit Deckel. »Die gebe ich Ihnen dazu. Und ich sag Ihnen noch was: Hauen Sie so schnell wie möglich von hier ab. Ich weiß gar nicht, warum ich das sage. Sie sind ja ein ziemlich vorlautes, freches Ding. Andererseits imponiert mir das auch. Ihr Treckführer will über Cottbus, da gehen die nächsten Züge aber erst in zwei Tagen. Nehmen Sie lieber den Zug nach Forst. Meines Wissens geht sogar heute Abend noch einer. Sie sind dann zwar nur gut dreißig Kilometer von hier entfernt, aber da ist es noch deutlich ruhiger.«

Als sich Schritte näherten, schloss er schnell die Tür. Die beiden Frauen drehten sich um. Vor ihnen stand Heinsen.

»Na, konspiratives Treffen?«

»Nein, nein«, beeilte sich meine Mutter zu sagen. »Wir wollten nur wissen, wo unsere Freundin geblieben ist.«

Heinsen bemerkte das Bündel nicht. Er schien mit seinen Gedanken ganz woanders zu sein. »Egal, also, wie schon angekündigt geht in zwei Tagen unser Zug nach Cottbus. Dort sehen wir weiter. Ach, Fräulein Schulz, ich komme heute Abend noch einmal kurz vorbei. Wir haben noch etwas zu besprechen.«

Die beiden Frauen gingen zurück in den Saal. »Siehst du«, sagte meine Mutter, »der will noch mehr von mir. Ich muss den Kerl loswerden, das geht so nicht weiter.« Dann packten sie die Köstlichkeiten aus, die meine Mutter eingetauscht hatte. Mit dem Anteil für Margaretha hatten sie nun reichlich. Alles wurde redlich geteilt, und die Kinder erhielten sogar etwas Milch.

Leise legten sie sich einen Plan zurecht. Sie würden heimlich packen und dann zum Bahnhof gehen. Enttäuscht einigten sie sich darauf, dass für das Baden keine Zeit blieb.

Jeder Flüchtling war mit sich selbst beschäftigt, niemand bemerkte es, als unsere kleine Gruppe den Gasthof verließ. Am Rand des Geländes entdeckten wir einen Schlitten, der herrenlos dastand. Ein Geschenk des Himmels. Das Gepäck und wir Kinder waren zu viel des Guten, die Frauen hätten das gar nicht tragen können. Jetzt wurden wir auf den Schlitten gesetzt und um uns herum weitere Gepäckstücke abgelegt. Einen Rucksack trug meine Mutter selbst.

In der Stadt war der Weg zum Bahnhof ausgeschildert, wir brauchten knapp eine halbe Stunde, bis wir vor dem Gebäude standen. Alles schien relativ ruhig zu sein.

Der Wartesaal war natürlich trotzdem voll. Nachdem wir uns alle in eine Ecke gequetscht hatten, bat meine Mutter Lotte, auf mich aufzupassen. Sie wolle die Lage sondieren, wie sie sich ausdrückte. Lotte war froh, dass sie nicht die Initiative übernehmen musste. Ihr war die Erschöpfung anzusehen.

Vor den insgesamt fünf Schaltern waren endlose Schlangen aufgereiht. Das kann ja was werden, dachte meine Mutter, selbst nicht weit davon entfernt zu resignieren. Vom Gepäckschalter aus konnte man in die hinteren Räume des Bahnhofs sehen, auch dort herrschte rege Betriebsamkeit. Plötzlich glaubte meine Mutter, ihren Augen nicht zu trauen. »Hans-Werner, bist du das?«, rief sie hinter den Schalter. Der Angesprochene drehte sich um, sah meine Mutter und seine Augen weiteten sich vor Überraschung.

»Ursula, was machst du denn hier? Mensch, Mädel, wie geht es dir?«

»Na ja«, entgegnete meine Mutter, »den Umständen entsprechend, und die kennst du sicherlich besser als ich.«

Er lachte. »Typisch Ursula. Aber du hast recht, ich kenne die Umstände und bin nicht gerade erfreut, dich hier zu sehen. Ich dachte, du wärst schon viel weiter im Westen. Was ist denn passiert?« Er unterbrach sich selbst, verschwand nach hinten und öffnete gleich darauf eine Tür neben den Schaltern. »Komm doch rein, da erzählt es sich besser.«

Meine Mutter bremste ihn. »Hans-Werner, ich kann mich jetzt nicht lange aufhalten. Dahinten sitzt meine Freundin mit ihrer Tochter und meinem Sohn. Ich muss mich um sie kümmern.«

»Gut«, sagte Hans-Werner, »dann hol deine Truppe her. Aber ohne großes Aufheben, Ursel. Keine Hektik, kein Laufen, keine übermäßige Freude. Es klingt komisch, aber das hier ist wie eine Viehherde kurz vor der Panik. Wenn einer anfängt zu laufen, rennen sofort alle hinterher. Dann sind die nicht mehr aufzuhalten. Also ganz gemächlich schlendern. Ich bleibe hier hinter der angelehnten Tür, sodass man mich von außen gar nicht sieht. Ihr kommt einfach und geht wie selbstverständlich rein. Ich warte auf euch.«

»Ich danke dir«, flüsterte sie und ging zu uns zurück. Sie setzte sich neben Lotte und sprach leise. »Lotte, es kommt mir vor wie ein Wunder. Wen treffe ich da vorn – diesen alten Freund, mit dem ich früher bei der Bahn gearbeitet habe, ich habe euch von ihm erzählt. Schon wieder tritt er in mein Leben, es ist richtig unheimlich. Aber er kann uns helfen, wie es aussieht. Wir gehen jetzt einfach los, nimm dein Kind auf den Arm und bleib nah an mir dran. Lass dich nicht abdrängen.«

Die Unruhe in der Halle war unverändert groß. Die Schlangen vor den Schaltern schienen noch anzuwachsen, nur Ordnungskräfte waren keine mehr zu sehen. Die Menschen wurden ungeduldiger.

Ruhig, aber bestimmt, suchte sich meine Mutter einen Weg, ohne den Eindruck zu erwecken, als wollte sie sich vordrängeln. Es funktionierte. Lotte hielt sich dicht hinter ihr, selbst als meine Mutter auf den letzten Metern schneller wurde. An der Tür angekommen, schob sie Lotte an sich vorbei, folgte ihr und schloss gleich darauf die Tür. Ein Seufzer der Erleichterung war zu hören.

Sofort kam ein Uniformierter auf sie zu. »Was machen Sie hier! Dieser Raum ist für Unbefugte verboten.« Schon kam Hans-Werner angerannt. »Günther, lass gut sein. Alles in Ordnung, die beiden stehen unter meinem persönlichen Schutz.« Sein Kollege hob beschwichtigend die Hand und entfernte sich.

Meine Mutter fasste ihren Bekannten am Arm. »Hans-Werner, ich danke dir sehr. Wir sind seit acht Tagen unterwegs und sind nur noch erschöpft und müde. Aber entschuldige, dass ich so gedankenlos bin. Darf ich dir meine neue Freundin Lotte vorstellen? Und das ist ihre Tochter Christina. Wir sind zusammen aus Posen geflüchtet, auf dem Wagen haben wir Freundschaft geschlossen.« Sie wandte sich Lotte zu. »Das ist Hans-Werner aus Bielefeld, den ich von meiner Zeit bei der Reichsbahn kenne.«

Beide reichten sich die Hand. Sie waren sich auf Anhieb sympathisch, wie es schien. Inmitten der schrecklichen Geschehnisse hatten sich drei Menschen gefunden, die für einen Moment eine Art Schicksalsgemeinschaft bildeten. Hans-Werner beugte sich zu mir herunter. »Na, dein Peterle ist aber tüchtig gewachsen. Bald wird er auf dich aufpassen!« Er ergriff meine kleine rechte Faust und lachte. »Zupacken kann er jedenfalls schon.«

Sie sprachen über die späte Abreise aus Posen und über ihre Hoffnungen, vielleicht sogar bleiben zu können.

»Die Russen sind schon viel weiter, als ihr denkt«, entgegnete Hans-Werner. »Wer etwas anderes sagt, ist entweder ein Ignorant oder ein Spinner. Aber erzählt, was habt ihr vor?«

Lotte berichtete, dass sie sich nach Forst würden durchschlagen wollen.

Hans-Werner schüttelte den Kopf. »Von Forst aus geht es nicht weiter. Euer Treckführer hat recht, von Cottbus aus nach Magdeburg, das würde ich euch empfehlen. Aber ihr müsst sofort hier weg. Guben läuft voll, mit jeder Stunde wird es schlimmer.«

Als er die ratlosen Gesichter der beiden Frauen sah, lächelte er. »Ursel, wozu hat man Freunde? Passt auf. Ich bin nach Cottbus abkommandiert, und zwar noch heute Abend. Für den Zug gibt es natürlich schon lange keine Fahrscheine mehr, sodass ein Sonderzug eingesetzt wird, der aber nur ausgewählten Personen zur Verfügung steht. Allerdings haben wir unsere Dienstabteile. Es ist zwar nicht erlaubt, aber in letzter Zeit haben eine ganze Reihe von Kollegen ihre Verwandten und Freunde auf diese Weise in Richtung Westen gebracht. Da werde ich das wohl auch mal machen können. Also: Ihr setzt euch da hinten auf die Bank, ich komme bald wieder. Wenn ihr angesprochen werdet, verweist ihr auf mich.«

Meine Mutter ging auf ihn zu. »Wenn es nötig sein sollte, Hans-Werner, ich habe so eine Art Schmiermittel, mit dem es eventuell leichter geht.« Er nahm das angebotene Päckchen in die Hand, schnupperte daran und reichte es zurück. »Du bist doch ein gerissenes Luder«, grinste er und verschwand.

Als er nach einer halben Stunde wiederkam, lachte er uns schon von Weitem zu. »Alles geregelt«, beruhigte er uns. »In knapp einer Stunde fahren wir los, und deines Päckchens hat es gar nicht einmal bedurft.« Er gab es meiner Mutter zurück und fügte theatralisch hinzu: »Eisenbahner sind nicht bestechlich.«

Lotte fiel ihm erleichtert um den Hals, und meine Mutter reichte ihm das Päckchen zurück. »Ich glaube zwar, dass du Nichtraucher bist, aber wer weiß, wozu es noch gut sein kann. Auf diese Weise kann ich mich wenigstens ein kleines bisschen bei dir bedanken.«

Hans-Werner entschuldigte sich, in einer dreiviertel Stunde wollte er zurück sein. Meine Mutter und Lotte sprachen darüber, was sie in Magdeburg machen würden. Lotte bot uns erneut an, mit ihr nach Dessau zu kommen.

»Sobald wir dort angekommen sind«, sagte sie, »müssen wir uns vor allem um unsere Männer kümmern. Ich habe von meinem Walter schon seit vier Monaten nichts mehr gehört. Kein Brief, gar nichts. Ich bin sehr in Sorge, und du doch sicherlich auch?«

Das Gesicht meiner Mutter verdüsterte sich. »Lass uns später darüber sprechen. Ich kann dir ja im Zug erzählen, was passiert ist.«

Als sie nun in Ruhe auf der Bank saßen, gingen beiden die Bilder der letzten Tage durch den Kopf. Dieser unerträgliche Lärm. Die Schreie der Menschen, die Hilflosigkeit der Tiere. Die umgestürzten Wagen, die eingeklemmten Menschen, die vielen Flüchtlinge, Jung und Alt, die die Strapazen der Flucht nicht überstanden hatten. Die Menschen, die sich einfach in den Schnee gelegt hatten, weil sie nicht weiter konnten oder wollten. Die hilflosen Familienmitglieder, die keine Möglichkeit hatten, ihnen zu helfen. Niemand wollte einem anderen beistehen, jeder dachte nur an sich.

Dann kam Hans-Werner zurück. »So, lasst uns losgehen. Wir gehen jetzt zum Bahnsteig, ihr bleibt immer schön beieinander. Wir steigen in den ersten Wagen direkt hinter der Lokomotive ein. Das ist das Abteil für das Zugpersonal. Der Kollege Günther, der euch vorhin angeknurrt hat, ist mit Frau und Tochter auch dabei. Normalerweise ist das natürlich nicht gestattet, aber was ist in diesen Zeiten normal. Wenn wir zusammenrücken, wird es schon gehen. Die kleine Maria ist knapp ein Jahr alt.« Hans-Werner strahlte eine große Ruhe aus.

Der Bahnsteig war zum Bersten voll, es herrschte ein lebensgefährliches Gedränge. Lotte und meine Mutter sahen sich entsetzt an. »Wie sollen wir denn da durchkommen?« Aber Hans-Werner und sein Kollege verließen das Dienstgebäude durch einen Ausgang, der ganz am Ende des Bahnsteigs lag, und so standen sie plötzlich unmittelbar vor dem ersten Wagen. Dieser Teil war abgesperrt.

Schnell stiegen alle die drei Tritte hinauf. Das Abteil war für die fünf Erwachsenen und die drei Kinder viel zu klein, aber man half sich. Die Gepäckstücke wurden in den Netzen verstaut, man baute aus ausgezogenen Sitzen eine kleine Schlaffläche für die Kinder. Trotz oder wegen der Enge fühlten sich alle geborgen.

Die beiden Eisenbahner mussten natürlich ihren Dienst verrichten. Sie vereinbarten, dass immer einer von ihnen im Abteil bleiben würde. Wenn es mit dem vielen Militär, das ebenfalls an Bord war, zu Kompetenzrangeleien kommen sollte, wie Günther das formulierte, konnten sie schlichtend eingreifen. Sie meinten, dass aufgrund der heillosen Überfüllung des Zuges sowieso bald alle Regeln außer Kraft gesetzt sein würden. Im Notfall würde der Zug auf freier Strecke halten.

Aber erst einmal ging es los, der Zug setzte sich langsam in Bewegung. Durch die Fenster war zu hören, wie sich auf dem Bahnsteig Wut und Enttäuschung der Zurückgebliebenen Ausdruck verschaffte.

Hans-Werner kam nach wenigen Minuten zurück. Die Erschütterung stand ihm ins Gesicht geschrieben. »Das kann man nicht erzählen«, stöhnte er. »Da standen noch Hunderte, und es gibt keine Möglichkeit, sie mitzunehmen. Auch wenn geplant ist, die Züge öfter fahren zu lassen, wird das an allen Ecken und Enden nicht reichen.«

Die Frauen hatten in der Zwischenzeit einen kleinen Imbiss zubereitet, Brot, Käse, etwas Wurst. Edeltraut, Günthers Frau, hatte noch ein Stück geräucherten Schinken beizusteuern, wer weiß, woher sie das gute Stück hatte. Dazu gab es gesüßten Tee. Meine Mutter hatte noch etwas Milch dabei, und vor allem noch Lebertran für mich. Ich brauchte meine tägliche Ration, meine Mutter hütete die verbliebenen drei Flaschen wie ihren Augapfel.

Schnell waren wir Kinder eingeschlafen, und die Frauen rückten zusammen. Lotte kam auf die Erzählung meiner Mutter zurück. »Ursel, ich würde so gern wissen, wie es mit dir und Bertl weiterging. Jetzt haben wir doch ein bisschen Zeit.«

»Wenn es dich nicht stört, Edeltraut, kann ich ja noch ein bisschen erzählen.«

Das war nun die spannende Frage: Würde Bertl wirklich über Weihnachten frei bekommen? Als ich Luise und Georg unseren Plan erzählte, winkte Georg gleich ab. »Mach dir keine Illusionen, Ursel. Das klappt nie. Ohne Familie, ohne Kinder bekommt der keinen Urlaub, wo er doch jetzt schon frei hatte.«

Luise fuhr ihm zwar über den Mund, er solle mir meine Hoffnungen nicht nehmen, aber ein kleiner Dämpfer war das schon für mich.

Brummelnd verschwand Georg in den Keller. Luise und ich saßen wie zwei kleine Mädchen auf dem Sofa und kicherten vor uns hin. »Ach, Luise«, seufzte ich, »das war so schön mit Bertl, ich kann es gar nicht glauben. So zärtlich, so liebevoll habe ich mir immer einen Mann vorgestellt. Ich bin so glücklich.«

»Liebe ist etwas ganz Wunderbares«, sagte Luise und legte ihre Hand auf meinen Arm. »Bewahre dir das, davon kannst du lange zehren.«

In der Hotelküche war in diesen Wochen jeder gefordert, sodass die nächsten Tage wie im Fluge vergingen. In Posen herrschte Ruhe, die Versorgung war gesichert, und unser Küchenchef schöpfte nach wie vor aus dem Vollen.

Gar nicht so selten kam unser Hoteldirektor in Begleitung eines »Goldfasans« zu uns in die Küche, weil der Gast der Kochbrigade im Namen der Partei und der Offiziere Dank sagen wollte. Inzwischen hatte ich mir von Hansemann erklären lassen, was es mit dem spöttischen Begriff auf sich hatte. Er passte. Wenn man die hochdekorierten Militärs mit ihren blitzenden Ordensreihen sah, an ihrer Spitze Herrmann Göring, der heimlich sogar als »Lametta-Heini« verspottet wurde, dann konnte einem so ein Bild schon einfallen.

Berger sorgte freilich jedes Mal mit streng hochgezogenen Augenbrauen in Richtung Hansemann dafür, dass dieser sich jede kleinste Anzüglichkeit verkniff. Im Gegenteil: Dieser knallte mit großer Freude die Hacken zusammen, nur die rechte Hand bekam er nicht ganz so hoch wie er sollte. Arthrose, murmelte er etwas lahm. »Na ja«, meinte einmal einer der Gäste, »wenn's fürs Töpfestemmen noch reicht, wird es dem Führer wohl auch genügen.« Alle hatten gelacht. Wenn die wüssten, woher der gute Mann seine Sachen hat, dachte ich mir manchmal, wären sie vielleicht nicht so freundlich mit ihm umgegangen.

Ich hatte den Eindruck, die oberen Tausend lebten und feierten umso wilder, je schlechter es an der Front stand. Doch Ende 1942 änderte sich die Stimmung auch in Posen.

Nur ich hatte Glück. Ich saß sozusagen an den Fleischtöpfen. Wir durften uns großzügig bedienen, da die Reste der Speisen unter den Angestellten verteilt wurden. Manchmal konnte ich ein paar feine Sachen mit nach Hause nehmen und gemeinsam mit Luise und Georg verspeisen. Sogar Obst und Gemüse war für uns noch erhältlich. Wenn ich die Schlangen vor den Geschäften sah, wo man inzwischen mit 200 Gramm Brot, 300 Gramm Fleisch und 200 Gramm Fett als Wochenration auskommen musste, dann wusste ich, wie gut ich es getroffen hatte.

Und stellt euch vor: Schon sechs Tage nach Bertls Abreise kam das erste Paket aus Wien bei mir an. Ich erfuhr, dass militärische Post, also die Post, die von Soldaten nach Hause geschickt wurde und ebenso in umgekehrter Richtung, mit Priorität befördert wurde.

In dem Paket lag ein Brief seines Vaters. Ich kann ihn noch heute auswendig:

Wertes Fräulein Schulz,
mein Sohn Robert hat mir berichtet, dass er in Ihnen eine vertrauenswürdige Person gefunden hat, die sich seiner Belange annimmt. Ich bin Ihnen daher sehr verbunden und füge Entsprechendes bei.
Mit verbindlichsten Grüßen verbleibe ich Ihr Robert K.

Also so etwas Gestelztes hatte ich ja noch nie gelesen, aber irgendwie berührte es mich auch. Und dann erst der Inhalt des Pakets: In ungefähr zwanzig Heftchen befanden sich je 25 Gramm Tabak, und dazu gab es noch die gleiche Anzahl Heftchen aus feinem Zigarettenpapier. Ich legte alles in meinen Schrank. In den folgenden Tagen kamen noch einmal acht solcher Päckchen an. Wenn ich nicht zu Hause war, nahmen die Lucas die Post entgegen, und natürlich staunten sie nicht schlecht über diesen regen Verkehr.

Ich muss sagen, ich hatte mir bei der ganzen Aktion gar nichts gedacht. Wenn Bertl an Weihnachten kommen würde, würde er alles Weitere in die Hand nehmen. Als ich Georg die Angelegenheit erklären wollte, ließ mich seine Reaktion verstehen, dass es so einfach nicht war. Er zog scharf die Luft ein, stand auf und ging nervös in der Stube auf und ab, als müsste er Dampf ablassen.

»Mädel, du lebst gefährlich«, stieß er nach einer Weile fast zornig hervor. »Für weniger als das, was du da bunkerst, sind andere schon in viel größere Schwierigkeiten geraten. Wenn jemand davon erfährt, ziehst du automatisch die Gefahr an. Ich will nicht, dass hier irgendwelches lichtscheue Gesindel herumstreunt und dir auflauert.«

Sein Redeschwall wurde von der Türklingel unterbrochen. Luise ging öffnen, und man konnte eine Männerstimme hören.

»Entschuldigen Sie bitte die Störung, gnädige Frau. Wissen Sie, wo ich Fräulein Schulz finden könnte? Ich war schon zweimal hier, habe sie aber nicht angetroffen.«

Als Luise antwortete, konnte man das Misstrauen in ihrer Stimme heraushören. »Was wollen Sie denn von ihr?«

»Ich hab hier eine Nachricht von meinem Stubenkameraden«, erklärte der Mann. »Er hat mich dazu vergattert, diese Nachricht unter allen Umständen nur persönlich abzugeben. Aber jetzt ist mein Urlaub abgelaufen, ich muss wieder zurück in die Kaserne. Ich kann nicht noch einmal wiederkommen. Sind Sie so nett und sagen mir Ihren Namen, sodass ich den Brief bei Ihnen lassen kann?«

Luise schien etwas besänftigt zu sein. Sie nannte ihren Namen und fuhr fort: »Geben Sie mir den Umschlag, den Sie so krampfhaft festhalten. Ich werde ihn Fräulein Schulz geben, sobald sie von der Arbeit kommt.«

Nach dem letzten Wort schloss sie abrupt die Tür. Als sie ins Wohnzimmer kam, überreichte sie mir den Brief mit finsterer Miene.

»Er wirkte nicht unsympathisch, Ursel, aber Georg hat recht: Du beschwörst hier etwas herauf, was wir nicht wollen. Und du bist da oben allein. Wir können nicht ständig kontrollieren, wer hier ein- und ausgeht. Du musst dir auch klarmachen, dass du gefährliche Begehrlichkeiten weckst mit deinem Tabak. Ich glaube, dein Bertl weiß gar nicht, was er dir da zumutet.«

Mich machte diese erste wirkliche Missstimmung zwischen uns richtig unglücklich. Bald verabschiedete ich mich. Ich versuchte, in Ruhe nachzudenken. Hatten die beiden recht? Ich wusste, wie wohlgesonnen sie mir waren, diese Freundschaft wollte ich auf keinen Fall trüben.

Aber da war ja noch Bertls Brief für mich. Ich hielt ihn in den Händen und wollte den Moment, wo ich ihn öffnen würde, hinauszögern. Ich wollte alles ganz intensiv genießen. Ich zündete eine Kerze an, machte es mir auf dem Sofa gemütlich und schlitzte den Brief vorsichtig mit einem Messer auf.

Mein Uschele,
wie sehr vermisse ich Dich doch. Es vergeht keine Sekunde, keine Minute, keine Stunde eines Tages, an dem ich nicht in Gedanken bei Dir bin. Ich sehne mich so sehr nach Dir und kann es kaum erwarten, Dich wieder in die Arme zu schließen. Meinem Vater hatte ich geschrieben, und ich hoffe, Du wirst inzwischen Post von ihm bekommen haben.
Mein Uschele, ich habe ein bisschen ein schlechtes Gewissen, dass ich Dich mit meinen Belangen belästige, und hoffe sehr, Du hast nicht zu viel Mühe damit. Der Überbringer dieses Briefes ist vertrauenswürdig, und Du kannst ihm gern etwas vom Paket geben, wenn Du willst.
Aber die große, erfreuliche Nachricht ist, dass ich über Weihnachten bei Dir sein kann. Ich hab ein wenig nachgeholfen, wie Du Dir sicher denken kannst. Wenn nichts mehr passiert, komme ich am Donnerstag, d. 24. Dezember, in Posen an. Die Kaserne darf ich um 11 Uhr verlassen. Den nächsten Zug nehme ich dann sofort. Und ich brauche erst am Montagmorgen d. 28. wieder in der Kaserne sein. Ist das nicht wunderbar?
Mein Liebstes, ich sehne mich so nach Dir. Dein Bertl

Ich habe mich so gefreut, dass ich spontan wieder zu den Lucas hinuntergelaufen bin. Um sie ein wenig milde zu stimmen, habe ich für Georg natürlich ein kleines Päckchen Tabak mitgenommen. Er rauchte Pfeife, also brauchte er kein Papier.

Na ja, die Reaktion war nicht ganz so, wie ich mir das vorgestellt hatte. Georg musste natürlich so etwas wie »Na, kleine Bestechung, oder?« murmeln, bevor er sagte: »Ursel, das ändert aber nicht meine Meinung. Der Mann mutet dir ein gewaltiges Risiko zu, und wenn er wieder hier sein wird, werde ich ihm das auch sagen.«

Zack, da hatte ich meine Quittung. Ich konnte ihnen allerdings nicht wirklich böse sein, sie meinten es gut mit mir, und vielleicht hatten sie einfach recht. Zu allem Übel musste ich ihnen ja auch gestehen, dass bald noch mehr Päckchen ankommen würden, ich musste sie bitten, ob sie die freundlicherweise für mich annehmen würden.

Es war ihnen anzusehen, dass ihnen das überhaupt nicht recht war. Georg blickte zuerst Luise an, dann antwortete er. »Also gut, Ursel, wir machen das. Aber wenn dein Bertl zum Urlaub hier erscheint, wird Tacheles geredet. Einverstanden?«

»Ja, Georg«, sagte ich, »das versteht sich doch von selbst. Ich hatte keine Ahnung, was für eine Dimension das annehmen könnte. Ich dachte, ich würde ihm einen kleinen Gefallen tun, das wollte ich ihm nicht abschlagen.«

Der Zug hatte längst tüchtig Fahrt aufgenommen. Das gleichmäßige Rattern machte allen deutlich, dass sie Guben endgültig hinter sich ließen und sich Cottbus näherten.

Es war fast schon Mitternacht, als Günther in das Abteil zurückkam. Es gab seiner Frau einen Kuss und schaute nach seiner Kleinen. Dann berührte er Hans-Werner leicht an der Schulter, der sofort wach war. »Alte Gewohnheit«, grinste er. »Das haben wir nun mal gelernt. Wir schlafen, wo und wie es gerade geht, und dann sind wir gleich wieder wach.«

Günther berichtete von einem weiteren Wagen, der im letzten Moment noch an den Zug angehängt worden war. »Alles SS-Leute«, kommentierte Günther, »wir sollten diesen Teil des Zuges meiden. Außerdem haben die noch einmal extra Wachen aufgestellt. Es gilt also: Und gehe nicht zu deinem Fürst ...« – »... wenn du nicht gerufen wirst«, ergänzte Hans-Werner.

Er wandte sich den Frauen zu. »Jetzt sollten wir mal darüber sprechen, wie wir uns alles gedacht haben. Es gibt zwei Möglichkeiten. Wir fahren von Guben über Frankfurt/Oder und Berlin, dort steigen um in Richtung Dessau. Hatte ich euch, Lotte und

Ursel, nicht so verstanden, dass ihr da hin wollt? Wir schlagen aber etwas anderes vor. Wir sollten Frankfurt unbedingt umgehen. Die Stadt ist mittlerweile zur Festung erklärt worden, da wird mächtig aufgerüstet. Außerdem liegt Frankfurt unserer Einschätzung nach genau in Stoßrichtung der Russen. Ähnliches gilt für Berlin. Dort gerät man bestimmt zwischen alle möglichen Mühlsteine, das ist zu gefährlich. Daher nehmen wir jetzt den Weg über Cottbus, und von da weiter nach Falkenberg. Der Ort ist nicht groß, aber drei wichtige Bahnlinien kreuzen hier. Wir steigen dort in den Zug der Oberlausitzer Eisenbahn-Gesellschaft und fahren nach Wittenberg. Günther will dort mit Frau und Tochter bleiben, und ihr fahrt direkt weiter nach Dessau. Und ich? Ich versuche, so weit wie möglich in den Westen zu kommen, vielleicht in ein Dorf in Schleswig-Holstein, das wäre mir recht. Ursel weiß ja Bescheid über mich.«

Als die anderen ihn fragend ansahen, erklärte er: »Ich war verlobt, aber Karin, meine Verlobte, ist bei den schweren Luftangriffen auf Bielefeld Ende September '44 ums Leben gekommen. Die Nazis haben mir alles genommen und mein Leben zerstört. Jetzt will ich nur noch meine Ruhe haben.«

Er wandte sich ab, keiner sagte etwas. Er kam damit zurecht. Meine Mutter hielt besonders Abstand zu ihm, sie erinnerte sich noch, wie er ihre Nähe gesucht hatte, nachdem seine Verlobte ums Leben gekommen war. Sie wollte und konnte ihm keine Hoffnungen machen. Dass er ihr offensichtlich nichts nachtrug, erleichterte sie. Ihre Ablehnung musste für ihn schmerzhaft gewesen sein.

Er nahm den Faden noch einmal auf. »Wir bleiben jetzt erst einmal zusammen. Und wenn wir in Wittenberg ankommen, sehen wir weiter. Ich hoffe nur, dass wir nicht zu oft anhalten müssen, Züge an die Front haben absoluten Vorrang.

Kurz vor Tagesanbruch kam der Zug zum Stehen. Alle im Abteil waren schlagartig wach. Hans-Werner hatte Dienst, Minuten später kam er schwer atmend ins Abteil.

»Mannomann, das sollte der Führer gesehen haben«, meinte er voller Sarkasmus. »Seine soldatischen Spitzenkräfte feiern Orgien, dass es nur so kracht. Keiner der Zugbegleiter traut sich auch nur in die Nähe ihres Wagens, obwohl wir eigentlich eingreifen müssten. Da ist schon einiges zu Bruch gegangen, der Schampus fließt in Strömen und ein paar lebenslustige Damen sind wohl auch mit von der Partie. Mal sehen, wie die Herrschaften auf diesen Stopp reagieren, das kann ihnen eigentlich nicht recht sein.«

Es dauerte nicht lang, und man hörte den Lokführer und seinen Kollegen über das Kiesbett nach hinten gehen. »Die schmeißen wir raus«, schimpfte der eine. »Das ist Transportgefährdung!«

Nach einer halben Stunde hörte man die beiden zurückkommen. »Ach, Karl, war das schön zu sehen, wie diesen Affen die Knie zitterten. Diese Etappenhengste hatten nur noch Schiss. Aber hast du deren Futterkisten gesehen? Die feinsten Leckerbissen, Schinken, Kaviar, Alkohol, und die Damen waren auch nicht zu verachten. Genau so stell ich mir das vor: Die einfachen Soldaten halten ihre Knochen hin für den Endsieg, und die Bonzen verlustieren sich mit ein paar Damen. Einige von denen hatten Eheringe an den Fingern. Unglaublich ...«

Der andere fiel ihm ins Wort. »Verdammt, Flugzeuge. Aber wir haben Glück: Sie fliegen zu hoch.«

Der Zug blieb noch eine Stunde stehen, bevor er sich langsam wieder in Bewegung setzte. »In etwa drei Stunden sollten wir in Cottbus sein«, erklärte Günther nach einem Blick auf seinen Fahrplan. »Mal sehen, wie es da inzwischen aussieht.« Zeit genug für meine Mutter, mit ihrer Geschichte fortzufahren.

Zum Glück legte sich die Verstimmung zwischen uns bald. Wir überlegten, wie wir Weihnachten gestalten wollten. Kriegsweihnacht 1942, es war unglaublich. Nun fand schon das vierte Weihnachtsfest während des Krieges statt.

Im Hotel ging es wie immer drunter und drüber. Manchmal konnte man den Eindruck gewinnen, je schlechter die Situation an den verschiedenen Fronten, desto intensiver war die Feierlaune der Parteiorganisationen und des Militärs. Aber selbst die exponierte Stellung in Hinblick auf üppige Festivitäten bewahrte das Hotel nicht davor, dass der »Heldenklau« vor uns Halt machte.

Zwei weitere Köche wurden eingezogen. Für mich bedeutete das eine positive Veränderung: Ich wurde befördert, mein Titel lautete »Demichef de Partie«. Plötzlich war ich Hansemanns Stellvertreterin. Herr Berger, der mir die Beförderung mitteilte, sagte mir, wie sehr er sich freue, dass ich so gut eingeschlagen hätte. Eine Gehaltserhöhung gab's noch dazu, dreihundert Reichsmark. Ihr könnte euch vorstellen, wie ich vor Stolz fast platzte! Was würde ich mit dem Geld alles anstellen können!

Genau eine Woche vor Heiligabend, es war ein Donnerstag, kam Hansemann auf mich zu. »So, Fräulein Schulz, die nächste Bewährungsprobe. Ich ziehe morgen früh wieder los und hole Nachschub. Da brauche ich Sie. Ich komme bei Ihnen morgen Früh vorbei. Gehen Sie mal von 6 Uhr aus, und nehmen Sie ruhig etwas Kleidung mit. Es könnte sein, dass wir über Nacht bleiben müssen. Vor allem aber denken Sie an warme Sachen, es ist nämlich saukalt. Wir nehmen noch den Wolfgang Jerschke mit, der kann zupacken und mich beim Fahren auch mal ablösen. Also lassen Sie es heute Abend nicht zu spät werden. Und bitte nehmen Sie Ihre Ausweispapiere mit.«

Am Morgen stand ich mit meinem kleinen Handkoffer an der Straße, ich wollte ja nicht, dass Hansemann das ganze Haus aufweckte. Luise wusste Bescheid. Pünktlich um sechs kam der grüngrau gestrichene Kübelwagen um die Ecke.

Ich musste mich zwischen die beiden Männer quetschen. Während der Fahrt gingen sie noch einmal alle Einzelheiten durch. »Voll getankt, Fahrtberechtigungsschein ist dabei, ebenso Berechtigungsscheine für Benzin, Passierscheine, also alles paletti. Mal sehen, wie viele Schlaumeier uns diesmal das Leben schwer machen wollen.«

Bald hing jeder seinen Gedanken nach. Ich freute mich auf dieses neue Erlebnis, das mich nicht zuletzt davon ablenkte, zu viel an Bertl und an die bevorstehenden gemeinsamen Tage zu denken.

Für die Strecke, laut Hansemann etwa achtzig Kilometer, brauchten wir gut zwei Stunden. Die Straßen waren voller Militärfahrzeuge, die in alle Richtungen unterwegs waren. Hin und wieder wurden wir gezwungen anzuhalten. Einige Male fehlte nicht viel, und wir wären fast im Graben gelandet. Hansemann fletschte dann immer die Zähne und zischte »Ihr doch nicht, ihr doch nicht«.

Als wir auf kleinere Straßen abgebogen waren, beruhigte sich der Verkehr. Nun tauchten immer öfter hinter Feldern große Höfe auf. Nach einer Weile verließen wir die Straße und befanden uns auf einer vielleicht achthundert Meter langen Allee. Schon hier machte alles einen gepflegten Eindruck. Links und rechts waren Felder mit Wintergetreide zu sehen.

Dank der langen Anfahrt erwartete uns vor dem Hauptgebäude bereits ein freundlich dreinblickender Mann, der es in seiner Statur ohne Weiteres mit Hansemann aufnehmen konnte. Sie waren auf Augenhöhe, und das nicht nur körperlich, wie sich bald herausstellen sollte. Sie begrüßten sich wie zwei sehr gute Freunde, und auch Jerschke wurde herzlich willkommen geheißen. Als ich ausstieg, machte der Mann große Augen. »Na, Julius, wen hast du uns denn da mitgebracht?«

»Mal ganz ruhig, Paul«, entgegnete Hansemann, »das ist Fräulein Schulz, eine der besten Jungköche, die ich je gehabt habe.« Er wandte sich mir zu. »Nun hören Sie das mal aus erster Hand, aber werden Sie mir deshalb nicht gleich übermütig.« Es drehte sich wieder um. »Im Ernst, Paul, das Fräulein hat sich bei uns in kurzer Zeit sehr gut eingefunden, deshalb wollte ich sie gern mal auf dein Mustergut mitbringen.« Noch einmal sah er mich an: »Das also, Fräulein Schulz, ist mein guter Freund und Helfer in allen Notlagen, Paul Schröder. Und wenn mich meine Menschenkenntnis nicht allzu sehr täuscht, werdet ihr prima miteinander auskommen.«

Wir gaben uns die Hand und merkten schon, dass Hansemann recht haben mochte.

»Aber jetzt lass doch mal sehen, Paul, was hier in der Zwischenzeit so passiert ist.«

»Deine Empfehlung mit den Räucheröfen habe ich gleich umgesetzt. Und siehe da: Das Ding funktioniert tadellos. Geräucherte Forelle, Aale, alles kein Problem.«

Man sah, wie Hansemann große Augen bekam. Das würde ihnen in der Küche gerade noch fehlen, meinte er genießerisch. Schröder erklärte, dass er bei der Gelegenheit gleich den gesamten Räucherbereich vergrößert hätte, es gäbe also auch Platz für Mettwürste, Schinken, Speck und so weiter. Außerdem sei da noch etwas Neues, erklärte er geheimnisvoll.

»Du wirst staunen. Komm mal mit.« Die Männer hakten sich unter, Jerschke und ich stapften im Gänsemarsch hinterher.

Hinter mir hörte ich Schritte. Eine freundliche Stimme klagte übertrieben laut: »Das ist mal wieder typisch. Kaum gehen sie ihr Spielzeug angucken, vergessen sie alles um sich herum, sogar Frauen und anständiges Benehmen.« Eine junge Frau trat auf mich zu. »Ich bin Roswitha Schröder, die angeheiratete Magd des stolzen Besitzers einer neuen Räucherkammer.« Damit reichte sie mir die Hand.

»Na ja, so weit ist es bei mir nicht. Ich bin Ursula Schulz, nur eine der Köchinnen im Hotel Ostland.«

»Oh nein, wenn Sie nur eine der Köchinnen wären, hätte Julius Sie nicht mitgenommen. Da können Sie sich schon etwas darauf einbilden. Aber kommen Sie erst einmal herein in die gute Stube. Bis die drei Experten fertig sind, kann es dauern. Und falls Paul sein neuestes Spielzeug, nämlich die Schnapsbrennerei zeigt, können wir nur hoffen, dass sie nicht zu viel experimentieren.«

Wir setzten uns an einen Tisch, es gab Bohnenkaffee, und dazu stellte Frau Schröder eine große Dose mit Keksen auf den Tisch. Als sie den Deckel öffnete, konnte ich schon riechen, dass es Raderkuchen waren, ein Gebäck aus der Region. Wir hatten das im Hotel mal zu backen versucht. Es war verdammt aufwändig. Der Teig musste über Nacht kühl gelagert werden, und die Zutaten waren sogar für uns nur schwierig zu bekommen.

»Greifen Sie tüchtig zu, junge Frau«, ermunterte sie mich. »Sie können ja noch ein wenig zulegen. Und übrigens: Wir duzen uns hier alle.«

Ich bedankte mich. Was für ein wunderbares Anwesen das war! Keine Spur von festgetretenem Lehmboden, überall lagen Holzdielen, es gab elektrisches Licht, alles war gemütlich eingerichtet. Die Stube entpuppte sich als eine Wohnküche mit einem riesigen Herd. Alles blitzte und blinkte nur so vor Sauberkeit. Ich war beeindruckt.

Doch unsere Zweisamkeit dauerte nicht lange. Roswitha konnte gerade mal erzählen, wie sie Hansemann zufällig in Posen kennengelernt hätten. Bei ein paar Behördengängen war Roswitha direkt vor dem Hotel ausgerutscht und hatte sich den Knöchel verstaucht. Hansemann wollte gerade Feierabend machen, er half und sorgte dafür, dass einer der Hotelpagen das Ehepaar zum Bahnhof brachte. Daraus war eine sehr gute Freundschaft entstanden, die leider zu selten mit Leben gefüllt werden konnte. Und eines Tages hatte Hansemann den Hof besucht. Das also war das Geheimnis, das Hansemann so sorgfältig hütete: sein Schlaraffenland.

Kaum war Roswitha mit ihrem Bericht zu Ende, standen die Männer vor ihnen. »Oha, ich glaube, die wollen wirklich arbeiten«, sagte Roswitha, »sonst hätte das deutlich länger gedauert.«

Die Männer setzten sich zu uns und genossen die Tasse Kaffee, die sie bekamen. Als Hansemann Paul eine Frage zum Hof stellte, folgte ein vorsichtiger Blick des Angesprochenen auf mich. Es war klar: Er fühlte sich nicht ganz frei, zu sprechen.

»Paul«, versuchte Hansemann alles richtigzustellen, »für Fräulein Schulz lege ich meine Hand ins Feuer. Du kannst ihr vertrauen, und sie hat darüber hinaus eine sehr gesunde Einstellung zur allgemeinen Lage.«

Ich war ganz schön stolz über dieses Lob.

Paul erklärte uns, wie sich alles verändert hatte. »Man hat auf den Höfen, die man den Polen weggenommen hat, viele neue Leute eingesetzt. Leute, die mit der Situation nicht zurechtkommen. Sie können es einfach nicht, kennen die Böden nicht, sind oft auch schon zu alt, um sich auf neue Methoden einzulassen. Die Erträge, die sich Partei und Kommission erwartet haben, kommen so nie und nimmer zustande. Vor einiger Zeit kam einer der Parteibonzen und bat mich um Hilfe. Alles natürlich inoffiziell. Jeder hat Angst, dass dieses große Projekt, das auch dem Führer wichtig ist, als gescheitert hingestellt wird. Man hat mich also gebeten, zwei in unmittelbarer Nähe gelegene Höfe mit zu übernehmen.

Ich hatte mir Bedenkzeit auserbeten, weil ich mir die Hofstellen, genauso aber auch die betreffenden Menschen anschauen wollte. Aber da war niemand, der überredet werden brauchte. Die neuen unfreiwilligen Hofherren waren überfordert und fürchteten sogar, für ihr Versagen zur Rechenschaft gezogen zu werden. Wir haben uns also zusammengesetzt, und ich habe ihnen erklärt, dass nur einer den Ton angeben kann. Und dass das ab nun ich sei. Gleichzeitig machte ich ihnen klar, dass ich mich nicht als Chef aufspielen will. Ich bin froh, dass das seither reibungslos funktioniert.

Die Erträge haben sich schon verdoppelt. Die Leute sind glücklich, ich bin es auch, und natürlich ist es die Partei. Ist das nicht schön?«, fügte er ironisch hinzu. »Mein Freund Waclaw Bisersky und seine Frau Elena helfen mir sehr. Sie hatten diesen Hof hier geführt, und dann sollten sie ihn aufgeben. Aber ich habe mich durchgesetzt und erreicht, dass ich die beiden bei mir behalten darf. Mittlerweile lässt man uns in Ruhe, was nur auf die sehr guten Ernteerträge zurückzuführen ist. Der örtliche Parteibonze profitiert am meisten davon. Mich hat man hier zum Ortsvorsteher gemacht. Damit man mir keinen Ortsfremden vor die Nase setzt, habe ich zugestimmt.«

Auf einmal sprang Hansemann auf. »Mensch, Paul, ich hab was vergessen. Moment mal.« Damit verließ er den Raum, um nach Kurzem mit einer kleinen Kiste wiederzukommen.

»Ich kenne doch eure Schwäche«, sagte er und stellte die Kiste ab. »Komm, Roswitha, mach auf.« Sie öffnete den Deckel, und eine prächtige Schokoladentorte kam zum Vorschein. »Die ist nach dem Rezept der originalen Sachertorte hergestellt. Unser Patissier ist sehr stolz auf das Ergebnis. Ich soll schön grüßen, besonders dich, Roswitha, und ich soll die Brombeermarmelade nicht vergessen.«

Außerdem befanden sich in der Kiste noch drei Flaschen Rotwein. Als Paul deren Etikett sah, hielt er den Atem an. »Meine Güte, Chateau Figeac Grand Cru, Jahrgang 1938, wo habt ihr den denn ausgegraben?«

»Na, ausgraben würde ich das nicht direkt nennen. Sagen wir mal so: Direktor Berger, der ja ein anerkannter Weinkenner ist, bekam vor einem Jahr von ziemlich weit oben den Auftrag, sich um die Bestände französischer Spitzenweine zu kümmern, die ja nun als Beute anzusehen waren. Er ist da recht erfolgreich gewesen. Aber Berger hat das nicht so leicht weggesteckt. Er erzählte mir, dass diese erstklassigen Weine für die dortigen Winzer so etwas wie ihre eigenen Kinder seien. Sie hatten Tränen in den Augen, als ihre langgehegten Weinbestände einfach so abgeholt wurden. Berger war hinterher richtig betroffen.«

Paul war schon einen Schritt weiter. »Wenn ich sehe, was du hier angeschleppt hast, dann muss ich wohl um einen größeren

Teil unserer Vorräte bangen, hab ich recht?«

Hansemann und Paul besprachen, was alles in welcher Reihenfolge zu tun sei. Am Abend wollten sie eventuell noch schlachten, damit alles gut abhängen konnte.

Vor dem Haus stellte uns Paul seinen Freund Wacław Bisersky vor, der sehr gut deutsch sprach. Ich war überrascht von der angenehmen Atmosphäre, die hier herrschte. So paradox das auch klingen mag: Das gemeinsame Interesse an ihrer Heimat war für diese Menschen die Erklärung für ihr Verhalten.

Obwohl die Erntezeit längst vorbei war, gab es noch erstaunlich viele Menschen auf dem Hof. Hansemann nahm Paul beiseite und fragte ihn, ob sich das lohne. Anderswo würde man nur Saisonarbeiter beschäftigen.

»Du hast es erfasst«, antwortete Paul lächelnd, »bei uns ist eben immer Saison. Zumindest was Anstand und Respekt angeht. Wenn andere sich hier wie die Herrenmenschen benehmen, möchte ich nicht dazugehören. Außerdem profitiere ich doch von dem Wissen eines jeden Knechts und jeder Magd, die hier auf dem Gut zum Teil schon seit vielen Jahren arbeiten. Die erzählen mir ab und zu, was ich ihrer Meinung nach tun sollte. Das sind kostbare Empfehlungen, denen zu folgen ich noch nie bereut habe.«

Er hatte sich in Rage geredet, und Hansemann klopfte ihm auf die Schulter. »Paul, genau darum schätze ich dich so sehr.« Die Männer sahen sich einen Moment verschmitzt an, und ich war berührt von dieser Männerfreundschaft.

Man sah, wie es in Hansemann arbeitete. »Sag mal, dann liege ich wohl richtig mit der Vermutung, dass du bei der Größe des Hofes vielleicht sogar noch unterbesetzt bist?«

»Das ist doch klar«, antwortete Paul. »Zuverlässige und anpackende Männer und Frauen kann ich immer gebrauchen. Und du kennst mich, ich frage nicht nach Rang und Namen.« Ich hörte das und hatte das Gefühl, Zeuge einer möglicherweise bedeutsamen Unterredung zu sein.

Hansemann wandte sich mir zu. »Na, was sollten wir uns Ihrer Meinung nach anschauen?« Ich war nicht vorbereitet auf die Frage und konnte nur sagen: »Na ja, jetzt ist die Zeit der großen Winteressen. Gans, Ente, ich würde gern auch mal Kalbsleber zubereiten. In diese Richtung, würde ich vorschlagen.«

Der Geflügelhof war riesig, Hühner, Enten, Gänse, Puter. Hansemann suchte sich aus, was er haben wollte und was ihm wichtig erschien. Paul Schröder nickte, gelegentlich machte er Einwände, und ein Knecht notierte alles eifrig. So gingen wir von einem Haus und Gehege zum nächsten. Natürlich besuchten wir auch die Stallungen. Auch hier war es sauber und luftig, die Tiere hatten ausreichend Platz. Schweine, Rinder, Ziegen. Der Pferdestall umfasste mehr als zwanzig Arbeitspferde, etwas abseits standen außerdem zwölf Reitpferde.

Hansemann schaute gespielt verärgert drein. »Also Paul, das ist doch der blanke Luxus. Du dekadenter Kerl!«

Schröder lachte. »Meine Frau und die zwei älteren Mädchen, ihr werdet sie heute Abend noch kennenlernen, sind begeisterte Reiterinnen. Und sie reiten auch noch gut. In der letzten Zeit haben sie sogar Turniere gewonnen.«

Ein Schatten flog über sein Gesicht. »Aber ich fürchte, die Freude währt nicht mehr lange. Der Parteimensch war schon hier. Wohl oder übel werden wir die Reitpferde bald abgeben müssen. Den Leuten von der Reiterstaffel gingen die Augen über, als sie die Tiere gesehen haben. Ich hoffe nur, einige Arbeitspferde behalten zu können, wir brauchen sie unbedingt.«

Ein Ruck ging durch ihn. »Aber kommt, die trüben Gedanken bringen uns nicht weiter. Lasst uns Essen fassen, wie es so schön militärisch heißt, dann gibt's ein kleines Päuschen, und dann fahren wir noch mal los.«

Im Haupthaus war in der Diele eine lange Tafel gedeckt. Bäuerlich rustikal, aber sehr liebevoll. Auf den Tischen lagen kleine Gestecke mit Tannengrün, Kerzen, Besteck und Stoffservietten.

Es gab keine feste Tischordnung, die Sitzordnung ergab sich ganz natürlich. Schröder saß an der Stirnseite, links von ihm Hansemann und daneben ich, und uns gegenüber Bisersky. Das müsste einer der Parteibonzen sehen, dachte ich mir, wie normal und gleichberechtigt hier die Polen behandelt werden. Sie würden toben.

Alles war von einer großen Selbstverständlichkeit geprägt. Insgesamt saßen zwanzig Menschen an der Tafel. Roswitha Schröder, die Paul gegenüber an der anderen Stirnseite saß, wachte mit Argusaugen über alles. Sie war die Dirigentin, die alles im Griff hatte, unauffällig, aber bestimmt.

»Alle, die im Haupthaus tätig sind, essen hier zu Mittag«, erläuterte Paul. »Für die anderen ist es zu umständlich, immer hierherzukommen. Sie essen in der Nähe ihrer Arbeitsplätze. Aber es wird gemeinsam gekocht. Wir machen hier keine Unterschiede. Wer hart arbeitet, und das tut jeder, bekommt ungeachtet seiner Position das gleiche Essen wie alle anderen auch.« Verschmitzt beugte er sich zu Hansemann. »Keine Angst, beim Rotwein bin ich nicht so großzügig.«

Es gab eine Kartoffelsuppe mit Einlage, und als Hauptgang Wildschwein mit Rotkohl und Kartoffeln. Wir Städter machten große Augen. »Das darf ich keinem erzählen«, murmelte ich vor mich hin. Bisersky hatte es gehört und reagierte gleich. »Das wär auch nicht gut, junge Frau, sonst würden die Leute Schlange stehen. Und Neid ist eine Todsünde.« Dabei war er völlig ernst.

Hansemann, ins Essen vertieft, meldete sich zu Wort. »Sag mal, ihr habt doch hier das Jagdrecht. So ein Wildschwein und eine Rehkeule, das wäre mal wirklich was ganz Besonderes. Es ist ein Jammer, dass das immer in den falschen Mägen landet, aber wir Köche«, und dabei sah er mich direkt an, »wir sind ja auch gern mal Virtuosen am Herd. Und dann schmückten wir uns natürlich mit erlesenen Zutaten.«

Schröder räusperte sich. »Du kommst mir zuvor, Julius. Heute Abend werden einige Leute auf Jagd gehen. Die Wildschweine müssen ohnehin bejagt werden, weil sie in letzter Zeit wieder erhebliche Schäden angerichtet haben.«

Es wurde beschlossen, auf den Nachtisch zu verzichten, sehr zum Leidwesen von Hansemann. »Aufgeschoben ist nicht aufgehoben«, tröstete er sich.

Roswitha nahm mich zur Seite. »Komm, Ursel, du willst dich doch sicher ein wenig ausruhen. Ich zeig dir mal dein Zimmer.«

Der gemütliche Raum im Erdgeschoss, in den sie mich führte, hatte einen Alkoven zum Schlafen, aber es stand auch ein kleines Sofa darin. Auf einer Kommode sah ich einen Krug mit frischem Wasser. »Für die Toilette musst du leider über den Hof, so weit sind wir doch noch nicht.«

Ich war froh, etwas Zeit für mich zu haben. Den ganzen Tag über hatte es neue Eindrücke gegeben. Das war eine ganz eigene Welt hier, die nichts mit der, in der ich lebte und arbeitete, zu tun hatte. Hier herrschte Friede, und der Hof war erfüllt mit harter, aber ehrlicher Arbeit. Wie man sich dabei auf Augenhöhe begegnete, beeindruckte mich sehr. Auch hier hatte einer das Sagen, aber wie harmonisch und freundlich das eben auch ablaufen konnte, war für mich eine neue Erfahrung.

In diesem Moment ertönte ein durchdringender Pfeifton der Lokomotive, gefolgt von einem ziemlich abrupten Bremsvorgang. Alle wurden durcheinandergeschüttelt. Hans-Werner öffnete die Abteiltür. »Verfluchter Mist, wir werden umgeleitet«, rief er aus. Günther sprang auf. »Warum das denn?«

»Ich vermute, die im letzten Wagen haben kalte Füße bekommen. Seit dem schweren Bombenangriff vom 16. Januar ist Cottbus ständigen Luftangriffen ausgesetzt gewesen. Da sind die Focke-Wulff-Werke und der Flugplatz, den sie zum Einfliegen der Maschinen nutzen. Das sind natürlich willkommene Ziele.«

Hans-Werner fuhr fort: »Aber nicht nur der Flughafen wurde bombardiert, die gesamte Stadt liegt unter Beschuss. Nun haben einige Herren offenbar Angst. Jedenfalls fahren wir an der nächsten Streckenteilung Richtung Hoyerswerda. Ich sag mir immer, wer weiß, wofür das gut ist. Groß zu hadern hat eh keinen Sinn. Von Hoyerswerda geht es weiter nach Falkenberg, Wittenberg und Coswig und endet dann in Roßlau, also nicht direkt in Dessau.

Lotte sah überrascht auf. »Du, das passt doch genau! Ich grüble schon die ganze Zeit, wie wir von Dessau nach Roßlau kommen. Das sind immerhin acht Kilometer, mit Kindern und Gepäck ist das nicht so einfach zu schaffen. Vielleicht haben wir jetzt Glück. In Roßlau wohnen unsere Freunde, besser hätte es nicht kommen können.«

»Wir nehmen es einfach so hin. Günther und ich reden mit dem Lokführer und hören uns an, wie und vor allen Dingen wann es weitergeht.«

Meine Mutter meldete sich zu Wort. »Während wir warten, kann ich ja weitererzählen. Wenn es euch zu viel wird, sagt Bescheid.«

Während ich mich ausruhte, hing ich meinen Gedanken nach, die natürlich bei Bertl waren. Ich malte mir aus, wie wir Weihnachten verbringen würden. Siedend heiß fiel mir ein, dass ich noch gar kein Geschenk für ihn hatte. Und dann musste ich ihm noch beibringen, dass ich am ersten Weihnachtstag arbeiten musste. Hansemann hatte mir erklärt, dass die Kollegen mit Familie vorgingen, ich verstand das. Uns würden trotzdem noch genügend Tage bleiben.

Als ich vor dem Fenster Menschen hörte, zog ich mir meine warmen Sachen an und ging vor die Tür. Ein bitter kalter Dezembernachmittag erwartete mich, bald würde die Dämmerung hereinbrechen.

Mit einem Trecker fuhren wir einige hundert Meter weit. Hier wurden Kartoffeln, Rüben und verschiedene Kohlsorten auf den Anhänger geladen. Alle packten mit an, sogar ein paar Kinder der polnischen Knechte und Mägde beteiligten sich. Ich sah das, und mein Herz ging auf, als Hansemann dann auch noch ein Lied anstimmte. Allerdings kannte das Lied niemand außer mir: »What shall we do with the drunken sailor«. Es wurde mehr gelacht als gesungen.

Als Hansemann mitbekam, dass ich leise mitsummte, forderte er mich auf: »Man to, mien Deern, sing mol mit.« Und so schmetterten wir zusammen den Refrain »Hoo-ray and up she rises« und lachten.

Diese unbeschwerte Heiterkeit versetzte alle in eine besondere Stimmung. Als wir mit dem beladenen Wagen zurückfuhren, wurde weitergesungen. Die Polen hatten das Volkslied »Kleiner Kuckuck« angestimmt, das sich besonders freundlich anhörte. Wir revanchierten uns mit »Hoch auf dem gelben Wagen«.

Als wir wieder auf den Hof kamen, erwartete uns Roswitha schon mit einigen Frauen. Auf einem kleinen Tischchen standen zwei Flaschen und jede Menge Schnapsgläser. Es gab wahlweise Krambambuli, einen Kirschlikör, oder Machandel, einen ziemlich starken Wacholderschnaps. Die Kinder, die so tüchtig mitgeholfen hatten, wurden mit in Zuckermasse gebratenen Nüssen und einem Becher warmer Milch verwöhnt.

Hansemann griff als Erster zu. Er drückte mir einen Wacholderschnaps in die Hand. »Hier, das ist reine Medizin!«

Uiuiui, der hatte es aber in sich. Obwohl ich gleich zu verstehen gab, dass ich damit genug hatte, ließ er nicht locker. Schon hielt ich ein Gläschen Kirschlikör in der Hand. Als ich gerade ansetzen wollte, beugte er sich zu mir herunter. »So, nun machen wir das mal offiziell. Ich bin Julius, und du bist die Ursel. Noch einmal: Ich freu mich wirklich, dass du so gut in unserer Küchenbrigade angekommen bist. Aber nun werd mir man nicht gleich übermütig.«

Wir prosteten uns zu, und ich hätte nicht zu sagen gewusst, woher mein knallroter Kopf kam. War es der Schnaps oder diese unverhoffte Vertraulichkeit? Wahrscheinlich beides.

Paul Schröder trat an unsere Seite und hob sein Glas. »Ich schließe mich den Worten meines Vorredners an. Auf dem Land sind wir nicht so etepetete: Ich bin der Paul, und mit Roswitha hast du dich ja schon angefreundet!«

Also, das ging ja Schlag auf Schlag, staunte ich. Und wusste, dass es mit den beiden Gläsern nun auch wirklich genug war. Für den restlichen Abend stieg ich heimlich auf die selbstgemachte Fassbrause um, auch diese ein Genuss.

»Die frischen, empfindlicheren Sachen, Julius, erledigen wir morgen«, sagte Paul, »die sind sowieso in besonders geschützten Lagen direkt am Haupthaus untergebracht. Vorhin haben meine Männer mit der Schlachtung angefangen. Wir haben fast zu viele Ferkel, davon kann ich euch abgeben, und auch Rindfleisch gibt es gerade viel. Natürlich ist das nicht alles für euch«, schmunzelte er, »du siehst ja, wie viele Mäuler wir hier zu stopfen haben. Und damit ist es erst einmal gut für heute. Wir laden noch kurz ab, und dann treffen wir uns in einer Stunde zum Essen hier in der Diele.«

Hansemann rief mich und unseren Koch zu sich, und gemeinsam gingen wir die Liste durch. »Ich will noch nach frischem Sauerkraut fragen«, sagte er, »das machen sie hier auch selbst. Und an Pökelfleisch sollten wir noch denken. Was noch, hab ich etwas vergessen?«

Ich erinnerte ihn an dies und das, dann traute ich mich, die Frage zu stellen, die mir schon länger durch den Kopf ging. »Sag mal, Julius, wie bezahlen wir das denn alles? Mit Geld ist das, was wir hier mitnehmen, doch gar nicht aufzuwiegen!«

»Ein paar Hunderter hat mir Berger schon mitgegeben«, antwortete Hansemann. »Und die Gastgeschenke, die wir mitgebracht haben, zählen auch nicht gerade rückwärts. Der Rest ist

Freundschaft.« Er machte eine schöpferische Pause und sah mich an. Ich hatte den Eindruck, seine Gedanken ratterten förmlich los, wie weit er mich ins Vertrauen ziehen durfte. Er gab sich einen Ruck.

»Du weißt, wer bei uns alles im Hotel verkehrt. Das sind wichtige Leute, und die zählen eins und eins schon richtig zusammen. Wenn es überall nur trocken Brot gibt und ausgerechnet im Hotel Ostland werden immer noch besondere Sachen serviert, dann hält man schon mal eine schützende Hand über uns.« Er kam etwas näher. »Paul hat schon eine Ahnung, warum er ein paar besondere Freizügigkeiten hat. Eine Hand wäscht eben die andere. Finden wir uns damit ab. Manchmal ist nicht alles gerecht, aber wir schaden niemandem und bleiben anständig.«

Er richtete sich wieder zu seiner ganzen Größe auf. »Und jetzt ab in die Zimmer. Macht euch ein bisschen frisch und ruht euch aus. Bereitet euch darauf vor, dass sich nachher die Tische biegen.« Damit waren wir entlassen.

Jerschke kam auf mich zu. »Ich finde, wir duzen uns auch, Schnaps hin oder her. Geht auch so, oder?« Ich war einverstanden und froh, dass ich nicht noch ein hochprozentiges Getränk zu mir nehmen musste.

Ich freute mich auf den Abend. Ich hatte die Menschen in diesen wenigen Stunden schon richtig lieb gewonnen, ich fühlte mich einfach wohl. Und ich war froh, die passende schlichte Kleidung mitgebracht zu haben. Einen weiten Glockenrock in rot, dazu eine weiße Bluse, die ich ganz neu mit aufgestickten blauen und roten Blüten versehen hatte. Darüber trug ich eine schwarze ärmellose Weste.

Als Schmuck trug ich nur eine Gemme an einer einfachen silbernen Halskette, das einzige Erbstück, das ich von meiner Mutter bekommen hatte. Am Handgelenk trug ich die kleine Armbanduhr, die ich mir einmal in Metz gekauft hatte. Statt Stöckelschuhen hatte ich weiche Stiefeletten dabei.

Auf dem Weg in die Diele vernahm ich bereits im Flur aufgeregte, fröhliche Stimmen. Auch Musik war zu hören. Ich war überrascht, wie schön die Diele geschmückt war. Bei der vielen Arbeit hatte ich ganz vergessen, dass Weihnachten unmittelbar vor der Tür stand. Hier war jetzt schon Weihnachten. Überall hingen bunte Kugeln, kleine Tannenzweige schmückten die Tische. Es duftete nach Essen, Gebäck und jeder Menge Gewürzen. Ich war ganz gelähmt von der weihnachtlichen Atmosphäre.

Roswitha und Paul kamen auf mich zu und begrüßten mich. »Wie schön, Ursel, dass du da bist. Wir sind froh, dich kennengelernt zu haben. Du bist ein gern gesehener Gast bei uns, wann immer du willst, und das meinen wir genau so. In diesen Zeiten kann man nie wissen, was noch passiert. Hier jedenfalls hast du nun Freunde, und das darfst du gern ausnutzen.«

Roswitha befühlte den Stoff der Bluse. »Sag mal, wo hast du denn diese Schneiderin aufgetrieben? Das sieht ja toll aus.« Nach einer Pause, in der es heftig in ihr arbeitete, schob sie leise hinterher: »Na, so etwas würde mir schon auch gefallen.«

Ich versprach ihr, gleich am nächsten Tag ihre Maße zu nehmen und ihr auch eine Bluse zu schneidern. Roswitha war gerührt.

Paul beugte sich zu mir. »Ursel, wir haben unsere polnischen Leute nicht davon abhalten können, heute Abend ein wenig das Programm zu gestalten. Wir haben nicht so häufig Besuch. Du wirst jetzt verstehen, warum wir uns diese kleine Insel so lange wie möglich bewahren wollen. Ich hab keine Illusionen: Die braunen Wellen der Weltgeschichte werden uns nicht verschonen. Also lass uns den Abend genießen, aber wundere dich nicht über das, was du hörst und siehst. Wenn du magst, frag uns einfach.«

Ich schaute mich weiter um. Auf einem Tischchen entdeckte ich ein Gebilde, etwa einen halben Meter hoch, von dem ich meinte, es aus dem Erzgebirge zu kennen. Als ich es genauer betrachtete, tauchte Waclaw neben mir auf.

»Das ist ein Pyramidenleuchter. Ist heutzutage eine große Rarität. Wie du weißt, darf die traditionelle polnische Kunst nicht mehr gezeigt werden, wie vieles andere Polnische auch. Diesen Leuchter haben wir verstecken können. Wir haben noch mehr versteckt, du wirst sehen«, fügte er mit einem schüchternen, traurigen Lächeln hinzu.

Wieder war eine lange Tafel gedeckt, und diesmal hatte man noch ein kleines Podest aufgebaut. Sogar ein Klavier hatte man herbeigeschafft. Nach und nach nahmen alle Platz, die meisten saßen auf denselben Plätzen wie schon am Mittag. Zu meinem Erstaunen durften auch die Kinder dabei sein.

Unmittelbar vor dem Beginn des Essens stand Paul Schröder auf, klopfte an sein Glas und bat mit kräftiger Stimme um Ruhe.

»Liebe Freunde, dies ist einer der wenigen Abende im Jahr, an dem wir gute, uns wohlgesonnene Freunde begrüßen dürfen. Dass dieser Besuch so kurz vor Weihnachten stattfindet, hat einerseits durchaus handfeste wirtschaftliche Gründe«, ein leises Lachen ging durch den Raum, »zum anderen fassen wir es aber auch als Kompliment auf für die wunderbaren Produkte, die wir hier alle gemeinsam gesät und geerntet haben. Ein jeder von euch hat daran seinen Anteil geleistet.

Ihr kennt die Gründe, warum wir uns hier ein bisschen der Öffentlichkeit zu entziehen versuchen. Ich habe zu einem Gast, der heute das erste Mal unter uns weilt«, und damit neigte er den Kopf in meine Richtung, »ich habe zu Ursel gesagt, dass wir uns diese kleine Insel so lange wie möglich erhalten wollen. Wir alle wissen, irgendwann werden auch wir unsere Koffer packen müssen. In welche Himmelsrichtung ein jeder von uns dann gehen will oder vielleicht auch gehen muss, darüber möchte ich mir heute nicht den Kopf zerbrechen. Dieser Abend ist zu schön. Und wir werden diese Geschehnisse nicht ändern können.

Für mich, meine Frau und meine Kinder seid ihr Teil einer großen Familie, so sehen wir einen jeden von euch. Die Leistung, die wir erbringen, die Erträge, die wir abliefern, sind überdurchschnittlich, das freut die Partei und den Führer, und das ist doch das Allerwichtigste.«

Er konnte sich ein freches Grinsen nicht verkneifen. Dann hob er sein Glas, und wir alle taten das Gleiche. »Trinken wir auf dieses Land, den wunderbaren Boden und vor allem auf uns selbst. Na zdrowje.«

Alle standen auf und prosteten einander zu. Dass er den Trinkspruch auf Polnisch gesagt hatte, war seine Art, Respekt zu bekunden.

Die Vorspeise wurde serviert. Es gab Spezialitäten der Region, flüsterte mir Roswitha zu. »Manchmal will Paul deutlich machen, dass unsere polnischen Freunde nicht die Kulturbanausen sind, als die sie immer hingestellt werden. Allerdings übertreibt er es manchmal ein wenig.«

Die Vorspeise nannte sich Sattschirken, eine Milchsuppe mit Mehlklümpchen. Danach war ich satt. Es folgte ein typisches Winteressen, sie nannten es Schedderstroh. Es bestand aus Kartoffeln, dann Sauerkohl und Schweinefleisch, und das alles in mehreren Schichten übereinander. Es schmeckte ausgesprochen gut, war aber äußerst sättigend. Ein Essen für Menschen, die den ganzen Tag hart arbeiten müssen. Den Abschluss bildete eine Weihnachtsspeise mit Namen Makowki. Sie bestand aus gemahlenem Mohn, Milch, viel Butter und Honig, dazu Zimt, Rosinen, Mandeln und reichlich Zucker.

Als ich alles verdrückt hatte, war ich pappsatt und erschöpft. Solche Schlemmereien war mein Magen nicht mehr gewohnt. Am liebsten wäre ich gleich ins Bett gegangen, dabei ging es jetzt erst richtig los.

Tische und Stühle wurden beiseite gerückt, und schon marschierten die Musiker ein. Rufe und rhythmisches Klatschen begleiteten sie bei ihrem Einzug, offenbar wussten alle, was kommen würde. Ich war erst einmal über einige Instrumente überrascht. Einen Dudelsack hatte ich hier nicht erwartet. Es handelte sich um einen Polnischen Bock, der sich aber wie ein Dudelsack anhörte. Ein anderer Musiker spielte eine Suka, ein Saiteninstrument wie eine Fiddl, daneben gab es zwei normale Geigen und eine Drehleier. Hinzu kamen noch ein Bass und ein Cello sowie ein Schlagzeuger, der auf mehreren kleineren Trommeln spielte. Alles in allem standen sieben Musikanten in historischen Trachten vor uns.

Als die Musik einsetzte, öffnete sich die große zweiflügelige Dielentür, und fünf Paare, ebenfalls in Trachten, traten gemessenen Schrittes herein. Roswitha achtete darauf, dass ich alles mitbekam. Durch ihre Hinweise verstand ich, welche Bedeutung ein besonderer Ton, ein bestimmter Singsang oder eine Bewegung hatten. »Eine Polonaise«, flüsterte sie zu Beginn, »sehr populär hier.«

Ich staunte über den harmonischen Anblick. Die Männer hatten rote Mützen mit weißen Trotteln auf, ihre schwarzen Hemden waren mit einer roten Weste und einem weißen Halstuch kombiniert. Die Frauen trugen schlichte einfarbige Kopftücher, weiße Blusen und darüber offene schwarze Westen und grüne lange Röcke mit einer schwarzen Bordüre.

Auf einmal fiel mir auf, dass ich diese Menschen schon gesehen hatte: Es waren die Mägde und Knechte, denen ich auf tagsüber begegnet war. Ich staunte, wie anmutig sie sich bewegten, und welche Würde und welchen Stolz sie ausstrahlten.

Stürmischer Beifall belohnte ihre Darbietung. Es herrschte eine begeisterte Atmosphäre, aber es sollte noch schöner werden.

Der nächste Tanz war eine Mazurka, es folgte ein Krakowiak und als Abschluss ein Szamotuly, ein Polterabend-Tanz. Er musste mit Übermut ausgeführt werden, was trotz der Erschöpfung der Tänzer gelang.

Ich schaute auf die Uhr und erschrak. Schon zehn vorbei, dachte ich, morgen früh muss ich sehr bald aufstehen. Am besten, überlegte ich, sollte ich jetzt klammheimlich verschwinden, aber kaum hatte ich den Gedanken zu Ende gedacht, stand Hansemann vor mir. »So, mien Deern, nu geiht das erst richtig los. Ich darf denn mal das Frollein um den nächsten Tanz bitten.«

Er hakte sich an meinem Arm ein, ohne eine Antwort abzuwarten. Das war offenbar das Signal für alle, denn von einem auf den anderen Moment war der gesamte Raum voller Bewegung. Auch die Mitglieder der Tanzgruppe mischten sich unter uns, ebenfalls die Kinder, alle wurden eingebunden. Die Musiker sorgten dafür, dass keiner mehr still sitzen konnte.

Einmal zupfte mich Hansemann, der wie alle schweißüberströmt war, am Arm und zog mich in eine ruhige Ecke. »Ursel, das mit dem Du, das bleibt, gar keine Frage. Aber in der Küche bin ich der Chef, und da titulierst Du mich bitte auch so, also komm mir nicht mit Julius oder ähnlichem Zeug?« Ich verstand gut, was er meinte. Diese Klarstellung war ihm wichtig, eine Hotelküche war ein Bereich, der mit Kommandos funktionierte und nur so.

Es war nach elf Uhr, als die Musiker von Paul ein Zeichen bekamen, nun zum Ende zu kommen. Als sie ihre Instrumente einpackten, hörte ich, wie Paul seine Frau anwies, den Musikern ein Paket mit Lebensmitteln mitzugeben. »Das brauchen sie nötiger als Geld«, murmelte er, »da haben dann auch noch deren Familien etwas davon.«

Für alle war es höchste Zeit, zur Ruhe zu kommen. Auch ich ging auf meine Stube, überwältigt von lauter Eindrücken eines schönen, ganz besonderen Tags.

Während meine Mutter erzählte, hatte sich der Zug wieder in Bewegung gesetzt. Hans-Werner teilte uns mit, dass wir bald in Hoyerswerda sein würden. »Wir wollen mal sehen, ob wir da eine Möglichkeit haben, unsere Vorräte ein wenig aufzufrischen. Da keiner den Zug verlassen darf, wird sich der Andrang in Grenzen halten. Vielleicht kann ich ein wenig Suppe ergattern, gebt mir mal ein oder zwei Gefäße mit.«

Im Abteil herrschte gespannte Ruhe, die Schilder von kleinen Bahnhöfen flogen am Fenster vorbei und jeder hing seinen Gedanken nach. Lohsa, Knappenroda, unbekannte Orte für uns.

In Hoyerswerda waren die Bahnsteige verhältnismäßig leer, wie Hans-Werner es vermutet hatte. Das Rote Kreuz hatte zwei Stände aufgebaut und wartete darauf, seine Hilfe anbieten zu können. Hans-Werner ging direkt auf eine Schwester zu und sprach sie an. Nachdem sie ihm zugehört hatte, bückte sie sich und holte drei Pakete aus ihrem Versorgungsstand. Dann nahm sie ihm die zwei Krüge und die Kanne ab, die er mitgenommen hatte, und hantierte wieder an ihrem Wagen. Offensichtlich schenkte sie Milch, Tee und Säfte ein, und zwar weit mehr, als wir hatten erwarten dürfen.

Entsprechend strahlend kam er zurück, während sich jetzt Schlangen vor den Ständen bildeten. Die belegten Brote und Äpfel wurden gerecht verteilt, endlich bekamen wir Kinder frisches Obst.

»Wenn alles klappt, sind wir heute Abend in Dessau«, informierte er uns. »Knappe zweieinhalb Stunden müssen wir noch durchhalten.«

Meine Mutter machte sich Sorgen, ob wir wirklich bei Lottes Bekannten unterkommen würden. Lotte beruhigte sie und holte sie aus ihren Überlegungen in die Gegenwart zurück. »Komm, Ursel, lass uns die paar Stunden hier im Zug noch nutzen. Über deinen Bertl gibt's doch bestimmt noch einiges zu berichten?«

Ihr könnt euch vorstellen, dass der Morgen für einige von uns doch eine harte Rückkehr in die Realität war. Aber Paul und Hansemann waren unerbittlich. Wer saufen kann, muss auch arbeiten können, lautete das Credo. Kurzer Imbiss am Morgen, und dann fuhren wir noch einmal zu einigen Stationen, luden auf und sortierten Waren.

Paul Schröder hatte sich in der Tat nicht lumpen lassen. Kalbs- und Rindfleisch, Filets, geräucherte Aale und Forellen warteten auf uns, dazu Gemüse und mehrere Kohlsorten. Hinzu kamen Marmeladen, Konfitüren, Säfte, selbstgebrannte Schnäpse. Dann das Geflügel, Hühner, Gänse und Enten, drei ausgenommene Truthähne. Neben Äpfeln und Birnen gab es Gläser mit Kompott, es wollte kein Ende nehmen. Den Schlusspunkt markierten ein zerlegtes Wildschwein und eine Rehkeule.

Wir waren mehr als drei Stunden damit beschäftigt, alles sorgfältig zu verpacken und auf dem Wagen zu verstauen, sodass es kurz vor Mittag war, als wir uns auf den Rückweg machten. Die Einladung zum Mittagessen schlug Hansemann aus.

»Seid mir nicht böse, aber mir brennt nicht nur die Zeit unter den Nägeln. Ich will diese Schätze so schnell wie möglich in meiner Küche und in den Vorratsräumen untergebracht wissen, bevor ihr euch das anders überlegt«, erklärt er unter Pauls und Roswithas Lachen.

Dennoch hatte ich das Gefühl, das war's noch nicht. Und richtig, in diesem Moment bog ein Wagen um die Ecke. Auf der Ladefläche standen zwei Bottiche. Paul grinste über das ganze Gesicht. »Fischers Fritz fischt frische Fische«, sagte er nur.

Hansemann stieg mit ungläubiger Miene auf den Wagen. »Das gibt's ja nicht, Paul, du alter Gauner.« Er sprang wieder herunter und umarmte seinen Freund herzlich. Dann wandte er sich Wolfgang und mir zu. »Ihr wisst hoffentlich noch, wie man Fische ausnimmt?«

Paul hatte doch tatsächlich am Morgen noch einige Karpfen, die jetzt im Dezember genau das richtige Gewicht hatten fangen lassen, dazu noch Forellen.

Nun war es an Hansemann, noch einen oben drauf zu setzen. Er ging zum Auto, kramte kurz herum und kam mit einer kleinen Kiste wieder zurück. Mit den Worten »Zum Glück ist der Führer Nichtraucher. Havannas von der besten Sorte für dich« überreichte er das Geschenk an Paul.

Als wir uns verabschiedeten, nahm mich Roswitha in den Arm.

»Ursel, wenn du ein paar Tage frei bekommst von diesem Sklavenhalter, dann besuche uns. Das könntest du gut gebrauchen bei deiner vornehmen Blässe. Wir würden uns jedenfalls freuen.«

Ich bedankte mich und versprach wiederzukommen.

Nachdem wir losgefahren waren, war es für einige Minuten sehr ruhig im Fahrerhaus. Hansemann brach schließlich das Schweigen. »Ich danke euch beiden, das habt ihr gut gemacht. Ich weiß, im ersten Moment hört sich das toll an, mal eben raus aufs Land und Vorräte holen. Aber es ist dann doch eine ganz schöne Knüppelei.«

Nach einer Pause fuhr er ganz in Gedanken versunken fort. »Jedes Mal, wenn ich hier wegfahre, denke ich, wie lange wird das alles noch gut gehen. Es ist ja wirklich eine andere Welt. Polen und Deutsche können sich so gut vertragen, sie haben so viele Gemeinsamkeiten. Wenn nur die Politik nicht wäre. Aber egal, es geht weiter. Wir müssen jetzt sehen, dass wir unterwegs nicht zu oft angehalten werden. Alles schon da gewesen. Und wenn wir im Hotel sind, muss alles gleich verstaut werden.

Lasst uns noch mal das Programm durchgehen. Heute ist der 19. Dezember, außer dem Entladen der Waren geschieht heute nichts mehr. Am 22. und 23. Dezember ist die Bude voll. Das Restaurant ist ausgebucht. Mit all unseren feinen Sachen werden wir da schon Ehre einlegen. Heiligabend gibt's Notbesetzung, nur ich werde da sein. Ihr beide habt frei, aber am 25. muss ich euch im Haus haben, da gibt es keine Ausnahme.«

Dabei sah er mich sehr direkt an, als wollte er mir noch irgendetwas mitteilen. Ich nahm mir vor, ihn in den nächsten Tagen über meine private Situation zu informieren.

»Ursel«, fuhr er fort, »du hast am 26. und 27. Dezember noch einmal frei, aber dann, Silvester, ist Großkampftag, meine Liebe, da gibt es für niemanden Pardon. Aber ich nehme an, dass ihr euch das bereits gedacht habt.«

Die Rückfahrt verlief reibungslos. Nur der Verkehr machte

uns zu schaffen, vor allem an Kreuzungen stauten sich die Fahrzeuge, viele wurden von Feldjägern kontrolliert.

Als wir das Hotel erreichten, war die Mittagszeit gerade vorbei. Wolfgang organisierte das Entladen, und Hansemann informierte Direktor Berger über unsere Rückkehr. Berger staunte nicht schlecht über die ganzen Köstlichkeiten, die wir mitgebracht hatten. »Mensch, Julius, du alter Pirat. Das hat sich ja richtig gelohnt. Das nenne ich eine erfolgreiche Kaperfahrt.« So aufgekratzt hatte ich ihn selten gesehen. Hansemann war sichtlich stolz.

Es war schon weit am Nachmittag, als er Wolfgang und mich entließ. Ich schlich nach Hause und ging direkt in meine Wohnung, ohne mich bei den Lucas zu melden. Der Zettel, der vor meiner Tür lag und in dem ich gebeten wurde, noch bei ihnen vorbeizuschauen, ignorierte ich. Ich wollte nur noch meine Ruhe haben.

Am nächsten Morgen ging ich direkt ins Hotel. Es waren nur noch wenige Tage, bis Bertl kommen würde. Meine Vorfreude stieg mit jeder Stunde, aber ich wollte und musste mich auf meine Arbeit konzentrieren. Immerhin verging die Zeit auf diese Weise schneller.

Am Abend klingelte ich bei den Lucas. Georg bat mich herein. Er fragte, wie der Ausflug denn gewesen sei. »Woher weißt du davon?«, fragte ich erstaunt zurück. »Wenn Hansemann mich bittet, noch ein paar Ersatzteile für diesen alten Kübelwagen zu besorgen, dann weiß ich, dass wieder eine Reise bevorsteht.«

Also berichtete ich relativ ausführlich, und Georg hörte aufmerksam zu. »Ja, ja, dieser Schröder, das ist so ein Mann nach meinem Geschmack. Der schert sich nicht um Partei und die Genossen, er macht seine Arbeit, und zwar sehr gut, und solange er das macht und er gebraucht wird, können die ihm auch nichts. Und da die meisten Stammgäste im Hotelrestaurant sind, profitieren sie auch noch von ihrer eigenen Großzügigkeit.

Womit wir beim Thema sind, liebe Ursel. Großzügigkeit. In

den letzten zwei Tagen sind hier insgesamt fünf Pakete abgegeben worden, alle aus Wien kommend. Jetzt wird langsam sogar der Postbote misstrauisch. Wenn dein Bertl hier ist, muss das geregelt werden.«

»Das ist selbstverständlich, Georg«, nickte ich, »wir werden das klären. Aber darf ich dich noch um einen großen Gefallen bitten? Wenn der Bertl kommt, hätte ich so gern einen kleinen Tannenbaum, aber ich weiß nicht, woher ich den nehmen soll. «

Luise betrat das Wohnzimmer und hörte die letzten Worte. »Gut, dass du ihn daran erinnerst, Ursel. Wir brauchen auch eine Tanne, mein Lieber, oder hast du das etwa vergessen?«

Georgs Gesicht war anzumerken, dass er sich damit schon längst beschäftigt hatte. »Nein, nein, euer Wunsch ist mir Befehl.« Und damit salutierte er spaßhaft im Sitzen.

Ich wandte mich Luise zu. »Kannst du mir helfen? Was schenk ich denn dem Bertl zu Weihnachten? Ich hab keine Ahnung, was Männer sich wünschen!«

Aus dem Sessel in der Zimmerecke kam wieder das typische Grunzen. »Ach, da wüsste ich aber eine ganze Menge ...«

»Ist ja gut, Georg«, winkte Luise ab. »Wir können uns schon denken, was du dir wünschst.« Dann sah sie mich an. »Sag mal, hat er denn schon ein Photo von dir?«

»Meinst du wirklich, das könnte ein Geschenk sein?«

»Was gibt es denn Schöneres«, sagte sie, »als den Anblick der Frau, die man liebt. Am besten gehst du zu Photo-Stewner. Da macht man wunderbare Photos. Grüß den Herrn Volkerts von mir, dann hast du eine Chance, die Bilder noch rechtzeitig zu bekommen. Dazu suchst du einen schönen Rahmen aus, und fertig ist die Überraschung. Er wird sich freuen, da kannst du sicher sein.«

Ich war eigentlich viel zu müde, um noch mal loszugehen. Aber das war eine wunderbare Idee. Vor uns lag das Wochenende, ich musste mich beeilen.

Wenige Minuten später betrat ich den Laden und fragte nach Herrn Volkerts, der zum Glück gerade frei war. Ich übermittelte ihm die Grüße und trug ihm meinen Wunsch vor.

Er musterte mich. »Junge Frau, Sie sind ja ganz aufgelöst, und ihre Haare liegen wild durcheinander. So werden das keine schönen Photos«, ließ er mich wissen. Ich erklärte ihm hektisch, wofür ich die Photos brauchte. »Na, das habe ich mir schon gedacht«, sagte er mich. »Das kriegen wir noch hin. Kommen Sie am Montagabend, so gegen halb sieben, dann ist hier Ruhe. So können Sie sich noch ein wenig zurechtmachen, und ich verspreche Ihnen, dass Sie die Bilder rechtzeitig bekommen.« Ich war selig.

Luise drehte mir am Montagnachmittag ein paar Lockenwickler ein, und so sah ich ganz passabel aus. »Ja, das ist besser«, lobte mich Herr Volkerts, »die richtige Aufmunterung für einen jeden Frontsoldaten«, fügte er ein wenig sarkastisch hinzu.

Von seinem Handwerk verstand er eine Menge. Er schob Scheinwerfer herum, drückte mich hier und da, ruckelte mich zurecht und fasste mich unters Kinn. Ich fand das eigentlich zu viel des Guten, irgendwann riss mir der Geduldsfaden.

»Herr Volkerts, wir wollen doch nur ein paar nette Photos von mir machen, oder wollen Sie sich mit mir verloben?«

»Na, am liebsten schon, Fräulein Schulz«, stotterte er mit rotem Kopf, und von da an hielt er sich deutlich zurück. Er erzählte mir, dass die Photographie sein großes Hobby sei. Natürlich könne er damit kein Geld verdienen, im Gegensatz zu seinem Chef, Herrn Stewner, der in ganz Posen und Umgebung für seine wunderschönen Porträts und Landschaftsaufnahmen berühmt sei.

Wir machten sechs Photos, die ich an Heiligabend abholen sollte. Im letzten Moment konnte er es doch nicht lassen. »Warum kaufen Sie sich nicht einen eigenen Photoapparat, dann können wir doch mal gemeinsam auf Photopirsch gehen?«

Das hätte mir gerade noch gefehlt, aber den Gedanken hatte ich auch schon gehabt. »Was kostet denn so ein Apparat?«, fragte ich.

»Also, eine gute Kamera wie die Rolleicord hier liegt bei etwa 120 Reichsmark. Das ist natürlich ein ganz schönes Sümmchen, aber dafür bekommen Sie eine wirklich gute und dankbare Kamera.«

Das Geld hätte ich gehabt, ich hatte ja gespart, und vielleicht, überlegte ich, wäre es ja auch wirklich eine schöne Abwechslung. Aber jetzt wollte ich schnell aus dem Laden kommen, die Zahl der Verehrer häufte sich nun doch ein wenig.

Am 24. Dezember wartete ich sehnsüchtig auf meinen Bertl. Ich hatte mir ausgerechnet, dass sein Zug gegen 13 Uhr ankommen müsste, und ging entsprechend früh los. Vorher schaute ich noch im Photogeschäft vorbei und holte die Bilder ab. Den passenden Rahmen hatte ich schon am Montag ausgesucht.

Trotz des unüberschaubaren Gedränges spürte man, dass es ein besonderer Tag war. Etwas Leichtes lag in der Luft, etwas Heiteres. Die Luft flirrte vor Rufen, wenn sich Menschen fanden, viele Uniformierte wurden von ihrer Familie begrüßt. In vielen Gesichtern stand die Erleichterung geschrieben, einen geliebten Menschen gesund wiederzusehen.

Plötzlich stand Bertl vor mir. Fast hätte ich ihn im ersten Moment nicht wiedererkannt. Er trug zivil und war sehr blass. Hatte schon die Uniform kaum verbergen können, wie schmal er war, so war sein Anblick im Anzug noch schlimmer.

Wir nahmen uns kurz in den Arm, und ich konnte nur flüstern: »Bertl, was machen die denn mit dir?« Er zog mich mit sich, und wir verließen eilig den Bahnhof. »Komm, Uschele, weg von hier. Ich mag diese vielen Uniformierten nicht mehr um mich haben.«

Schon nach wenigen Minuten standen wir vor meiner Haustür. Luise winkte uns vom Fenster aus zu. In meiner Wohnung legte Bertl seinen Mantel ab und hängte den Schal über einen Garderobehaken. Er tat das alles sehr langsam, geradezu bedächtig, und ich glaube, ich verstand, was in ihm vorging. Er wollte mit jedem Handgriff alles Negative und Bedrückende gleichsam hinter sich lassen.

Ich beobachtete ihn dabei, sah die Ränder unter seinen Augen, freute mich, dass seine verschmitzten Lachfalten noch da waren, und ließ ihm Zeit. Er sollte ganz in Ruhe ankommen können. Vielleicht konnte er es sogar wie eine Heimkehr empfinden, eine Heimkehr nach Hause.

Ich hatte einen Adventskranz mit roten Kerzen auf dem Tisch stehen, und die Tannenzweige verströmten einen angenehmen Duft. Mit dem Tannenbaum hatte es doch nicht geklappt. Ich bat ihn, die Kerzen anzuzünden.

Als ich das Radio einschalten wollte, um die Stille nicht zu schwer werden zu lassen, schüttelte er den Kopf. Ich setzte Kaffee auf, nahm den Teller mit den selbst gebackenen Keksen, stellte sie auf den Tisch und wartete, bis der Kaffee fertig war. Dann setzte ich mich auf das Sofa und klopfte auffordernd auf den Platz neben mir.

Mit einem tiefen Seufzer setzte er sich. Seit der Begrüßung im Bahnhof hatte es keine Berührung mehr zwischen uns gegeben. Ich ließ ihm Zeit.

Nach einer Weile hatte er sich gefangen. »Ach, Uschele. Ich hab dich so vermisst. Weißt«, sagte er in seinem leichten Wienerisch, »manchmal kann ich das alles kaum mehr aushalten. Am liebsten würde ich dann abhauen. Diese Unordnung überall, diese einfachen Menschen, das schlechte Essen und der nervtötende Dienst. Immer nur Drill, immer nur Griffe klopfen, wie das bei uns heißt. Und dann das Heimweh, das ist das Schlimmste. Die Sehnsucht nach dir, aber auch die Gedanken an dahoam. Wie geht es meiner Familie, meinem Buam?«

Ich wollte ihn in den Arm nehmen und trösten, aber er war noch nicht fertig.

»Ich hatte dir ja erzählt, dass ich das Geschäft aufgeben musste, als ich eingezogen wurde. Die ganze Last liegt nun bei meinem

Vater. Die Familie bekommt jeden Monat 270 Reichsmark als Entschädigung, damit muss sie zurechtkommen. Und dann diese ewigen triumphalen Meldungen in den Zeitungen und im Radio, das glaubt doch schon lange keiner mehr. Jetzt die Katastrophe um Stalingrad, aber offiziell wird immer nur vom Endsieg geredet. Das stimmt doch alles nicht.«

Jetzt ließ ich es mir nicht nehmen, ich nahm ihn einfach fest in die Arme. »Komm, Bertl, es ist jetzt nicht zu ändern. Lass dir Weihnachten nicht vermiesen. Wir zwei versuchen, uns ein paar schöne Tage zu machen, ganz für uns allein.«

Er lächelte mich an, doch ich merkte, wie sehr er gegen die ihn überkommende Rührung ankämpfen musste. Als dann im Radio, das ich doch anschaltete, Weihnachtslieder liefen, entspannte sich die Stimmung. Auch Zarah Leander war zu hören, ihre großen Erfolge »Davon geht die Welt nicht unter« und »Ich weiß, es wird einmal ein Wunder geschehen«. Zwei Schlager, die ganz im Sinne der Nazis waren. Wir dachten uns unseren Teil.

Beim Essen langte Bertl tüchtig zu, ich spürte, wie er sich wohlzufühlen begann. Wie Kinder fassten wir uns immer wieder an den Händen, es war uns beiden wichtig, den anderen zu spüren. Den anderen mit allen Sinnen aufnehmen zu können, habe ich damals als besonders schön empfunden.

Dieser Mann erfüllte mir alle geheimen Wünsche, die ich noch nie jemandem offenbart hatte. Vielleicht fühlte sich alles so intensiv an, weil wir spürten, dass uns nur eine endliche Zeit gegeben war. Diesmal war er es, der die Initiative ergriff, aufstand, seinen Arm um mich legte und mich nach nebenan führte.

Meine Mutter hörte auf zu erzählen, weil der Zug deutlich langsamer geworden war. Wir sahen gespannt aus dem Fenster und wussten, wir näherten uns Wittenberg.

Edeltraut hatte schon vor einigen Minuten begonnen, ihre

Sachen zu packen und die Kleine noch einmal trocken zu legen. Sie hatte die ganze Zeit über aufmerksam zugehört.

Inzwischen waren Günther und Hans-Werner von ihren Rundgängen zurückgekehrt, aber sie brachten keine guten Nachrichten. Der Lokführer und sein Heizer weigerten sich, weiterzufahren. Entweder man löste sie ab, oder sie würden hier übernachten. Zwar waren es nur noch knapp dreißig Kilometer bis nach Dessau-Roßlau, aber sie gaben an, zu erschöpft zu sein. An Ersatz war in so kurzer Zeit natürlich nicht zu denken.

»Ihr müsst leider in den sauren Apfel beißen und noch eine Nacht hier im Abteil bleiben«, sagte Günther. »Oder wollt ihr auf eigene Faust nach Roßlau fahren?« Nein, das Risiko war zu groß. Die Entscheidung wurde ihnen erleichtert, da Hans-Werner anbot, ebenfalls mit ihnen im Zug zu übernachten.

Man verabschiedete sich von Edeltraut, Günther und der kleinen Maria und versprach, in Kontakt zu bleiben.

Mit uns waren es vielleicht noch hundert Menschen, die wie wir am nächsten Morgen nach Roßlau weiterfahren wollten. Hans-Werner stand auf, um sich um Verpflegung und Getränke zu kümmern. Er fragte, ob Lotte oder meine Mutter ihn begleiten würden. Meine Mutter legte mich Lotte in die Arme, flüsterte »Gib auf mein Schätzchen acht« und folgte Hans-Werner nach draußen.

Er freute sich über die Begleitung und hakte meine Mutter gleich unter. »Ich male mir immer aus, wie schön das Leben doch sein könnte. Immer diese Angst, die Ungewissheit. Ursel, ich bewundere dich, wie tapfer du das alles durchstehst. Du weißt, ich bin immer für dich da, ich würde auch noch viel mehr für euch beide tun, wenn du es nur zulassen würdest.«

Meine Mutter kannte seine Gefühle für sie, sie wusste aber auch, dass sie seinem Drängen nicht nachgeben konnte. Sie musste einen Platz finden, wo sie für uns beide ein Nest bauen und zu Ruhe kommen konnte. Bis dahin wollte sie an nichts anderes denken.

Um das Gespräch in eine andere Richtung zu lenken, schlenkerte sie mit der Handtasche. »Meinst du, wir finden hier auf die Schnelle eine Apotheke oder vielleicht sogar eine Krankenstation? Ich brauche unbedingt Lebertran für Peter. Ich habe ein kleines Paket dabei, das uns vielleicht helfen kann.«

Hans-Werner konnte sich das Lachen nicht verkneifen. »Ursel, du kannst einen ganz schön fertig machen! Lass uns mal sehen, da hinten stehen zwei Rot-Kreuz-Schwestern, vielleicht haben sie eine Idee.«

Er ging entschlossen auf die beiden zu, mit seiner Eisenbahneruniform, seinen zurückgekämmten blonden Haaren und seiner Figur machte er einen sehr männlichen Eindruck. Meine Mutter hielt sich zurück, um ihn das Wort führen zu lassen.

Aus der Entfernung nahm sie wahr, wie er die beiden Frauen für sich einnahm. Schnell lachte man zusammen und scherzte ein wenig. Dann kam der Moment, wo Hans-Werner sein Anliegen hervorbrachte. Die Krankenschwestern fühlten sich augenblicklich unwohler und zögerten, doch dann nickte eine der beiden und wollte in Richtung Ausgang gehen.

Hans-Werner hielt sie kurz zurück und eilte zu meiner Mutter. »Warte kurz, bitte. Ich weiß nicht, wie das geht, aber gib mir sicherheitshalber mal ein Päckchen mit.« Meine Mutter gab ihm zwei. »Nimm, so viel du kriegen kannst.« Er nickte und verschwand.

Nach einer Viertelstunde kam Hans-Werner zurück. Er strahlte und winkte schon von Weitem mit einem Beutel. »Der Tabak ist leider draufgegangen«, sagte er, »da gab es kein Handeln. Aber dafür haben wir jetzt zwei Flaschen Lebertran.« Er sah meine Mutter triumphierend an.

»Ach, Hans-Werner, was würde ich nur ohne dich machen!« Trocken kam zurück: »Das frage ich mich auch!«

Mittlerweile war die Dämmerung hereingebrochen. »Welchen Tag haben wir heute eigentlich?«, fragte meine Mutter Lotte. »Ich komme völlig mit der Zeit durcheinander.«

»Das geht mir genauso«, entgegnete diese. »Ich glaube, es ist der 4. Februar, und Sonntag. Wir sind jetzt schon fünfzehn Tage unterwegs. Langsam ist es genug. Einmal wieder richtig baden können, wie schön wäre das. Ich mag schon gar nicht mehr in den Spiegel schauen.«

Meine Mutter sah an sich herunter. Ja, die Kleidung war faltig, die Schuhe waren ungeputzt. Wie gern hätte sie sich erst die Haare gewaschen! All das musste warten. Sie hoffte inständig, in Roßlau einigermaßen gut unterzukommen. Ein Zimmer für uns beide, Ruhe, Geborgenheit, das wäre erst einmal genug.

Aber noch war das nur ein Wunsch. Also lieber die Zeit mit Erzählen überbrücken.

Wir waren endlich wieder zusammen und konnten nicht voneinander lassen. Aber es war nun mal dieser besondere Tag, der 24. Dezember, Heiligabend, und wir wollten trotz aller Leidenschaft und Liebe diese besondere Atmosphäre auskosten.

Ich hatte uns Schweinemedaillons besorgt, dazu Kartoffeln und gelbe Rüben, natürlich alles aus der Hotelküche, aber mit gnädiger Genehmigung von Hansemann. Wie war ich diesem Mann dankbar, wie froh war ich, dass ich dort arbeiten durfte. Als Nachtisch hatte ich ein einfaches Apfelkompott vorbereitet. Noch lieber hätte ich Bertl mit Kaiserschmarren überrascht, aber einige der Zutaten waren nicht mehr erhältlich, und ich wollte Hansemanns Freundlichkeit nicht über Gebühr strapazieren.

»Wollen wir uns nicht die Weihnachtsringsendung anhören«, fragte ich Bertl. »Oder bist du gar nicht in der Stimmung dazu?«

Er seufzte. »Es ist nicht einfach für mich, mein erstes Weihnachten, das ich nicht in Wien verbringen kann. Wie gut, dass ich dich habe und du so liebevoll für mich sorgst.« Er nahm mich in den Arm, aber ich entwand mich ihm. Rasch holte ich das Weihnachtsgeschenk für ihn aus der Kommode.

Bertl wickelte das Geschenk aus, als würde es sich dabei um die Kronjuwelen von England handeln. Er hatte ein ganz besonderes Lächeln dabei.

»Uschele«, sagte er, wobei er von mir auf das Bild und wieder zurück sah, »das ist das Schönste, was du mir schenken konntest. Ich danke dir sehr.«

Weißt du, Lotte, das war eigentlich nur ein ganz kleiner Satz, aber er genügte mir. Mir wurde ganz warm ums Herz. Dann stand er auf, griff in seine Manteltasche und holte ein kleines Päckchen heraus. Na ja, du weißt, wie Männer Geschenke einpacken, und genauso sah es auch aus. Etwas rustikal eben. Aber schließlich kommt es auf den Inhalt an.

Nun gab ich mir Mühe, beim Auspacken ebenso achtsam vorzugehen. Je sorgfältiger ich die Verpackung entfernte, desto gespannter war ich. Und dann standen mir Tränen in den Augen. In dem Päckchen lag eine wunderschöne Gemme. In einen leicht bläulich schimmernden Achat war eine weibliche weiße Silhouette eingearbeitet. Eine junge Frau in Seitenansicht. Das Ganze war von einer Silberfassung umrahmt.

Ich glaube, ich hatte noch nie so ein schönes Stück gesehen. Als ich mich bedanken wollte, sagte Bertl ganz feierlich: »Uschele, ich will kein Geheimnis um diese Gemme machen. Es handelt sich um ein altes Familienstück, meine Mutter hat es in der fünften Generation getragen. Als ich eingezogen wurde, hat sie es mir am letzten Abend zugesteckt. Bertl, hat sie gesagt, halte dieses Stück in Ehren. Die kleine Frau soll dich beschützen und dafür sorgen, dass du recht bald gesund wieder heimkommst.«

Ich spürte, wie er nach Worten rang. »Weißt du, ich bin noch nie so glücklich gewesen wie mit dir, aber ich hab auch große Angst, nicht mehr zurückzukommen. Ich will, dass du dieses Stück ewig trägst und dabei an mich denkst.«

Wir umarmten uns fest und schämten uns unserer Tränen nicht. Jetzt hatte ich schon zwei Gemmen, die beide eine ganz besondere Bedeutung für mich hatten und die ich in Ehren halten würde.

Bertl drängt es, mir noch etwas zu sagen. »Uschele, es ist kein Ring, aber auch mit einer Gemme, die so viel Tradition und so viel Liebe in sich trägt, kann man sich verloben. Und das möchte ich mich mit dir. Und dann möchte ich dich heiraten.« Auf wienerisch schob er hinterher: »Ich möchte dich nimmer auslassen, ohne dich will ich nicht leben.«

»Wenn das ein Heiratsantrag gewesen sein soll«, versuchte ich bemüht sachlich zu reagieren, »nehme ich ihn dankend an.«

Mit einem gemeinsamen tiefen Seufzer, über den wir beide lachen mussten. setzten wir uns hin, und ich schenkte uns ein Glas Wein ein. Georg Lucas hatte noch eine Flasche Moselwein auftreiben können.

Zu spät fiel mir ein, dass ich ja das Radio hatte einschalten wollen. Als ich es tat, hatte die Sendung bereits begonnen. Der Ton war alles andere als gut, besonders wenn mit Soldaten gesprochen wurde, die weit weg stationiert waren. Aber es war schon bewegend zu hören, wie die einzelnen Standorte aufgerufen wurden. Es wurde mit einem U-Boot-Kommandanten gesprochen, der im Atlantik auf Geleitzüge wartete, um mit seinen Torpedos feindliche Schiffe zu versenken und auf diese Weise den Nachschub der Alliierten zu unterbrechen. Natürlich würden auch auf diesen Schiffen Menschen sein, Soldaten, man mochte sich das gar nicht vorstellen, all das Elend, für das es kein Ende zu geben schien.

Wir konnten nur staunen, wo überall deutsche Soldaten im Einsatz waren. Am Eismeer, in der Nähe des Polarkreises, am Schwarzen Meer, auf der Krim, in Finnland, im Kaukasus, in Bordeaux, Tunis, Kreta, die Orte und Länder wollten gar kein Ende nehmen. Besonders ergreifend war es, als die Station Stalingrad aufgerufen wurde.

Bertl schüttelte den Kopf. »Wo will dieser Wahnsinnige denn noch hin? Glaubt er im Ernst, er könnte die ganze Welt erobern?

Wenn ich dir erzähle, wie schlecht wir ausgestattet sind, würdest du es nicht glauben.« Er berichtete von seinem Alltag und von der wachsenden Gefahr, der sie ausgesetzt waren.

Es machte mir Angst, ihn so reden zu hören. Im Radio wurden jetzt alle Stationen aufgefordert, gemeinsam »Stille Nacht, Heilige Nacht« zu hören. Mich erstaunte, dass dabei tatsächlich der Originaltext gesungen wurde und nicht die neu herausgebrachte Fassung. Dann wurde abschließend der Choral »Und wenn die Welt voll Teufel wär, es muss uns doch gelingen« angestimmt, aber da schalteten wir das Radio aus.

Eigentlich hätten wir noch zu den Lucas gehen sollen, sie warteten sicherlich darauf. Aber mir war nicht danach, und für Bertl waren die beiden ja ganz fremd.

Wir saßen beieinander, sprachen wenig, schauten uns an und waren uns durch Gesten und Blicke nah. In diesem Moment der Ruhe, als wir unsere Gefühle alles bestimmen lassen konnten, war ich so glücklich wie noch nie in meinem Leben. Mochte dieser Mann auch erheblich älter sein als ich, hier hatte ich den Fels in der Brandung gefunden, den ich immer gesucht hatte. Die Schulter, nach der ich mich sehnte.

Weißt du, Lotte, ich will nicht groß abschweifen, aber meine Jugend war wie ein Stück aus Grimms Märchen, aber ein besonders trauriges Märchen. Meine Mutter ist schon sehr früh verstorben, und mein Vater hat eine neue Frau geheiratet, als ich vier Jahre alt war. Diese Hexe – denn das war sie wirklich – brachte ein Kind mit in diese Ehe. Du kannst dir kaum vorstellen, welche Rolle ich von da an spielte. Mich als Aschenputtel zu bezeichnen, wäre noch geschmeichelt. Irgendwann hielt ich es nicht mehr aus zu Hause, mit neun bin ich das erste Mal weggelaufen. Natürlich hat man mich schnell erwischt und zurückgebracht. Ich sollte dann in den BDM eintreten, habe mich aber geweigert und bin wieder weggelaufen. Das wiederholte sich, bis ich dreizehn war. Da kam ich in die erste Erziehungsanstalt in der Nähe von Dannenberg im Wendland, und viele Heime sollten noch folgen, eins schlimmer als das andere. Mit achtzehn hatte ich dann großes Glück, ich kam in eine Art Haushaltsschule, und das war in jeder Beziehung meine Rettung. Da gab es ein Fräulein Strahlmann, sie hat sich mit Nachdruck um mich gekümmert. Ich werde ihr das nie vergessen. In dieser Schule habe ich dann kochen und schneidern gelernt.

Wenn du das weißt, kannst du vielleicht verstehen, was für eine Hoffnung ich in diesen Mann gesetzt habe. Natürlich war da ganz viel rosarotes Wunschdenken dabei. Die Zeit war wirklich nicht ideal, um eine verlässliche, liebevolle Beziehung einzugehen. Aber vielleicht hat auch genau diese Situation eine Trotzreaktion in mir hervorgerufen. Vielleicht wollte ich genau in diesem Moment allen Unbilden und Hindernissen entgegenstehen und unverbrüchlich daran glauben, das schaffen wir, das kriegen wir hin. Was gibt es denn Größeres als die Liebe!

Noch hatte ich Bertl nicht gesagt, dass ich am ersten Weihnachtstag würde arbeiten müssen. Das lag mir auf der Seele, und mehr noch Brocken Nummer zwei, die notwendige Aussprache zum Thema Tabak. In den letzten Tagen waren hier fast täglich Pakete in den unterschiedlichsten Größen angekommen.

Als ich das Thema anschnitt, reagierte er betroffen, versprach mir aber, im Laufe des Vormittags das Gespräch mit Luise und Georg zu suchen.

Und so beschlossen wir den Weihnachtsabend schon früh. Es war gerade zehn Uhr, aber wir waren beide so müde, dass wir einfach schlafen gingen. Ich musste ja auch um sechs Uhr schon wieder raus.

Weißt du, Lotte, diese Selbstverständlichkeit zu sagen, komm, lass uns schlafen gehen, ohne dass es dabei um mehr gegangen wäre. Einfach das ganz Natürliche, dass zwei, die sich mögen, zusammen ins Bett schlüpfen, das hat mich unglaublich fasziniert. Einfach den anderen bei sich fühlen. Ich bebte innerlich und war entschlossen, diesen Mann nie wieder loszulassen. Ich empfand ihn als so ruhig und gelassen, so etwas hatte ich noch nicht gekannt.

Am nächsten Morgen ließ ich ihn einfach schlafen. Ich wusste, wie dringend er Ruhe brauchte. Ich stellte ihm ein kleines Frühstück hin und verließ die Wohnung.

Obwohl die Bahn schon fuhr, wollte ich lieber zu Fuß gehen. Tief zog ich die kalte Luft ein, ich fühlte mich gut und wollte mich in Ruhe auf den Tag vorbereiten. Es würde viel zu tun geben.

Als ich im Hotel ankam, brummte die Küche bereits wie ein Bienenschwarm, und es schien, als hätten einige durchgemacht. Hansemann sah jedenfalls genau so aus.

»Gut, dass du so früh kommst«, begrüßte er mich, »hattest du einen schönen Heiligabend?« Auf meine Antwort hin sagte er: »Ursel, ich seh dir dein Glück an und wünsche dir von Herzen, dass du alles richtig machst. Ja, bei mir war es auch sehr nett. Ich war übrigens ganz in deiner Nähe« – er freute sich, mich überrascht zu sehen –, »denn mein Freund Georg hatte mich eingeladen.«

Bevor ich etwas sagen konnte, bremste er mich: »Komm, Mädel, lass uns später darüber reden. Wir haben heute Nachmittag eine Kaffeetafel der Herren vom Wehrkreiskommando, und so wie ich die kenne, werden sie um fünf Uhr noch nicht gehen. Abendessen ist zwar nicht bestellt, aber besser, wir halten etwas vor. Am Abend dann feiert einer der Lehrer der Hindenburg-Oberschule einen Geburtstag mit zwanzig Gästen. Da gibt es Wildschwein mit den entsprechenden Beilagen. Du siehst, es gibt mehr als genug zu tun.«

Er drückte mich leicht an sich, was sonst gar nicht seine Art war, aber vermutlich hatte ihn das Weihnachtsfest sentimental gestimmt.

Obwohl ich mich bei der Arbeit sehr konzentrieren musste, schweiften meine Gedanken ab und zu doch ab. Was wohl Bertl machte? Im Stillen hoffte ich sehr, dass er das Gespräch mit den Lucas suchen würde, aber ich hatte kein gutes Gefühl dabei. Zwischen den beiden Männern hatte sich schon beim ersten Gespräch so etwas wie eine unterschwellige Antipathie gebildet. Oder entsprang das nur meinen Gedanken?

Als ich abends nach Hause kam, wartete Bertl voller Ungeduld auf mich. Es war spät geworden, aber ich hatte bis zum letzten Moment mithelfen müssen. Dann war ich mit schlechtem Gewissen losgegangen, ich wusste, wie anstrengend auch der zweite Feiertag für die Mannschaft werden würde. Aber mir blieben mit Bertl auch nur noch zwei Tage.

Bertl erzählte, wie das Gespräch mit Georg und Luise verlaufen war. Erst war es wohl kompliziert gewesen, Georg war mehr als misstrauisch wegen des Tabaks. Auch Luise hatte ihn offenbar äußerst genau beobachtet, er sagte, er wäre sich lange wie ein Pennäler vor dem Lehrerkollegium vorgekommen. Er hatte den beiden erläutert, dass er durchaus seine eigene Situation verbessern wollte. Das betraf bestimmte Nahrungsmittel, aber auch eine Pistole. Und es ging noch weiter: Er suchte dringend nach zusätzlicher und wärmerer Kleidung. Er hatte den beiden zu beschreiben versucht, wie notdürftig sie inzwischen nur noch ausgerüstet waren. Einigen seiner Kameraden fehlte es an festen Schuhen, sie liefen nur noch mit Fußlappen umher. Und das bei mehr als zehn Grad minus. Sie hatten seine Notlage verstanden.

Damit war es aber auch genug mit dem Thema. Als Bertl mich fragte, wie denn mein Tag verlaufen wäre, neckte ich ihn. »Das fragst du mich erst jetzt, gerade so, als ob wir schon ein altes Ehepaar wären! Bei mir war der Teufel los! Und was hast du sonst noch gemacht außer diesem ach so wichtigen Gespräch?«

»Ich habe auf Vorrat geschlafen«, entgegnete er mit einem unwiderstehlichen Augenaufschlag.

Am nächsten Tag wollten wir uns ein wenig in Posen umsehen. »Wie steht es denn mit Kino«, fragte Bertl lachend, und schon studierten wir die Programme. Egal, was wir aussuchen würden – der nationalsozialistischen Gruppendynamik konnten wir uns nicht entziehen. So sahen wir uns »Die große Liebe« an. Zarah Leander spielte mit, Grethe Weiser und natürlich Paul Hörbiger. Also fast alles, was im Deutschen Reich Rang und Namen hatte. Natürlich gab es ein glückliches Ende, und so flossen die Tränen reichlich.

An unserem letzten Tag hatte uns das Ehepaar Lucas zum Essen eingeladen. Luise hatte ordentlich aufgetischt. Es gab Knödel mit Schweinebraten und Rotkohl. Allerdings kam mir so manche Speise auf dem Tisch bekannt vor, aber ich ließ mir nichts anmerken.

Bertl langte kräftig zu. »Bitte sehen Sie es mir nach, aber das muss ich nutzen. So etwas habe ich seit Monaten nicht mehr bekommen.«

Auch jetzt sprachen wir noch einmal kurz über den Tabakhandel. Bertl schlug vor, dass ich bald ein Sparbuch eröffnen sollte, damit kein Bargeld in meiner Wohnung herumlag. Georg empfahl, das noch am selben Nachmittag umzusetzen. Dann einigten wir uns auf ein Erkennungswort, mit dem sich jeder anzumelden hatte, der Tabak oder Zigarettenpapier abholen kam.

Aber auch Geld würde auf Dauer wenig von Nutzen sein. Georg hatte die Idee, den Tabak auch als Tauschmittel für Sachwerte zu nehmen, insbesondere für Schmuck. Er kannte einen seriösen Juwelier, dem wir demnächst einen Besuch abstatten wollten.

Bertl freut sich, wie gut alles klappte. Als er sagte: »Ursel, so schaffen wir zwei uns einen Grundstock für unser Leben nach dem Krieg«, brach allgemeine Rührung unter uns aus. Schweigend aßen wir zu Ende. Ich freute mich darüber, wie ernst Bertl das alles nahm.

Nach dem Essen gingen wir einige Schritte zu einer Filiale der Stadtsparkasse Posen und eröffneten ein Sparbuch auf meinen Namen. Bertl zog seine Brieftasche heraus und zahlte fünfzig Reichsmark in bar ein. Und schon hielt ich das Sparbuch in den Händen.

Ich hatte so etwas noch nie besessen. Noch in der Schalterhalle nahm mich Bertl ganz fest in den Arm. »Ach Uschele, wenn der Krieg doch nur recht bald vorüber ist. Ich möchte mit dir zusammen sein, mit dir Kinder haben und du wirst sehen, wir werden eine wunderbare Zeit haben.«

Hand in Hand gingen wir schweigend zu mir nach Hause und verbrachten noch einmal eine Nacht miteinander, die letzte an diesem Weihnachtsfest.

Am Morgen brachte ich ihn früh zum Bahnhof. Er legte immer großen Wert darauf, lieber zu früh als zu spät an der Kaserne anzukommen. Die Kontrollen seien so streng, sagte er, und wenn er auch nur ein paar Minuten zu spät ankommen würde, könnten sie ihm gleich den nächsten Urlaub streichen.

Wie schon bei den früheren Abschieden machten wir es auch diesmal ganz schnell. Wir gaben uns einen Kuss, umarmten uns und schon war Bertl in der Menge verschwunden.

Ich ging direkt in das Hotel weiter und freute mich auf die Arbeit und die Ablenkung. Hansemann ließ mir auch nicht viel Zeit, es war klar, dass ich die kommenden Tage würde durcharbeiten müssen. Das empfand ich aber nur als gerecht, nachdem ich so viele Tage an Weihnachten hatte zu Hause verbringen können. Und bis Bertl wieder Urlaub bekäme, würde ich mich sowieso noch lange gedulden müssen.

Inzwischen war es kurz vor Mitternacht, und beiden Frauen fielen die Augen zu. Sie wussten, dass sie sich auf Hans-Werner verlassen konnten; er würde schon dafür sorgen, dass man den Zug nicht auf dem Abstellgleich vergaß.

Und so war es. Nach einigen Stunden wurde es unruhig im Zug, draußen war es noch dunkel. Stimmen waren zu hören, vor dem Fenster stampfte eine Lokomotive vorbei. Der Zug ruckelte leicht und setzte sich in Bewegung.

Es klopfte an der Abteiltür, und Hans-Werner schob seinen Kopf durch den Spalt. »Meine Damen, melde gehorsamst, es geht weiter. Jetzt ist es nicht mehr weit, ich schätze, in eineinhalb Stunden sind wir endlich in Roßlau.«

Langsam verdrängte die aufkommende Freude die Müdigkeit, und die Frauen bereiteten ein kleines Frühstück vor. Während sie aßen, suchte Lotte in ihrer Handtasche nach der Adresse der Freunde.

»Die Leute heißen Wilkens, Josef und Hildegard Wilkens. Sie sind alte Freunde meiner Eltern. Die helfen uns bestimmt weiter«, sagte sie voller Optimismus. »Zum Glück wohnen sie nicht weit vom Bahnhof entfernt, das werden wir leicht finden.«

Meine Mutter war skeptischer, behielt ihre Gedanken aber für sich. Ja, Lotte würde unterkommen, das glaubte sie auch, aber was würde mit ihr und mir passieren? Das war die große Frage.

»Komm, Ursel«, drängte Lotte, »in der Stunde, die uns noch bleibt, will ich wissen, wie es mit dir und Bertl weiterging.«

Es wurde in diesen Tagen gefeiert, als ob niemand an ein Morgen glaubte. Mitunter ging es fast exzessiv zu. Hansemann war richtig ärgerlich. »Da geben wir uns hier in der Küche alle Mühe, nicht nur etwas Gutes aufzutischen, sondern es auch noch hübsch aussehen zu lassen, und die da oben sind nur am Saufen. Das weibliche Personal im Servicebereich hat sich schon mehrfach bei unserem Direktor beschwert über die Anmacherei. Meine Güte, was bilden die sich ein?«

Ein gewisser Herr Sielaff hatte für den 30. Dezember den kleinen Saal reservieren lassen, dreißig Personen wurden erwartet. Die Order ging direkt über den Hoteldirektor, und offensichtlich wussten alle, dass dieser Herr Standartenführer der Waffen-SS war.

»Tja, da müssen wir uns aber allergrößte Mühe geben«, meinte Hansemann lakonisch, »wahrscheinlich kommt dann noch im

Laufe des Tages ein Vorkoster und guckt uns auf die Finger, damit wir den Herren auch nichts Falsches vorsetzen. Immerhin hat der Sielaff darauf hingewiesen, dass er sich seinen Champagner selbst mitbringt. Er wird also lange genug auf Beutezug gewesen sein.«

Das Küchenpersonal freute sich über Hansemanns kleine verbale Eskapaden, die er nur in vertrautem Kreis aussprach. Wir waren eine verschworene Gemeinschaft.

Auch für Silvester war das Restaurant ausgebucht. Eine Delegation der NSDAP hatte ein Fünf-Gänge-Menü geordert. Ausdrücklich war bei der Reservierung dazugesagt worden, Geld spiele keine Rolle.

Aber auch wir hatten um Mitternacht jeder ein Glas Sekt in der Hand. Wir waren zweiundzwanzig Menschen, die diesen 31. Dezember 1942 zusammen verbrachten und nun anstießen. Hansemann hielt vor der versammelten Küchenbrigade eine kleine Rede.

»Ihr Lieben, zunächst ein Dank an euch alle, dass ihr in den letzten Tagen und Wochen so mitgezogen habt. Ohne den Einsatz eines jeden wäre das nicht möglich gewesen. Aber ihr wisst auch, ich bin ein Freund klarer Worte. Was auf uns zukommt, wird nicht besser werden.« Er machte eine Pause und blickte jeden Einzelnen an. »Besonders unseren männlichen Kollegen muss ich leider sagen, dass ich nichts für euch tun kann. Da helfen auch die guten Beziehungen des Direktors nicht. Der Heldenklau geht weiter. Ein Mann an irgendeiner sinnlosen Front ist offensichtlich wichtiger als der Koch am Herd. Ich danke euch noch einmal, wir werden noch näher zusammenstehen, noch mehr improvisieren müssen. Und das werden wir tun. Trinken wir auf uns, unsere Küchenbrigade und unser wunderschönes Hotel. Prosit Neujahr.«

In den folgenden Wochen war ich jeden Tag im Hotel, ich meldete mich freiwillig. Luise sprach mich gelegentlich an, damit wir zusammen etwas unternehmen, aber ich wich aus. Ich war mit meinen Gedanken ganz woanders.

Die einzige Abwechslung, die ich mir gönnte, war das Schneidern. Irgendwann erzählte ich Luise davon. Und siehe da – sie wusste eine Quelle, wo man schöne Stoffe und andere Nähutensilien bekommen konnte. Ich hatte es mir mittlerweile abgewöhnt, zu hinterfragen, wo überall Georg und Luise Kontakte besaßen. Wie von Zauberhand war das Gewünschte manchmal von einem Tag auf den anderen einfach vorhanden.

Zunächst bezahlte ich mit dem Geld, das ich durch den Tabakverkauf einnahm. Jede Woche kamen mit schöner Regelmäßigkeit bis zu drei Päckchen aus Wien, die ich fleißig in kleine Tütchen umpackte. Auch Georg gab ich ein Pfund Tabak und etwas Papier. Es war mein Dank an ihn für alles, was er für mich tat.

Bertl war so weit weg von mir, dass es wehtat. Allerdings kamen immer wieder Briefe von ihm, über die ich mich freute, wenn sie mir seine niedergeschlagene Verfassung auch sehr deutlich zeigten.

Einmal schrieb er:

Mein geliebtes Uschele,
wenn es Dich nicht gäbe, ich wüsste gar nicht, wie ich das alles hier durchstehen könnte. Ich bin so entsetzlich müde. Heute mussten wir mehr als zwanzig Kilometer marschieren. Keine Kleinigkeit, und alles am Rücken. Sturmgepäck, das sind Zeltbahn, Decke, Gasmaske, Kochgeschirr, Feldflasche, Gewehr, Koppel. Und das bei schlechtem Wetter, und die Herren Offiziere suchen sich die größten Schlammlöcher aus, die sie finden können, und dann stehen wir die halbe Nacht noch und versuchen, das Zeugs hier wieder sauber und trocken zu kriegen. Und es laufen auch wieder Gerüchte herum, dass wir nach Warschau kommen und irgendwelche Transporte begleiten sollen.
Ich hab so große Sehnsucht nach Dir und weiß doch nicht, wann wir uns wiedersehen können.
Ich grüße und küsse Dich. Dein Bertl

Meine Mutter unterbrach ihre Erzählung, als der Zug anhielt. Hans-Werner, der schon länger wieder bei ihnen war, sah aus dem Fenster. »Roßlau, na endlich. Der Zug hält hier, wird sauber gemacht, und dann geht es wohl gleich wieder zurück.«

Als wir ausstiegen, waren alle überrascht. Für Februar war es erstaunlich warm. Die Sonne schien, auch wenn sie noch nicht die Kraft hatte, um wirklich zu wärmen.

Meine Mutter hatte Angst, dass sich die Dinge anders entwickeln könnten, als sie es sich wünschte. Eine Ahnung sagte ihr, dass wir hier nicht glücklich werden würden. Es widerstrebte ihr richtiggehend, das geschützte Abteil des Zuges verlassen zu müssen.

Hans-Werner hatte einige Stunden frei und erbot sich, uns zu helfen. So marschierten wir drei mit zwei Kindern den etwa halbstündigen Weg zum Haus der Freunde von Lotte.

Viele Menschen waren unterwegs. Trotz der geschäftigen Stimmung hatte die Situation etwas Bedrückendes. Alle bewegten sich auf eine Art vorsichtig, misstrauisch. Man hatte den Eindruck, als orientierte sich jeder am nächsten Hauseingang, um bei Gefahr sofort verschwinden zu können.

»Nein, diese Stadt ist nicht unser Freund. Hier werden wir nicht glücklich.« Meine Mutter sprach das nicht aus, doch ich spürte es ganz deutlich. Prompt fing ich gleich zu weinen an. Sie nahm mich fest in den Arm, denn eigentlich weinte ich nie. Nun machte sogar ich ihr noch Sorgen.

Dann standen wir vor unserem Ziel. Das Haus hatte zwei Etagen, der Putz war verwittert. Davor befand sich eine kleine Grünfläche. Lotte klingelte gleich.

Es dauerte einige Zeit, bevor die Tür geöffnet wurde. Eine Frau, etwa fünfzig Jahre alt, öffnete und blickte überrascht, aber nicht unfreundlich auf die kleine Gruppe, die vor ihr stand.

»Ja Lotte, hast du es doch noch geschafft!« Die Frau hatte sie gleich erkannt. »Wir hatten uns schon Sorgen um dich gemacht. Komm herein, Mädchen. Und das ist wohl die kleine Christine?«

Erst jetzt schien sie zu bemerken, dass außer den beiden noch weitere Personen vor ihr standen. Ihre Miene veränderte sich schlagartig. Auch Lotte bemerkte es.

»Tante Hildegard, das ist meine Freundin Ursel und ihr Sohn Peter. Wir haben uns auf dem Treck kennengelernt und angefreundet. Ich verdanke Ursel sehr viel. Und das ist Hans-Werner, ein Freund von Ursel, ich weiß nicht, was aus uns geworden wäre, wenn er uns nicht geholfen hätte. Nur mit seiner Hilfe konnten wir mit dem Zug hierherkommen. Ich schulde ihm allen Dank der Welt.«

Die Worte schienen Hildegard etwas zu besänftigen. Dennoch stellte sich gleich klar: »Ausgeschlossen, dass ich euch alle hier unterbringen kann. Das Haus ist voll, wir haben schon eine Reihe Einquartierungen vornehmen müssen. Für dich, Lotte, und dein Kind habe ich immer etwas frei gehalten, aber mehr geht einfach nicht.« Dann fügte sie etwas versöhnlicher hinzu: »Aber nun kommt erst einmal herein. Wir müssen das nicht an der Tür besprechen.«

Wir setzten uns in das Wohnzimmer, und für einen Moment waren wir allein. Meine Mutter hatte mit ihrer Vorahnung recht gehabt. Lotte ergriff ihre Hand. »Ursel, warte ab. Es wird sich schon noch ein Weg finden.«

In der Küche klapperte Geschirr, ein Wasserkessel summte, und nach einiger Zeit kam Hildegard mit einem Tablett zurück. »Viel haben wir nicht, es ist alles schwieriger geworden. Ich hab noch etwas Milch für die Kinder und heißen Tee, aber nicht einmal mehr Muckefuck. Für ein paar Kekse reicht es dann doch noch.«

Die Frau war resolut. Meine Mutter entspannte sich etwas, aber sie saß nur auf der vorderen Kante des Sofas. Immer auf dem

Sprung. Und sie ergriff gleich das Wort. »Vielen Dank, dass sie uns nicht sofort weggeschickt haben. Das ist doch wunderbar, dass Lotte bei Ihnen unterkommt. Mein Peterle und ich möchten Ihnen auch bestimmt nicht zur Last fallen. Falls Sie jedoch eine Idee haben, wo wir die nächste Zeit verbringen könnten, wäre ich Ihnen sehr dankbar.«

Frau Wilkens freute sich über diese offenen Worte, wahrscheinlich hatte sie Bettelei befürchtet. Da kannte sie meine Mutter schlecht. »Es gibt hier in der Straße das Ehepaar Fischer. Die sind schon etwas älter, so um die sechzig. Sie haben zwei Söhne, Zwillinge, beide sind beim Militär. Man munkelt, einer von ihnen sei in Stalingrad. Über den anderen gibt es Gerüchte, alle rätseln herum. Ich halte mich da lieber heraus, das geht mich nichts an. Der Herrmann Fischer arbeitet hier bei den Flugzeug-Werken.

Wir kennen die Familie recht gut, vielleicht würde ihnen ein wenig Leben in der Bude sogar ganz guttun. Ich schlage vor, wir verpusten uns jetzt erst mal, dann sehen wir weiter. Ich zeige Lotte und ihrer Kleinen schon mal ihr Zimmer, und dann kann ich, wenn Sie es möchten, gerne mit Ihnen zu den Fischers gehen. «

So wurde es gemacht. Die Runde blieb noch ein wenig sitzen, bis Hans-Werner aufbrechen musste. Er versprach, sich noch einmal zu melden. Er umarmte beide Frauen herzlich und verschwand.

Lotte ergriff die Initiative. »Komm, Ursel, du musst jetzt wissen, woran du bist. Wir sehen uns doch bald wieder«, ermunterte sie meine Mutter.

»Gut«, sagte Frau Wilkens, »dann lassen Sie uns mal gehen. Sind Sie eigentlich registriert und untersucht worden?«

Meine Mutter war völlig überrascht. »Nein, auf dem Bahnsteig war niemand. Wie bekamen zwar vom Roten Kreuz etwas zu essen, aber das war alles.«

Frau Wilkens zog die Stirn kraus. »Überall wird über ansteckende Krankheiten gesprochen, die die Flüchtlinge mit sich bringen. Angst wird geschürt, aber dann ist keiner da, der sich darum kümmert.«

Nach zehn Minuten standen wir vor dem Haus Loeperstraße 18, genauer gesagt vor einer hohen Mauer, die mit Glasscherben gespickt war. Ein oben abgerundetes Holzportal versperrte den Zugang zum Hof, das Tor war jedoch offen.

Frau Wilkens klopfte energisch an die Haustür, und sehr schnell wurde geöffnet. Es heißt, dass der erste Eindruck fast immer der entscheidende sei, und so war es hier. Es sah aus, als hätten sich zwei Menschen gesucht und gefunden.

»Na, wenn die Hildegard mitkommt, dann muss es sich ja um was Besonderes handeln«, sagte die Frau. »Kommt erst mal herein.«

Sie schloss die Tür hinter uns, ging dann aber voraus und führte uns durch einen Flur in eine helle Wohnküche, in der eine halbrunde Holzbank in der Ecke stand. Ein großer, blitzender Herd bildete den unübersehbaren Mittelpunkt des Raumes. Es duftete köstlich nach Suppe. Noch wichtiger aber war, was meine Mutter im Flur gleich entdeckt hatte: eine Nähmaschine.

»Sigrid«, begann Frau Wilkens, »ich hab dir Fräulein Schulz und ihren Sohn mitgebracht. Die beiden sind vor wenigen Minuten zusammen mit Lotte und ihrer Tochter angekommen. Sie kommen aus Posen und waren mehr als zwei Wochen mit einem Treck und dann mit dem Zug unterwegs. Lotte und ihre Tochter kann ich bei mir aufnehmen, aber für mehr reicht der Platz nicht. Ich habe gedacht, ob du vielleicht das Fräulein Schulz aufnehmen kannst? Es ist doch Christenpflicht, wir müssen uns doch gegenseitig helfen in diesen schweren Zeiten.«

»Schnickschnack«, unterbrach Frau Fischer die Rede. »Du mit deiner Christenpflicht. Wenn mir die junge Frau nicht gefallen tät, kannst du noch so viel von Christenpflicht reden. Aber mach dir keine Sorgen, sie hat mir gleich gefallen. Und der Bursche hier mit seinen weiß-blonden Haaren auch, so sahen meine Jungs auch aus, als sie klein waren. Natürlich können sie hier bleiben. Mein Mann wird er grummeln und nörgeln, wie das Männer eben so tun. Aber lassen Sie sich nicht beirren«, sagte sie in Richtung meiner Mutter, »so ist er eben. Das Sagen hab immer noch ich, auch wenn er es nicht merkt.« Sie kicherte fröhlich vor sich hin.

Frau Wilkens schien erleichtert. Als sie bald darauf aufstand, bedankte sich meine Mutter bei ihr und bat, Lotte Grüße auszurichten.

»Die Hildegard ist eine Nette«, sagte Frau Fischer, als wir alleine waren, »aber wenn sie erst mal in Fahrt kommt, findet sie kein Ende. Also, zu uns. Am besten nehmen Sie eines der Zimmer meiner Söhne im ersten Stock. Und damit das alles nicht so kompliziert ist: Ich bin die Sigrid, und du, habe ich verstanden, bist die Ursel, und den Peter darf ich ja wohl auch duzen.« Damit gab sie mir einen sanften Nasenstüber, was mich gleich zum Lachen brachte.

Das Zimmer, in das sie uns führte, war aufgeräumt. Es war freundlich und hell, ein großes Fenster führte zum Innenhof. Links schaute ein kleineres Fenster auf die Straße, rechts blickte man in den Garten, dem man ansah, dass er als Bauerngarten genutzt wurde.

»Ursel, es ist nicht viel, was ihr hier vorfindet«, sagte Sigrid, sich umschauend. »Und zur Toilette wirst du leider über den Hof müssen. Aber ich gebe euch einen Nachttopf, und frisches Wasser nimmst du dir selbst. Lass uns über die praktischen Dinge reden, wenn du erst einmal ausgepackt und ihr euch ein wenig eingerichtet habt. Nimm dir Zeit. Ich lasse euch in Ruhe. Wenn du so weit bist, komm einfach runter in die gute Stube.«

Wenn meine Mutter glücklich war, war sie mir der liebste Mensch auf der Welt. Jetzt war sie glücklich. Man merkte ihr dieses Gefühl so sehr an, mir kam es dann immer vor, als würde sie von innen her leuchten. Wir lagen nebeneinander auf dem Bett, meine Mutter legte ihre Hand auf mich und sagte: »Nun kommt nach der Luise aus Posen eine Sigrid aus Roßlau. Mein Peterle, was haben wir für ein Glück.«

Alles, was hinter ihr lag, die Sorgen, der Kummer, die Enttäuschung ihres Lebens, alles das war in diesem Moment nicht mehr wichtig. Hinfallen, aufstehen, hinfallen, wieder aufstehen, das war ihre Einstellung. Etwas anderes gab es für sie nicht.

Jetzt ließ sie sich Zeit, sie schaute sich um und fühlte sich wohl. Als wäre sie vom Schicksal umarmt worden. Genieße es, so lange es geht, sagte sie zu sich. Dann stand sie auf, nahm mich auf den Arm und wir gingen hinunter in die gute Stube. Sigrid wartete schon auf uns.

»Versuche, deine Sorgen zu vergessen. Hier bist du erst einmal sicher. Dessau ist nur wenige Kilometer entfernt. Wir sitzen hier und warten voller Ungeduld auf die Amerikaner.« Erschrocken hielt sie sich die Hand vor den Mund. »Oh, das durfte ich vielleicht nicht sagen!«

Meine Mutter fasste sie am Arm. »Doch, das darfst du hier sagen. Ich bin ganz deiner Meinung und bete so stark ich kann, dass die Amerikaner vor den Russen hier sein werden.«

Dann berichtete sie kurz von unserer Flucht. »Ich bin froh, dass wir es hierher geschafft haben. Ohne die Hilfe eines Freundes und von Lotte wäre uns das nicht gelungen. Wir haben Glück im Unglück gehabt. Ich sehne mich jetzt so nach etwas Ruhe. Auch für mein Peterle. Aber natürlich möchte ich auch etwas machen. Vielleicht kannst du mir dabei helfen? Ich bin gelernte Köchin, und ich darf von mir behaupten, dass ich auch sehr gut schneidern kann. Vielleicht finde ich ja etwas Entsprechendes.«

»Ich selbst bin völlig unbegabt mit Nähen und muss leider alles kaufen«, sagte Sigrid. »Aber du hast die Nähmaschine im Flur bestimmt gesehen. Du kannst dir das gute Stück gerne mal anschauen. Falls irgendetwas nicht in Ordnung ist, wird Herrmann das schon reparieren können. Wer Flugzeuge baut, wird ja wohl auch eine Nähmaschine reparieren können.

Meine Mutter nickte nur, sie war vollkommen erschöpft. In dem Moment war ihr alles zu viel, und das sagte sie auch. Einen Augenblick schien Sigrid enttäuscht zu sein, aber sie hatte sich gleich wieder im Griff. »Ja, natürlich, das versteh ich. Ich habe noch etwas Milch, Brot, und ein Stück kalter Braten müsste auch noch da sein. Bedien dich einfach, Ursel, und morgen sprechen wir weiter.«

In unserem Zimmer deckte Mutter den kleinen Tisch. Morgen, sagte sie sich, kaufe ich uns ein paar Blumen. Bei dem Gedanken musste sie laut lachen. Was für ein luxuriöser Gedanke! Kaum sitzen wir ein wenig im Trockenen, schon denke ich an Blumen. Aber dann merkte sie, wie gut ihr der bloße Gedanke tat – wenn schon die Möglichkeit, an Blumen denken zu können, bei ihr Freude auslöste, dann war sie auf einem guten Weg. Mit solchen Gedanken schlief sie bald darauf ein.

Wir schliefen lange, was nicht verwunderte. Wir hatten etwas aufzuholen. Ich war schon eher wach, verhielt mich aber still. Als meine Mutter erwachte, schaute sie sich kurz irritiert um, doch dann ging alles gewohnt schnell. Katzenwäsche, Zähne putzen, anziehen und ab nach unten.

Aus der Küche waren Stimmen zu hören, eine lauter, eine eher besänftigend.

»Nun bleib doch mal ruhig, Herrmann, die beiden werden dir auch gefallen. Das Zimmer steht im Augenblick leer, und da ist es gut, wenn wir einer Mutter mit ihrem Kind helfen können. Wir wissen, dass Gerhard zuletzt in Stalingrad war, und auch Horst wird mit seiner Truppe immer nur an Brennpunkten eingesetzt, wie es scheint. Das ist die Wahrheit, auch wenn sie uns nicht gefällt. Natürlich glauben wir fest daran, dass beide gesund zurückkehren. Aber solange das Zimmer leer steht, helfen wir anderen.«

Ohne anzuklopfen traten wir ein, und beiden, Sigrid und ihrem Mann, war es sichtlich unangenehm, davon ausgehen zu müssen, dass wir diese Sätze gehört hatten.

»Du kommst gerade richtig, Ursula«, ging Sigrid in die Offensive. »Ursula, das ist mein Herrmann, und Herrmann, das ist Fräulein Schulz mit ihrem Sohn Peter.«

Der Mann ließ sich seine Verärgerung nicht anmerken. Er stand auf und begrüßte meine Mutter mit einem festen Händedruck. Mir tätschelte er kurz die Hand.

»Ihr habt noch nicht gefrühstückt. Kommt, wir waren auch noch nicht so weit. Später müssen wir zwei Frauen dann besprechen, wie das mit Essen und Kochen hier im Haus zwischen uns beiden gut gehen kann.«

Es gab Muckefuck, für mich warme Milch, die mit etwas Wasser gestreckt war, dazu Graubrot, Marmelade und sogar Honig. Die Stimmung war schweigsam, bis Herrmann sich zu Wort meldete.

»Sie haben das ja schon mitbekommen, Fräulein Schulz. Ich hab nichts gegen Sie, und natürlich helfen wir uns in diesen Tagen. Aber meine Frau ist manchmal etwas spontan. Wenn wir die beiden Zimmer unserer Söhne weiter vermieten, dann sieht das irgendwie endgültig aus. So. als ob unsere Söhne nicht mehr wiederkommen würden.« Er sah meine Mutter an.

»Herr Fischer, ich kann Ihre Bedenken gut verstehen«, sagte meine Mutter. »Wenn Ihre Söhne wiederkommen, dann räumen wir selbstverständlich das Feld.« Meine Mutter erzählte noch einmal, was wir in den letzten Tagen erlebt hatten.

»Nehmen Sie mir das nicht übel, Fräulein Schulz«, Herrmann sah meine Mutter an, »aber wenn ich mir Sie so anschaue, sind Sie ganz erstaunlich gut gekleidet. Die meisten Flüchtlinge sehen ganz anders aus. Und dann tragen Sie ein paar hübsche Ringe, auch Ihre Armbanduhr und der Armreif sind sehr schöne Stücke. Mein Bruder ist Goldschmied, ich kann das ein bisschen einschätzen. Ich nehme an, unterwegs haben Sie diese Sachen nicht getragen, oder?«

»Es geht uns den Umständen entsprechend gut, aber das ist eine lange Geschichte. Für das, was wir haben, habe ich allerdings bitter bezahlen müssen«, fügte sie beinah trotzig hinzu. »Ich erzähle das gerne einmal, wenn Sie möchten.«

Herr Fischer zündete sich eine Pfeife an, lehnte sich zurück und verzog das Gesicht. »Ein ekelhaftes Kraut, bestimmt hat da wieder jemand Kirschbaumblätter beigemischt.«

»Einen Moment«, sagte meine Mutter und verschwand. Gleich darauf kam sie mit einem kleinen Päckchen zurück. »Lieber Herr Fischer, mein Einstandsgeschenk.«

Ungläubig schaute er sie an, dann öffnete er vorsichtig das Paket. Zuerst fiel ihm das Päckchen mit dem Zigarettenpapier entgegen. Neugierig schnupperte er daran. »Wo haben Sie das denn her? Den Duft von echtem, feinem Tabak kenne ich schon gar nicht mehr.« Er strahlte über das ganze Gesicht. »Rauchen ist gut für die Entspannung, das kann ich wirklich sehr gebrauchen«, seufzte er.

Meine Mutter ergriff das Wort. »Vielleicht könnten Sie mir ein wenig bei meinen Plänen helfen, ich will ja nicht nur untätig herumsitzen. Wär es möglich, dass ich Ihre Nähmaschine benutze? Ich würde mir sehr gern eine kleine Werkstatt einrichten. Ich weiß schon, die Leute brauchen etwas zu essen, aber in Lumpen will auch keiner herumlaufen. Dann habe ich noch eine große Bitte: Mein Peterle braucht unbedingt Lebertran. Gibt es hier in der Nähe eine Apotheke? Und wenn es möglich wäre, würde ich Ihren Bruder auch sehr gerne treffen. Und schließlich müssen wir noch vereinbaren, was Sie an Miete für das Zimmer haben wollen. Ich kann dir, Sigrid, gerne in der Küche zur Hand gehen, wenn du das wünschst. Und schließlich: Gibt es hier ein Kino? Oder eine Stube, wo man auch mal ein Glas Wein trinken kann?«

So war sie, meine Mutter. Immer auf dem Sprung, unternehmungs- und lebenslustig. Nichts warf sie um. Immer nach vorn, nicht zurückschauen.

Die Fischers lachten. Es freute sie sichtlich, plötzlich wieder jemand lebhaften bei sich zu haben. »Du munterst uns richtig auf,

Ursel«, lachte Sigrid. »In den letzten Monaten war es bei uns doch recht still geworden. Wie schön, dass ihr da seid.«

Herrmann Fischer stand auf. »Na gut, dann schauen wir uns mal die Maschine an. Vielleicht wäre die Werkstatt von dem alten Bröcker eine Möglichkeit. Ich stelle Sie gerne vor, Fräulein Schulz.«

Die nächsten Tage vergingen wie im Flug. Die Nähmaschine erwies sich als tadellos, ein Riemen musste erneuert werden und es fehlten ein paar Spulen, aber darum kümmerte sich Herr Fischer. Der Nachbar, Herr Bröcker, zeigte meiner Mutter seine ehemalige Werkstatt. Sie ging nach hinten hinaus auf den Garten.

Auch Herr Bröcker sagte, er sei froh, ein wenig Gesellschaft zu haben. Miete verlangte er nicht. Jedenfalls im Moment nicht, wie er sagte. Meine Mutter sah ihn fragend an. Jemandem Gesellschaft zu leisten, war nicht ihre Absicht. Sie wollte arbeiten und etwas Geld verdienen. Doch Herr Bröcker hatte die siebzig schon überschritten, so war sie beruhigt.

Bereits beim ersten Blick in das Zimmer sah sie ihre Werkstatt genau vor sich. Den Schrank würde sie so stellen, dass sich daraus ein Anproberaum ergab. Sie überlegte, was an Möbeln sonst noch benötigt wurde. Zwei große Fenster machen das Zimmer hell und freundlich.

Einen Tag später klingelte es an der Tür der Fischers. Die Apothekerin sagte, sie hätte gehört, dass hier eine Frau eingezogen wäre, die Schneiderarbeiten ausführte. Und so kam es zu einer Begegnung, in deren Verlauf drei Flaschen Lebertran gegen einen Kleidersack getauscht wurden, in dem sich Blusen und Röcke befanden, die geändert werden mussten.

Am dritten Abend, ich lag schon im Bett, luden die Fischers meine Mutter zu einem Glas Wein in ihr Wohnzimmer ein. Frau Fischer hatte ein wenig Gebäck in einer kleinen Kristallschale bereitgestellt. »Ich habe am Wochenende frei«, erzählte Herr Fischer. »Da dachten wir, wir könnten einfach mal ein wenig miteinander plaudern. Wie Sie vielleicht wissen, arbeite ich bei den Junkers-Werken. Das ist natürlich gerade jetzt besonders gefährlich. Für die Engländer und Amerikaner bilden wir das perfekte Angriffsziel. Das ewige Warten darauf macht uns alle mürbe. Aber das sollen nicht Ihre Sorgen sein, Fräulein Schulz. Haben Sie sich schon ein wenig eingelebt?«

»Wir haben es hier bei Ihnen gut getroffen, ich danke Ihnen noch einmal sehr dafür. Wenn wir hier die nächste Zeit miteinander verbringen haben Sie auch ein Recht darauf zu erfahren, mit wem Sie es zu tun haben. Und ich weiß, dass wir Ihnen vertrauen können. Nach allgemeiner Vorstellung könnte man sagen, dass ich eine wohlhabende Frau bin. Ich habe in Posen Kontakt zu jemand gehabt, der uns Tabak geschickt hat. So konnte ich etwas Geld sparen, einen anderen Teil habe ich gegen Schmuck, Uhren und so weiter eingetaucht. Ich hatte Glück, das alles lief sehr gut. Gerade noch rechtzeitig vor der Flucht konnte ich mir das Geld von den Sparbüchern ausbezahlen lassen.

Herr Fischer, ich will ganz offen sein. Ich habe noch reichlich Tabak. Wenn Sie möchten, kann ich einen Teil der Miete auf diese Weise begleichen.«

Das Ehepaar hörte aufmerksam zu. Man sah, wie es in ihnen arbeitete.

»Sigrid«, fuhr meine Mutter fort, »du kennst doch viele hier. Könntest du nicht ein wenig Werbung für mich machen? Dass ich für dich und deine Garderobe jederzeit zur Verfügung stehe, versteht sich von selbst. Ich weiß, es klingt verrückt, aber ich hätte so gern ein Radio. Habt ihr eine Idee, wo man so etwas auftreiben kann? Und dann würde ich uns so gerne ein paar Blumen kaufen.«

Die beiden lachten ungläubig. Am 9. Februar 1945 hätte die Dame also gerne frische Blumen. War meine Mutter jetzt ganz durchgedreht?

Für das Wochenende hatte sich Lotte angekündigt. Sie versprach, selbst gebackenen Kuchen mitzubringen, und meine

Mutter wollte sich um ein kaffeeähnliches Getränk kümmern. Eines war ihr schon nach wenigen Tagen klar geworden: Wer etwas zu bieten hatte, kam an Dinge heran, die es offiziell schon lange nicht mehr gab.

Immer noch funktionierte eine gewisse Struktur. Natürlich lief alles über die Parteiorganisationen, mit denen sich meine Mutter aber nicht zu sehr abgeben wollte. Lieber wollte sie direkt mit den Geschäftsleuten in Kontakt kommen, mit dem Apotheker, dem Bäcker, dem Schlachter und einer Reihe von anderen Betrieben. Zudem hatte meine Mutter gehört, dass eine kleine Bierstube in der Nähe zu einer Art Treffpunkt geworden war. Hier trafen sich Frauen, die in vielen Positionen die Männer ersetzten. Meine Mutter, selbstbewusst wie sie nun einmal war, hatte durchaus den Anspruch, zu den weiblichen Honoratioren der Stadt dazugehören zu wollen.

Als uns Lotte besuchte, wurde ich zu Frau Fischer hinuntergebracht, die sich mehrfach angeboten hatte, auf mich aufzupassen. Sollte es später werden, dürfte ich auch über Nacht bei ihr bleiben, hatte sie gesagt.

Über den echten Kaffee, der Lotte vorgesetzt wurde, schüttelte diese den Kopf. »Ursel, manchmal möchte ich gar nicht wissen, wie du da nun wieder rangekommen bist.« Dann ist es ja gut, antwortete meine Mutter schelmisch, dann müsse sie sich nichts ausdenken. »Ihr habt es sehr hübsch hier«, fuhr Lotte fort. Zum Glück war Lotte jede Art von Neid fremd.

Lotte hatte bislang vergeblich versucht, eine Anstellung zu finden. Sie war Buchhändlerin, dafür gab es jetzt gar keine Verwendung mehr. Außerdem hatte sie mehrere Kurse in Steuerrecht absolviert. An dieser Stelle wurde meine Mutter hellhörig. »Lotte, Steuern sind für mich ein Buch mit sieben Siegeln. Hättest du nicht Lust, ab und zu bei mir zu arbeiten und dafür zu sorgen, dass meine Unterlagen in Ordnung sind? Ich habe viel zu tun, es hat sich herumgesprochen, dass ich Kleider und Kostüme nähen kann. Die Frauen bringen die Stoffe mit, also brauche ich bloß zu schneidern.«

Meine Mutter stellte entschlossen eine Flasche Eierlikör und zwei Gläser auf den Tisch. »Dafür habe ich einen Pelzmantel kürzer gemacht«, erklärte sie lachend. Lotte wollte gleich auf den Punkt komme. »Ursel, jetzt musst du erzählen, wie das mit deinem Bertl weitergegangen ist.«

Meine Mutter seufzte. »Ich wusste, dass du nicht locker lässt.«

»Also, wo waren wir stehen geblieben. Zwei Mal kamen Kameraden von Bertl bei mir vorbei, die Grüße ausrichteten und sich ihre Päckchen abholten. Auf meine Fragen, wo er den sei, erhielt ich nur Kopfschütteln und Schulterzucken. Die Männer wollten oder konnten nichts sagen. Bis er eines Tages ganz plötzlich vor der Tür stand. Er sah nicht gut aus, tief liegende Augen, eingefallene Wangen, er war richtig dünn. Nur sein charmantes und liebevolles Lächeln hatte er nicht verloren.

»Bertl, wo kommst du denn her«, sagte ich. »Wie lange darfst du denn bleiben?« »Nicht lange, Uschele, um Mitternacht muss ich wieder weg. Ich wollte dich einfach noch einmal sehen.« Wir lagen uns in den Armen und wollten uns gar nicht mehr loslassen.

Wir flüsterten uns dumme Sachen zu, romantisch, versponnen, immer wieder begleitet von Gedanken, Hoffnungen und Wünschen für eine gemeinsame Zukunft. Was malten wir uns nicht alles aus. Er wollte nicht nach Wien zurück, und ich machte ihm Hamburg schmackhaft. »Uschele, es ist mir völlig egal, wo und wie, Hauptsache mit dir.«

Der Abschied um Mitternacht war bitter und tat schrecklich weh. An dem Abend habe ich gespürt, dass ich ein Kind von ihm bekommen werde. Das war mir so klar wie nur irgendetwas. Ich habe es mit allen Fasern meines Körpers gefühlt und genauso gewollt. Ich wollte ein Kind von diesem Mann, und nicht nur eines.

Ich hatte mir geschworen, allen Widerständen zum Trotz, dem Schicksal zu begegnen. Es war mir egal, ob Krieg herrschte, ob es eine ungünstige Zeit war um ein Kind in diese Welt zu setzen. Dieser Mann, mein Bertl, war die große Liebe meines Lebens.

Es kam, wie es kommen musste. Als ich zwei Monate später jeden Morgen gespuckt habe wie verrückt, bin ich zu einem Frauenarzt gegangen. Es kam zu einer peinlichen Untersuchung, der Arzt war ein arroganter Kerl. »Verheiratet sind wir ja wohl nicht.« »Nee«, sagte ich ziemlich schnippisch, »wir sind es zum Glück nicht, Herr Doktor. Und ich übrigens auch nicht. Aber wie Sie vielleicht erkennen können, bin ich guter Hoffnung.« Na, den Witz hat er nicht verstanden. Mir ging es nur darum, dass mit dem neuen Lebewesen alles in Ordnung war, was er ziemlich schmallippig auch bestätigte.

Die Arbeit im Hotel bereitete mir in den folgenden Monaten zunehmend Probleme. Der Essengeruch machte mir schwer zu schaffen. In einem ruhigen Moment bat ich Hansemann um ein Gespräch und erzählte ihm, dass ich schwanger sei.

»Ach, Ursel, das ist der Lauf der Welt. Bei so einer hübschen Frau wie dir, da konnte es doch nicht lange dauern, bis ein Rosenkavalier um die Ecke kommt, aber musste es denn unbedingt ein Österreicher sein? Auch hätte ich dir und deinem Kind eine bessere Zeit gewünscht. Wie geht es denn jetzt weiter?«

»Julius, ich arbeite so lange ich kann und darf. Der Arzt meint, das Kind käme Anfang Oktober. Irgendwann im August werde ich dann in Mutterschutz gehen.«

Er nahm mich auf seine rustikale Art in den Arm und drückte mich ganz fest. »Ursel, ich bin für dich da, und das ist keine Floskel. Wenn ich etwas für dich tun kann, hab keine Scheu, komm zu mir.«

Da habe ich zum ersten Mal in meiner Schwangerschaft geweint. Dieser strenge Mann war auf einmal weich wie Wachs. Das hat mich sehr berührt. Ich wusste, da ist jemand, der steht dir in der Not bei.

Ansonsten verlief die Schwangerschaft vollkommen unproblematisch. Luise achtete sehr auf mich, und ich ging regelmäßig zum Arzt. Aber jetzt zu einem, den mir Luise empfohlen hatte. Nur Georg verhielt sich zurückhaltend. Irgendwie sah er mich an, als hätte ich einen Verrat begangen. War das Eifersucht? Ich weiß es nicht.

Ende April kam dann ein Brief von Bertl aus Warschau. Ich machte mir große Sorgen, denn es war bekannt, dass es dort einen großen, verlustreichen Aufstand gegeben hatte.

Mein geliebtes kleines Uschele,
wie kann ich es nur aushalten ohne Dich. Es ist aber nicht nur Angst um Dich, jetzt wird es auch für uns schwierig. Wir dürfen tagsüber die Kaserne nicht mehr allein verlassen, weil immer mehr Überfälle passieren. Nur noch Trupps von mehreren Mann dürfen raus, und einer muss eine Pistole dabei haben. Doch unsere ganze Kompanie besitzt nur sechs Pistolen. Durch den Tabak habe ich mir zum Glück selbst eine besorgen können, aber das behalte ich für mich, sonst wird sie mir nur weggenommen. Wir können nichts mehr einkaufen, die Moral ist stark gesunken, und wir alle glauben, lange wird sich das hier nicht mehr halten. Überall Partisanen und Banditen. Schnaps hat man uns gänzlich entzogen, trotz zugeschneiter Waggons und eisiger Kälte. Mein eigener Vorrat ist fast weg. Für 90 Zigaretten und eineinhalb Pakete Tabak zahlt man auf dem Schwarzmarkt 27 Zloty, bei einem Monatssold von 30 Zloty. Könntest Du vielleicht versuchen, mir etwas zu besorgen? Bekommst Du Sacharin und Tintenblei und vielleicht auch Feuersteine? Ich schäme mich so, Dich anzubetteln, mein Uschele. Sollte es Dir gelingen, gib es doch einem meiner Kameraden mit, die bei Dir wegen des Tabaks anklopfen. Sie sind ehrlich und leiten es an mich weiter, denn meine Adresse darf ich Dir nicht geben.
Ich bete darum, Dich noch einmal in die Arme schließen zu dürfen. Ich bin so müde und erschöpft, dass ich immer schon um halb sieben

im Bett liege. Bitte vernichte diesen Brief gleich, er könnte für mich gefährlich werden. Ich denk an Dich und bin glücklich über Deine Liebe. Möge Dich der Herrgott beschützen.
Auf immer und ewig
Dein Bertl

Den Brief habe ich natürlich nicht vernichtet.

Das berührt mich alles immer noch so sehr. Danach habe ich nichts mehr von ihm gehört. Ich hatte ein kleines Paket mit den Sachen bereitgestellt, die er sich so sehr gewünscht hat, und natürlich etwas Tabak und Zigarettenpapier dazu. Später erfuhr ich, dass er es nie bekommen hat.

Ich schrieb seinem Vater in Wien, der mir nur mitteilte, sie hätten ebenfalls einen Brief aus Warschau bekommen. Weitere Nachrichten gebe es nicht. Auch sie machten sich große Sorgen.

Im August hörte ich auf, im Hotel zu arbeiten. Gern hätte ich noch weitergemacht, aber es ging einfach nicht mehr. Es war ein kleiner, aber doch sehr emotionaler Abschied von Hansemann. Das Personal war inzwischen fast um die Hälfte reduziert. Hansemann war noch einmal zu den Schröders auf den Hof gefahren, aber die Zeit des Schlaraffenlands war auch dort vorbei.

Auch ich fuhr im September noch einmal dorthin. Ich konnte zehn ruhige Tage auf dem Hof verleben. Natürlich hatte ich nicht vergessen, Roswitha die Bluse mitzubringen. Ich hatte mir Puffärmel ausgedacht, und dazu eine schöne Stickerei auf der Knopfleiste. Eine weiße Bluse mit kleinen blauen Vergissmeinnicht. Roswitha hat sich so gefreut und mich immer wieder gedrückt, dass ich gar nicht wusste, wie mir geschah.

Einmal allerdings gab es einen Zwischenfall. Roswitha machte den Vorschlag zu einer kleinen Landpartie. Mit dabei waren zwei andere Gäste sowie zwei Mägde, die uns zur Hand gehen sollten. Stanislaw, einer der Knechte, spannte zwei Pferde an, und wir nahmen auf dem Pritschenwagen Platz. Nach einer halben Stunde erreichten wir die Netze, und Stanislaw lenkte den Wagen an einen schönen, schattigen Platz. Das Wasser war warm und lud dazu ein, bis zu den Knien einzutauchen. Es war herrlich. Wir plantschten wie kleine Kinder, und anschließend legten wir uns erschöpft auf die Decken und sonnten uns.

Unterdessen war ein kleiner Tisch aufgebaut worden, und es gab eine ländliche Mahlzeit mit selbstgemachter Ingwerbrause, würziger Mettwurst, Käse aus eigener Herstellung, Marmeladen und Honig. Dazu ein frischer Pflaumenkuchen mit echter Schlagsahne. Einfach alles, was man sich nur wünschen konnte. Ich hatte einen gesunden Appetit.

Am späten Nachmittag brachen wir wieder auf. Stanislaw wählte in Absprache mit Roswitha einen anderen Weg. Sie wollten nach einer Stelle Ausschau halten, an der vor einigen Tagen Wölfe gesichtet worden waren. An einer Bahnstrecke musste Stanislaw anhalten, um einen Zug passieren zu lassen. Der Zug stoppte nach einigen hundert Metern, und laute Kommandos waren zu hören. Uniformierte verließen den Zug, und an einigen Waggons wurden die Türen aufgeschoben. Stanislaw machte keinerlei Anstalten, weiterzufahren. Wir sahen, wie Menschen in gestreifter Kleidung aus den Wagen sprangen. Es war zu sehen, wie leblose Körper aus dem Zug geworfen wurden. Eine Gruppe von Männern fing sofort an, mit Schaufeln und Hacken Löcher zu graben, in die die Körper geworfen wurden.

Die ganze Aktion wurde von einer Gruppe Uniformierter beobachtet. Einer sah sich um und entdeckte unseren Wagen. Er machte die anderen auf uns aufmerksam. Sofort schnalzte Stanislaw mit der Zunge und ließ die Pferde loslaufen. »Besser fahren weg jetzt. Herrschaften wollen nicht beobachtet werden.«

Die schöne Stimmung war natürlich zerstört, als wir weiterfuhren. Die letzten vier Tage verbrachte ich zusammen mit Luise, die überraschend nachgekommen war, um, wie sie sagte, mir bei der Rückreise behilflich zu sein.

Ab und zu fragte Luise, ob ich etwas von Bertl gehört hatte, aber es kam keine Post von ihm. Ich hatte gehofft, vielleicht etwas von einem seiner Kameraden zu hören, aber es geschah nichts.

Die Lucas legten mir nahe, in unserem Haus umzuziehen, aber ich wollte das nicht. Ich liebte diese Wohnung. Die Erinnerungen an die Stunden, die ich hier verlebt hatte, wollte ich nicht missen.

»Lotte«, unterbrach meiner Mutter ihre Erzählung, »ich muss mal nach Peterle sehen. Ob Sigrid wohl klarkommt?«

Schon auf der Treppe nach unten hörte sie Lachen. »Ursel, was hast du denn da für einen Wonneproppen?«, sagte Sigrid. »Den darf man ja keine Sekunde aus den Augen lassen. So ein lieber Kerl. Mach dir keine Sorgen, wir kommen bestens miteinander aus. Bleib mal heute Abend für dich. Der kleine Mann kann gerne bei uns schlafen.«

Der Zeitpunkt der Geburt rückte näher, und ich wurde doch langsamer und unbeweglicher. Jetzt war mir Luise eine besonders hilfreiche Freundin. Sie kaufte für mich ein, kochte und nahm mir alles Mögliche ab. Nach wie vor kamen Tabakpakete an, doch deutlich weniger. Gleichzeitig versiegte der Strom der Abholer. Bertl war offensichtlich nicht mehr im Warthelager stationiert. Die Ungewissheit, wo er war und wie es ihm ging, machte mich unendlich traurig, und so manchen Abend fiel ich weinend in einen unruhigen Schlaf.

In meinem Körper rumorte es. Das Kind bewegte sich, ich fühlte das neue Leben in mir mit jedem Tag deutlicher. Ich muss sagen, dass es mir auch Angst machte. Was kommt jetzt auf mich zu? Welche Verantwortung muss ich übernehmen, und schaffe ich das?

Luise meldete mich vorsorglich schon mal in der Gaufrauen-Klinik in der Feldstraße an, und Georg traf mithilfe einer besonderen Tabakration Vorsorge für einen Krankenhaustransport.

Was soll ich sagen: Ich hab wirklich ganz großes Glück gehabt. Ich bin dankbar dafür, wie reibungslos alles verlief. Am späten Vormittag des 4. Oktober, ein schöner warmer Montag, saß ich auf dem Balkon und verspürte ein Ziehen im Unterleib, anders als in den Tagen zuvor. Ich spürte einfach, dass es jetzt losging. Glücklicherweise war dies genau die Zeit, zu der Luise immer zu mir nach oben kam.

»Luise, es geht los.« Sie stutzte, sah mein angespanntes Gesicht, machte auf der Schwelle kehrt und benachrichtigte Georg. Dann ging alles ganz schnell.

Nach einigen Minuten hörte ich Georg die Treppen hochkeuchen. »Na, dann mal ab dafür«, versuchte er Heiterkeit zu verbreiten. Er legte seinen Arm um meine Schulter, und wir gingen langsam Stufe für Stufe nach unten. Dort stand schon ein Auto mit laufendem Motor. Nach wenigen Minuten waren wir in der Klinik.

Ich war so benommen und mit mir selbst beschäftigt, dass ich die Unruhe um mich herum gar nicht wahrnahm. Ich wurde in ein Zimmer geführt und fühlte mich sofort allein. Luise und Georg wurden freundlich, aber bestimmt hinausgebeten. Nach einiger Zeit kam eine Hebamme, untersuchte mich und tastete mich ab. »Na, da haben wir ja noch ein wenig Zeit. Aber auch gut, es muss ja nicht alles auf den letzten Drücker passieren.« Die Frau strahlte eine routinierte, angenehme Ruhe aus. Ich bekam eine Spritze, die mich ganz entspannt machte, und dämmerte vor mich hin. Abends schlief ich schnell ein. Dennoch spürte ich, dass immer wieder Schwestern den Raum betraten. Neben mir lagen noch vier andere Frauen in unterschiedlichen Phasen der Schwangerschaft.

In der Nacht wurde es dann heftig. Die Wehen kamen in Wellen und ich rief nach einer Schwester. Nach wenigen Minuten war auch die Hebamme da. »Das geht ja flott, junge Frau, der Muttermund ist schon halb geöffnet. Es wird nicht mehr lange dauern.« Und so war es. Um halb acht Uhr in der Früh des 5. Oktober 1943 bekam ich dann mein Peterle. Es war eine einfache, reibungslose Geburt, die Hebamme war ganz überrascht. »Ich wünsche Ihnen, dass Ihnen der Junge das Leben so leicht macht wie jetzt die Geburt. Mit 3150 Gramm ist das schon ein properes Kerlchen. Gibt's schon einen Namen?« Mit heiserer Stimme flüsterte ich: »Ja, Peter soll er heißen, Mein Peterle.«

Am Nachmittag kamen die Lucas vorbei. Sie brachten einen Blumenstrauß und eine Tafel Schokolade.

Ein Wermutstropfen war dann allerdings die Nachricht des Chefarztes, der mir mitteilte, dass Peter nicht ganz gesund war. Er litt unter Rachitis, einer Kinderkrankheit, unter deren Einfluss sich die Knochenmasse nur unzureichend entwickelt. Schuld daran war die mangelhafte und einseitige Ernährung während der Schwangerschaft, auch wenn ich mir große Mühe gegeben hatte, mich gesund zu ernähren. Man gab mir den Rat, für die regelmäßige Einnahme von Lebertran zu sorgen. »Machen Sie sich keine Sorgen, diese Krankheit ist nicht lebensbedrohend. Bei nicht sorgfältiger Behandlung kann sie jedoch zu Missbildungen an den Beinen führen weil die Knochen für zu frühes Laufen einfach noch nicht kräftig genug sind.«

Nach fünf Tagen, in denen man mich umsorgte und umhegte, wurden wir mit dem Auto abgeholt und nach Hause gebracht. Ich war so gerührt, als ich ankam. Ein großes »Herzlich willkommen« hing über der Wohnzimmertür. Kurz darauf kam Julius Hansemann mit einem übergroßen Präsentkorb voller Leckereien. »Mit den besten Wünschen deiner Kolleginnen und Kollegen und natürlich auch von Direktor Berger«, posaunte er freudestrahlend und nahm mich in den Arm.

»Mensch, Ursel, ein Junge. Wir brauchen keine Soldaten mehr. Hätt's nicht ein Mädchen sein können? Na, lass mal sehen. Der ist ja voller Falten und sieht uralt aus.« Alles lachte, und Hansemann mit.

Aber die größte Überraschung stand in der Mitte des Wohnzimmers, geschmückt mit kleinen Girlanden. Ein nagelneuer

Korbkinderwagen, mit vier blitzenden Rädern und Klappverdeck. Sogar ein paar farbige Luftballons waren an ihn gebunden. Ich hatte so ein Modell schon mal in einem Geschäft gesehen, aber es nun selbst besitzen zu dürfen, machte mich sprachlos.

»Wo habt ihr den denn her«, fragte ich erstaunt. »Geheimnisse sind dann am schönsten, wenn sie auch geheim bleiben, Ursel«, sagte Luise, und ihr war anzusehen, dass weiteres Bohren keinen Sinn machte.

Meine Güte, dachte ich, so etwas gibt's doch nur im Traum. Du wirst dich erinnern, Lotte, wie energisch ich um den Kinderwagen gekämpft habe, als wir auf den Treck gingen. Aber letzten Endes war es doch wichtiger, überhaupt mitzukommen. Der Kinderwagen hätte auf der ganzen schrecklichen Reise nur gestört.

Ich war so glücklich, von so vielen Freunden umgeben zu sein. Jetzt fehlte nur Bertl, aber irgendwann, so hoffte ich, würde meine keine Familie komplett sein. Du wirst dich fragen, ob Bertl überhaupt von meiner Schwangerschaft wusste. Die Antwort lautet nein. Ich wollte ihm das nicht schriftlich mitteilen und hätte auch gar nicht gewusst, wohin ich ihm hätte schreiben können. Seinen Vater informierte ich auch nicht, ich wollte keinen Druck auf ihn ausüben. Manchmal reagieren Männer ja komisch, und ich wollte nichts riskieren und Bertl auch nicht verlieren. Er sollte mir schon von Angesicht zu Angesicht gegenüberstehen, ich wollte unbedingt von seinen Augen ablesen können, wie er reagierte.

Die Zeit mit meinem Peterle verging unbeschwert. Ich hatte keine Probleme mit dem Stillen, und das Ehepaar Lucas vergötterte den Kleinen.

Eines Tages packte ich Peter in seinen Wagen und schlug den Weg zum Photohaus Stewner ein. Ich erkundigte mich nach Herrn Volkerts. Eine ältere Dame musterte mich ein wenig misstrauisch. Ich merkte, wie ihre Augen zwischen mir und dem Kinderwagen hin und her huschten. Ich musste unwillkürlich lachen. »Nein, meine Dame, es ist nicht das, was Sie vielleicht denken. Herr Volkerts hatte mir vor geraumer Zeit den Kauf einer Rolleicord-Kamera empfohlen, und dieser Idee wollte ich jetzt folgen.«

Die Dame lachte auf. »Es geht mich auch nichts an«, sagte sie, »heutzutage ist ja alles möglich, obwohl ich Herrn Volkerts nichts Unredliches zutrauen würde. Verheiratet ist er jedenfalls nicht. Doch er hat jetzt ganz andere Sorgen, nehme ich an, denn er wurde eingezogen und gleich an die Ostfront geschickt. Wir hoffen sehr, dass er gesund zurückkommt. Ja, die Rolleicord ist eine gute Empfehlung.«

Sie zeigte mir den Photoapparat und erklärte sachkundig die verschiedenen Funktionen, und nach kurzer Zeit war ich davon überzeugt, mit dieser Kamera zurechtzukommen. Ich bezahlte, und sie händigte mir die Kamera aus. »Und wenn Sie doch einmal Probleme haben sollten, dann kommen Sie gern vorbei. Wenn ich nicht da bin, gibt es nette Kollegen, die Ihnen helfen.«

Luise fragte mich, wann die Taufe stattfinden würde, und so meldeten wir uns in der Christuskirchen-Gemeinde an. Am 7. November haben wir meinen Sohn im engsten Kreis der Freunde auf den Namen Peter getauft. Die Taufe fand im Rahmen eines normalen Gottesdienstes statt, und ich habe das als sehr feierlich empfunden. Kurz hatte ich überlegt, als zweiten Vornamen Robert, nach Bertls Vater, eintragen zu lassen, mich dann aber doch dagegen entschieden.

Ich war traurig, dass Bertl nicht dabei sein konnte, aber noch viel mehr überwog die Sorge um ihn. Nun waren es schon viele Monate, in denen ich nichts von ihm gehört hatte.

Allmählich wurde ich auch unruhig, was mein eigenes Leben anging. Ich wollte gern wieder arbeiten. Natürlich war es schön, mich um mein Kind zu kümmern, und ich spürte ja auch, wie sehr mich der kleine Kerl brauchte. Nie klagte er, und nur ganz selten weinte er. Peterle war völlig problemlos, aber ich fühlte mich nicht ausgefüllt.

Wenige Tage später, es war um die Mittagszeit, klingelte es

plötzlich an meiner Tür. Lucas waren nicht da, das wusste ich. Anderen Besuch erwartete ich nicht.

Es war Bertl. Aber ich musste schon zweimal gucken, um ihn zu erkennen. Graues Gesicht, umschattete Augen, sein müder, erschöpfter Blick ging mir richtig durch Mark und Bein.

»Bertl, komm rein, bleib doch nicht da stehen.« Ich nahm ihn in die Arme und hielt ihn fest. Er schluchzte. »Endlich habe ich dich wieder, mein Uschele. Ich hab nimmer geglaubt, dass ich dich noch einmal sehen könnt.«

Durch die ungewohnten Geräusche wachte Peterle auf, und sein Weinen war nicht zu überhören. Bertls Gesichtsausdruck in diesem Moment ist mir unvergesslich. Sein Mund stand offen, die Augen ungläubig geweitet, es sah aus, als würde er vergeblich nach Luft schnappen. »Was ist das?«, fragte er mehr ängstlich als neugierig, als ahnte er schon, was da auf ihn zukommen würde. Ich konnte meine Tränen nicht länger zurückhalten. »Das ist dein Sohn Peter, Bertl.«

Er sackte förmlich in sich zusammen. »Ja, aber warum weiß ich das nicht, seit wann habe ich denn ein Kind mit dir? Das hat mir keiner gesagt, und du auch nicht. Du hättest es mir doch schreiben können.«

Ich versuchte ihn zu beruhigen. »Ich wusste nicht, wo du warst, es ist so lange keine Post mehr gekommen. Seit Monaten schon nicht. Auch dein Vater wusste nicht, wo du bist.« Bertl zuckte noch einmal zusammen, aber ich nahm das gar nicht richtig wahr. »Ich wusste nur sicher, dass ich dir nicht per Brief mitteilen wollte, dass du Vater geworden bist. Das musst du doch verstehen.«

Der Schock saß tief bei ihm, das war zu spüren. Er atmete ein paarmal durch. »Darf ich ihn sehen?« Er fragte das eher zaghaft. »Ja, natürlich, komm, schau dir das Wunderwerk an und sei stolz auf deinen Sohn.«

Ich nahm Peter aus seinem Bettchen und reichte ihn Bertl. Komisch, Männer haben immer Angst, sie könnten so ein kleines

Würmchen zerdrücken. Ganz vorsichtig legte sich Bertl Peter in die linke Armbeuge. Mit der rechten Hand strich er ihm behutsam über das Gesicht.

»So ein feines Gsichterl, und das blonde Haar, gut schaust aus, mein Kleiner. Aus dir wird ka Soldat, das schwör i.«

»Bertl, sprich hochdeutsch und fang nicht gleich an, ihm deinen Dialekt beizubringen. Dafür hast du später noch Zeit.« Ich versuchte, mit einem flapsigen Ton die Situation etwas aufzulockern. Bertl war sehr unsicher und wusste schon bald nicht mehr, was er mit dem Kind auf dem Arm machen sollte.

»Na, komm wieder in die Stube. Nun ist Peterle eh wach, da können wir ihn auch zu uns nehmen.«

»Wann ist es denn passiert?«, fragte Bertl.

»Ich weiß nicht, was du damit meinst, mein Lieber. Also, passiert, wie du das nennst, ist das wohl Mitte Januar, geboren ist er jedenfalls am 5. Oktober pünktlich um 7.30 Uhr. Die Geburt war problemlos, aber Einzelheiten wollt ihr Männer ja sowieso nicht hören. Ich hatte eine sehr gute Hebamme, die es mir leicht gemacht hat. Aber Peter hat eine Kinderkrankheit mit auf den Weg bekommen, die durch Mangelerscheinungen entstanden ist. Aber wir kriegen das schon hin. Ich muss ihm nur regelmäßig Lebertran geben.«

Ich ging in die Küche und reichte ihm Peter. »Komm, halt ihn noch mal. Ich setze Tee auf, der Kaffee ist alle. Langsam kommt alles ins Stocken. Aber nun erzähl doch, was du erlebt hast und warum ich gar nichts mehr von dir gehört habe.«

»Uschele, ich hab dir mindestens sechs Briefe geschrieben, aber ich hab mir schon gedacht, dass es mit dem Durchkommen schwierig wird. Wann hast du denn zuletzt von mir gehört?«

»Deine letzte Nachricht war ohne Datum und kam Ende April hier an.«

»Mein Gott, so lang ist das her. Und du hast alles allein machen müssen! Es tut mir so furchtbar leid, dass ich nicht bei dir sein konnte.«

Ich drängte ihn, doch endlich von sich zu erzählen.

»Wir hatten in Warschau überwiegend Transporte zu begleiten. Sehr oft waren das Transporte mit Menschen, überwiegend Juden und Zigeuner, die weiter in den Osten kamen. Man hat uns ganz rigoros ermahnt, keinerlei Kontakte mit den Gefangenen zu haben. Wer das versuchte, wurde standrechtlich erschossen, ich hab das selbst gesehen. Im April wurde es in Warschau ganz schlimm. Es gibt da ein Viertel, das Ghetto, in dem überwiegend Juden wohnten. Man wollte dieses Ghetto auflösen, aber dazu musste man erst einmal hineinkommen. Den normalen Armeeverbänden wie uns hat man das nicht zugetraut, und so übernahm das die SS. Aber die Ghettobewohner leisteten erbitterten Widerstand. Bis die SS schließlich eine große Synagoge sprengte und der Widerstand zusammenbrach. Aber die Probleme blieben, denn überall gab es noch Versprengte, die sich noch entschlossener und grausamer verhielten. Warschau war wirklich die Hölle.

Jetzt sind wir erst einmal wieder hier im Warthelager, und man hat uns versprochen, dass wir uns einige Zeit ausruhen dürfen. Unsere Einheit soll auch mit neuen Soldaten aufgefüllt werden. Wer weiß, wo sie die herholen.«

Ich merkte, wie angespannt ich war. »Bertl, lass uns über andere Dinge reden. Wie lange darfst du denn bleiben? Können wir uns jetzt wieder öfter sehen?«

»Nein, ich muss gleich wieder weg, und wie oft wir uns sehen können, weiß ich noch nicht. Wir sind erst seit gestern Abend wieder zurück. Ich hatte mir dieses Wiedersehen ganz anders vorgestellt. Dass du inzwischen Mutter geworden bist! Du bist in so einer schweren Stunde allein gewesen! Und dass ich bei der Taufe nicht dabei sein konnte, macht mir das Herz noch schwerer. Aber schau, was ich vorbereitet habe«, und dabei holte er aus seiner Jackentasche ein kleines blaues Etui heraus und überreichte es mir. Ich bekam ein wenig weiche Knie. Ich schaute ihn an, dann das Etui, dann wieder ihn, als wenn ich ahnte, dass es eine neue glückliche Seite in meinem Leben geben würde, wenn ich es öffnete.

»Nun mach schon auf«, drängte er mich.

In dem Etui war ein Ring. Nichts Protziges, ein schlichter Reif, ohne Stein.

»Uschele, du weißt, wie sehr ich dich lieb gewonnen habe. Ich will dir damit zeigen, dass wir zusammengehören und uns nimmer trennen wollen. Für mich ist das ein Versprechen. Ein Versprechen, dir immer treu zu sein, dich immer zu lieben und zu ehren. Ich bete zum Herrgott, dass es uns vergönnt ist, unser Peterle aufzuziehen und aus ihm einen guten Menschen zu machen.«

Er stand vor mir wie ein kleiner Bub. »Noch nicht einmal Blumen hab ich dabei«, seufzte er. Ich nahm ihn in den Arm.

»Uschele, es tut mir leid, dass ich diesen Zauber unterbrechen muss, ich muss zurück. Ich hab aber eine große Bitte: Hast du noch ein wenig Tabak? Vielleicht kann ich in der Kantine wieder etwas eintauschen.«

Ich packte ihm etwas Tabak ein, und dann war der Besuch auch schon vorbei. Er ging wie ein alter Mann zur Tür. Eine letzte feste und innige Umarmung, und dann lief er die Treppe hinunter.

Ja, so war das. Ich hatte mir die erste Begegnung nach fast zehn Monaten auch anders vorgestellt, aber bestimmt hatte ich keine Ahnung, was er alles hatte durchmachen müssen.

»So, Lotte, es ist gleich Mitternacht«, sagte meine Mutter, »komm, ich bring dich nach Haus.« Lotte wehrte ab, aber meine Mutter war nicht davon abzubringen. Sie zogen sich beide ihre Mäntel an, die Schuhe nahmen sie in die Hand, um sie draußen anzuziehen, damit niemand aufwachte.

Vor dem Haus kam ihnen plötzlich eine Gestalt entgegen. Die Frauen erschraken und atmeten erleichtert auf, als sie Herrmann Fischer erkannten.

»Na, wo wollt ihr beiden denn so spät noch hin? Die Bierstube ist schon lange geschlossen«, bemerkte er schmunzelnd.

»Ich bringe Lotte schnell nach Hause«, sagte meine Mutter, »wir haben uns beide völlig verplaudert. Ihre Frau ist so freundlich, auf meinen Sohn aufzupassen.«

»Ach, mir ist ohnehin noch nicht nach Schlaf zumute, ich begleite Sie gern ein Stück, dann sind Sie nicht so allein auf dem Rückweg.«

Erleichtert hakten sie sich unter und marschierten los. Im Nu standen sie vor Lottes Unterkunft. Die Frauen verabredeten, sich bald wieder zu treffen.

Herrmann Fischer ergriff gleich das Wort, als sie auf dem Rückweg waren. »Schön, dass wir mal miteinander reden können, Fräulein Schulz. Ich wollte Ihnen sagen, wie froh ich bin, dass Sie bei uns sind. Meiner Frau tut ein wenig Aufmunterung sehr gut. Unsere Söhne fehlen uns so. Vor einigen Monaten war ein Kamerad von Gerhard hier und hat uns erzählt, dass er gesehen hat, wie Gerhard in ein Lazarett eingeliefert worden sein soll. Und unser Horst macht uns ebenfalls Sorgen. Wissen Sie, er ist eigentlich ein lieber Kerl, aber sein Fanatismus macht uns alle ganz krank. Bei seinem letzten Besuch erzählte er was von Wunderwaffen und dass er noch fest an den Endsieg glaubt. Ich kann nur sagen, ich habe große Angst vor dem Frieden. Wir haben große Schuld auf uns geladen. Ausgerechnet wir, die wir als Volk der Dichter und Denker immer so viel Wert auf Kultur gelegt haben. Die Rache wird fürchterlich sein, ich will gar nicht wissen, was da auf uns zukommt. Ich bin froh, wenigstens jetzt einmal sprechen zu können.«

»Herr Fischer, mir können Sie das sagen. Ich habe einmal auf dem Land gesehen, wie SS-Leute reihenweise Tote aus den Waggons warfen und an Ort und Stelle vergraben ließen. Sie haben recht, wenn dieser Krieg vorbei ist, wird die Welt über uns herfallen.«

Herr Fischer klammerte sich am Arm meiner Mutter fest. »Ich weiß nicht, haben Sie schon einmal von der Heuaktion gehört?« Meine Mutter schüttelte den Kopf. »Das war eine Aktion, bei der

Kinder aus Russland und Polen ins Reich deportiert wurden. Sie sollten hier in unseren Betrieben arbeiten. Ich kann das schwer abschätzen, aber allein bei uns in Dessau hatten wie über viertausend dieser jungen Leute zwangsbeschäftigt. Nach den Angriffen der Amerikaner auf unser Werk im August '44 wurde eine ganze Reihe von Betrieben ausgegliedert. Die hier gebliebenen jungen Leute wurden sehr schlecht behandelt. Die Lager und die Versorgung, das ist eine einzige Katastrophe.«

Sie waren zu Hause angekommen. Herr Fischer drückte meiner Mutter die Hand. »Das war gut, mit Ihnen zu reden. Kommen Sie ruhig öfter zu uns herunter, Sie sind jederzeit willkommen. Und wenn ich Ihnen helfen kann, sagen Sie mir Bescheid.«

Die nächste Zeit verging wie im Fluge. Meine Mutter richtete sich immer besser in der kleinen Nähstube ein, und der Kreis der Kundschaft vergrößerte sich zusehends. Auch Herrmann Fischer ließ sich öfter sehen, es schien, dass sich zwischen den beiden ein besonderes Vertrauensverhältnis ergeben hatte.

Es war erstaunlich zu sehen, wie die Menschen, und gerade die Frauen, einen unveränderten Lebensmut besaßen. Dazu gehörte, dass sie Wert auf gute Garderobe legten.

Natürlich hatten alle Angst, was ihnen noch zustoßen könnte. Besonders der Wettlauf der beiden auf die Elbe zustoßenden Armeen wurde mit großer Anspannung verfolgt. Die Russen waren inzwischen an der Oder und auf die Pommersche Seenplatte vorgedrungen, nun konzentrierten sie sich auf die Eroberung Berlins. Die deutsche Hauptstadt sollte ihnen gehören.

Am 17. Februar, es war ein Sonnabend, kam der Krieg Dessau-Roßlau bedrohlich nahe. Plötzlich fielen Bomben auf das Dorf Streetz, nur wenige Kilometer entfernt. Die Überlegenheit der alliierten Bomberverbände war inzwischen überwältigend, eine deutsche Luftverteidigung war, zumal in ländlichen Gebieten, kaum noch vorhanden. Menschen kamen bei dem Angriff nicht zu Schaden, aber der Schock war groß.

Eines Abends lud uns Sigrid zu sich ein, sie hatte den Tisch für drei Personen gedeckt. »Herrmann bringt gleich noch Brot mit. Er hat da eine verborgene Quelle.« Es gab geräucherten Aal und dunkles Bier – was für ein Festessen.

Beim Essen bot Herrmann Fischer meiner Mutter das Du an. »Ich freue mich, dass du bei uns bist. Auf eine gute gemeinsame Zeit.« Dann teilte er ihr mit, dass sich die örtliche Frauengruppe am 26. Februar das nächste Mal treffen würde. Sie sei herzlich eingeladen.

Herrmann hatte trotz aller Bemühungen, aufgeräumt zu wirken, etwas Bedrücktes. Meine Mutter sprach ihn darauf an. Er zögerte, dann schaute er seine Frau an.

»Ja, ich bin beunruhigt, wir sind hier in großer Gefahr. Unsere Stadt und die Fabrik werden bald zum Ziel alliierter Bombenangriffe, davon bin ich fest überzeugt. Hier in Dessau werden auch Giftstoffe hergestellt, darunter etwas, das man Zyklon B nennt. Ich brauche euch nicht zu sagen, wie geheim das alles ist. Mit diesem Stoff bringt man Menschen in den Lagern um. Ursel, du hast mir ja schon von einem Gefangenenlager bei Posen erzählt. Aber es kursieren Gerüchte, die noch weitaus schlimmer sind. Juden und Zigeuner sollen systematisch in Gaskammern umgebracht werden, und das schon seit Jahren.«

Es war erst wenige Tage her, dass mehr als 600 000 Brandbomben von über 700 englischen Bombern über Dresden abgeworfen worden waren. Am darauffolgenden Tag griffen amerikanische Bomber die Stadt ein weiteres Mal an. Mehr als 25 000 Menschen verloren ihr Leben.

Als meine Mutter zu Bett ging, machte sie sich Sorgen. Was konnte sie tun? Ihr war klar, dass zunächst das Geld verschwinden musste. Wenn der Krieg zu Ende war, würde die Reichsmark nichts mehr Wert sein. Vielleicht gelang es ihr, Stoffe und andere Utensilien für ihre Schneiderwerkstatt zu kaufen.

Die nächsten Tage waren mit Arbeit ausgefüllt. Das Auftragsbuch war voll, und sie musste mehrmals Sigrid bitten, auf mich aufzupassen. Sie selbst saß bis tief in die Nacht hinein über der Arbeit, die keinen Aufschub duldete. Am liebsten waren ihr die anspruchsvollen Aufgaben, das Nähen eines Kleides oder wenigstens einer Bluse, aber oft waren es einfach nur Ausbesserungen, die zu erledigen waren. Es ging ihr alles flott von der Hand. Und sie freute sich, wie sich ihre Schneiderkunst weiterentwickelte.

Die Nähwerkstatt

Am 26. Februar war es so weit. Bei einer gewissen Frau König in der Friedrichstraße sollte das Treffen der Frauen stattfinden. Sie beschloss, sich so einfach wie möglich zu kleiden, aber doch zu zeigen, was für eine gute Schneiderin sie war. Zu gern hätte sie sich den kleinen braunen Fuchspelz umgelegt, ein Stück, das der kalten Jahreszeit durchaus angemessen gewesen wäre. Doch sie entschied sich lieber für einen langen Schal, den sie sich mehrfach umwickelte. Unter dem roten Wollmantel trug sie Rock, Bluse mit besticktem Kragen und Strickjacke. Bis auf ihre kleine goldene Armbanduhr und einen sehr schlichten Ring, den sie demonstrativ links trug, verzichtete sie auf jeglichen Schmuck.

Sie verabschiedete sich von mir, als gäbe es kein Wiedersehen. Mein Peterle, schmeichelte sie mir, Mami kommt bald wieder, und dann spielen wir zusammen und machen schöne Spaziergänge am See mit Enten füttern.

»Ursel, mach dir keine Sorgen, ich hab den Kleinen so lieb gewonnen, als wäre er mein eigenes Kind«, sagte Sigrid. »Das mit den Enten kannst du allerdings vergessen, es gibt keine mehr am Teich. Hunger schlägt Tierliebe«, fügte sie lakonisch hinzu.

Als meine Mutter vor dem Haus stand, öffnete Frau König unmittelbar nach dem Klingeln, als hätte sie schon hinter der Tür gestanden. Meine Mutter war nicht besonders groß, aber diese Frau schien sie um ein Vielfaches zu überragen. Schlank wie sie war, trug sie einen braunen Faltenrock, eine elegant geschnittene beige Seidenbluse und eine dreifach gewickelte Perlenkette. Ihre braunen Haare waren schon von einigen grauen Strähnen durchzogen und wurden durch einen Dutt gehalten. Die Frau war eine imposante Erscheinung. Wie alt sie wohl sein mochte, fragte sich meine Mutter.

Ein kräftiger Bass riss sie aus ihren Gedanken. »So, junge Frau, wenn Sie sich an mir sattgesehen haben, kommen Sie doch bitte herein, damit ich Sie auch betrachten kann. Übrigens könnte ich vom Alter her Ihre Mutter sein«, sagte sie von einem Lachen begleitet.

»Guten Abend, Frau König. Vielen Dank, dass ich an diesem Treffen teilnehmen darf«, begann meine Mutter.

»Also, dieses Brimborium wollen wir uns gleich mal abgewöhnen. Ich bin die Veronika, für den Namen kann ich nichts, notfalls kann ich es aber erklären. Und du bist die Ursula, wie ich weiß, und auf ein Treffen, wenn du damit noch andere Teilnehmerinnen gemeint haben solltest, müssen wir heute verzichten. Zwei Damen haben abgesagt, und die Dritte ist abgehauen. Die Ratten verlassen das sinkende Schiff. Aber dazu später mehr. Komm, leg ab, Schuhe aus und Pantuschen an, sonst schreit mein Parkett auf.«

Meine Mutter fühlte sich wie durchgeschüttelt. Einerseits von der herzlichen Freundlichkeit, andererseits weil sie spürte, wie stark diese Frau war. Sie beschloss, deswegen nicht gleich in die Knie zu gehen. Mal sehen, was dieser Abend noch bringt, sagte sie sich.

Aus der Küche duftete es verführerisch. In einer Ecke des großen Wohnzimmers war ein runder Tisch für zwei Personen gedeckt. Rotwein- und Wassergläser standen nebeneinander, das silberne Besteck war schwer und elegant.

»Siehst du, es hat auch Vorteile, mal ganz unter sich zu sein. Da kann man es sich richtig gut sein lassen. Es gibt Entenbrust mit Rotkohl und Kartoffelknödeln. Ich weiß, das werden nicht viele in diesen Zeiten essen können, aber ein schlechtes Gewissen habe ich mir schon lange abgewöhnt.«

Ausgerechnet Entenbrust dachte meine Mutter. Kein Wunder, wenn da am Teich nichts mehr ist. Als könnte Veronika König Gedanken lesen, sagte sie: »Aber die Enten sind aus eigener Haltung. Ich habe hier auch noch Hühner und ein paar Kaninchen. Dank meiner zwei Hunde konnte ich diesen Bestand schützen, sonst wäre alles sicher schon auf anderen Tellern gelandet. So, greif zu, mein Kind, die Flasche Rotwein ist der Rest vom Schützenfest. Mein verflossener Mann hatte einen erlesenen Geschmack und einen entsprechenden Weinkeller. Aber lassen wir das. Guten Appetit.«

Das Essen nahm für meine Mutter einen ungewöhnlichen, entspannten Verlauf. Die beiden Frauen schwiegen, als hätten sie abgesprochen, sich ganz auf das Essen und die besonderen Umstände zu konzentrieren, ohne andere Themen anzuschneiden. Die Stille ließ ein besonderes Band gegenseitiger Zuneigung zwischen den beiden entstehen.

Es verstand sich von selbst, dass beide nach dem Essen gemeinsam abräumten. Veronika stellte das schmutzige Geschirr nicht einfach nur in die Spüle, sondern es wurde sofort abgespült. Meine Mutter trocknete ab.

Zurück am Tisch lehnte meine Mutter den angebotenen Cognac dankend ab und erklärte, beim Rotwein bleiben zu wollen. Veronika füllte sich ihren Cognacschwenker auf ein gutes Maß und nahm auf der breiten Chaiselongue Platz. Meine Mutter setzte sich in einen gemütlichen Ohrensessel.

Verstohlen schaute sie sich um. Zwei dicke Teppiche bedeckten das Parkett, die Wände waren übersät mit Bildern der verschiedensten Stilrichtungen. Dennoch entstand kein unruhiger

Eindruck, offenbar hatte hier ein Mensch mit Geschmack und Geschick eine stimmige Zusammenstellung getroffen. So würde sie ihre zukünftige Wohnung auch gern einrichten, dachte sie. Besonders angetan war sie aber von den unterschiedlichen Blumenarrangements.

»Meine Güte, Veronika«, fragte sie, »wo hast du diese herrlichen Blumen her? Als ich hier ankam, wollte ich unbedingt als eine Art von Seelenpflaster Blumen für mein Zimmer haben. Es langte gerade mal für drei Stängel Alpenveilchen. Natürlich habe ich mich darüber gefreut, aber es war doch etwas anderes als das hier.«

»Na ja, Ursel, ich will nicht groß angeben. Ich habe zwei kleine Gewächshäuser, in denen ich Gemüse ziehe. Und dann ist da noch der Johann, mein Faktotum, der sich auch um den Garten kümmert.«

Meine Mutter kam aus dem Staunen nicht mehr raus. Das war eine ganz andere Welt, die ihr unwirklich vorkam. Bedienstete in einer Zeit, wo doch alles in Auflösung schien? Andererseits hatte sie gehofft, jemanden zu finden, der ihr wirklich weiterhelfen konnte. Meine Mutter war ehrgeizig, und sie hatte eine Kämpfernatur. Vielleicht kam gerade jetzt in diesen wirren, chaotischen Zeiten ihre Chance.

»Ursel, erzähl von dir. Ich merke doch, wie es in dir brodelt. Ich war in deinem Alter genauso wie du, ich weiß, wie ungeduldig man da ist, aber auch, was falsche Ungeduld anrichten kann. Einiges habe ich schon von dir gehört. Du bist eine tüchtige Schneiderin und hast einen kleinen Sohn. Was gibt es sonst noch zu erzählen?«

Die unverblümte Art der Fragen machte meine Mutter hilflos. Wie und womit sollte sie anfangen, und wie offen durfte sie überhaupt sein? Sie entschloss sich, gleich auf ihr wichtigstes Ziel loszusteuern.

»Also, wenn dir das lieber ist, falle ich gleich mit der Tür ins Haus. Ja, ich habe einen Sohn, mein Peterle. Er ist knapp eineinhalb

halb Jahre alt und mein ganzes Glück. Ich muss uns beide durchbringen. Aber ich kann zupacken und weiß, was Arbeit bedeutet. Ich möchte mir gerne hier in Roßlau eine Existenz aufbauen.«

Veronika fragte, was es denn sei, das sie brauche, um weiterzukommen.

»Mit meiner Schneiderei hatte ich einen guten Start, ich habe schon viele Aufträge. Das sind natürlich vor allem kleine Ausbesserungen, Änderungen und so weiter. Das macht auch Spaß, aber viel lieber möchte ich neue Stücke herstellen, Kleider, Blusen, Mäntel, Hosen. Aber dazu fehlt es mir an Material, sowohl bei den Stoffen als auch beim Beiwerk wie Garn, Nadeln, Knöpfe, Strickmuster, Schnittmusterbögen. Und ganz fehlen Accessoires zum Schmücken. Ich könnte auch gut noch jemand zweiten beschäftigen, aber dazu bräuchte ich noch eine Nähmaschine.«

Veronika konnte sich ein Schmunzeln nicht verkneifen. »Ursel, du glaubst gar nicht, wie gut es mir tut, dir zuzuhören. Ich kann diese missmutigen, traurig dreinblickenden Menschen nicht mehr ertragen. Natürlich haben es im Moment alle schwer, mir macht die Ungewissheit auch zu schaffen. Ja, es geht mir besser als den meisten. Aber es muss doch auch irgendwie weitergehen. Fakt ist, dass dieser Krieg nicht mehr gewonnen werden kann. Da kann unser Bürgermeister noch so viele aufrüttelnde Durchhalteparolen in die Gegend schmettern. Wir brauchen eigentlich nur das Rathaus zu beobachten, um zu wissen, wie nah die Alliierten uns schon gekommen sind. Diese Herrschaften dort werden sich jedenfalls als Erste absetzen.«

Meine Mutter war verblüfft, wie offen diese Frau sprach. Das war Hochverrat, und das wusste sie auch. »Ich glaube auch, dass dieser Krieg schnell zu Ende gehen wird«, beeilte sich meine Mutter hinzuzufügen. »Wir sind am 20. Januar aus Posen geflüchtet, das war wirklich auf den letzten Drücker.«

»Lass uns zum Punkt kommen«, sagte Veronika. »Ich habe ein paar ganz gute Beziehungen, aber dazu müssen wir beide offen miteinander umgehen. Doch wenn ich dir helfe, gibt es ein paar Dinge, die du nicht wissen musst. Wenn ich dir also eine größere Menge an Fallschirmseide anbieten kann, dann musst du nicht fragen, woher sie kommt. So etwas gibt es natürlich nicht geschenkt. Wenn ich jetzt mal unterstelle, dass du die finanziellen Möglichkeiten haben solltest, dir so eine Partie leisten zu können, will ich meinerseits auch nicht wissen, wieso und warum. Haben wir uns verstanden?«

Meine Mutter hatte den Eindruck, dass jetzt die Probe aufs Exempel gemacht wurde. Veronika lächelte, ihre Augen nicht. Meine Mutter war fest entschlossen, die Gelegenheit beim Schopfe zu packen. Sie nickte. »Veronika, ich bin mir im Klaren darüber, dass alles seinen Preis hat. Also wie viel?«

»Was hast du denn?« Die Gegenfrage kam knallhart.

»Ich habe Bargeld.«

Veronika winkte ab. »Das ist doch bald nichts mehr wert. Am besten gehen Tabak oder Zigaretten, vielleicht Schmuck, wenn man jemand findet, der einen nicht übers Ohr haut. Notfalls Alkohol, aber Geld? Das müsste schon ein ganz schönes Sümmchen sein.«

»Über welche Menge reden wir eigentlich?«, fragte meine Mutter. Sie wollte Zeit gewinnen. Ihre Gedanken schwirrten wie wild umher, sie musste sich konzentrieren. Zu viel stand auf dem Spiel.

Veronika schloss kurz die Augen. »Insgesamt vier Rollen, jeweils 1,20 Meter breit. Auf jeder Rolle etwa 80 Meter, weiß, erstklassige Ware. Ursprünglich wollte der Verkäufer dafür 20 Reichsmark pro Meter haben. Das wären 6400 Reichsmark. Aber das liegt nun auch schon knapp zwei Monate zurück.«

»Mit anderen Worten«, meine Mutter reagierte schlagfertig, »ein Käufer hat sich für den Preis noch nicht gefunden.«

»Schau an, die Ursel kommt aus der Deckung«, lachte Veronika. »So einfach ist das auch nicht. Ein Käufer war schon da, aber der Verkäufer hat sich plötzlich zurückgezogen. So ging man ohne Ergebnis auseinander. Der potentielle Käufer wurde inzwischen wegen verschiedener Delikte verhaftet. Als ich das hörte, fragte ich mich, ob es das Zeug vielleicht überhaupt nicht gibt. Aber ich habe die Ware gesehen, ich bringe dich nicht in Gefahr, Ursel.«

Meine Mutter hatte in der Zwischenzeit nachgerechnet. Mit 320 Metern Stoff konnte man schon allerhand nähen. »Ich würde den Stoff sehr gerne haben, Veronika. Aber ich bin nun auch nicht der abgebrühte Kaufmann und Verhandler. Deine Hilfe oder Vermittlung ist mir willkommen. Ich überlasse es dir. 8000 Reichsmark kann ich aufbringen, und die würde ich auch investieren.«

Veronika zuckte mit keiner Wimper. Sie schaute meine Mutter nachdenklich an. »Gut«, sagte sie und stand auf. »Ich will sehen, was ich für dich tun kann. Wir sollten keine Zeit verlieren. Vielleicht kann ich schon morgen Vormittag die Angelegenheit besprechen. Du hörst von mir.«

Das war ein ziemlich abrupter Aufbruch, aber meine Mutter hatte beschlossen, die Spielregeln Veronika zu überlassen. Das Gespräch war anstrengend genug gewesen.

Beide Frauen verabschiedeten sich freundlich, aber doch mit einer gewissen Distanz voneinander. Während des Gesprächs waren sie in die Rolle von Käufer und Verkäufer geschlüpft, einander wohlgesonnen, aber doch vorsichtig.

Es war spät geworden. Zwanzig Minuten Fußweg lagen vor ihr, sie wollte sich alles noch einmal durch den Kopf gehen lassen. War sie zu schnell gewesen, oder hätte sie noch einen höheren Preis bieten sollen? Sie konnte sich sofort ausmalen, was sie mit dem Stoff alles machen könnte. Kundschaft gab es genug, nur mit der Bezahlung musste sie aufpassen. Sie hatte das Gefühl, dass ihr für Tauschgeschäfte das nötige Geschick fehlte. Ob sie sich dabei von Veronika König helfen lassen konnte? All das musste genau überlegt werden.

Als sie sich ihrem Haus näherte, sah sie eine Gestalt ihr entgegenkommen. Es war Herrmann Fischer. Schon wieder? Das konnte kein Zufall sein. Er pfiff ein Lied vor sich hin. »In der Nacht ist der Mensch nicht gern alleine«, ein aktueller Schlager von Marika Röck. Na, zumindest die Tageszeit passte.

Als sie aufeinander trafen, merkte sie, dass Herrmann etwas getrunken hatte. Eine kleine Fahne streifte sie. »Na, Herrmann«, sprach sie ihn freundlich an, »hattest du heute einen freien Abend?«

»Ja, die allmonatliche Skatrunde, aber das macht jetzt auch keinen Spaß mehr. Keiner kann mehr abschalten, aber man kann doch nicht immer nur über Krieg und Opfer und Tod reden. Ich hab den Männern gesagt, dass ich erst einmal nicht mehr kommen werde«, fügte er missmutig hinzu. »Da fällt mir ein, warst du heute nicht bei Frau König? Wie ist es denn gelaufen?«

Vorsicht, sagte sich meine Mutter, bleib gelassen. »Ach, das war sehr nett«, antwortete sie. »Vielen Dank noch einmal, dass du das Treffen vermittelt hast. Frau König ist schon eine Persönlichkeit, das muss ich sagen. Sich mit ihr zu unterhalten hat großen Spaß gemacht.«

»Ja, aber etwas Geheimnisvolles umgibt sie. Sie ist ja auch erst seit knapp einem Jahr hier.«

»Herrmann, ich will deine Laune jetzt nicht noch mehr verschlechtern, aber du hast vor einigen Tagen eine Bemerkung über ein Gift gemacht. Ich habe nicht genau verstanden, was das mit Dessau zu tun hat.«

»Komm, lass und noch eine Runde drehen. Ich will das nicht im Haus besprechen. Also, um es kurz zu machen. Das Zeug wird Zyklon B genannt, es wurde bis vor einem Jahr hier in großem Stil produziert. Die Fabrik, wo es hergestellt wurde, heißt Zucker-Raffinerie. Sie wurde bei einem Bombenangriff erheblich beschädigt, doch die Produktion wird noch fortgesetzt. Zyklon B ist eigentlich ein Mittel zur Schädlingsbekämpfung. Wenn ich das jetzt so erzähle, klingt das furchtbar makaber. Rundheraus gesagt, die

Nazis verwenden dieses Mittel, um Menschen umzubringen.«

Stumm gingen die beiden nebeneinander her. Meine Mutter fragte sich, woher Herrmann das alles wusste.

Als hätte er ihre Gedanken gelesen, fuhr Herrmann fort: »Ich hab einen alten Freund, mit dem ich zur Schule gegangen bin. Er hat mir das erzählt. Natürlich ist die Angelegenheit äußerst geheim. Aber ich brauche auch mal jemanden, bei dem ich das loswerden kann. Ich ersticke sonst. Und die Alliierten wissen offenbar genau, was hier hergestellt wird. Deshalb der Bombenangriff im letzten Jahr. Ein Teil der Fertigung wurde ausgelagert, doch mein Freund meint, der nächste Bombenangriff steht unmittelbar bevor. Er sagt, wir kriegen hier noch so richtig was ab.«

Sie waren wieder am Haus angelangt. »Danke, dass du zugehört hast, Ursel.« Er zog sie kurz an sich und verschwand sehr schnell hinter seiner Wohnungstür.

Als meine Mutter in unserem Zimmer ankam, saß zu ihrer Überraschung Sigrid in einem der beiden Sessel. »Nanu, du noch hier? Ist etwas passiert?«

»Nein, nein, du hast ja gesagt, es würde nicht sehr lange dauern. Ich wollte einfach den Kleinen nicht so lange allein lassen. Schau mal, wie brav er schläft. Das ist wirklich ein ganz süßer Junge, Ursel. Manchmal fragt man sich, was wir den Kindern antun, sie in eine solche Welt zu setzen. Ich mache mir große Sorgen um meine beiden Jungs. Herrmann natürlich auch, aber Männer behalten solche Sachen eher für sich.«

Wenn du wüsstest, dachte meine Mutter, da hättest du mal eben deinen Mann hören müssen. Sigrid stand auf und verabschiede sich.

Bevor sich meine Mutter hinlegte, strich sie mir noch einmal über die Haare. Es waren viele Neuigkeiten, die sie zu verdauen hatte. Aber jetzt war sie erst einmal voller Hoffnung, dass alles gut werden würde.

Am nächsten Morgen stand sie pünktlich um acht Uhr in ihrer kleinen Nähstube. Sie sah sich um. Durch den Schrank besaß sie einen perfekten Raumteiler, der Schrank selbst war ein idealer Aufbewahrungsort für die vielen Nähutensilien, die immer mehr wurden. Sie musste lachen. Hoffentlich wird das nicht alles irgendwann zu klein, dachte sie sich, jetzt hab ich fast schon Angst vor einer sich anbahnenden Karriere!

Ich hatte einen Platz unter einem der Fenster bekommen. Herrmann hatte einen Laufstall aufgetrieben, in dem ich saß. Es war erstaunlich, über welche Beziehungen er verfügte. Vor Kurzem hatte er meiner Mutter noch einmal versprochen, für Nachschub an Lebertran sorgen zu wollen.

Ein paar Tage später, es war der 1. März und noch früh am Morgen, ertönte die Türglocke bei den Fischers. Stimmengewirr war zu hören. Nach wenigen Minuten kamen Schritte zu uns nach oben, und Sigrid stand vor der Tür. »Du, da sind eben zwei Männer gekommen, mit schönen Grüßen von Frau König. Sie wollen eine Nähmaschine abgeben. Weißt du etwas davon?«

»Sind die Leute schon weg?«, fragte meine Mutter aufgeregt. »Das hat alles seine Richtigkeit. Ich staune nur, welches Tempo die Dame vorlegt.« Aufgeregt ging meine Mutter nach unten.

»Meine Herren, schön, dass das so schnell klappt«, sagte sie selbstbewusst, als sie vor den Männern stand. »Leider ist die Adresse nicht ganz richtig. Ob Sie wohl so nett sind, mir die Nähmaschine zwei Häuser weiter in meine Werkstatt zu stellen?« In ihrer rechten Hand hielt sie auffällig unauffällig zwei Zigaretten.

»Also, das ist nun das kleinste Problem«, meinte einer der Männer. »Oder, Hans, was meinst du? Das schaffen wir doch.«

Ohne ein weiteres Wort packten sie die Nähmaschine und marschierten los. Meine Mutter hatte Mühe, den beiden zu folgen. Sie sperrte die Tür auf, und die Männer trugen die Maschine herein, nicht ohne sich jetzt die Anstrengung lautstark anmerken zu lassen. Sie dirigierte die beiden so, dass nichts mehr umgestellt werden musste.

Der Jüngere meldete sich zu Wort. »Also, Frollein, wir haben da noch zwei kleine Kartons. Ich hol die mal eben aus dem Wagen.«

In der Aufregung hatte meine Mutter den kleinen Lieferwagen, der vor der Tür stand, gar nicht bemerkt. Kurz darauf kam der Mann wieder. »Hier ist auch noch ein Briefumschlag, den wir Ihnen übergeben sollen. Schönen Tag noch, und danke für die Zigaretten.« Damit schoben die beiden ab.

Meine Mutter atmete tief durch. Eine zweite Maschine, was könnte sie damit alles machen! Jetzt brauchte sie nur noch jemanden, der ihr half. Neugierig nahm sie die beiden Kartons in die Hand. Als sie den ersten öffnete, fielen ihr Nadelkissen, gespickt mit vielen Nadeln der unterschiedlichsten Größen, Druckknöpfe, Reißverschlüsse, Spulen, Nähgarn von Gütermann, das Beste was es gab, Schnallen, Knöpfe jeder Art, Gummilitzen und -bänder sowie Strick- und Häkelnadeln entgegen. Wahre Schätze! Im nächsten Karton lagen Stapel von Schnittmusterbögen, Schneiderkreide, Kopierräder, Farbtafeln und Stoffscheren – meine Mutter konnte die Tränen kaum zurückhalten. Was für ein unglaubliches Geschenk. Aber war es überhaupt ein Geschenk? Sie hatte gelernt, dass man für alles zahlen musste, auch für das vermeintliche Glück. Doch erst einmal wollte sie sich einfach freuen.

Als sie in die Wohnung zurückkam, sah sie Sigrid wieder an meinem Bett sitzen. »Ursel, den Jungen schnack ich dir noch mal ab«, sagte sie lächelnd, als meine Mutter etwas argwöhnisch reinschaute. »Dafür lohnen sich Arbeit und Sorgen.«

Die Nacht war kurz, wie eigentlich immer. Meine Mutter war keine Langschläferin, sie war von Kindheit an gewohnt, früh aufzustehen. Zum Frühstück gab es einen Becher warme Milch, eine Scheibe Brot mit Honig oder Marmelade, und wenn immer möglich gab es ein Stück Obst, meistens einen Apfel.

Vor dem Haus setzte mich meine Mutter in den kleinen Bollerwagen, den sie vor einigen Tagen hatte erstehen können. Vier

Zigaretten hatte sie dafür geopfert. Erst kürzlich hatte sie entschieden, selbst Zigaretten zu drehen und zu verteilen und nicht mehr den Tabak als Zahlungsmittel einzusetzen. Das hatte sich schon längst gelohnt.

Ihr Weg führte zu Veronika König. Dort wurde sie offensichtlich schon erwartet, oder die Dame war ebenfalls Frühaufsteherin. Bevor meine Mutter klingeln konnte, öffnete sich die Tür. »Ich habe mir schon gedacht, dass du nicht länger warten kannst. Alles gut angekommen?«, fragte sie lachend.

»Ja, Veronika, ich weiß gar nicht, was ich dazu sagen soll. Umsonst wird's nicht gewesen ein, aber trotzdem recht herzlichen Dank. Es ist, als könntest du Gedanken lesen.«

»Na, so dramatisch ist das nicht. Ich hatte gehört, dass durch einen Todesfall in Dessau eine Nähstube geschlossen werden musste, da hab ich schnell geschaltet und an dich gedacht. Und was das Umsonst betrifft, haben wir ja noch etwas zu besprechen. Komm doch rein.«

Sie stutzte kurz. »Nanu, du bist ja nicht allein. Wen haben wir denn da mitgebracht?« Sie stieg die drei Stufen von der Haustür herunter.

»Veronika, darf ich dir meinen kleinen Schatz vorstellen! Das ist mein Peterle.«

Veronika griff in den Wagen, nahm mich heraus und ging gleich ins Haus, ohne auf meine Mutter zu warten. »Nun komm schon, aber lass den Wagen nicht draußen stehen, nachher stehen da drei.«

Meine Mutter schüttelte den Kopf und folgte ihrer neuen Freundin.

Im Wohnzimmer kuschelte Veronika mit mir. »Also, der ist ja wirklich niedlich, Ursel. Da freu ich mich für dich. Du bist mir noch ein paar Geschichten aus deinem Leben schuldig, meine Liebe. Und ich bin extrem neugierig.«

»Ja«, meinte meine Mutter, »aber bitte nicht jetzt. Lass uns besser darüber sprechen, was aus der Fallschirmseide wird und wie wir die Lieferung von gestern Nacht abwickeln.«

»Gut, machen wir Nägel mit Köpfen. Du hast recht, wir müssen verhandeln. Und ich will auch kein Geheimnis daraus machen, dass ich eine Vermittlung für mich gleich einschließe. Dazu bin ich zu sehr Geschäftsfrau, das musst du wissen, Ursel.«

»Ja, kein Problem.«

»Eins ist klar, Ursel. Wenn man vernünftig Geschäfte machen will, muss man schon wissen, mit wem man es zu tun hat. Und auch wenn man neu in der Stadt ist, so wie du, muss man aufpassen. Bist du schlau und vorsichtig?«

Bevor meine Mutter irgendetwas sagen konnte, setzte Veronika ihren Redeschwall fort. »Wenn du diesen beiden Handlangern gestern Abend gleich Zigaretten in die Hand drückst, dann, meine Liebe, bist du weder schlau noch vorsichtig.«

Meine Mutter wurde blass. Mist, dachte sie, da meint man es mal gut mit anderen, die einem helfen, und freut sich, und schon geht der Schuss nach hinten los.

»Keine Bange, Ursel, ich weiß schon länger, dass du Sachen mit dir herumschleppst, auch Roßlau ist nur ein Dorf. Machen wir es also kurz. Für die Fallschirmseide ist ein Preis von 14 000 Reichsmark aufgerufen. Ich kann die Leute vielleicht noch ein wenig herunterhandeln, aber das wird nicht viel sein. Vielleicht um tausend Reichsmark. Für die Sachen von gestern Abend einschließlich der Nähmaschine gibst du mir zwei Päckchen Tabak zu je 20 Gramm und zwei Päckchen Zigarettenpapier.«

Meine Mutter hatte das Gefühl, als würde ihr der Boden unter den Füßen weggezogen werden. Was passierte hier gerade?

»Ist das alles?«, sagte sie mit einem schnippischen Unterton. »Eigentlich brauche ich nur noch zu nicken, denn in meinen persönlichen Unterlagen und Besitzverhältnissen kennst du dich ja bestens aus.«

Sie holte tief Luft. Dabei versuchte sie, ihre Position zu festigen und sich nicht zu sehr von Emotionen leiten zu lassen. An sich war dieses Angebot absolut akzeptabel, aber es irritierte sie doch sehr, dass in unserem Zimmer ganz offensichtlich herumgeschnüffelt worden war.

Veronika König beobachtete meine Mutter genau. Sie sah ihr an, wie es in ihr arbeitete. »Nein, Ursel, das ist noch nicht alles.« Ihre Stimme war jetzt freundlich, aber energisch zu gleich, sodass es meiner Mutter heiß und kalt wurde. Was sollte denn jetzt noch kommen?

»Eine wichtige Bedingung ist, dass du mindestens einmal in der Woche mit deinem Peter zu mir zu Besuch kommst und wir uns wie gute Freundinnen benehmen.« Sie strahlte ein so gewinnendes Lächeln aus, dass meine Mutter nicht anders konnte, als ebenfalls zu lächeln. Das Eis war gebrochen.

»Veronika, entschuldige meine schroffe Reaktion. Ich glaube, du weißt genau, wie es in mir aussieht. Ich fühle mich ein wenig verraten, aber ich will das nicht weiter vertiefen. Zugleich weiß ich das Angebot zu schätzen und bin dir für deine Hilfe dankbar.«

Sie nahmen sich in die Arme, und Veronika konnte nicht umhin, gleich zu sagen, dass es nun schnell gehen müsse. »Ursel, ich bin davon ausgegangen, dass du zusagst. Am Montag, so gegen sechs Uhr in der Früh, wird das Zeug geliefert. Du musst bei dir in der Werkstatt Platz schaffen. Wir wollen kein Aufsehen erregen. Eigentlich sollte die Lieferung in der Nacht erfolgen, aber das würde zu viel Verdacht erregen. Sechs Uhr morgens ist eine gute Zeit, nicht zu früh und nicht zu spät. Vielleicht kannst du alles vorbereiten, damit es dann schnell über die Bühne geht.«

Meine Mutter versprach das. »Willst du nicht auch mal zu mir kommen?«, setzte sie hinzu. »Ich habe zwar nur eine kleine Stube, aber vielleicht tut es dir auch ganz gut zu sehen, wie die einfache Bevölkerung so lebt«, fügte sie schelmisch hinzu.

Sie verabredet sich für Sonntag.

Die nächsten Tage vergingen wie im Flug. Meine Mutter hatte

tüchtig zu tun. Sigrid brachte uns mittags Essen. »Kindchen, du musst auf deine Ernährung achten, viel trinken und nicht immer nur arbeiten. Und der Kleine muss auch mal an die frische Luft. Er kann doch nicht immer nur hier in seinem Laufstall die Zeit verbringen.«

Ohne viel Federlesen schnappte sie mich, und so wurde ich durch die Gegend gefahren. Mit dem Laufen tat ich mich noch etwas schwer. Durch die Rachitis waren meine Knochen nicht so belastbar wie bei anderen Kindern. Aber Sigrid kannte keine Gnade. Sie setzte mich immer wieder ab und brachte mich mit sanfter Gewalt dazu, kleine, vorsichtige Schritte zu machen. Dafür klappte es mit der Sprache schon sehr viel besser. Ich hatte schon recht früh vor mich hin gebrabbelt, was sicher auch daran lag, dass meine Mutter es sich zur Aufgabe gemachte hatte, mir sooft wie möglich Geschichten vorzulesen.

Der Sonntag kam, ich merkte meiner Mutter die Nervosität an. Es lag etwas in der Luft. Die Menschen waren unruhig, und das lag nicht nur am Wetter. Es war eisig kalt, zeitweise herrschte strenger Frost. Noch mehr Angst machte den Menschen jedoch der klare Himmel, der für Bombenangriffe ideal war.

Aber zunächst galt es für meine Mutter, sich auf den Besuch von Veronika vorzubereiten. Wir wohnten in einem möblierten Zimmer, doch sie war stolz darauf, wie gemütlich sie es eingerichtet hatte, und beim Kochen und Backen brauchte sie sich gewiss nicht zu verstecken. Für einen soliden, aber anständigen Butterkuchen reichte es allemal, und der echte Bohnenkaffee und die Sahne waren schon etwas Besonderes.

Veronika König war pünktlich und brachte stilvoll, wie es sich gehörte, sieben Stängel Alpenveilchen mit. Eine kleine Kostbarkeit, über die sich meine Mutter freute.

Außerdem hatte sie ein Geschenk für mich mitgebracht. Eine kleine Eisenbahn aus Holz, mit Lokomotive und sechs Wagen. Nach wenigen Minuten hatte ich gelernt, welche Geräusche ein

Eisenbahnzug machte. Beide lachten über meinen Spaß, den ich mit diesem Spielzeug hatte. Bald schlief ich über dem Spielen ein.

Veronika sprach dem Kaffee und Kuchen tüchtig zu, drängte aber auch darauf zu erfahren, was meine Mutter erlebt hatte. Meine Mutter fragte sich, wie weit sie in ihrer Offenheit gehen durfte. Die Gespräche mit den Frauen während des Trecks hatten ihr gutgetan, aber dieser ganz große Schmerz, der sie fast lähmte, wenn sie daran dachte, war ihr noch nicht von der Seele genommen. Vielleicht war jetzt die Gelegenheit, alles einmal herauszulassen, ohne über jedes Wort nachdenken zu müssen. Als sie sich einmal von ganzem Herzen einem Menschen hingegeben hatte, war das gründlich schief gegangen. Sollte sie es noch einmal versuchen?

Sie atmete tief durch. Dann erzählte sie von ihrem Weg nach Posen, wie sie ihre Wohnung, die Arbeit im Hotel-Restaurant und schließlich sogar einen Mann gefunden hatte. Na ja, genauer gesagt einen österreichischen Soldaten, mit dem sie sich Treue schwor und von dem sie den kleinen Peter bekam. Es folgten die langen Monate ohne Nachricht, bis sie Anfang April 1944 einen Brief in ihrem Briefkasten fand.

Ich konnte es gar nicht erwarten, den Brief zu öffnen. Er war unfrankiert, ein mit Bertl befreundeter Soldat musste ihn eigenhändig eingeworfen haben. »Warthelager bei Posen, 1. April 1944« lautete die Absender- und Datumszeile.

Letzte Verfügung
an: Mein geliebtes Uschele und Peterle

Ich schreibe meine letzte Verfügung im Falle mir etwas zustoßen sollte und ich nicht mehr in der Lage bin, Dir weiter beizustehen.
Punkt 1: Das gesamte Geld, das durch den Verkauf des Tabaks durch Dich verdient wurde, gehört restlos Dir, daher ist niemand

berechtigt, auch nur einen kleinsten Teil davon Dir vorzuenthalten.
Punkt 2: Das bedeutet, dass das Geld, das mein Vater an Dich für mich senden wird, Dir gehört.
Punkt 3: Selbstverständlich auch die Sparkassenbücher sowie alles, was sich beweglich oder unbeweglich in Deiner Wohnung befindet.
Mein geliebtes Uschele, ich kann nur eines sagen, und da soll Gott mein Zeuge sein: Es war die schönste Zeit, die ich mit Dir verleben durfte. Ich habe Dich geliebt, so wie ich noch keinen Menschen lieb hatte. Ebenso unser Peterle, dieses fröhliche Kind, habe ich fest in mein Herz geschlossen. Habe jedenfalls Dank dafür, dass Du mich, der ich doch bedeutend älter bin als Du, so geliebt hast. Ich werde diese schöne Zeit nie vergessen. Viele Worte, das weißt Du ja, kann ich nicht machen, aber sei überzeugt, sollte mir das Glück beschieden sein, als gesunder Mann die Heimat wiederzusehen, ich werde Dir ewig für Deine Liebe dankbar sein.
Trachte auf alle Fälle, aus Peterle einen gesunden, anständigen Jungen zu machen. Das soll mein Wunsch sein. Sollte ich nicht mehr unter den Lebenden weilen und Du willst Dich verheiraten, so achte darauf, dass dieser Mann zu meinem Peterle ein guter Vater ist. Bleibe anständig und brav so wie bisher, und Du wirst an Peterle eine Stütze finden.
Sei mir nicht böse, aber meine Kraft ist am Ende. Sei fest umarmt und sei vielmals geküsst von Deinem stets treuen Bertl. Ebenso alles Gute für Peterle von seinem Vati. Er soll nur gute Erinnerungen an seinen Vati haben.
Nochmals alles Gute für Dich und meinen Peterle
Euer Vati

Ich war wie vom Blitz getroffen. Was sollte das sein? Ein Testament? Ein Abschiedsbrief? Wie auch immer, ich merkte, dass ich diese Ungewissheit nicht länger aushielt. Mir fiel mein ehemaliger Bekannter von der Reichsbahn ein, Hans-Werner. Ihm habe ich ja auch die Flucht hierher zu verdanken. Ich konnte ihn ausfindig machen und bitten, mir zu sagen, wie ich nach Wien kommen konnte. Privatfahrten wurden damals kaum noch bewilligt.

Schon am nächsten Tag traf er sich mit mir, und wir gingen die Einzelheiten durch. Die Verbindung, die er vorschlug, ging schon am Ostersamstag los. Das war wirklich kurzfristig.

Der weitere Verlauf des Gesprächs gefiel mir überhaupt nicht. Ich wurde immer unwirscher. »Ohne Peterle mache ich das auf keinen Fall. Zunächst mal weiß ich gar nicht, wie lange ich unterwegs bin, und ebenso wenig, wie lang ich in Wien bleibe. Außerdem könnte ich mir vorstellen, dass Bertls Vater doch auch sein Enkelkind sehen will, selbst wenn er bis jetzt noch gar nichts von ihm weiß.«

Hans-Werner schaute mich fragend an. »Wie meinst du das? Du in Wien? Bei Leuten, die du gar nicht kennst? Und hier willst du alles stehen und liegen lassen?«

Ich merkte langsam, was ich mir da zumuten wollte, aber das machte mich nur noch entschlossener. Auch die Verbindung, die er für mich zusammengestellt hatte, ließ mich nicht zurückschrecken. In Posen ging es um 4.29 Uhr morgens los. Wenigstens musste ich danach nicht mehr umsteigen. Über Breslau, Mittenwald, Brünn und Lundenburg würde ich um 16.55 Uhr in Wien-Ostbahnhof ankommen. »Und das ist der offizielle Fahrplan«, warnte mich Hans-Werner. »Es ist völlig unsicher, ob der eingehalten werden kann. Zum Glück ist diese Route bislang weitgehend von Bombentreffern verschont geblieben.«

Die nächsten Tage waren mit Vorbereitungen angefüllt. Auch der Kinderarzt schüttelte den Kopf, als ich ihm sagte, dass ich Peter mitnehmen würde. Doch ich ließ mich nicht umstimmen, und am 8. April war es so weit. Georg Lucas begleitete mich zum Bahnhof.

Hans-Werner erwartete uns da, er hatte sogar einen Platz für uns in einem besonderen Abteil gefunden, das eigentlich Bediensteten der Reichsbahn vorbehalten war. Zusätzlich gab er mir noch ein Schriftstück mit, das meine frühere Tätigkeit als Schaffnerin bestätigte. »Das kann dir vielleicht für die Rückfahrt von Nutzen sein. Du kommst doch zurück, oder?« »Keine Bange«, sagte ich und sah, wie auch Georg Lucas zusammenzuckte, »wir sehen uns wieder. Unkraut vergeht nicht.«

Ich verabschiedete mich von beiden, ohne zu ahnen, dass ich einen von ihnen nie mehr wiedersehen würde.

Der Zug kam aus Königsberg, wider Erwarten war er pünktlich. Hans-Werner half mir ins Abteil hinein, wo ein älterer Herr in Bahnuniform saß und leise vor sich hin schnarchte. Er wachte kurz auf, nickte uns zu und schlief weiter. Bald darauf war das Abteil leer, denn in Lissa, an der nächsten Station, stieg der Herr aus. Jetzt hatten Peter und ich das Abteil ganz für uns.

Obwohl die Fahrt sehr lang war, hielt sich Peter tapfer. Außer ein bisschen Quengeln war er die ganze Zeit über ruhig oder schlief. Natürlich spielten wir auch viel.

In Wien angekommen gab es ein Sirenengeheul, das ihn ängstigte, doch die Menschen um uns herum waren überraschend ruhig. Ein freundlicher Stationsbeamter erklärte mir, es würde sich um »Kuckucksrufe« handeln, eine Art Vorbereitung auf eventuell folgende Luftalarm-Meldungen. Dass es zu Angriffen komme, sei jedoch unwahrscheinlich. »Der Führer wird nicht zulassen, dass sein Wien einen Schaden nehmen könnte«, meinte er voller Überzeugung.

Da er so freundlich war, fragte ich ihn, wie ich zu der Adresse kommen konnte, die auf den Briefen als Absender stand. Er riet mir, einen Fiaker zu nehmen. »Dös kostet a paar Groschen und geht so etwa fünfzehn Minuten.«

Ich wäre im Leben nicht auf diese Idee gekommen, aber es war ein schöner Spätnachmittag, also nahm ich mir eine Kutsche. Peter war über die beiden Schimmel ganz verzückt, und auch ich war so aufgeregt, dass ich den Preis gar nicht verstand, der genannt wurde. Ich nickte einfach, und schon ging es los.

Als wir vor dem Haus standen, sah ich sofort, dass wir richtig waren. In Parterre befand sich ein Ladengeschäft für Kamine und Kachelöfen, das geschlossen war. Neben der Haustür befand sich eine Leiste mit vier Namen. Ich drückte gegen die Tür und stand in einem dunklen, modrig riechenden Treppenhaus. Die drei Treppen hinauf waren beschwerlich mit dem Kind und dem Rucksack und der Tasche. Dazu raste mein Herz jetzt wie verrückt.

Die Wohnungstür hatte bunte, kleine Glasfenster, deren Wirkung durch die davor angebrachten Gitterstäbe zerstört wurde. Die Tür selbst war aus dunklem Holz, und auch wenn es nur Einbildung war: Der Eingang erschien mir wie eine unüberwindliche Barriere.

Auf mein Klopfen hin hörte ich schnelle, fast stampfende Schritte. Die Tür wurde für einen kleinen Spalt geöffnet, eine Vorhängekette verhinderte eine größere Öffnung. Harte, kleine Augen sahen mich an. Ich hörte ein Schnauben. Die Tür wurde zugeknallt, und während sie wieder aufgerissen wurde, prasselte eine giftige, hohe Stimme auf mich ein: »Das ist ja unglaublich, da traut sich diese Schlampe doch tatsächlich, hier aufzutauchen.«

Die Frau, die vor mir stand, war größer als ich, vielleicht Mitte oder Ende dreißig, schlank, beinah knochig, die Haare hatte sie zu einem festen Dutt zurückgekämmt. Sie musterte mich von Kopf bis Fuß, und als ihr Blick auf Peterle fiel, trat ein verächtlicher Zug auf ihre Lippen.

»Schau an, schau an, das Fräulein Schulz. Ja, da staunt's, was? Ich weiß alles über dich. Was glaubst, was du erreichen kannst? Zu so was wie dir sagen wir hier nur Kasernenfetzn. Da wackeln sie halt a bisserl mit ihren Datteln herum, und schon geht ihnen ein armer Hund wie der Bertl auf den Leim. Er ist schon so lang weg von daheim, und da meinst du, du hättest a leichtes Spiel. So was wie du kommt hier in Wien jeden Tag an, und ihm dann noch ein Bankert unterschieben, schämen solltest dich. Das tät dir so passen, sich hier ins gemachte Nest setzen. Bei deinem Anblick wird mir übel, du dumm's Luder. Schleich di.«

Sie machte Anstalten, die Tür zuzuschlagen. In dem Moment tauchte hinter ihr ein Jungengesicht auf, vielleicht fünfzehn Jahre alt. Im Nachhinein kann ich überhaupt nicht begreifen, wie ich das wahrnehmen konnte. Vielleicht hoffte ich einfach, dass mir jemand erklären würde, was sich hier abspielte. Ich hatte das Gefühl, eine eiskalte Hand umschloss mein Herz und drückte zu. Da stand diese Frau, die Fäuste immer noch in die Hüften gestützt, ich machte zwei, drei Schritte rückwärts und stieß gegen das Treppengeländer. Was, um Gottes willen, geschah hier gerade?

Aber merkwürdig, von einer Sekunde auf die andere hatte ich eine absolute emotionslose Erkenntnis. Mein Robert, mein geliebter Bertl, der Mann, der mir so schöne Briefe geschrieben und mir geschworen hatte, wie wichtig ich ihm bin und dass er den Rest seines Lebens mit mir verbringen möchte, dieser Mann war verheiratet. Und zwar offenbar mit diesem Drachen, der feuerspuckend vor mir stand und mich beschimpfte.

Jetzt fing Peterle zu schreien an, und ich versuchte, ihn zu beruhigen. Da tauchte aus dem Hintergrund der Wohnung noch jemand auf, ein Mann, schon älter, vielleicht an die sechzig. Er packte die Frau energisch an den Schultern, stieß sie förmlich zur Seite. »Luisa, geh da weg. Lass die Frau in Ruhe, kümmer dich um den Buam hier, der muss dieses ganze Elend nicht auch noch mitbekommen.«

Er schob beide zur Seite, schloss die Tür hinter sich und stand heftig atmend vor mir. »Fräulein Schulz, das müssen Sie ja wohl sein. Wir kennen uns nur von den Briefen. Ich bin Roberts Vater, und Sie haben die Bekanntschaft mit der Aloisia, wir nennen sie Luisa, gemacht. Ich habe Ihnen das nicht ersparen können, aber das ist Roberts legitime Ehefrau, und der Bub, den Sie gesehen haben, ist sein Sohn Robert. Es ist in unserer Familie seit Generationen üblich, die männlichen Nachkommen Robert Anton zu nennen, aber ich kann verstehen, dass Sie das nicht besonders interessiert.«

Er kam auf mich zu und ergriff wie selbstverständlich die beiden Taschen. »Kommen Sie, hier können Sie nicht bleiben, sonst geschieht noch ein Unglück. Wie sind Sie denn hergekommen, und welche Pläne haben Sie jetzt?«

Ich hatte keine Worte. Mein Bertl, mein geliebter Bertl war mit einer anderen verheiratet und hatte sogar ein Kind?

»Ich kann nur sagen«, stotterte ich, »dass ich seit mehr als zwölf Stunden unterwegs bin. Ich bin krank vor Angst, weil ich seit Monaten nichts mehr von meinem Bertl gehört habe. Auch von Ihnen kam keine Nachricht mehr. Also habe ich beschlossen, Hals über Kopf hierherzukommen.«

In diesem Moment brach es aus mir heraus. Die Tränen rollten mir übers Gesicht und ich hatte kein bisschen Kraft, sie zurückzuhalten. Meine Enttäuschung war grenzenlos.

»Es gäbe eine Menge zu sagen, Fräulein Schulz«, ergriff Bertls Vater das Wort. »Aber nicht hier und jetzt. Kommen'S, ich bring Sie erst einmal für eine Nacht unter. Sie sind ja völlig erschöpft. Und der Kleine braucht Sie jetzt am allerwichtigsten. Zwei Straßen weiter ist eine kleine Pension. Ich kenn den Besitzer persönlich. Da besorgen wir Ihnen ein Zimmer, damit Sie sich ausruhen können.«

Ich war erleichtert, den Mann an meiner Seite zu haben, andererseits sagte ich mir, dass er die ganzen Jahre über alles gewusst hatte. Welche Rolle hatte er gespielt?

Es war wirklich nicht weit. Nach einigen Minuten betraten wir ein Haus, er ging schnurstracks an der kleinen Rezeption vorbei, wechselte ein paar Worte mit dem Wirt, ließ sich einen Schlüssel geben und kam zu mir zurück. »Zimmer 16 im ersten Stock. Sie haben da wenigstens einen schönen Blick, auch wenn Ihnen das momentan nicht weiterhilft. Ruhen Sie sich aus, machen Sie sich ein wenig frisch, und in einer Stunde sitze ich unten in der Gaststube und warte auf Sie.«

Ich war so benommen, dass ich gar nicht wusste, wie ich mir

Luft verschaffen konnte. Wo war die Vase, die ich an die Wand schmeißen konnte? Wieso stampfte ich nicht mit den Füßen auf oder fing an zu schreien? Ich war wie gelähmt. Was passierte da mit mir? Ich war nicht bereit, mich so behandeln zu lassen. Da konnten diese sauberen Herrschaften aber lange warten! Ich und aufgeben? Lächerlich.

Es klopfte an der Tür. Ich öffnete, und vor mir stand ein junges Mädchen mit einem Krug Wasser und einer Porzellanschüssel. »Bitt'schön, gnä Frau. Zum Reinigen.« Und schon war sie wieder weg.

Ich kümmerte mich um den Kleinen, der sich wieder beruhigt hatte, aber mich mit großen Augen verunsichert ansah. Als ich den Peter da sitzen sah, wurde ich in meinem Willen, energisch aufzutreten, noch mehr bestärkt. Nein, ihr Herrschaften, macht, was ihr wollt, aber meinen Jungen lass ich nicht ohne Vater sein. Für den lass ich mich sogar beschimpfen, wenn es sein muss, aber mein Peterle ist und bleibt eine Frucht der Liebe, und ich lasse es nicht zu, dass die in den Schmutz gezogen wird.

Noch blieb mir etwas Zeit, und ich machte mich frisch. Vor allem zog ich mich um, das war mir wichtig. Da wir hier im Haus bleiben würden, musste ich mich nicht warm anziehen. Ich legte eine schöne Bernsteinkette um, eines der ersten Schmuckstücke, die ich mir von meinem Lohn erstanden hatte.

Bertls letzte Verfügung fiel mir ein, die er mir geschickt hatte. Ich hatte sie natürlich bei mir. Na, da werdet ihr aber Augen machen, wenn ich euch das Schriftstück zeige. Doch zunächst wollte ich die verschüchterte, kleine Person aus Posen geben, die gar nicht weiß, was zu tun ist.

Bevor ich nach unten ging, nahm ich Peterle auf den Arm. Er war schon kurz vor dem Einschlafen. Wenn es so weit war, konnte ich ihn in die Decke wickeln, die ich dabei hatte.

Bertls Vater saß bereits an einem kleinen Ecktisch. Er sprang auf, als er mich sah. »Kommen Sie, Fräulein Schulz, hier sind wir ungestört. Nehmen'S a Glaserl Wein, oder einen Saft. Sie haben den Kleinen auch mitgebracht, das ist schön. Und Sie müssen doch sicher etwas essen nach der langen Reise. Ein gutes Fiaker-Gulasch mit Knödeln machen's hier.«

Er war so bemüht, das brachte mich durcheinander. Aber ich wollte es nicht zu kompliziert machen. Natürlich hatten wir beide Hunger und Durst. Ich bestellte das Gulasch und ein Glas Wein, für Peterle schlug der Wirt, der auf ein Zeichen hin bei uns am Tisch erschienen war, Kartoffelstampf vor, zusammen mit einem Becher warmer Milch.

»Ich möchte Sie nicht bedrängen, Fräulein Schulz«, begann Bertls Vater das Gespräch. »Ich kann ahnen, wie Sie sich fühlen. Aber das ist jetzt für uns alle eine schwierige Situation. Essen Sie erst einmal, und dann versuche ich nach bestem Wissen und Gewissen, die Situation zu erklären.

Ich nickte und ergriff ganz demonstrativ Peters Hand. Er verstand diese Geste. Ich schätzte ihn auf Ende sechzig, kräftig gebaut, mit Glatze, dazu buschige Augenbrauen. Er hatte Bertls Augen, das war eindeutig. Ein kräftiger Schnauzer mit leicht hochgezogenen Spitzen betonte ein markantes Kinn.

Eine wirklich stattliche Erscheinung. Ein Mann, der es gewohnt war, dass man ihm zuhörte. Seine Stimme war angenehm, ich meinte, bei ihm durchaus Sympathie für uns wahrzunehmen.

»Auch wenn es banal klingt, liebes Fräulein«, sagte er, »aber wie war die Reise? Erzählen Sie mir doch auch etwas über den kleinen Mann neben Ihnen.« Na gut, dachte ich, machen wir Konversation. Ich berichtete ein wenig, dann wurde ich direkter. »Und dieser kleine Mann neben mir, der übrigens Ihr Enkelsohn ist«, ich spürte, wie er ein wenig zusammenzuckte, »heißt Peter. Er ist am 5. Oktober in Posen zur Welt gekommen. Aber ich habe den Eindruck, dass Sie diese Information nicht überrascht, oder?«

Jetzt hatte ich ihn da, wo ich ihn haben wollte. Er sollte gleich wissen, dass ich mich nicht mit irgendwelchen tröstenden Worten würde abwimmeln lassen. Leider kam jetzt das Essen. Er entschuldigte sich und ging zur Theke.

Als wir fertig waren, kam er zurück. »Darf es noch ein Kleiner Brauner sein?«, fragte er mich. Ich schaute ihn verwundert an. »Ach ja, entschuldigen Sie, das ist ein Kaffee mit Schlagobers, also Sahne. Gibt's leider nicht mehr so oft, aber mein Spezi hat's halt noch.« Ich nickte.

Er holte den Kaffee und setzte sich mir gegenüber hin. Ich merkte, wie er mich fixierte, als wenn er nach einem Schwachpunkt suchte. Ich empfand das erstaunlicherweise nicht als unangenehm. Auf eine bestimmte Art hatte ich das Gefühl, in diesem Mann einen Verbündeten gefunden zu haben. Einen, der diese Situation genau analysieren konnte. Ich fühlte mich irgendwie verstanden.

»Ich will nicht drumherum reden, Fräulein Schulz«, begann er. »Die Situation ist fast skurril zu nennen, wenn es hierbei nicht um Schicksale gehen würde. Und ich kann Ihnen versichern, dass einige Schicksale hier sehr eng miteinander verbunden sind.

Mein Sohn Robert, Ihr Bertl, ist ein lieber Kerl. Er hat es nicht immer leicht gehabt in seinem Leben. Das fing mit der Berufswahl an, er hatte sich dem Diktat der Familie beugen müssen. Eigentlich weiß ich bis heute nicht, ob das auch tatsächlich sein Wunsch war, aber er machte seine Sache gut. Nur das Kaufmännische ging ihm ab, stattdessen war er verträumt, schwärmerisch. Na ja, und dann war er fesch – die Damenwelt lag ihm in jungen Jahren zu Füßen. Wir sind eine strenggläubige katholische Gemeinschaft, und Treue wird bei uns groß geschrieben, aber er genoss das Leben in vollen Zügen.

So lief das alles, bis Aloisia kam. Sie hat ihn sich, man kann es nicht anders ausdrücken, geschnappt. Vom ersten Moment an wusste sie genau, was sie wollte: den Junior-Chef, der später einmal den Betrieb übernehmen würde. Er war ein gute Partie, charmant und außerdem ein guter Tänzer. Sehr schnell war Aloisia guter Hoffnung. Im Oktober 1928 haben sie geheiratet, und im April darauf kam der Bub auf die Welt, der nächste Robert Anton unserer Dynastie.

Mein Sohn war sehr unglücklich. ›Einfangen hab ich mich lassen‹, sagte er. Oft klagte er mir sein Leid. So war der Robert zum zweiten Mal in seinem Leben in eine Situation gepresst worden, die er so nicht wollte. Nach außen wurde die Ehe aufrechterhalten, aber eigentlich stritten sie dauernd. Hinzu kam, dass das Verhältnis zwischen Vater und Sohn nicht gut war. Aber er sorgte für seine Frau und seinen Sohn. Er bemühte sich, ein guter Familienvater zu sein.

Als der Krieg kam, hielt sich die Euphorie bei uns in Grenzen. Ja, auch wir wollten heim ins Reich, aber doch nicht so radikal. Als er im Juli 1942 mit neununddreißig Jahren eingezogen wurde, war das ein schwerer Schock für ihn. Im selben Monat musste er den Betrieb schließen. Wir bekamen ein geringes Entschädigungsgeld. Die meisten Sorgen machte er sich um seinen Sohn, der schon immer rebellisch war, aber als der Vater eingezogen wurde, ließ er sich gar nichts mehr von anderen sagen.

Wir hatten gehofft, Robert würde wenigstens hier in der Nähe oder im Altreich eingesetzt werden, aber nein. Gleich nach der Ausbildung ging es in den Osten. Ja, Fräulein Schulz, und damit schließt sich der Kreis.« Er sah mich bei diesen Worten so eindringlich an, dass ich mir dachte, ganz spontan, den hättest du gern an deiner Seite, nicht nur als Schwiegervater, sondern überhaupt als Stütze. Ist das nicht verrückt? An der Art, wie er das alles erzählt hatte, merkte man, wie viel Verständnis für seinen Sohn da war.

Er lächelte mich an. »Und dann traf er Sie. Schon in seinem ersten Brief danach schilderte er Ihre erste Begegnung im Kino. Ich erkannte ihn gar nicht wieder. Nein, schauen Sie mich nicht so an, ich habe keinen Brief aufgehoben. Das konnte und wollte ich nicht riskieren. Das hätte niemand lesen dürfen, das war eine Sache zwischen Vater und Sohn. Sie können sich denken, dass ich in einer schwierigen Situation war. Ich konnte ihn verstehen, musste sein Handeln aber verurteilen. Nicht einfach. Seien Sie versichert, Sie sind seine große Liebe. Er trägt sich mit der Hoffnung, dass es möglich sein wird, für Sie beide nach dem Krieg eine gemeinsame Zukunft zu schaffen.«

Er zog ein riesengroßes weißes Taschentuch aus der Hosentasche und wischte sich damit den Schweiß von der Stirn. Er rieb sich auch über die Augen. Dieser Mann tat mir leid, er strahlte so eine Zerrissenheit aus, dass ich meine Hand auf seinen Arm legte.

»Ich danke Ihnen sehr, dass Sie mir gegenüber so aufrichtig sind. Ich glaube Ihnen. Aber seien Sie mir nicht bös, ich glaube, es gibt noch viel mehr, was Sie mir sagen könnten. Und es gibt noch so viel, das ich wissen möchte. Aber können wir das auf morgen verschieben? Ich muss auch den Kleinen jetzt ins Bett bringen.«

Er erschrak fast. »Ja, natürlich, entschuldigen Sie meine Unachtsamkeit. Wenn Sie einverstanden sind, komme ich morgen früh, dann können wir zusammen frühstücken.«

Ich stimmte zu, und wir verabschiedeten uns mit einem langen Händedruck. Wenn ich nicht einen kleinen Schritt zurück gemacht hätte, wären wir uns wohl um den Hals gefallen.

Veronika, puh, ich bin ganz erschöpft vom Erzählen. Mich strengt das an, es geht mir immer noch nah. Lass uns für heute Schluss machen.

Der nächste Tag begann wie erwartet früh. Pünktlich um sechs Uhr hielt ein Lieferwagen vor der Tür und zwei Männer schleppten weiße Ballen in die Werkstatt. Meine Mutter hatte alles vorbereitet, nach wenigen Minuten war alles fertig. Die Männer sprangen ins Auto zurück, schlugen die Türen hinter sich zu und verschwanden in der Dämmerung.

Meine Mutter atmete tief durch. Jetzt wollte sie auch den noch ausstehenden finanziellen Teil der Aktion hinter sich bringen. Dazu wollte sie bei Veronika König einen seriösen Eindruck machen. Sie zog sich eine graue Wollhose, eine hellblaue Bluse und eine dunkelblaue Jacke mit auffälligen Schulterpolstern an, die ihr fast etwas Maskulines gaben. Um mich würde sich Sigrid kümmern, das hatten die beiden Frauen vereinbart.

Wie immer öffnete Veronika König blitzschnell die Tür. Entweder besaß sie einen stark ausgeprägten Instinkt, oder jemand beobachtete ständig die Straße. Meine Mutter tippte auf beides.

»Entschuldige bitte, Veronika, wenn ich dich so überfalle. Erst einmal vielen Dank für die Lieferung, alles ist gut angekommen. Soweit ich das auf die Schnelle erkennen kann, ist die Ware in Ordnung. Ich bin in der Beziehung ein wenig pedantisch. Du hast geliefert, also bezahle ich umgehend. Ich habe das Geld mitgebracht, und den Tabak auch. Wenn du das bitte überprüfst.« Damit überreichte sie Veronika eine schmale Ledertasche mit Reißverschluss.

Veronika bekam den Mund gar nicht wieder zu. »Gut, dann erledigen wir gleich das Offizielle. Aber wir genehmigen uns auch ein Glas Champagner, auf unsere Freundschaft und auf das Geschäft. Und zwar in dieser Reihenfolge.«

Sie öffnete die Ledertasche und zählte das Geld laut. Die Tabakpäckchen ließ sie ungeöffnet auf dem Tisch liegen. Dann verließ sie den Raum und kam wenig später mit einer leicht angestaubten Flasche zurück.

»Ich habe noch eine Flasche Roederer, leider die letzte«, seufzte sie, »wir hatten den ganzen Keller voll davon. Aber gut, genießen wir die Flasche, gerade weil es die letzte ist.«

Meine Mutter hatte noch nie in ihrem Leben Champagner getrunken, und allein das Erlebnis, ein so schweres geschliffenes Glas in der Hand zu halten, gab ihr ein fast feierliches Gefühl.

Der Champagner war kühl und prickelte leicht auf der Zunge,

was ihr im ersten Moment gar nicht so angenehm zu sein schien. Doch der erste Schluck, der sich ganz langsam seinen Weg in den Magen bahnte, versetzte sie in eine geradezu magische Stimmung. Sie verspürte ein unerhörtes Gefühl von Luxus. Gab es tatsächlich Leute, die so etwas in rauen Mengen konsumierten? Sie fühlte sich fast ein bisschen dekadent, was ihr ein Kichern entlockte.

Veronika sah sie überrascht an. »Na, das hat ja eine tolle Wirkung bei dir. Das kann ja nett werden. Vielleicht bist du auch in der Stimmung, mir deine Wiener Geschichte weiterzuerzählen. Oder musst du gleich zurück?«

»Nein, ich habe den Kleinen bei Sigrid gelassen. Da weiß ich ihn gut aufgehoben. Also, wo war ich stehen geblieben?«

Ich machte uns am Morgen in aller Ruhe fertig, dann gingen wir nach unten. Es war viel zu früh, aber das war mir egal. Als wir in den Gastraum kamen, saß Bertls Vater schon da. Er unterhielt sich mit dem Wirt. Diesmal gab es keinen Kaffee, nur einen Ersatzkaffee. »Aber so schlecht ist der auch net«, sagte der Wirt. Er brachte für jeden von uns eine Semmel und Wurst und Käse. Peter tunkte seine Semmelstückchen in die Milch.

Bertls Vater musste gleich etwas loswerden. »Wir sind sehr in Sorge, der Junge, der Robert ist verschwunden. Er hat ja mitbekommen, wer Sie sind, und nach dem Abendessen war er weg. Seinen Rucksack und ein bisschen Wäsche hat er mitgenommen. Ich habe ein ungutes Gefühl. Es kann sein, dass er sich in den Kopf gesetzt hat, seinen Vater treffen zu wollen. Einmal hat er einen Brief seines Vaters an mich gefunden. Das hat ihn sehr aufgewühlt.«

Er sah mich an, dann wanderten seine Augen unvermittelt auf meine rechte Hand. Noch hatte er keinen Kommentar gemacht zu dem Goldreif an meinem Ringfinger.

Ich hob meine Hand leicht in die Höhe. »Im letzten November hat Ihr Sohn mir einen Heiratsantrag gemacht. Diesen Ring hat er mir als Versprechen angesteckt. Wir haben das sehr ernst genommen, und ich sage Ihnen ganz ehrlich, ich werde von Bertl nicht ablassen. Ich liebe Ihren Sohn, und wir drei«, dabei sah ich demonstrativ zu Peter, »sind eine kleine Familie, die eine gemeinsame Zukunft plant.«

Er war ein wenig blass geworden, behielt aber seine würdevolle Haltung. »Fräulein Schulz, es ist nicht meine Absicht, Sie auseinander zu bringen. Ich möchte vor allem, dass mein Sohn glücklich ist, und wenn er sein Glück bei Ihnen gefunden hat, dann hat das meinen Segen, auch wenn mir das schwerfällt zu sagen. Ich habe immer den Mensch über die Religion gestellt. Nur, im Moment kann ich weder für Sie noch für Robert etwas tun. Sie können hier nicht sein, das verstehen Sie doch, und Sie können auch nicht in Wien bleiben.

Kehren Sie bitte nach Posen zurück, auch wenn das nicht vor Montag gehen wird. Über Ostern fahren kaum Züge. Ich habe mich erkundigt: Montag um 14.35 Uhr geht der nächste Zug, Ankunft Posen am 11. April um 2 Uhr nachts. Oder Sie nehmen den Nachtzug und steigen in Breslau um. Glauben Sie mir, ich will Sie nicht loswerden, doch es gibt keine andere Möglichkeit. Aber ich sage Ihnen, ich erkenne Ihr Kind ausdrücklich an, Fräulein Schulz.«

Einen letzten Trumpf wollte ich noch ausspielen und zog den Brief von Bertl hervor. Als er ihn las, wurde er bleich. »Du dummer Bub, du dummer Bub«, murmelte er immer wieder vor sich hin. Er saß nur ganz still da und schaute vor sich hin.

»Fräulein Schulz, ich hab es schon gesagt. Ich weiß um die Gefühle meines Sohnes für Sie. Diese Art Vermächtnis bestätigt das. Es ist eben ein Jammer, dass er Sie nicht früher hat kennenlernen dürfen. Er liebt Sie über alles, und wir können nur hoffen, dass alles ein gutes Ende nimmt. Dass er gesund aus diesem verdammten Krieg zurückkommt und ich eine Schwiegertochter und einen

Enkel dazu bekomme. Mehr kann ich mir gar nicht wünschen. Seien Sie versichert: Von mir haben Sie nichts zu befürchten.«

Was sollte ich sagen? Ich sah ein, dass er recht hatte. Ich musste nach Posen zurückkehren. Bis zur Abfahrt am Montag hat er sich rührend um uns gekümmert. Er brachte uns zum Zug, wir hatten nur noch Karten dritter Klasse bekommen, und drückte mir ein großes Paket in die Hand. »Sie ahnen schon, was es enthält. Sie können es besser gebrauchen als wir hier, und es bleibt noch genug, falls Bertl etwas anfordert. Lassen Sie uns verabreden, dass wir uns schreiben. Vor allem, wenn es Neuigkeiten gibt.«

Er nahm mich herzlich in die Arme und berührte Peters Handrücken mit einer zärtlichen Geste. »Achten'S auf sich und auf Peterle.« Und schon war er verschwunden.

Als ich einstieg, hatte ich ein seltsames Gefühl. Als wäre noch jemand eingestiegen, den ich kannte. Vielleicht der Junge, der verschwunden war? Oder sah ich schon Gespenster?

Während der Fahrt verhielt ich mich abweisend, ich wollte in Ruhe gelassen werden. Ich freute mich auf Posen, meine kleine Wohnung, meine lieb gewonnenen Freunde, doch wenn ich gewusst hätte, was mich erwartete, wäre ich wahrscheinlich gleich wieder umgekehrt.

Als wir mitten in der Nacht in Posen einfuhren, konnte ich kaum glauben, was ich sah. Trümmer, wohin man schaute. Zerstörte Waggons, verbogene Gleise, Schienen, die absurd in den Himmel ragten. Der Bahnhof war kaum wiederzuerkennen. Posen war zwei Tage vor unserer Ankunft von alliierten Bomberverbänden angegriffen worden.

Hauptziel waren die großen Messehallen in der Nähe des Bahnhofs gewesen, unsere Wohnung lag davon nicht weit entfernt. So schnell es ging machte ich mich mit Peter auf den Weg. Auf den Straßen herrschte eine unvorstellbare Verwüstung. Das Haus in der Glogauerstraße stand noch, aber Bombentrichter und Trümmer waren überall zu sehen.

Trotzdem hatte ich ein ungutes Gefühl. Ich hastete die Treppe hinauf und verkniff es mir, die Lucas zu wecken. Als ich vor meiner Tür stand, klebte ein Zettel daran. »Ursel, bitte sofort bei uns klingeln, wenn Du heimkommst. Tag und Nacht.« Dahinter vier Ausrufezeichen. Unterschrieben hatte die Familie Sedlmeier, die mit mir auf der Etage wohnte.

Ich zögerte. Sollte ich diese Leute mitten in der Nacht belästigen? Ich war todmüde. Doch dann klingelte ich, ich hätte sonst nicht einschlafen können. Es dauerte, bevor ein verschlafener Herr Sedlmeier öffnete.

»Ach, Ursel, du bist's. Komm rein.« Er führte mich in die Küche. »Ich lass die anderen schlafen, wir sind in den letzten Tagen kaum zur Ruhe gekommen. Wenn du mit der Bahn gekommen bist, dann hast du eine ungefähre Vorstellung davon, was hier los ist. Möchtest du etwas trinken?«

Er ging zum Wasserhahn, füllte das Glas und seine Bewegungen waren so bedächtig, als wollte er sich viel Zeit lassen. »Na komm schon«, forderte ich ihn auf, »was ist los, dass ich mitten in der Nacht bei euch klingeln soll?«

»Ursel, es hat einen schweren Angriff gegeben. Mit Brand- und Phosphorbomben. Die Warnung kam relativ spät, trotzdem haben es die meisten noch geschafft, zu den Luftschutzbunkern am Stadtpark zu kommen.«

»Ja, ich weiß, Andreas. Ich hatte mir beim Spazierengehen immer ausgerechnet, wie schnell ich würde sein müssen, damit wir es schaffen. Luise hat mich bedrängt, wir sollten den Weg üben.«

»Aber du weißt auch, dass es einige Leute nicht immer so eilig hatten, in die Bunker zu kommen.«

»Spielst du jetzt auf Luise und Georg an?« Bei der Frage wurde mir Angst und Bange.

Andreas machte einen Schritt auf mich zu. Hilflos bereitete er seine Arme aus. »Ursel, beide sind tot. Sie haben einfach zu lange gewartet. Auf dem Weg zum Bunker sind sie in der Herderstraße von Dachziegeln erschlagen worden. Unmittelbar in der Nähe war eine Bombe heruntergekommen und hat das gesamte Haus abgedeckt, gerade als sie vorbeiliefen. Das ging in Sekunden.«

Diese beiden gütigen Menschen, die gütigsten, die ich je getroffen habe, sollten nicht mehr da sein? Für mich brach eine Welt zusammen. Ich konnte es nicht glauben und fing hemmungslos zu weinen an. Erst diese Enttäuschung über Bertls Verrat und seine Lügengeschichten, und jetzt der Tod der beiden mir wichtigsten Freunde.

Ich wollte aufgeben. Es war zu viel. Ich konnte nicht mehr. Aber gleich darauf wurde mir klar, dass ich für ein Menschenleben Verantwortung trug, für ein Leben, das alle Hilfe dieser Welt brauchte. Ich wusste, dass ich dieser Verantwortung gerecht werden wollte.

Andreas wollte mich etwas ablenken und fragte, ob es denn in Wien wenigsten gut gelaufen wäre. Das steigerte meine Verzweiflung nur noch. Ich berichtete ihm in knappen Worten, was ich erlebt hatte.

»Andreas, wie geht es denn jetzt weiter?«

»Ich weiß es auch nicht, Ursel. Hier im Haus hat noch keiner Zeit gehabt, sich um andere zu kümmern. Der Schock sitzt bei allen tief. Die ganze Stadt ist noch immer wie gelähmt. Und ich war der Meinung, dass wir auf dich warten sollten. Du hattest ja den engsten Kontakt zu den beiden.«

Ich schob alle Gedanken, die sich um andere drehten, weg. Ich hatte genug Sorgen, große Sorgen. Wie sollte es mit mir weitergehen? Bertls Vermächtnis war eindeutig, und selbst wenn er mir den Brief nicht geschrieben hätte, wäre meine Haltung klar gewesen. Ich würde mich an Tabak und Schmuck schadlos halten. Das sollte er mir büßen. Liebe und Hass können Geschwister sein.

»Ursel«, holte mich Andreas aus meinen Gedanken zurück, »die Behörden reagieren schnell. In zwei Tagen ist die Beisetzung der Opfer des Bombenangriffs. Sie werden alle auf dem Friedhof an der Tannbergstraße beerdigt. Lass uns zusammen hingehen.«

Ich sagte zu und verabschiedete mich. Ich wollte nur noch schlafen.

Veronika, so war das mit meiner Reise nach Wien und der Rückkehr.

Es war später Nachmittag geworden, und meine Mutter eilte nach Hause. Vom Erzählen war sie immer noch ganz aufgewühlt.

Es war erstaunlich, wie schnell sich die Existenz ihrer kleinen Nähstube herumgesprochen hatte. Selbst aus dem acht Kilometer entfernten Dessau kamen Leute mit Änderungswünschen, und es gab erste Aufträge für Mäntel, Jacken und Frauenkleider. Herrmann hatte ihr geholfen und sich um die entsprechenden Formalitäten gekümmert. Nun besaß sie einen offiziellen Gewerbeschein, sodass alles legal war. Vor Kurzem hätte sie sich eine solche Entwicklung nicht einmal im Traum vorstellen können.

Auch Lotte hatte ihr ein paar Kindersachen gebracht, die ihrer Tochter zu klein geworden waren. Sorgenvoll erzählte sie Ursula, dass sie seit Monaten keine Post mehr von ihrem Mann bekommen hatte. Nur ein ehemaliger Kamerad war gekommen, der ihr sagte, ihr Mann wäre als vermisst gemeldet.

Während es im Moment wichtig war, dass die Leute Stoffreste mitbrachten, aus denen meine Mutter etwas schneidern konnte, gingen ihre Gedanken weiter. Mit der Fallschirmseide war sie sehr viel unabhängiger geworden, und so überlegte sie, was sie daraus machen konnte. Dann ermahnte sie sich: Nun träum mal nicht herum, du glaubst doch nicht etwa, dass du unter die Modeschöpfer gehst! Das stimmte zwar, aber zu hoffen war auch etwas Schönes und Wichtiges.

Am Abend setzte sie sich hin und schrieb einen Brief an Bertls Vater in Wien.

Sehr geehrter Herr K,
ich erlaube mir, Ihnen zu schreiben, damit Sie wissen, dass wir noch leben. Peterle und ich sind mit sehr viel Glück in letzter Sekunde aus Posen herausgekommen und befinden uns jetzt bei guten Menschen, die uns hier in Dessau-Roßlau aufgenommen haben.
Die Flucht war beschwerlich und nicht ohne Gefahren. Peterle hatte sich zudem noch verletzt und musste bei eisigen Temperaturen gepflegt werden. Die dafür benötigten Medikamente konnte ich nur Dank Ihrer fürsorglichen Hilfe erwerben, und ich möchte Ihnen noch einmal meinen tiefen Dank aussprechen, denn Sie haben damit das Leben meines Sohnes, Ihres Enkelkindes, gerettet.
Ich bin mit den mir übersandten Sachen auch in Posen sehr sparsam und verantwortungsvoll umgegangen und habe bis zuletzt gehofft, dass auch Bertl davon noch einmal würde profitieren können. Und das ist der zweite Anlass meines Briefes, denn ich habe seit mehr als achtzehn Monaten nichts mehr von Bertl gehört.
Auch wenn die Erlebnisse im März 1944 in Wien für mich sehr betrüblich und aufwühlend waren, so haben sie meine Gefühle für Ihren Sohn, »meinen« Bertl, nicht beeinträchtigt.
Ich bete zu Gott, dass es ihm gut geht und es ihm vergönnt sein wird, seinen Sohn einmal wieder in die Arme schließen zu können.
Ich wäre Ihnen so sehr dankbar, wenn Sie mir ein Lebenszeichen senden würden, und füge meine Adresse noch einmal bei.
Herzlichst
Ihre Ursula Schulz und Peterle

Der 7. März 1945 war ein ganz normaler Mittwoch. Das Wetter war zunächst leicht bedeckt, klarte aber im Tagesverlauf auf. Eine Wetter, das mittlerweile alle Deutschen in Großstädten in Unruhe versetzte. Bei guten Sichtverhältnissen war am ehesten mit Angriffen aus der Luft zu rechnen.

Die Engländer hatten ihre Art der Kriegsführung inzwischen verfeinert. Untersucht worden war, wie mit Bombenangriffen eine größtmögliche Wirkung erzielt werden konnte. Ein Feuersturm musste entstehen, das würde die meisten Opfer fordern. Die erste Welle der Angreifer deckte mit Luftminen die Dächer ab und zerstörte die Fensterscheiben, die nachfolgenden Flugzeuge wurden mit Brandbomben bestückt, in deren Folge ein Flächenbrand und Feuersturm entstand. Niemand konnte sich dem entziehen.

1942 war diese Methode bereits in Lübeck getestet worden, ein Jahr später in Hamburg, es folgten weitere Luftangriffe nach derselben Methode. Und nun Dessau. Die Stadt war ohne wirksame Luftabwehr, als die alliierten Flugzeuge sich näherten. Ihr Ziel war es, die Junkers-Werke zu zerstören. Niemand in Dessau ahnte an diesem Morgen etwas.

Meine Mutter und ich frühstückten in Ruhe. Eigentlich wollten wir uns am Nachmittag in Dessau mit Lotte treffen. Da ich erhöhte Temperatur hatte, musste meine Mutter das Treffen absagen. Zum Glück hatten Wilkens Telefon. Meine Mutter lief schnell zum Bäcker und bat darum, telefonieren zu dürfen. Da der Bäcker und seine Familie zu ihren Kunden zählte, war das kein Problem. Lotte war nicht da, und so ließ meine Mutter ihr die Absage ausrichten.

Auf dem Nachhauseweg überholte sie Herrmann Fischer. »Na, Herrmann, du siehst erschöpft aus.«

»Ja, das bin ich auch. Der Schichtdienst macht mir zu schaffen. Das ganze Leben kommt durcheinander. Jetzt wird es Tag, und ich bin so kaputt, das ich nur ins Bett fallen kann. Und heute Abend muss ich schon wieder los.«

Am Nachmittag, meine Mutter arbeitete in ihrer Werkstatt, starteten über 500 Bomber in England. Unerwartet versperrte ihnen eine dichte Wolkendecke die Sicht auf Dessau, sodass das Gebiet zunächst mit weißen Leuchtbomben markiert und erhellt wurde. Kurz nach 22 Uhr riss die Wolkendecke auf, und die Stadt lag wie auf einem Präsentierteller da.

In dieser Nacht starben 686 Menschen, darunter Lotte und

ihre Tochter. Das Haus der Wilkens erhielt einen Volltreffer, niemand darin überlebte. Unter den Toten war auch Hans-Werner, der als Gast im Haus war.

Im knapp acht Kilometer entfernten Roßlau war an Schlaf natürlich überhaupt nicht zu denken. Das Inferno war zu hören, zu sehen und zu spüren. Die Erde bebte. Tagelang stand eine dunkle Wolke über der Stadt, und ich hatte ein neues Wort gelernt: Flieger.

36 Stunden später kehrte ein kaum noch wiederzuerkennender Herrmann Fischer vom Dienst zurück. Urplötzlich stand er vor der Tür. Die nächsten fünf Tage sprach er kein Wort. Er saß in seinem Sessel im Wohnzimmer, Essen nahm er völlig teilnahmslos zu sich. Er sprach mit niemandem und antwortete auf keine Fragen. Sigrid beschloss zu warten, bis ihr Mann von selbst bereit war, über das Erlebte sprechen zu wollen.

Am fünften Tag, Herrmann hatte morgens etwas gegessen und saß wieder in seinem Sessel, kam meine Mutter mit mir nach unten. Sigrid war in der Küche. »Darf ich Peterle mal eben hierlassen?«, fragte sie Sigrid. »Ich muss kurz in der Werkstatt, etwas kontrollieren. In ein paar Minuten bin ich wieder da.«

»Ja, setz ihn auf den Teppich. Ich bin hier und hab ihn im Auge.«

Als sie wenig später aus dem Wohnzimmer ein lautes Lachen hörte, stürzte sie in den Raum. Herrmann lag mit mir zusammen auf dem Teppich, und wir spielten beide mit der hölzernen Eisenbahn, die mein Lieblingsspielzeug geworden war. Wir wechselten uns beide dabei ab, die Geräusche einer Lokomotive zu imitieren und hatten einen Riesenspaß dabei. Ich merkte nicht, dass Herrmann abwechselnd weinte und lachte, mich in den Arm nahm und gar nicht mehr loslassen wollte.

Sigrid setzte sich zu uns auf den Boden, nahm ihrerseits ihren Mann in beide Arme, und so saßen wir alle da, bis meine Mutter zurückkam. Zu viert saßen wir noch eine ganze Weile da und hielten uns fest.

Den Erwachsenen war klar, wie sehr dieser Bombenangriff nicht nur Dessau und die umliegenden Ortschaften, sondern auch die Menschen verändert hatte. Meine Mutter merkte dies in ihrer Werkstatt. Einige der Menschen forderten ihre in Auftrag gegebenen Sachen zurück. Meine Mutter zeigte sich in dieser Phase ausgesprochen großzügig, was ihr viel Sympathie eintrug. Ohnehin war die Bezahlung teilweise umständlich. Sie bemühte sich, ihre Bestände zu erweitern, anstatt Geld zu nehmen. Daher brachten viele Stoffe oder Knöpfe, Nadeln, Garne und bezahlten auf diese Weise.

Natürlich wurden einige Sachen auch gar nicht mehr abgeholt. Meine Mutter versah jede Arbeit mit Namen und Datum der Annahme beziehungsweise Fertigstellung und legte alles in einem separaten Teil des Schranks ab.

Die Bewohner Dessaus waren von ohnmächtiger Wut erfüllt. Das Gefühl, gänzlich unbeschützt gewesen zu sein, und das Wissen, dass sich daran auch nichts mehr ändern würde, machte die Menschen wütend und unsicher.

Bei einem Gespräche mit Herrmann erzählte er, dass die Junkers-Werke keinesfalls so beschädigt worden waren, wie sich die Angreifer das erhofft hatten. Die Zustände in Dessau selbst waren absolut chaotisch. Ein öffentliches Leben fand nicht mehr statt. Und Herrmann wusste noch mehr.

»Ursel, das Leben schlägt Kapriolen, da denkt man schon, dass es nicht mit rechten Dingen zugehen kann. Hans-Werner und Lotte sind sich während eurer Flucht von Guben nach Dessau nähergekommen.« Meine Mutter war völlig verblüfft. »Das kann nicht sein. Wieso habe ich das nicht bemerkt?« »Hast du eben nicht, Ursel, du hast dich um dein Kind gekümmert, und das war auch richtig so. Lotte hatte schon so lange nichts mehr von ihrem Mann gehört, und so haben sie sich nach eurer Ankunft ein paarmal in Dessau getroffen. Tja, so ging das eben. Es ist natürlich tragisch, dass Hans-Werner zum Zeitpunkt des Bombenangriffs bei Lotte war.«

Ein jeder versuchte, so gut es eben ging, wieder ein normales Leben zu führen. Es gab immer noch Menschen, die heiraten wollten, gerade jetzt, als wollten sie in dieser schweren Zeit noch etwas Endgültiges schaffen. Für die Herstellung von Brautkleidern war die Seide ideal. Meine Mutter hatte schon sechs Aufträge bekommen.

Und dann kamen die Amerikaner. Zuerst wurde Dessau eingenommen, dann erfolgte am 23. April der Vormarsch auf Roßlau. Nach einem halben Tag mit heftigen Gefechten war der Widerstand gebrochen, die deutschen Truppen ergaben sich. In den folgenden Tagen patrouillierten amerikanische Soldaten durch Dessau und Roßlau, Häuser und Dienststellen wurden untersucht.

Meine Mutter hatte, wie die meisten Einwohner, seit dem Angriff auf Roßlau das Haus nicht mehr verlassen. Die Situation war zu unsicher. Niemand wollte riskieren, im letzten Moment in irgendwelche Kampfhandlungen zu geraten. Aber neugierig waren die Leute schon. Die Fenster wurden geöffnet, um weiße Fahnen der Kapitulation zu hissen, und natürlich blieb manches Fenster etwas länger offen, um etwas über die Lage in Erfahrung zu bringen.

Eines Nachmittags saß ich im ersten Stock unseres Hauses auf der Fensterbank hinter einem kleinen Holzgitter und beobachtete das Treiben. Meine Mutter war im hinteren Bereich unserer Stube beschäftigt und warf nur ab und zu einen Blick auf mich.

Vor dem Haus hielten zwei Autos, Männer mit weißen Mützen und Riemen über der Schulter stiegen aus. Kurz darauf klingelte es an der Tür. Wir hörten aufgeregte Stimmen, Sigrids Schimpfen und Klagen war nicht zu überhören, dazwischen fremde Laute, die mir Angst machten. Kurz darauf sah ich, wie Herrmann Fischer in eines der Autos stieg. Meine Mutter lief die Stufen hinunter, um Sigrid beizustehen, und ließ mich für einige Minuten aus den Augen.

Ein gewaltiger Lärm schwoll an, drei amerikanische Panzer kamen die Straße heruntergefahren. Sie waren zu breit für die mit

Kopfsteinen gepflasterte Straße, die Kante des Bürgersteigs wurde einfach plattgefahren. Wieder vernahm ich diese fremden Laute, und plötzlich schaute ich in ein ganz dunkles, kugelrundes Gesicht mit schneeweißen Zähnen. Der Mensch langte blitzschnell durchs Fenster und schnappte mich, und schon fuhren wir los.

Meine Mutter betrat das Zimmer gerade in dem Moment, als ich durch das Fenster gezogen wurde. Nun war es an ihr, zu schreien und zu rufen. Zu spät, der Panzer hatte sich wieder in Bewegung gesetzt.

Ich hörte die fremden Stimmen, aber irgendwie klangen sie jetzt doch anders. »Hey guys, I got a souvenir«, und schon tauchten vor uns aus einer Luke zwei Köpfe auf, einer mit roten Haaren, Sommersprossen und einer Knubbelnase. Der andere sah wie der aus, der mich fest im Arm hielt. »Jackson, you crazy bastard, what have you done. We don't kidnap blond German kids. Let him down, man«, brüllte der Rothaarige.

Meine Mutter lief dem Panzer hinterher, konnte aber nicht schritthalten.

»Look at that, his mother is following us. Just stop it, man.«

Der Panzer ruckelte und verlangsamte seine Geschwindigkeit an der nächsten Straßenecke. Ich fand die Fahrt ganz großartig. Der Wind wehte mir ins Gesicht, ich saß hoch oben über der Straße und den Menschen, von denen jetzt mehr und mehr stehen blieben und zu mir hochsahen, der ich vor Freude jauchzte.

Meine Mutter holte auf. Ich sah dass sie schrie, bei dem Lärm war aber nichts zu hören.

Plötzlich ging ein Ruck durch das Fahrzeug, und wir beide da oben gerieten leicht ins Rutschen. Auf der Straße stand ein Auto, vor ihm hatten sich so ähnlich gekleidete Männer aufgebaut wie die, die Herrmann Fischer abgeholt hatten.

Ein scharfer Wortwechsel folgte zwischen meinem Freund neben mir und den Männern da unten. Schließlich stand er auf, reichte mich weiter an den anderen schwarzen Mann, und so landete ich in den Armen meiner Mutter, die völlig aufgelöst neben dem Panzer stand. Einer der Männer sprach meine Mutter an.

Sie verstand kein Wort, spürte aber, dass der Soldat bedauerte, was geschehen war. Er drückte ihr zwei Riegel Schokolade, eine runde und eine eckige Blechdose und ein Schachtel Zigaretten in die Hand. Überrascht und unsicher, was das hieß, blickte meine Mutter von einem Soldaten zum anderen. Es war klar, dass sie nur schnell weg wollte. Mittlerweise hatte sich eine Menschentraube um uns gebildet. Einige Deutsche machten ihrem Ärger Luft und beschimpften die Soldaten.

Schwer atmend ging meine Mutter mit mir auf dem Arm zurück zu unserem Haus. Die weinende Sigrid stand immer noch in der Tür.

»Oh Gott, Ursel, was passiert hier mit uns. Wenigstens hast du deinen kleinen Peter wieder. Wie kann man nur solche Scherze machen. Aber was ist mit meinem Herrmann? Ich hab kein Wort verstanden von dem, was sie zu mir gesagt haben. Der Herrmann hat doch niemandem etwas getan.«

Meine Mutter, selbst noch ganz aufgelöst, nahm sie beim Arm. »Sigrid, der kommt bald wieder. Bestimmt. Die brauchen doch Leute, denen sie vertrauen können. Herrmann hat sich bei den Nazis immer zurückgehalten. Lass den Kopf nicht hängen«, versuchte sie, ihre Freundin zu trösten.

In unserem Zimmer angekommen, zog sie mir frische Sachen an. »Mein Peterle«, flüsterte sie, »ich geb dich niemals her.« Dann weinte sie, ohne aufhören zu können. Ich spürte, dass etwas Schlimmes für sie geschehen war.

Langsam wurde es dunkel, aber meine Mutter wollte offensichtlich allein bleiben. Nur einmal stand sie kurz auf und machte uns einen kleinen Imbiss. Dann aber siegte die Neugierde und sie betrachtete die Sachen, die ihr der Soldat in die Hand gedrückt hatte.

Seltsam, murmelte sie vor sich hin, Schola-Kola, das ist doch ein deutsches Produkt. Sie hatte schon viel davon gehört, aber noch nie so eine Dose in der Hand gehalten. Im Volksmund hieß es die »Flieger-Schokolade«, weil solche kostbaren Sachen überwiegend an die Militärs verteilt wurden.

Die zweite Blechdose war eindeutig amerikanischer Herkunft. Korned Beef, las sie. »Was ist das denn? Es sieht nach etwas Essbarem aus, aber ich kann kein Englisch. Ich glaube, jetzt ist es Zeit, diese Sprache zu lernen.«

Aber die größte Überraschung war die Schachtel Zigaretten. Lucky Strike konnte sie lesen, wie immer das auch ausgesprochen wurde. Sie hatte davon gehört, dass die Amerikaner rauchen und Kaugummi kauen, obwohl sie sich darunter nichts vorstellen konnte, und dass sie Schokolade in rauen Mengen mit sich führten.

Am nächsten Morgen stellte sich die Frage, ob man sich wieder auf die Straße trauen konnte. Die Amerikaner hatten nach dem Einmarsch eine Ausgangssperre erlassen, aber meine Mutter wollte gern in ihre Werkstatt gehen.

Sie hörte Stimmen aus dem Erdgeschoss. Mit mir an der Hand betrat sie die Wohnküche. Mein Tatendrang, mich selbst auf zwei Beinen zu bewegen, war kaum noch aufzuhalten. Zum Glück war ich von Menschen umgeben, die mich kaum eine Sekunde aus den Augen ließen.

Sigrid und Herrmann saßen eng nebeneinander und hielten sich bei den Händen. Sigrid weinte, aber es waren Freudentränen. Herrmann machte einen sehr erschöpften Eindruck.

»Herrmann, wie schön, dass du wieder da bist. Wir hatten uns solche Sorgen gemacht. Was ist denn passiert?«

Herrmann atmete tief durch. »Jetzt geht's rund, Ursel, und einer ganzen Reihe von Leuten zittern die Knie ganz schön. Die Amerikaner legen ein gewaltiges Tempo vor. Entnazifizierung heißt das Zauberwort. Die Amerikaner haben eine Liste von Leuten erstellt, die sie für relativ unbelastet halten. Und sie sind erstaunlich gut informiert. Auch ich bin ihnen dabei aufgefallen.

Sie haben mich beauftragt, bei der Neuordnung des ganzen zivilen Bereichs hier im Ort mitzuhelfen. Und vor allem soll ich dafür sorgen, dass sich keiner von denen, die sich etwas haben zuschulden kommen lassen, am Ruder halten kann. Ich habe ihnen ganz klar gesagt, ich sei nicht dazu bereit, Spitzeldienste zu leisten und andere zu denunzieren. Aber ich bin dazu bereit, Hinweise zu geben, wer für einen Neuanfang geeignet ist.«

Als es an der Tür klingelte, zuckte Sigrid zusammen. »Hoffentlich sind das nicht deine neuen amerikanischen Freunde, die könnten uns auch mal einen Moment in Ruhe lassen«, schimpfte sie.

Eine vertraute Stimme war zu hören, und Veronika König betrat den Raum. »Na, Herrmann, machst du auf deine alten Tage noch Karriere? Waren schon die ersten Bittsteller da?« Der ironische Unterton war nicht zu überhören. »Vielleicht schaffst du dir schon mal ein Wartezimmer an, in dem die vielen Menschen Platz nehmen können, die in diesen tausend Jahren niemals auch nur irgendetwas mit den Nazis zu tun gehabt haben.«

Herrmann grinste. »Warum wundert es mich eigentlich nicht, dass du schon wieder das Gras wachsen hörst, Veronika? Ich bin da ganz realistisch. Die Schleimspur wird einen langen Weg ziehen, doch ich will mich keineswegs beirren lassen. Jetzt ist die große Gelegenheit zu einer Erneuerung.«

Er schaute meine Mutter sehr direkt an, als er fortfuhr: »Ursel und ich hatten ja mehrfach Gelegenheit, darüber zu reden. Wir haben uns an der Menschheit versündigt. Da geht es nicht um das namenlose Heer der Mitläufer. Es geht um die, die menschenverachtende Befehle gegeben haben und sich über jede moralische Grenze hinweg engagiert haben.«

Ganz entgegen seiner ruhigen Art hatte sich Herrmann in Rage geredet. Er schaute in die Runde, er schien beruhigt, in lauter vertraute Gesichter zu sehen.

Veronika sah ihn spöttisch an. »Herrmann, du hast ja so

recht, dein Wort in Gottes Gehörgang. Aber wenn du glaubst, das durchziehen zu können, dann bist du reichlich naiv. Speziell bei dir würde ich mir ein wenig mehr Nüchternheit wünschen, sonst wirst du nur Enttäuschungen erleben. Meine Unterstützung hast du uneingeschränkt.«

Herrmann stand auf. »Ich muss wieder los. In zwei Stunden ist ein Treffen mir örtlichen Größen. Da bin ich mal gespannt, wer alles erscheint.«

Die drei Frauen blieben allein. Veronika wandte sich meiner Mutter zu. »Na, Ursel, wie hat dein Peterle den ersten Entführungsversuch seines Lebens überstanden? Ganz Roßlau spricht davon, wie du hinter dem Panzer hergelaufen bist. Und wie ich dich kenne, stimmt das sogar?«

»Ich dachte, mich trifft der Schlag, als ich die beiden schwarzen Arme sah, die in unsere Stube hineinragten, und plötzlich war mein Junge weg. Da hätt ich mal erleben wollen, was du gemacht hättest.«

»Aber das war doch bestimmt nicht ungefährlich?«

Meine Mutter winkte ab. »Zum Glück wurde der Panzer ja von einer Militärstreife angehalten. Ich glaube, sie haben den Soldaten ganz schön zusammengestaucht.«

»Angeblich hast du ja auch eine besondere Art der Entschädigung bekommen, wie man hört.«

»Ja, es entstand schnell eine Ansammlung von Menschen, die alle ziemlich erregt waren. Vielleicht auch, um sie zu beruhigen, hat mir einer der Offiziere ein paar Sachen zugesteckt. Sagt mal«, sprach sie ihre Freundinnen direkt an, »wie ist das mit euch? Könnt ihr eigentlich englisch? Also mehr als Yes und No geht bei mir nicht.«

Sigrid schüttelte nur den Kopf, doch Veronika nickte. »Ja, ich war zwei Jahre auf einem Internat in der Nähe von London und spreche und verstehe es immer noch ganz gut. Und jetzt kann es ja nicht schaden.«

Meine Mutter sprang auf. Kurz darauf kam sie zurück, mit einer Blechbüchse in der Hand. »Corned Beef steht hier, ich habe keine Ahnung, was das ist.«

»Das ist eine Art von Rindfleisch, klein gemust, schmeckt eigentlich ganz gut«, meinte Veronika.

»Mach mal auf, Sigrid, ich spendier das für uns. Falls es nicht in Ordnung ist, leiden wir wenigstens gemeinsam.« Sigrid holte einen Dosenöffner, eine große Schüssel und drei Gabeln. Sie und meine Mutter stocherten misstrauisch in ihrer Portion herum. Beide sagten nach einer Weile, dass das Zeug, wie sie es nannten, ganz gut schmeckte.

»Ja, kann man sich dran gewöhnen, aber ich fürchte, es wird wohl kaum ein ständiger Teil unseres Speiseplans werden«, meinte meine Mutter. »Es sei denn, Peterle wird jetzt regelmäßig entführt, aber das hoffe ich nicht.« Für einen Moment vergaßen alle ihre Sorgen und kicherten.

Sigrid musste über etwas reden, das ihr auf der Seele lag. »Herrmann nimmt das alles so ernst. Hoffentlich mutet er sich nicht zu viel zu. Du hast recht, Veronika, was er macht, ist gefährlich. Und Enttäuschungen werden nicht ausbleiben.«

Meine Mutter stand abrupt auf. »Ihr Lieben, tut mir bitte einen Gefallen. Auch ich will und muss mit bestimmten Dingen aus der Vergangenheit abschließen. Ich möchte sie nicht ewig mit mir herumtragen. Es wird Zeit, dass auch ich für mich reinen Tisch mache. Ich hole mal eben meinen letzten echten Bohnenkaffee, den trinken wir jetzt gemeinsam und ich erzähle euch den Rest meiner Geschichte aus Posen. Und dann ist auch Schluss damit.«

»Du hast recht, Ursel«, pflichtete ihr Veronika bei. »Wir brauchen unsere Kraft für die Gegenwart, die ist schlimm genug.«

Wenige Minuten später kam meine Mutter mit der Kaffeedose zurück. Ein paar Gebäckstücke, die sie noch aufbewahrt hatte, hatte sie auch dabei. Sigrid brühte den Kaffee auf, und die drei Frauen machten es sich gemütlich.

Es war schlimm, von meiner Wienreise nach Posen zurückzukommen. Die drei mir wichtigsten Menschen waren bei dem Bombenangriff ums Leben gekommen, Luise und Georg Lucas, und ebenso Julius Hansemann. Sie alle haben es nicht rechtzeitig in einen Bunker geschafft und waren auf der Straße von Dachziegeln erschlagen worden. Am 13. April fand eine große Trauerfeier auf dem Friedhof statt, mit Beteiligung von viel Nazi-Prominenz. Die zahlreichen polnischen Opfer wurden zwei Tage später beigesetzt.

Wenigstens hatte ich noch meine Hausgemeinschaft in der Glogauerstraße, sie war wirklich Gold wert. Aber was sollte mit der Wohnung des Ehepaar Lucas geschehen? Eine funktionierende örtliche Administration gab es nicht mehr, sodass kein direkter Handlungsbedarf bestand.

Allerdings sahen wir in der Wohnung nach dem Rechten. Therese und Andreas Sedlmeier und mir war reichlich beklommen zumute, als wir in der Wohnung standen. Georg war Raucher gewesen, sodass es immer noch muffig roch. Therese kümmerte sich um die Lebensmittel, während Andreas und ich in Schubladen und Schränke sahen, um vielleicht etwas zu finden, das aufzuheben wichtig war.

In einem Eckschrank entdeckte ich Georgs kleines Tabakdepot. Er war äußerst sparsam mit den Vorräten umgegangen, und was noch übrig war, steckte ich jetzt ohne schlechtes Gewissen ein. Andreas machte große Augen, ich würde später mit ihm reden, beschloss ich.

In einem braunen Briefumschlag, der in einer Schublade versteckt war – er klebte am Boden der Lade darüber –, fanden wir drei DIN-A-4-Blätter. Auf ihnen befand sich eine Liste mit über hundert Namen, augenscheinlich alles Polen. Andreas meinte, einige Namen zu kennen. Möglicherweise hatte ein Teil der auf der Liste aufgeführten Personen vor der Besetzung hier im Haus gewohnt.

Wir beschlossen, erst einmal gar nichts zu unternehmen, sondern abzuwarten. Später ließ mir die Angelegenheit allerdings keine Ruhe, und ich sah mir die Listen noch einmal genauer an. Ich entdeckte, dass einige Buchstaben innerhalb der Namen mit einem sehr dünnen Bleistiftstrich eingerahmt waren. CHÖDR entzifferte ich. Das ergab keinen Sinn, doch als ich mit mehr Licht noch einmal detektivisch alles untersuchte, konnte ich den Namen SCHRÖDER zusammensetzen. Das Einzige, was mir dazu einfiel, waren Paul und Roswitha Schröder, die beiden von dem Gutshof. Sollte Georg Lucas etwa dafür gesorgt haben, dass Polen aus dem Haus auf dem Hof Unterschlupf gefunden hatten? Ich beschloss, zusammen mit Andreas zu überlegen, was zu tun sei.

Für mich gab es zunächst ein ganz anderes Problem. Ich wollte und musste wieder arbeiten, und das hieß: Ich musste ins Hotel Ostland gehen. Ich wollte Direktor Berger fragen, ob er Arbeit für mich hatte, mehr als nein sagen konnte er schließlich nicht.

Während Therese auf Peterle aufpasste, fuhr ich also zu meinem früheren Arbeitsplatz, den ich so gemocht hatte und der jetzt ohne Hansemann ganz anders sein musste. Und so war es, ich erkannte vieles gar nicht wieder. Als ich nach dem Hoteldirektor fragte, kam sofort ein Mann auf mich zu.

»Haben Sie sich soeben nach Herrn Berger erkundigt?«, wurde ich gefragt. Als ich antwortete, dass ich ihn kennen würde, da ich hier gearbeitet hätte, nahm er mich gleich am Arm. »Na, dann wollen wir uns doch mal ausführlicher unterhalten, junge Frau.« Ein zweiter Mann kam auf uns zu, sodass mir gar keine Wahl blieb, als mitzugehen.

Man führte mich in das ehemalige Büro von Herrn Berger, weder er noch seine Sekretärin waren zu sehen. Nachdem wir Platz genommen hatten, wurde ich aufgefordert zu erzählen, wie mein Kontakt zu Berger und zu dem Hotel ausgesehen hätte. Mehrmals wurde skeptisch nachgefragt, als würde ich nicht die ganze Wahrheit sagen. Meine Erklärung, dass ich wegen der Geburt eines Kindes aufgehört hatte zu arbeiten, war freilich nicht zu entkräften. Als ich fragte, was man von mir jetzt wollte, spielte sich der Mann groß auf.

»Wir tragen dafür Sorge, dass hier alles seine Ordnung hat. Juden oder verkappte Bolschewiken dürfen die Situation nicht ausnutzen und hier im Reich ihr Unwesen treiben. Mein Name ist übrigens Richter, Bernhard Richter. Ich bin SS-Standartenführer und habe den Auftrag zu schauen, dass hier im Hotel alles korrekt läuft.« Dann informierte er mich darüber, dass Herr Berger »ein unsicherer Kantonist« wäre und ihm daher eine gewisse geistige Umerziehung zukommen würde. Ich konnte mir vorstellen, was darunter zu verstehen war.

»Und von Ihnen hätte ich jetzt gern mal Namen und Anschrift. Außerdem erteile ich Ihnen die Auflage, morgen um dieselbe Zeit hier wieder zu erscheinen. Ich habe das Gefühl, wir haben uns noch einiges zu erzählen.«

Nachdem er meine Angaben notiert hatte, verschwand ich so schnell wie möglich. Zu Hause setzte ich mich gleich mit Andreas zusammen. Ich berichtete ihm, was ich mir in Bezug auf die Liste dachte, und schilderte die Begegnung mit dem SS-Mann.

»Andreas, ich kann bei so etwas keine Ruhe geben. Ich möchte zu gern wissen, was es mit dieser Liste auf sich hat. Hätte ich sie nur nicht gesehen! Aber jetzt würde ich am liebsten gleich zu den Schröders fahren und mich mit ihnen unterhalten.«

»Ja, und genau das darfst du bestimmt nicht machen«, erklärte mir Andreas. »Halt die Füße still, Ursel, das ist alles viel zu gefährlich. Du solltest die Liste gleich wieder zurücklegen. Wenn sich die Lage wieder etwas beruhigt hat, kannst du immer noch überlegen, was du tun willst.«

Er hatte recht, und ich befolgte seinen Rat. Ich versuchte, mich zu beruhigen, und ging mit Peterle spazieren. Der nahe gelegene Stadtpark war stark in Mitleidenschaft gezogen und hatte seinen natürlichen Charme verloren. Auf den Wiesen lagen Menschen, die keine Unterkunft mehr hatten und es vorzogen, in der Nähe der Bunker zu bleiben.

Am nächsten Tag meldete ich mich bei Herrn Richter, wie er es angeordnet hatte. Er war sichtlich erfreut über mein Auftauchen, na, dachte ich mir, das fehlte mir gerade noch.

»Sehr schön, Fräulein Schulz. Ich erkenne Ihren guten Willen an. Im Falle Ihres Nichterscheinens hätte ich Sie holen lassen. Und ich erklärte Ihnen bereits gestern, dass Sie hier im Hotel nicht mehr arbeiten können. Aber ich habe Erkundungen eingezogen. Sie scheinen ja eine ganz gute Köchin zu sein. Warum versuchen Sie es nicht mal in der Goldenen Ähre beim Ausstellungsdorf? Dort werden Leute wie Sie dringend gebraucht.« Mit dem rätselhaften Satz, er werde mich weiter im Auge behalten, durfte ich wieder gehen.

Die Gaststätte lag knapp zwanzig Minuten entfernt vom Hotel Ostland. Zum einen wollte ich eine Arbeit finden, zum anderen hoffte ich, hier Bertl leichter finden zu können, falls er wieder in die Kaserne im Warthelager einrücken würde. Was ich in Wien erlebt hatte, hatte mich zutiefst erschüttert, zugleich sagte ich mir: Hatte ich nicht auch gewonnen? Sein Vater hatte immerhin bestätigt, dass Bertl mit dieser Frau sehr unglücklich war, ja, die Ehe nur aufrecht erhielt aus kirchlichen Gründen. Ich war die Frau, die er liebte. Mit mir und unserem gemeinsamen Kind wollte er leben und glücklich sein. Ich liebte ihn, trotz allem, was er mir angetan hatte.

In der Goldenen Ähre herrschte ein unglaublicher Betrieb. So etwas hatte ich überhaupt noch nicht gesehen. Der Gaststättenraum, eigentlich handelte es sich eher um eine Soldatenkneipe, war riesig. Später erfuhr ich, dass hier bis zu achthundert Soldaten und deren Angehörige beköstigt werden konnten.

Im Büro empfing man mich mit offenen Armen. »Wollen Sie nicht gleich anfangen?«, fragte mich der Leiter, Herbert Sievers, nachdem er meine Zeugnisse gesehen hatte. »Sie schickt uns der

Himmel, oder hätte ich sagen müssen der Führer?« Dabei grinste er über das ganze Gesicht. Er war mir nicht unsympathisch.

Nachdem ich ihm erklärt hatte, warum das nicht ging, bestellte er mich für den nächsten Morgen um 6 Uhr. »Dienstschluss ist für Sie dann um 14 Uhr. Sie arbeiten ausschließlich in der Küche. Für den Bereich an den Tischen sind Sie mir zu hübsch, das gäbe zu viel Unruhe. Also schön hinten bleiben, Fräulein Schulz. Und noch eines. Die große Küche, die kulinarischen Erneuerungen, wie Sie das vielleicht vom Ostland gewöhnt sind, sind hier nicht gefragt. Die Soldaten bekommen vernünftige Hausmannskost, ohne viel Schnickschnack. Es gibt regelmäßig Eintopf. Hin und wieder ein Stück Fleisch dazu, aber die Versorgungslage ist auch bei uns nicht besser als überall sonst. Ihre Arbeitsbekleidung bekommen Sie hier. Anständige Schuhe haben Sie wohl noch selbst? Und bitte pünktlich sein.«

Damit war ich entlassen und eilte nach Hause. Man freute sich über eine zusätzliche Arbeitskraft, das war gut. Meine übrigen Gedanken behielt ich besser für mich.

Mein alltägliches Leben nahm ab da einen eintönigen Verlauf. Die Arbeit machte Spaß, ich hatte nette Kolleginnen und Kollegen, aber von so etwas wie einer kreativen Küche war man hier weit entfernt. Hauptsache, die Leute werden satt, lautete die Devise. Mit meinem Chef hatte ich aber Glück, er erwies sich als umgänglich.

Das Ausstellungsdorf war ursprünglich als eine zusätzliche Unterkunft für Besucher der Stadt gedacht gewesen. Posen quoll, nicht zuletzt durch das Militär, an allen Ecken über, und es gab kaum Unterbringungsmöglichkeiten für Gäste, etwa für die Verwandten von Soldaten, die verwundet in einem der Lazarette lagen. Also hatte man ein kleines Dorf mit fünfzig Holzhäusern errichtet. Die Goldene Ähre hatte sich dadurch von einer normalen Gaststätte zu einer Art Kantine für Soldaten entwickelt, auch wenn sie für jedermann zugänglich war.

Die Situation in Posen wurde, wie überall im Reich, immer schwieriger. In Italien bröckelte die Front und die Amerikaner machten große Geländegewinne, Spanien kündigte das Bündnis mit dem Deutschen Reich auf. Im Osten sah es sogar noch schlimmer aus. Hunderttausende deutscher Soldaten gerieten in Kriegsgefangenschaft, ganze Heeresgruppen wurden aufgerieben.

Dann kam der 20. Juli 1944, der Tag des Attentats auf Hitler. Mit dem Attentat wurde schlagartig deutlich, dass die optimistischen Verlautbarungen der politischen Führung nicht die Wahrheit waren. Etwas ging zu Ende, das war zu spüren. War es vorstellbar, den Führer, diese scheinbare gottgleiche Figur töten zu wollen? Da auch die schlimmen Berichte von den einzelnen Frontabschnitten kein Ende nahmen, sank die Stimmung im ganzen Land merklich.

Gerade in Posen war die Versorgungslage noch einigermaßen gut. Jeder versuchte durchzukommen, so gut es eben ging. Einmal ging ich ins Kino, in »Die Feuerzangenbowle« mit Heinz Rühmann. Natürlich musste ich dabei vor allem an meine erste Begegnung mit Bertl denken, und so habe ich mir weitere Kinobesuche erspart, sie hätten mich nur traurig gemacht. Von Bertl kam kein Lebenszeichen.

Ein Brief kam aus Wien. Bertls Vater schrieb mir, dass dessen Sohn tatsächlich versucht hatte, nach Posen zu gelangen, um den Vater zu treffen. Man hatte ihn mit einem strengen Verweis nach Hause zurückgeschickt.

Das Verhältnis von Volksdeutschen und Reichsdeutschen entspannte sich etwas zu dieser Zeit. Erstere, die schon vor der Besetzung in Polen lebten, hatten ohnehin ein besseres Verhältnis zu den polnischen Einwohnern, gute Beziehungen waren normal. Man traf sich privat, und wer besonders großes Vertrauen hatte, hörte zusammen beim sogenannten »Betten-Radio« Feindsender. Um zu verhindern, dass Nachbarn davon etwas mitbekamen, kroch man zum Radiohören unter die Bettdecke.

Damit war es vorbei, als sich am 1. August 1944 Teile der polnischen Bevölkerung in Warschau zu einem Aufstand erhoben. Die Polnische Heimatarmee kämpfte über sechzig Tage lang gegen die deutschen Besatzungstruppen, bis sie kapitulieren musste. Mehr als 50 000 Polen verloren bei dieser größten Erhebung gegen das Naziregime in Europa ihr Leben, aber auch die Deutschen erlitten erhebliche Verluste. Trotz der Niederlage stellte der Kampf ein wichtiges Zeichen für den polnischen Widerstand dar.

Im September bestellte mich mein neuer Chef zu einem Gespräch ein. Er teilte mir mit, wie zufrieden er mit mir sei. »Sie packen an, reden nicht lange herum, deshalb sollten sie ruhig mal ein paar Tage Urlaub machen.« Ich bat ihn, dies auf Anfang Oktober verschieben zu dürfen, und er war einverstanden.

Ich hatte nämlich einen Plan: Peters erster Geburtstag war am 5. Oktober, und ich fragte mich, ob es wohl möglich wäre, diesen Tag auf dem Gut der Schröders zu verbringen. Bei der Gelegenheit könnte ich auch die Namensliste der Lucas thematisieren. Ich bat Sievers, mich bei einer seiner Versorgungsfahrten ins Warthelager mitzunehmen, und schrieb sofort einen Brief an die Schröders, ob mich dort jemand abholen könnte. Auch wenn sich das abenteuerlich anhört: Ich vertraute einfach auf mein Glück. Wer weiß, vielleicht würde es klappen.

Am 1. Oktober, dem Erntedankfest, packte ich unsere Sachen. Peterle merkte, dass etwas Besonderes los war, und bekam heftigen Schluckauf. Ich sorgte mich schon mächtig, als nach zwanzig Minuten alles vorbei war. Es konnte losgehen.

Um 10 Uhr holte uns ein kleiner grüner Lastwagen vor dem Haus ab. Ich konnte mit Peterle vorne beim Fahrer sitzen, was für den Kleinen äußerst spannend war. Nach knapp einer Stunde Fahrt erreichten wir das Warthelager.

Sievers hatte mich gewarnt: Vor dem Tor zum Lager herrschte ein unglaublicher Verkehr. Ich hätte da mit einem Kind im Arm nicht lange herumstehen können. Doch wir hatten Glück. Nach zehn Minuten kam ein blauer Tempo-Dreiradwagen, der langsam auf uns zurollte. Wir hatten uns ein wenig abseits gestellt, waren aber die ganze Zeit über argwöhnisch beäugt worden.

Der Fahrer beugte sich aus dem Fenster. »So wie man Sie mir beschrieben hat, müssen Sie Fräulein Schulz sein.« Ich nickte ihm zu und verabschiedete mich von Sievers. Er bot an, mich wieder abzuholen, was ich jedoch ablehnte.

»Dann habe ich noch eine Bitte«, wandte er sich an mich. »Ich weiß ja nicht, was die Leute auf dem Hof so alles haben, aber vielleicht könnten Sie nach Salatgurken schauen? Das wird immer nachgefragt, ich weiß selbst nicht recht, warum. Man will einfach frisches Gemüse sehen, was ich nicht bieten kann.«

»Für achthundert Leute? Herr Sievers, ich fürchte, das wird schwer.«

»Nein, nein«, lachte er. »Aber es gibt bei uns, wie überall, Menschen, denen man etwas verdankt, da ist es immer gut, man kann sich revanchieren.«

Ich versprach, mein Möglichstes zu tun, und kletterte mit Peterle im Arm in den Wagen.

»Ich bin der Werner«, begrüßte mich der junge Mann, den ich nicht kannte. Er war in meinem Alter, und so stellte ich auch uns beide mit Vornamen vor. Neugierig, wie ich war, musste ich gleich fragen: »Sag mal, ist der Stanislaw, der Kutscher, noch bei euch?«

Er verzog das Gesicht. »Nein, der ist weg. Aber, Ursel, ich bitte um Verständnis: Der Chef hat mich angewiesen, nicht so viel zu erzählen, er tut das lieber selber. Ich bin noch nicht lange dabei, es hat sich einiges verändert gegenüber früher.« Er klopfte auf sein linkes Hosenbein, es klang hölzern. »Das Soldatenleben ist für mich vorbei, ich habe einen hohen Preis zahlen müssen.«

Als wir nach einer guten Stunde ankamen, wachte Peterle auf. Zwei, drei Leute standen auf dem Hof, aber das sah keineswegs nach einem Empfangskomitee aus. Eine Frau lief gleich ins Haus. Die ganze Szenerie machte eher einen misstrauischen, angespannten Eindruck. Eine ganz andere Stimmung als die, die ich in Erinnerung hatte.

Als Roswitha aus dem Haus kam, begrüßte sie uns herzlich. Peterle wurde ausgiebig bewundert und geherzt, was ihn nicht unbedingt beruhigte. »Ach, Ursel, was für eine Freude, euch zu sehen. Wie war die Reise? Hat alles gut geklappt?«

Ich erwähnte kurz, dass für mich die Wochen und Monate alles andere als leicht gewesen waren. Kurz darauf saßen wir in der Wohnküche, sahen uns an und warteten darauf, wer denn nun anfangen würde mit erzählen. Genau in diesem Moment kam Paul zur Tür herein. Auch er begrüßte mich herzlich, beugte sich zu Peterle hinunter und gab ihm die Hand. Er setzte sich seufzend hin. Zu Roswitha gewandt sagte er wie beiläufig »Schon wieder zwei weg«, was ich natürlich hörte. Er kam meiner Frage zuvor.

»Ja, Ursel, wir wissen von der Bombardierung und wir wissen, was für ein schreckliches Ende unsere Freunde genommen haben.« Bevor er weiterreden konnte, holte ich die Liste aus der Tasche und reichte sie ihm. »Mein Nachbar und ich sind in die Wohnung der Lucas gegangen. Dort haben wir in einem Versteck diese Liste gefunden.«

Nachdem er einen kurzen Blick auf die Blätter geworfen hatte, bekam er schmale Lippen und seine Augen verengten sich. »Warum gibst du mir das? Ich kann damit nichts anfangen.«

Ich war konsterniert und konnte im ersten Moment kein Wort herausbekommen. »Du weißt schon, Paul«, stammelte ich, »dass du mir vertrauen kannst? Wenn du dir die letzte Seite anschaust, siehst du, warum die Verbindung zu euch naheliegt.«

Er stand abrupt auf, versicherte sich, dass Fenster und Türen verschlossen waren, und ging an den Büffetschrank. Mit einer Flasche und drei Gläsern kam er an den Tisch zurück.

»Darauf sollten wir erst mal einen Cognac nehmen. Ursel, bei diesen Dingen steht immer die Frage im Raum, wie sehr man andere Menschen durch zu viel Wissen in Gefahr bringt. Was du nicht weißt, kannst du auch nicht verraten. Aber ich versteh dich. Halbwahrheiten sind manchmal noch gefährlicher. Georg und Luise haben auf die Dauer das Elend, das die Polen ertragen mussten, nicht mehr mit ansehen können. Georg wusste, wie dringend wir hier Helfer benötigten, also hat er Polen, die aus Wohnungen vertrieben wurden, zu uns geschickt. Diese Menschen sind uns eine große Hilfe. Und du weißt, dass sie bei uns ganz normal, wie alle anderen auch, behandelt werden. Wir haben sie in zwei Nebengebäuden untergebracht, weil wir sehr vorsichtig sein müssen. Zum Glück haben sich die Parteibonzen bisher immer angemeldet, wenn sie mal wieder vorbeigekommen sind, um sich die Taschen mit Lebensmitteln vollzustopfen.«

Ich erkundigte mich, wie viele Hilfskräfte sie zurzeit noch hatten.

»Es waren genau siebzehn, jedenfalls heute Morgen noch. Erschienen sind aber nur fünfzehn. Das geht regelmäßig so, wir waren mal einunddreißig.«

Dann erklärte er mir die Situation. Manche verschwanden, weil sie Angst vor den Partisanen hatten. Polen, die bei Deutschen arbeiteten, galten als Verräter und wurden auch so behandelt. »Ursel, wir sind hier in Gefahr, darüber machen wir uns keine Illusionen. Drei Gehöfte in der Nähe sind schon überfallen worden, und da wurde niemand verschont. Die Nazis versuchen, das alles unter der Decke zu halten, damit nicht noch mehr Unruhe aufkommt.«

»Im Moment werden wir noch beschützt«, sagte er, »da wir zuverlässig für Nachschub an allen möglichen Lebensmitteln sorgen. Das ist eine Art Lebensversicherung für uns. Wie lange noch, das ist die große Frage.«

Paul wollte das schwierige Thema verlassen und machte den Vorschlag zu einer kleinen Kutschfahrt.

Es war ein sonniger Nachmittag. Paul führte die Pferde sicher, wobei er oft mit der Zunge schnalzte, was Peterle begeisterte. In den vergangenen Monaten hatte sich viel verändert. Paul erzählte, dass sie zum Beispiel neue Zuchtteiche angelegt hatten, die sie gut bewachen mussten, um nicht um den Lohn ihrer Arbeit gebracht zu werden.

Als er mich fragte, wie es mir in der Zwischenzeit ergangen war, bat ich ihn, darüber am Abend zu sprechen. Ich wollte die Zeit in der Natur einfach nur genießen. »Weißt du, Paul, die Luft, das Vogelgezwitscher, das Blitzen der Bäche, all das ist für dich Alltag. Aber für mich ist es etwas ganz Besonderes, ich empfinde es fast wie Musik. Hier bin ich ein paar Tage dem grauen Einerlei der Stadt entronnen, und dem Elend und der Zerstörung.«

Als wir das Haupthaus erreichten, brach die Dämmerung langsam herein. Auch hier patrouillierten bewaffnete Männer, über allem lag eine gespannte Ruhe.

Am 5. Oktober feierten wir dann Peterles ersten Geburtstag. Für mich war es ein unvergesslicher Tag, und ich hoffte, es würde auch für ihn so sein. Alle waren so freundlich zu ihm, dass es mich rührte. Aber auch er war zutraulich, spontan ging er auf jeden los und kannte keine Berührungsängste. Seine wackeligen Schritte wurden sicherer, auch wenn er sich gelegentlich noch an einem Tischtuch festhalten musste, was verlässlich in einer Katastrophe endete.

Die Geschenke waren so reichlich, dass ich heimlich einen Teil verschwinden ließ. Viele hatten etwas gebastelt, Spielzeug aus Holz und Stroh, Strümpfe waren gestrickt worden und anderes mehr.

Viel zu schnell verging die Zeit, und es galt, wieder zurückzukehren. Die Schröders sorgten dafür, dass ich mit einer gestempelten Sondergenehmigung nach Posen gebracht wurde. Bepackt wie die Esel verließen wir diesen Ort der Freundschaft und der Ruhe.

Ich sollte das Gehöft und seine Menschen nie wiedersehen. Mitte November überfielen in einer groß angelegten Aktion polnische Partisanen mehrere Gehöfte. Niemand überlebte. Was aus den Schröders und den anderen Menschen, die ich kennengelernt hatte, geworden ist, habe ich nie erfahren.

In Posen wurde die Situation ebenfalls mit jedem Tag schwieriger. Da ich in der Goldenen Ähre viel über die Soldaten erfuhr, gab es oft widersprüchliche Nachrichten. Mal stand der Russe kurz vor den Toren Warschaus, dann wieder war er kilometerweit zurückgeschlagen worden. Der Einsatz angeblicher Wunderwaffen zeitigte großartige Erfolge, dann wieder sickerten erneut Informationen von einem Vormarsch der Russen durch.

Wenn wir manchmal Besuch von schneidigen Fahnenjunkern aus der nahe gelegenen Schule hatten, wollte man diese Grünschnäbel am liebsten schütteln. Voller Enthusiasmus glaubten sie den Naziparolen. Sogar ältere Dienstgrade schüttelten über sie den Kopf.

In der Stadt wurden viele Zivilisten, Polen wie Deutsche, dazu verpflichtet, beim Ausbau der Befestigungsanlagen und Panzersperren zu helfen. Dennoch machte Posen den Eindruck, nicht im Krieg zu sein. Abends wurde die Beleuchtung angeschaltet, als wollte man weiteren Luftangriffen trotzig etwas entgegensetzen. Die Stadt galt als Festung, und um sie herum lagen zwanzig Forts, die mit bis zu zwei Meter dicken Mauern ausgebaut waren. Dennoch war klar, dass die Stadt im Falle eines Angriffs nicht zu halten sein würde.

Auch bei den Einwohnern setzte sich diese Erkenntnis durch. Immer mehr Menschen verschwanden von einem Tag auf den anderen. In dieser Stimmung sorgte die Nachricht vom Fall Warschaus für noch mehr Angst und Schrecken. Obwohl der Gauleiter und andere Nazigrößen die Bevölkerung zu beruhigen versuchte, setzte sich die Einsicht durch, dass die Rückzugsbewegung nicht mehr aufzuhalten war. Das Weihnachtsfest 1944 stand unter keinen guten Vorzeichen.

Als am 6. Januar die Straßenbahn für einige Stunden ihren

Verkehr einstellte, war dies ein Zeichen, dass es mit den Kräftereserven der Stadt zu Ende ging. Während der einsetzenden starken Schneefälle der nächsten Tage wurde die Streupflicht eingestellt, die Stadtbediensteten waren längst zu Arbeitsdiensten verpflichtet worden.

Am 12. Januar war es dann so weit. Die erwartete Offensive der Roten Armee begann. Gauleiter Greiser verkündete, dass kein Meter Boden aufgegeben werde, und er mobilisierte in einem letzten Aufbäumen einen Volkssturm, bestehend aus alten Männern und Schülern zwischen fünfzehn und sechzehn Jahren, die völlig unzureichend ausgerüstet waren.

Ich selbst bereitete alles vor, die Stadt zu verlassen, was ich am 20. Januar mit einem der letzten Trecks, die aus Posen noch herauskamen, auch tat. Und damit ist für mich jetzt und hier und heute das Kapitel Posen abgeschlossen. Die Stadt hat mir höchstes Glück und tiefes Leid gebracht. Selten lagen in meinem Leben Trauer und Freude so dicht nebeneinander.

Nachdem die Freundinnen sich verabschiedet hatten, ging meine Mutter in unser Zimmer. Sie betete, dass ihre Wünsche doch noch in Erfüllung gingen. Durch das Erzählen war sie so aufgewühlt, dass sie einen Brief nach Wien schrieb.

Sehr geehrter Herr K.,
ich hoffe sehr, dass Sie meinen Brief erhalten haben. Leider habe ich von Ihnen nichts gehört, aber ich will dem nicht zu viel beimessen. Die Zeiten sind nicht gut für einen regelmäßigen Briefwechsel.
Wir leben etwa acht Kilometer von Dessau entfernt und sind Zeugen eines fürchterlichen Luftangriffs geworden. Zum Glück wurde der Vorort Roßlau nicht getroffen, aber Dessau selbst ist zu großen Teilen zerstört, es sind viele Menschen ums Leben gekommen.
Ich habe inzwischen hier einige herzensgute Freunde, mit deren

Hilfe ich eine kleine Schneiderwerkstatt eröffnet habe. Sie ist in unmittelbarer Nähe meiner Wohnung, und ich kann daher Peterle mitnehmen. Er entwickelt sich prächtig. Lebhaft, immer fröhlich, und zu meinem großen Glück hat er seine Verletzungen endgültig überwunden.
Es ist so schade, dass Sie ihn nicht erleben können. Ich hatte mir damals in Posen noch eine kleine Kamera gekauft, da ich sehr gern photographiere, und füge ein Bild von uns bei, damit Sie sehen, dass es uns den Umständen entsprechend gut geht.
Ich bin in meinen Gedanken unverändert bei unserem Bertl. Keine Nachricht, wo immer ich es auch versuche. Hier kommen jetzt sehr viele Züge mit Vertriebenen, aber auch mit Soldaten an, und ich bin schon mehrfach am Bahnhof gewesen und habe ein Schild mit Bertls Namen hochgehalten. Leider gänzlich ohne Erfolg.
Sie sind hoffentlich bei bester Gesundheit. Ich würde mich sehr freuen, von Ihnen zu hören.
Herzlichst Ihre Ursula Schulz und Peterle

Meine Mutter hatte einen großen Nähauftrag einer Bekannten von Veronika entgegengenommen und sich bereit erklärt, die Anproben bei ihr zu Hause vorzunehmen. So kam sie endlich wieder einmal aus dem Haus und konnte mich mitnehmen. Es war ein sonniger und erstaunlich warmer Apriltag. Trotz der Sonnenstrahlen waren überall noch Rest von Schnee und Eis zu sehen.

An einer Weggabelung passierte das Unglück. Der Wagen blieb stecken und drohte mit mir und den Näharbeiten umzukippen. Meine Mutter konnte sehr laut schimpfen, wenn sie wollte. Und das tat sie nun auch ausgiebig, ohne an der bedrohlichen Situation etwas ändern zu können. Zunächst musste sie versuchen, das Gefährt wieder auf alle vier Räder zu stellen, denn zwei schwebten in der Luft. Sie hatte alle Hände voll zu tun, und zu allem Überfluss schrie ich aus Leibeskräften.

Energische Schritte näherten sich, und eine tiefe Stimme fragte: »Darf ich Ihnen meine Hilfe anbieten?«

Meine Mutter sah kaum hoch, für viele Worte war jetzt keine Zeit. »Ja, tun Sie sich keinen Zwang an. Dann mal los. Sie links, ich rechts, und bei drei heben wir den Wagen an. Eins, zwei, drei, und jetzt hopp«, befahl sie.

Mit einem Ruck stand der Wagen wieder in der Mitte des Bürgersteigs. Meine Mutter atmete tief durch. »Puh, das hätten wir, vielen Dank. Das war Rettung in höchster Not.«

»Ich bin noch nie so nett herumkommandiert worden«, antwortete ihr Helfer. Meine Mutter blickte auf und erstarrte. Der Mensch vor ihr war mindestens 1,85 Meter groß. Er strahlte sie mit den blauesten Augen an, die meine Mutter gesehen hatte.

Der sieht ziemlich gut aus, dachte sie im Stillen. Blonde Haare, kurz geschnitten, schlank, und vor allen Dingen trug er Zivil. Das kam bei Männern recht selten vor in diesen Tagen. Seine Hose war ihm deutlich zu kurz, die Jacke hingegen viel zu weit. Mit Entsetzen bemerkte sie, dass ein leerer linker Ärmel in seiner Jackentasche steckte. Und sie hatte ihn aufgefordert, ihr zu helfen! Meine Güte, dachte sie, wie unangenehm.

Aber noch etwas passte nicht ins Bild. Was war das, überlegte sie. Genau, der Mann sprach mit einem Akzent. Es klang härter als bei Bertl, er rollte das R, und das CH klang kehliger.

Diese Gedanken schossen ihr in Bruchteilen von Sekunden durch den Kopf, die ihr trotzdem lang vorkamen. Sie rief sich zur Ordnung. Sie konnte keinen wildfremden Menschen auf offener Straße anstarren, auch wenn er ihr aus höchster Not geholfen hatte. Sie packte den Wagen und machte Anstalten, schleunigst ihren Weg fortzusetzen.

Der Mann versperrte ihr den Weg nicht gerade, aber einfach gehen lassen wollte er sie auch nicht. »Als kleine Entschädigung hätte ich mir doch ein wenig mehr Wertschätzung meiner grandiosen Rettungstat gewünscht.« Ganz unbekümmert setzte er die Konversation fort. Es war zu sehen, wie er sich zurückhalten musste, um nicht lauthals loszulachen. Die Situation war in der Tat sehr komisch. Meine Mutter fühlte sich hilflos, und das machte sie natürlich erst recht wütend.

»Typisch Männer, tun einer Frau einen Gefallen, und schon wollen sie ewige Dankbarkeit. Ich habe mich bedankt, und es tut mir leid, dass ich Ihre Behinderung nicht gleich gesehen habe.« Sie kramte in einer ihrer Manteltaschen, holte eine Münze hervor und machte Anstalten, sie ihm in die Hand zu drücken.

Der Mann zuckte zurück, als hätte ihn ein Peitschenhieb getroffen. Für einen Moment verzog er sein Gesicht, doch gleich darauf hatte er seine Fassung wiedergewonnen. »Ach, junge Frau, ich wäre schon mit einer warmen Mahlzeit zufrieden.«

Meine Mutter war sprachlos. Sie war dem Mann zu Dank verpflichtet, aber zu mehr auch nicht. Offenbar ließ sich der Mann jedoch nicht so leicht abschütteln. »Meinetwegen, wenn Sie sich schon selbst einladen, heute Abend in der Loeperstraße 18 können Sie sich meinen lukullischen Dank abholen.« Damit drehte sie sich um und eilte fort.

In der Wohnung von Veronikas Freundin wurde sie schon erwartet. Ich bekam einen bequemen Platz auf einem großen Sofa, und Veronika drückte mir zwei holzgeschnitzte Figuren in die Hand, mit denen ich in der nächsten Zeit beschäftigt war.

Meine Mutter packte ihre Schätze aus, die von allen gemeinsam auf die Stühle und Anrichten gelegt wurden, sodass die Frauen Platz zur Begutachtung hatten. Meine Mutter war aufgeregt. Dies war ihr erster großer Auftrag, der durch Veronikas Empfehlung zustande gekommen war. Die Damen gehörten zur besseren Gesellschaft von Roßlau, deren Lob würde ihr weitere Türen öffnen.

Ihre Bedenken waren unbegründet. Die Frauen rissen sich förmlich die Stücke aus den Händen, probierten sie an und bestaunten die saubere Verarbeitung. Meine Mutter hatte sich eigene kleine Veränderungen erlaubt, die eigentlich nicht bestellt waren. Alle waren von den fertigen Stücken sehr angetan.

Veronika öffnete eine Flasche Wein. »Kommt, Mädels, darauf lasst uns anstoßen.« Dann schaltete sie das Radio an, und Musik erklang. Zur allgemeinen Überraschung war es eine Musik, die ganz anders war als alles, was sie jemals gehört hatten. Frauenstimmen sangen nach einem ganz besonderen Rhythmus. Und auch wenn meine Mutter nicht verstand, was gesungen wurde, ergriff sie doch der Schwung der Musik. Veronika sang laut mit.

If you ever go down Trinidad
They make you feel so very glad
Calypso sing and make up rhyme
guarantee you one real good time

Drinking Rum and Coca Cola
go down Point Koomahnah
both mother and daughter
working for the Yankee Dollar

Und so ging das noch vier Strophen weiter. Die Frauen tanzten jetzt sogar und versuchten mitzusingen, was schrecklich misslang. Sie hatten jedoch einen Riesenspaß. Veronika drehte das Radio wieder leiser. »Ein Feindsender, aber ich schätze, das werden wir jetzt des Öfteren hören.«

»Was ist das denn für eine Musik?«, wollte einer der Frauen wissen.

»Der Tanz heißt Calypso und kommt von den karibischen Inseln. Die drei Mädchen, die das singen, sind Amerikanerinnen und nennen sich Andrew Sisters. So eine Musik ist bei unseren zukünftigen Herren ein ganz großer Erfolg. Nett, oder?«

Meine Mutter erkundigte sich, ob Veronika diesen Sender schon oft gehört hatte.

»Ja, aber ich bin vorsichtig. Du siehst, ich verstelle die Frequenz gleich wieder. Diese Sender haben zwei ganz große Vorteile. Erstens hört man tolle Musik, die Amerikaner sind schon sehr unterhaltsam, und zweitens erfahre ich die Wahrheit über den Kriegsverlauf und höre nicht nur unsere Sondermeldungen, die doch nur noch aus Lug und Betrug bestehen.«

Die beiden anderen Frauen schienen daran gewöhnt zu sein, wie unverblümt sich Veronika ausdrückte. Meine Mutter schwieg lieber. Sie war erleichtert, dass ihre Arbeit so gut angekommen war. Veronika hatte ihr den Rat gegeben, als Honorar kein Geld zu fordern, sondern lieber eine Liste von Dingen zu erstellen, die ihr wichtig waren. Dabei hatte Veronika sich ausdrücklich mit eingeschlossen. »Freundschaft ist Freundschaft, und Geschäft ist Geschäft, Ursel. Da darfst du auch mir gegenüber keine Skrupel haben. Ich weiß, wie hart und gewissenhaft du arbeitest, also hast du auch Anspruch auf eine gute Entlohnung.«

Und so erhielt sie einen großen Teil der Bezahlung in Lebensmitteln, Speck, Schmalz, sogar einige kleine Würstchen gab es und speziell für mich auch Obst. Hinzu kamen Gemüse oder Backzutaten, und da eine Frau mit dem Apotheker verheiratet war, fehlte auch der Lebertran nicht. Besonders freute sich meine Mutter über Vitamin C-Tabletten, falls einmal kein frisches Obst zur Hand war.

Eine Frau hatte einen kleinen Koffer mitgebracht. »Fräulein Schulz, ich habe noch ein paar Fuchsfelle, die mein Mann im letzten Jahr bei einem Heimatbesuch mitbrachte. Ich weiß nicht, woher die sind, ich habe auch nicht danach gefragt. Vielleicht können Sie sie ja gebrauchen.«

Mehr als drei Stunden waren vergangen. Trotz der lauten Unterhaltung war ich eingeschlafen, und auch meine Mutter wollte jetzt nur nach Hause. Sie war vollkommen erschöpft. Und der Kinderwagen war beladen mit Schätzen.

Veronika bot ihre Hilfe an. »Komm, Ursel, ich bring dich nach

Hause. Du kannst den Wagen ja kaum schieben, und wenn die Leute wüssten, was du hier alles durch die Gegend fährst, dann gnade dir Gott.«

Meiner Mutter fiel plötzlich die Begegnung mit diesem komischen Kerl wieder ein, und sie erzählte Veronika davon.

»Und den hast du zum Essen eingeladen? Ich glaub's nicht, Ursel, du bist nicht ganz bei Trost. Du kennst den doch gar nicht.«

Kopfschüttelnd schnappte sie sich den Kinderwagen, meine Mutter trug den kleinen Koffer mit Pelzen und noch zwei Stoffbeutel mit Kleinigkeiten. So marschierten die beiden wortkarg in die Loeperstraße.

Es war früher Nachmittag, und meine Mutter wollte noch für einen Augenblick in ihre Nähstube. Veronika nickte nur kurz, ihr war offensichtlich irgendeine Laus über die Leber gelaufen.

Nach einer Weile, alles hatte länger gedauert als geplant, ging sie schnell nach Hause. Schon in der Diele hörte sie die aufgeregten Frauenstimmen. Meine Mutter hörte zunächst nur Wortfetzen wie »Dummheit«, »wie ein kleines naives Kind«, »Fremder«. Na, dachte sie, die machen mir jetzt wohl die Hölle heiß.

»Unterhalten sich die Damen gut? Hallo, Sigrid, wir haben uns heute ja noch gar nicht gesehen. Mhmm, was hast du denn da gekocht, das riecht ja lecker.« Ehe jemand etwas sagen konnte, ging sie zum Herd, hob den Deckel des großen Kochtopfs an und schaute hinein. »Mensch, Sigrid, Erbseneintopf. Du hast bestimmt für zwei bis drei Tage gekocht, wie ich dich kenne. Das reicht doch für eine ganze Kompanie.«

Dann zog sie theatralisch ein ganz trauriges Gesicht. »Schade, dass es gar keine Einlage gibt. Wie ärgerlich, nicht wahr, Sigrid? Was sagst du, Veronika, ein Stück Speck wär zu schön. Vielleicht sogar ein paar Würstchen, die würden der Sache noch den allerletzten Pfiff geben.« Sie ging in der Küche umher, schüttelte immer wieder den Kopf und murmelte vor sich hin: »Zu schade, zu schade, so eine schöne Suppe, aber nichts drin.«

Sigrid schaute fassungslos meine Mutter an, und auch Veronika standen die Fragezeichen ins Gesicht geschrieben. Plötzlich lachte Veronika laut los. »Ist ja gut, Ursel, ist ja gut, wir haben es alle begriffen. Du kannst mit deiner Zirkusnummer aufhören.«

Sigrid forderte energisch Aufklärung. Meine Mutter klärte sie lachend auf, dass sie als Bezahlung für ihre Näharbeiten eben auch Speck und Würstchen bekommen hatte. Selbstverständlich würde sie das für die Suppe spendieren, was für eine köstliche Bereicherung!

»Ihr Lieben, wollen wir nicht mehrere Fliegen mit einer Klappe schlagen? Ich habe gar keine Lust, mit diesem Mann allein zu essen. Aber ich will ehrlich sein. Erstens hat er mir in einer misslichen Lage geholfen, und zweitens machte er auch einen netten Eindruck auf mich. Warum essen wir nicht zu fünft, Herrmann wird bestimmt auch bald von der Arbeit kommen?«

»Nein«, sagte Sigrid, »das wird vermutlich nichts. Herrmann geht nach der Arbeit immer gleich wieder ins Rathaus, das alles dauert ewig. Aber du hast recht. Wir zwei« – und dabei sah sie Veronika auffordernd an – »bleiben hier, und dann essen wir zu viert. Mit drei so schicken Frauen wie uns wird er bestimmt seine Freude haben. Ganz nebenbei kontrollieren wir mal, was du für einen Geschmack hast und was hinter diesem Wunderknaben steckt.«

Gesagt, getan. Sigrid kümmerte sich um die Suppe, und Veronika deckte den Tisch mit fünf Gedecken, falls Herrmann doch kam. Als Sigrid kurz verschwand, um sich etwas anderes anzuziehen, wandte sich Veronika an meine Mutter. »Ursel, ich hab das vorhin nicht so gemeint. Aber hier treibt sich so viel Gesindel herum und du bist so eine hübsche junge Frau, da hab ich einfach einen Schreck bekommen. Da offenbar sonst niemand auf dich aufpasst, werde ich das ab jetzt tun.«

Meine Mutter nahm sie in den Arm. »Du weißt doch, dass ich dir nicht böse sein kann. Du hast ja recht, aber ich war heilfroh, dass der Mann mir geholfen hat.«

Als Sigrid zurückkam, war sie nicht gerade aufgedonnert, für ihre Verhältnisse hatte sie jedoch ganz schön aufgetragen. »Machen wir jetzt einen Schönheitswettbewerb?«, frotzelte Veronika. »Sigrid, du bist gut verheiratet und läufst außer Konkurrenz. Und Ursel denkt ohnehin nur an ihren Bertl. Sonst noch Fragen? Na dann mal los, meine Damen«, fügte sie burschikos hinzu.

»Soll ich noch eine Kerze auf den Tisch stellen?«, fragte Sigrid ganz unschuldig. Veronika und meine Mutter prusteten gleichzeitig los. »Wird das hier jetzt ein indisches Liebesmahl? Ich gebe zu, Kerzenlicht schmeichelt, aber so weit sind wir ja wohl noch nicht!«

Es schlug sechs, und fast im selben Moment schellte es an der Tür. Ratlos sahen sich die drei Frauen an. »Wer geht denn an die Tür?«, fragte Sigrid. »Na du natürlich, du wohnst doch hier«, flüsterte meine Mutter. »Ja, aber eigentlich will er doch zu dir.« »Fangen wir doch gleich mit der Überraschung an«, brummte Veronika.

Sigrid stand auf und schloss die Wohnzimmertür hinter sich, sodass nur Gemurmel zu hören war. »Das hat sie extra gemacht, das Biest«, meckerte Veronika.

Die Wohnzimmertür öffnete sich, und Sigrid trat ein mit einem riesigen, völlig übertriebenen Blumenstrauß, wie beide fanden. Unter dem Arm trug sie eine große Bonbonniere.

Hinter ihr stand der Mann, der meiner Mutter geholfen hatte. Er sah noch besser aus als am Vormittag, dachte meine Mutter. Er trug einen hellgrauen Anzug als Zweireiher, im Sakko steckte ein weißes Tuch. Man musste schon genau hinsehen, um zu bemerken, dass sein linker Ärmel leer war.

Er ging zunächst auf Veronika zu, die sitzen blieb. Sie hielt ihm huldvoll die Hand entgegen, und er beugte sich über ihren Handrücken. Wenige Zentimeter vor der Hand hielt er inne, murmelte »a chanté, Madame«, richtete sich auf und schenkte ihr ein respektvolles Lächeln. Dann wandte er sich meiner Mutter zu. Sie war bereits kurz davor aufzuspringen, konnte sich aber im letzten Moment noch beherrschen. Bevor der Mann etwas sagen konnte, fuhr sie ihm förmlich in die Parade. »Ja, wir kennen uns ja schon. Vielen Dank für Ihre Hilfe, aber Ihren Namen habe ich leider nicht verstanden.«

»Meine Damen, ich bitte um Entschuldigung, dass ich hier offensichtlich in eine Verabredung hereinplatze. Das wollte ich nicht. Mein Name ist Werner Bellmann, und ich hatte bereits das Vergnügen, dieser jungen Dame hier«, er drehte sich halb zu meiner Mutter, »behilflich zu sein.«

Sigrid mischte sich ein. »Es ist schon in Ordnung. Wir sind befreundet und wollten heute Abend ohnehin miteinander essen. Und wo vier satt werden, wird auch ein Fünfter satt.«

Er runzelte die Stirn. »Wieso, kommt noch jemand?«

»Ja, mein Mann ist noch im Rathaus, und das dauert immer länger in diesen Tagen.«

»Können wir vielleicht ein wenig die Etikette einhalten, meine Herrschaften«, grummelte Veronika mit leicht arrogantem Unterton. »Auch wenn es sich nur um einen, wenn auch durchaus köstlichen Eintopf handelt, wollen wir doch die Spielregeln beachten. Also, Herr Bellmann, mein Name ist Veronika König.«

»Und ich bin die Ursula Schulz«, meldete sich meine Mutter zu Wort.

Herr Bellmann nickte und nahm sich Zeit, die Räumlichkeiten zu betrachten. »Sehr hübsch, Frau Fischer. Hier kann man sich wohlfühlen, wirklich sehr gemütlich.«

»Herr Bellmann«, mahnte Veronika, »Sie sollen hier nicht einziehen. Es gibt einfachen, aber schmackhaften Eintopf mit Einlage, was in diesen Tagen schon außergewöhnlich genug ist. Aber das tapfere deutsche Volk ist ja Kummer gewöhnt und wird auch diese kurze Durststrecke überwinden. Immerhin kommen die Wunderwaffen schon bald zum Einsatz, wie unser großer Führer nicht müde wird anzudeuten.«

Bevor die beiden Frauen Veronika davon abhalten konnten, weiterhin so lästerliche Reden zu führen, setzte diese unbeirrt ihren Monolog fort. »Sie müssen entschuldigen, Herr Bellmann, aber Sie scheinen mir ja auch auf die Schokoladenseite des Lebens gefallen zu sein. In diesen Zeiten in Zivil so gut gekleidet zu sein, ist wohl ein besonderes Privileg?«

»Wissen Sie, Frau König, wenn man einen Arm verloren hat, auch wenn es nur der linke ist, kann man von Privilegien, wie Sie das nennen, kaum sprechen, oder? Ich habe meinen Beitrag in diesem Krieg geleistet und einen hohen Preis dafür gezahlt, jetzt meinen Frieden haben zu dürfen.«

Es war für einen Moment ganz still, aber Veronika war wie ein Wachhund. Irgendetwas kam ihr komisch vor, und sie war fest entschlossen, sich von diesem Mann nicht einlullen zu lassen. »Sie haben recht, Herr Bellmann, das ist ein hoher Preis. Der Führer verlangt von uns allen besondere Anstrengungen. Aber die Leidensfähigkeit und Opferbereitschaft des deutschen Volkes ist auch besonders groß.« Ihr Sarkasmus war unüberhörbar.

Bellmann setzte zu einer Antwort an, doch Sigrid kam ihm zuvor. »So, jetzt ist es genug. Ich habe nicht drei Stunden lang Suppe vorbereitet, um mir dieses Erlebnis durch politische Phrasendrescherei verderben zu lassen. Ich wünsche guten Appetit. Ach, Ursel, geh doch mal bitte raus. Da sind noch ein paar Flaschen Bier. Ich hatte sie zum Abkühlen in den Schnee im Garten gesteckt.«

Meine Mutter holte das Bier, Sigrid die dazugehörigen Gläser. Veronika und Bellmann schienen sich aufmerksam zu mustern, als würden sie sich beide auf die Fortsetzung ihres Scharmützels vorbereiten.

Bevor sie sich an den Tisch setzte, schaute meine Mutter kurz ins Schlafzimmer der Fischers, wo ich ihm Ehebett lag und selig vor mich hin schlummerte.

Die kurze Unterbrechung tat allen gut. Sigrid füllte die Teller auf, und Veronika verteilte wortlos die Wurst. Meine Mutter öffnete das Bier. Alle gaben sich dem Genuss der ungewohnt üppigen Mahlzeit hin.

Plötzlich hörte man die Haustür. Sigrid sprang sofort auf. »Gott sei dank, Herrmann ist da«, und schon war sie im Hausflur. Veronika konnte es einfach nicht lassen. »Vor einem Jahr noch hätte sie gesagt, dem Führer sei dank, Herrmann ist da. Aber wahrscheinlich hätte sie den Meier-Göring gemeint.«

Meine Mutter prustete los, Werner Bellmann starrte ziemlich verwirrt auf seinen Teller. Es schien, als verstünde er kein Wort.

Nach zwei Minuten betraten Herrmann und Sigrid den Raum. Herrmann nickte den beiden Frauen zu, dann stellte er sich Bellmann vor. »Guten Abend, ich bin Herrmann Fischer.« Bellmann stand seinerseits auf, er verbeugte sich knapp. »Ich bin Werner Bellmann und danke für die Einladung zum Essen.«

Herrmann nickte, setzte sich auf den letzten freien Platz und ließ sich seinen Teller füllen. Zu der üppigen Fleischeinlage machte er große Augen. »Na, Ursel, hast du mit deinem Kinderwagen wieder ein Schwein überfahren?«

Er blickte verständnisheischend zu Bellmann. »Sie müssen wissen, unser Fräulein Schulz ist der Kandidat für besondere Fälle.«

Sigrid flüsterte ihm zu: »Herrmann, nun sei mal still, die Menschen hier kennen sich doch noch gar nicht so richtig.«

Meine Mutter bekam einen knallroten Kopf. Bellmann konnte sich ein Grinsen nicht verkneifen, und Veronika schüttelte den Kopf. Da das folgende Schweigen auf allen lastete, versuchte Sigrid, ein wenig Konversation zu machen. »Herrmann, wie erging es dir denn heute?«

»Es ist immer schwierig, wenn Macher auf Bürokraten stoßen. Und ich bin immer wieder überrascht, wie gut die Amis über unsere Strukturen informiert sind. Die wissen genau, was und wen sie erobert haben. Und wer ihnen helfen kann und wer an den nächsten Baum gehört.«

Meine Mutter zog die Luft hörbar durch die Zähne. »Nee, nun mal keine Angst, Ursel«, beschwichtigte Herrmann. »Die Amis machen das nicht, obwohl sie viele Leute bei ihrem Vormarsch verloren haben. Noch in den kleinsten Dörfern haben sie sich mit fanatischen sechzehnjährigen Hitlerjungen auseinandersetzen müssen. Der Major Becker, mit dem wir es im Moment zu tun haben, schilderte uns das sehr drastisch.«

»Sag mal, Herrmann«, mischte sich Sigrid ein, »den Namen Becker höre ich zum ersten Mal. Wie hieß der andere noch gleich, Steward, ist der nicht mehr dabei?«

»Nein, der wurde abgelöst. Der Becker ist ein Guter. Deutsche Familie, hört man ja schon am Namen, aber von Geburt an Amerikaner. Er hat sich freiwillig gemeldet. Sein Vater ist ihm immer in den Ohren gelegen, Deutschland sei ein Land der Dichter und Denker. Viel davon wird er wohl nicht mehr finden.«

Herrmann seufzte und wandte sich Werner Bellmann zu. »Und welchem Vergnügen haben wir Ihre Anwesenheit zu verdanken?«

Der so Angesprochene schilderte die Begegnung mit meiner Mutter und fügte gleich hinzu, sich die Einladung zum Essen erschlichen zu haben.

»Hauptsache, man wird satt«, antwortete Fischer. »Und wobei haben Sie einen Teil Ihres so edlen Körpers für Führer, Volk und Vaterland hergeben müssen?«, fragte er unverblümt.

Die Antwort war knapp: Stalingrad. Schweigen senkte sich über die Gruppe. Jeder wusste, was sich dahinter verbarg, welche Schrecken und welche Entbehrungen dieser Mann hatte ertragen müssen.

»Darf ich fragen, Herr Fischer, was Sie beruflich machen?«

»Eigentlich bin ich bei den Flugzeug-Werken angestellt, aber die gibt's ja nun nicht mehr. Ich bin schon immer gegen diesen brauen Unsinn gewesen« – er bemerkte die hochgezogenen Augenbrauen seines Gegenübers – »ja, ich weiß, wir waren alle gegen Hitler. Aber ich stamme aus einer traditionell sozialdemokratischen Familie. Ich habe mitgemacht, mitmachen müssen. Ich habe Familie, und für die gilt es Verantwortung zu tragen. Ende der Durchsage. Aber ich habe mir nichts zuschulden kommen lassen. Das war offensichtlich auch der Grund für die Amerikaner, mich in diesem Gremium einzusetzen, wo wir nun entscheiden sollen, wie und mit wem wir neue Strukturen aufbauen. Zum Glück kenne ich die meisten Leute sehr gut und weiß, wie ich sie einzuschätzen habe. Aber ich muss auch vorsichtig sein. Alte Verbindungen sind noch intakt, und Anfeindungen und Drohungen sind an der Tagesordnung. Und über allem steht die Unsicherheit, was passieren wird. Das Gerücht geht, dass die Amerikaner bald wieder abhauen und die Russen das ganze Gebiet hier einkassieren.«

Meine Mutter bemerkte, wie aufmerksam Bellmann Herrmann Fischer beobachtete.

»Und was machen Sie, Herr Bellmann? Entschuldigen Sie, wenn ich das so sage, aber Ihre Aussprache kommt mir slawisch, um nicht zu sagen russisch vor.« Herrmann beugte sich bei diesen Worten neugierig vor.

Bellmann zögerte. »Ja, Herr Fischer, das kann ich nicht verleugnen. Meine Familie hat sehr lange in Russland gelebt. Wir wurden, nicht ganz freiwillig, vor einigen Jahren umgesiedelt. Ich spreche beide Sprachen fließend. Wer weiß schon, wozu das einmal gut sein wird«, fügte er mit vielsagendem Lächeln hinzu.

»Na, nu malen Sie mal den Teufel nicht an die Wand, junger Mann«, mischte sich Veronika laut ein. »Jetzt haben wir hier den Ami, und der wird sich schon wohlfühlen bei uns zwischen Elbe und Mulde. Der Weg war weit und verlustreich genug, den Rest sollen mal die Russen machen. Die haben sowieso nur Augen für Berlin, und damit sind sie noch lange beschäftigt.«

»Dass wir aber immer nur über Krieg reden, das ist doch furchtbar«, mischte sich meine Mutter ein. »Ich weiß, es ist schrecklich, und die schlimmen Ereignisse sind für uns alle noch präsent. Aber in ein paar Wochen ist der Krieg vorbei. Wie geht es dann weiter? Hauptsache ist doch erst mal, keine Angst mehr haben zu müssen. Hier ist so viel zerstört. Ich mache mir Sorgen, wie die Versorgungslage sein wird. Die Bauern haben buchstäblich nichts in die Erde bringen können. Dessau und Umgebung ist hoffnungslos mit Flüchtlingen überfüllt. Die müssen untergebracht werden, sie brauchen Essen und Trinken und vernünftige Unterkünfte, und auch ich möchte mich abends um sechs Uhr nicht immer schon in mein Zimmer verkriechen müssen, weil Ausgangssperre ist.«

»Ursel, wir sind noch weit von der Normalität entfernt. Das wird noch Monate, wenn nicht Jahre dauern. Ich darf das eigentlich nicht sagen, aber ich bin mir unsicher, ob die Amerikaner hierbleiben werden. Ihre Untersuchungen gegen ehemalige Nazis sind zwar sehr gründlich, aber mein Bauch sagt mir, die bleiben nicht lange.«

In der Stube wurde es still. Die Frauen tauschten Blicke, und Bellmann nickte leicht mit dem Kopf, schwieg jedoch. Herrmann nagte an der Unterlippe, als befürchtete er, zu viel gesagt zu haben. »Bitte, Leute, das ist meine private Meinung. Es gibt dafür überhaupt keine Beweise. Ich würde mich freuen, wenn es anders kommt. Und jetzt lasst uns noch einen Schnaps trinken. Ich geh dann gleich ins Bett, die nächsten Tage werden anstrengend.«

Sigrid schenkte noch einmal nach, und man prostete einander zu. Bevor Herrmann den Raum verließ, blieb er kurz vor Bellmann stehen. »Nehmen Sie es mir nicht übel, Herr Bellmann, aber ich glaube Ihnen kein Wort. Weder Ihren Namen noch Ihre Geschichte. Und wenn ich weiterhin auf meinen Bauch höre – und damit bin ich immer gut gefahren –, dann haben wir uns heute bestimmt nicht zum letzten Mal gesehen. Verstehen Sie mich nicht falsch, Sie sind mir durchaus sympathisch. Ich hoffe, ich muss meine Meinung nicht revidieren.«

Sprach's und verschwand.

»Also, Sigrid, manchmal ist dein Herrmann schon eine alte

Unke«, lachte Veronika. »Aber wir kennen ihn ja, und vermutlich möchte niemand von uns im Moment mit ihm tauschen. Die Amerikaner hätten keinen Besseren finden können. Herrmann ist so korrekt und ehrlich. Ich weiß, wie sehr er unter manchen Zuständen in seinem Betrieb gelitten hat. Er hat sich seinerzeit viele Feinde in der Betriebsleitung gemacht, als er bei der Heuaktion Kritik übte.«

Bellmann schaute fragend. »Entschuldigen Sie, Frau König, was ist das für eine Geschichte, von der Sie da erzählen?«

»Das Wort Heu ergibt sich aus heimaltlos-elternlos-unterkunftslos und betraf Jugendliche, die in den von der deutschen Wehrmacht eroberten Gebieten ohne feste Bleibe waren. Vor allem aus Weißrussland und Ostpolen hat man diese jungen Leute nach Deutschland gebracht, wo sie arbeiten mussten. Auch Betriebe hier in Dessau bekamen Zuteilungen. Allein bei den Junkers-Werken waren über 4000 Jugendliche zwischen zehn und vierzehn Jahren eingesetzt.«

Bellmann atmete tief durch. »Also, wenn ich mir anhöre, was in der Heimat alles passiert ist, dann denke ich mir, es ist gut, dass wir als Frontsoldaten manches nicht gewusst haben.«

Er stemmte sich hoch. »Meine Damen, ich danke Ihnen herzlich für Ihre Gastfreundschaft und die Gesellschaft. Ich habe schon lange keinen so angenehmen Abend erlebt, auch wenn über allem eine Art Damoklesschwert schwebt. Frau Fischer, es hat mir wunderbar geschmeckt. Frau König, Fräulein Schulz, wir wissen nicht, was passiert. Ich bleibe in der Nähe und würde mich nicht wundern, wenn dies nicht unsere letzte Begegnung war.«

Sigrid begleitete ihn zur Tür und kam schwer atmend zurück. »Meine Güte, was ist das für ein Leben. Mir wird das bald zu viel. So ein Hin und Her.«

Veronika stand auf. »Kinder, ich muss los. Ein bisschen Feindsender hören, mal sehen, was wirklich in der Welt passiert.«

Sie verabschiedete sich hastig. Meine Mutter half Sigrid noch beim Aufräumen, doch beide hingen ihren Gedanken nach.

In unserem Zimmer legte sich meine Mutter neben mich. »Ach, mein Peterle, es wird unruhig«, sprach sie vor sich hin. »Gerade jetzt könnte ich jemand an meiner Seite brauchen. Mein Bertl, warum bist du nicht hier. Ich denke so oft an dich. Es ist mir egal, ob in Wien jemand auf dich wartet. Du hättest es mir ruhig sagen können. Ich glaube, dass du nur mich liebst. Ich will die Hoffnung auf eine gemeinsame Zukunft nicht aufgeben.«

In Roßlau war es an sich ruhig, trotzdem hörte man immer wieder Schüsse, mal mehr, mal weniger. In Dessau wurde die Ausgangssperre wesentlich strenger kontrolliert. Meine Mutter beschloss, am nächsten Tag zu Veronika zu gehen und sich nach der Lage an den Frontabschnitten zu erkundigen. Sie selbst wagte es nicht, Feindsender zu hören.

Nachdem sich ihre Unruhe nicht legte, stand sie auf, holte ihre Tasche unter dem Bett hervor und machte noch einmal eine Bestandsaufnahme. Sie besaß noch 5000 Reichsmark, aber Geld besaß schon jetzt keinen Wert mehr. Des Weiteren hatte sie noch ihren Schmuck, zwei goldene Armbänder und mehrere Herrenuhren. Irgendwann hatte sie Veronika die Sachen gezeigt, die beim Anblick der Stücke erschrocken war. »Mein liebes Mädel, das ist eine Lebensversicherung, aber manche würden dafür auch einen Mord begehen. Lass das bloß niemanden sehen.«

Der Tabakvorrat war spürbar zusammengeschrumpft. Sie besaß noch dreißig Päckchen mit jeweils 25 Gramm Tabak und zehn Päckchen mit Zigarettenpapier. Ihre kleine Nähstube musste die Basis für ihren Lebensunterhalt bleiben. Neulich hatte sogar ein amerikanischer Soldat bei ihr angeklopft. Leider verstand sie kein Wort, und die Zeichensprache führte zu keinem Erfolg. Der Mann war wieder verschwunden.

Sie wusste, dass das Versteck unter dem Bett unsicher war. Als sie den Holzfußboden aufmerksam absuchte, stellte sie fest, dass in einer Ecke zwei Bretter nicht festgenagelt waren. Ohne Werkzeug konnte sie sie jedoch nicht anheben. Sie wollte sich bald darum kümmern, ohne allerdings die Fischers einzubinden.

Am nächsten Morgen, es war ein Sonnabend, wachte sie durch meine Geräusche auf. Ich war aus dem Bett gekrochen und spielte bereits, sodass auch sie jetzt aufstehen musste. Unten in der Küche waren schon Geräusche zu hören. Als wir in die Küche eintraten, fragte meine Mutter: »Herrmann, heute ist doch Sonnabend, kannst du nicht mal Pause machen?«

»Ich bin lieber vor Ort, als mir hinterher den Vorwurf gefallen lassen zu müssen, im entscheidenden Moment nicht da gewesen zu sein.« Meine Mutter schüttelte den Kopf. Dann wandte sie sich noch einmal an ihn. »Ich würde in der Nähstube gerne ein paar Regalbretter nachziehen und einige Möbel umstellen. Kannst du mir vielleicht einen Schraubenzieher leihen?« Sie könne sich gern im Keller bedienen, antwortete Herrmann.

Nach dem Frühstück setzte mich meine Mutter in die Karre, und wir gingen zu Veronika. Sie öffnete gleich und zog uns mitsamt dem Kinderwagen in den Hausflur. »Komm schnell rein, Ursel. Jetzt wird es spannend.«

In der Stube war der Volksempfänger eingeschaltet. »Ich hab den AFN drin. Kurz zusammengefasst, der Russe ist in Berlin. Es wird von schrecklichen Häuserkämpfen berichtet. Auch der Flugplatz Tempelhof ist schon in russischer Hand. Es kann nicht mehr lange dauern. Dann muss doch endlich mal Schluss sein, verdammt noch mal«, schimpfte sie.

Aber zehn Minuten später sagte sie ungeduldig: »Komm, Ursel, wir machen einen Spaziergang. Es ist so schön draußen. Warum sollen wir vor dem Radio sitzen. Deinem Peterle wird die frische Luft auch guttun.«

Die Sonne hatte schon Kraft, man konnte fast ohne Jacke gehen. Der kleine Park lag im tiefsten Frieden. Die ersten Krokusse, Tulpen und Hyazinthen blühten. Wir ließen uns auf einer Bank nieder. Meine Mutter hob mich aus der Karre, und ich lief auf die

Wiese, um mich umzusehen. Ein Mann kam auf mich zu, beugte sich zu mir herab und gab mir ein kleines Paket.

Ich hatte es kaum in der Hand, als meine Mutter wie eine Furie angelaufen kam. »He, was machen Sie da, lassen Sie die Finger von meinem Kind!« Als der Mann sich aufrichtete, erkannte meine Mutter Werner Bellmann. Sie konnte es sich nicht verkneifen, ihn anzumosern. »Sie schon wieder, Sie verfolgen mich doch nicht etwa, Herr Bellmann? Wieso haben Sie sich denn so verkleidet?«

Er war kaum wiederzuerkennen. Er trug eine alte, eingedrückte und fleckige Wehrmachtsmütze. Seine Hose hatte er mit einem Gürtel um den Bauch geschlungen. Auch seine Jacke wies keinerlei Ähnlichkeit mehr mit seinem sauberen Aufzug vom letzten Mal auf. Es hatte den Anschein, als wollte er ganz bewusst abgerissen aussehen.

Meine Mutter nahm mir das Päckchen aus der Hand, obwohl ich mich wehrte. »Schokolade, wie nett, Herr Bellmann. So etwas bekommt mein Sohn aber noch nicht. Sie haben sicher nichts dagegen, wenn ich das für ihn verwahre.«

Bellmann nahm das alles ganz gelassen. »Fräulein Schulz, können Sie auch mal normal sein? Sie gehen ja immer ab wie eine Rakete, wenn Ihnen etwas nicht passt. Für die Wunderwaffen ist es ohnehin zu spät.«

»Herr Bellmann, es ist bisher ohne Sie gegangen und es wird auch in Zukunft ohne Sie gehen. Lassen Sie uns also bitte in Ruhe, wir haben es schwer genug. Auf Wiedersehen.«

Sie drehte sich um, nahm mich an die Hand, Veronika wurde eingehakt und beide Frauen verschwanden in die Richtung, aus der sie gekommen waren. »Dieser arrogante Kerl, warum treibt der sich hier herum? Der führt doch was im Schilde.«

»Ursel, Herrmann hat das ja schon erwähnt, es gibt Gerüchte, wonach die Amerikaner hier nicht bleiben werden. Möglicherweise ist Bellmann so eine Art Vorauskommando, er kundschaftet aus, mit wem die Russen in Zukunft zusammenarbeiten wollen.«

»Ja, aber das muss man doch melden, Veronika! Das geht doch nicht.«

»Und wem willst du das sagen, Ursel? Den Amis, die jetzt hier sind? Die wissen das bestimmt schon längst und ziehen hier nur noch eine Show ab.«

»Show? Was ist das für eine Sprache, woher hast du das?«

»Ich höre Radio, mein Kind«, antwortete Veronika schnippisch.

»Na gut, ich geh jetzt nach Hause. Die Nähstube ist voll mit Aufträgen. Und Peterle setze ich in sein Laufgitter in die Sonne.«

Das weitere Wochenende verlief ereignislos, und am Montag saß Mutter schon wieder in ihrer Stube. Der Schrank, in dem die erledigte Arbeit einsortiert war, wurde immer voller. Mit Unbehagen stellte sie fest, dass die Anzahl der nicht abgeholten Stücke stark anstieg.

Am 1. Mai, meine Mutter lag schon im Bett, hörte sie Stimmen und hastiges Poltern auf der Treppe. Sigrid klopfte laut gegen die Tür. »Ursel, steh auf, der Führer ist tot.«

Meine Mutter warf sich ihren Morgenmantel um und lief hinunter in die Küche Der Sender Hamburg verbreitete die Botschaft: »Der Führer Adolf Hitler ist heute Nachmittag in seinem Befehlsstand bis zum letzten Atemzug gegen den Bolschewismus kämpfend für Deutschland gefallen. Am 30. April hat der Führer Großadmiral Dönitz zu seinem legitimen Nachfolger bestimmt.«

Alle waren fassungslos und konnten das gar nicht glauben. Sollte es jetzt wirklich zu Ende sein? Ohne den Führer war der Krieg doch endgültig verloren, oder wollte sein Nachfolger etwa weitermachen? Von draußen hörte man wüstes Gewehrfeuer, doch es klang nicht nach Kampfhandlungen. Eher nach Freude, die sich in der Nacht natürlich leichter entfalten konnte.

Herrmann spendierte zwei Flaschen Bier. Wie gelähmt saßen alle da. »Und was machen wir nun?«, fragte Sigrid.

»Schlimmer kann's nicht werden«, meinte Herrmann. »Ich

glaube, jetzt geht es ganz schnell. In ein paar Tagen ist der Krieg vorbei. Übrigens sind die Russen schon in Waldersee und Mildensee. Das ist nicht weit. Mal sehen, wann sie die letzten Schritte machen, um hier einzumarschieren.«

Die nächsten Tage waren bestimmt von einer allgemeinen Verunsicherung. Das deutsche Oberkommando verfolgte eine Art von Teilkapitulation gegenüber den Westalliierten. Endgültig wurde die Kapitulationsurkunde am 8. Mai 1945 unterzeichnet. Noch hatten die Amerikaner die Gebiete um Dessau besetzt, aber niemand wusste, ob das auch so blieb. Man vermutete, dass die Rote Armee einmarschieren würde.

Die Amerikaner waren während ihrer Besatzungszeit durchaus keine Engel, doch die Besatzung durch die Russen war um ein Vielfaches schrecklicher. In Russland hatten die Deutschen verheerende Schäden angerichtet und unvorstellbare Gräueltaten begangen. Der Hass und die Wut gegen die Deutschen war unermesslich, und dies bekam die Zivilbevölkerung nun zu spüren. Jeder versuchte, sich irgendwie zu schützen. Die Frauen veränderten ihr Aussehen, Männer, die ihren Dienst normalerweise in Uniform auszuüben hatten, zogen es vor, in Zivil aufzutreten, um von den Rotarmisten nicht mit Soldaten oder SS-Männern verwechselt zu werden.

Am Sonntag, den 15. Juli, klopfte es an unserer Zimmertür. Sigrid stand davor. »Ursel, ich habe gehört, bei unserem Bäcker ist eine Sonderzuteilung Mehl angekommen. Der Bäcker Hofmeister hat Herrmann gesagt, dass er die ganze Nacht durcharbeiten wird. Ich wollte dir nur Bescheid sagen, ich stell mich morgen früh um vier Uhr vor das Geschäft und sehe zu, frisches Brot zu ergattern. Vielleicht gibt es sogar irgendetwas Süßes.«

Meine Mutter freute sich. »Sigrid, ich bin die Jüngere, also werde ich mich anstellen. Wenn du auf Peterle aufpasst, gehe ich zum Bäcker.« Sigrid nahm das Angebot dankbar an.

Als meine Mutter um kurz vor vier Uhr aufstand, war es noch stockdunkel. Es war zu spüren, dass es ein warmer, vielleicht heißer Tag werden könnte. Wie nicht anders zu erwarten, war sie nicht die Erste vor der Bäckerei. Die Menge wuchs schnell an. Eine Stunde später standen über zwanzig Frauen und einige Männer in einer Schlange. Meine Mutter erkannte Waltraud, mir der sie bei Veronika so ausgelassen zu »Rum and Coca Cola« getanzt hatten. Sie wechselten ein paar Worte.

Um halb sechs Uhr wurde am Seiteneingang der Bäckerei ein keines Fenster geöffnet, und ein süßer, schwerer Geruch von frisch gebackenem Brot zog in Richtung der Wartenden. Jeden Moment musste die Ladentür aufgehen.

Auf einmal war ein Motorengeräusch zu hören, das schnell lauter wurde. Die Frauen sahen sich nervös um, Truppenbewegungen am frühen Morgen verhießen nichts Gutes. Schon bogen drei Lastwagen in hohem Tempo um die Ecke, auf den Ladeflächen russische Soldaten. Die Wagen bildeten sofort einen Halbkreis, im Nu waren die Wartenden eingekesselt. Die Männer sprangen von den Wagen, es gab ein wildes Schreien und Durcheinander. Einige der Soldaten waren mit Maschinenpistolen bewaffnet, mit denen sie die Menschen in Schach hielten. Als im ersten Stock des Hauses ein Fenster aufging, feuerte einer der Soldaten sofort eine Salve in Richtung des Fensters.

Die Schreie der Frauen wurden von zornigen Befehlen übertönt. »Dawai bystro na maschina«, dröhnte es über den Platz, eindeutige Armbewegungen der Soldaten bedeuteten den Frauen, auf die Ladeflächen zu klettern. Einige leisteten heftig Widerstand, doch die Soldaten ließen sich nicht beirren. Wer sich wehrte, wurde an Händen und Füßen gepackt und mit Schwung unter Gejohle auf die Ladeflächen der Lkws geworfen. Andere wurden brutal geschlagen und auf die Wagen geschubst. Jedes Mal, wenn sich ein Fenster öffnete, wurde es umgehend von einem der Soldaten mit Maschinenpistolenfeuer belegt.

Nach nicht einmal zehn Minuten war der Spuk vorbei. Die Soldaten sprangen auf, und die Lastwagen fuhren in hohem Tempo davon.

Eine gespenstische Stille lag über dem Platz. Niemand traute sich, auf die Straße zu sehen. Nach einer endlos erscheinenden Zeitspanne wurde vorsichtig ein Rollo im Schaufenster des Bäckers beiseite geschoben, kurze Zeit später öffnete sich die Ladentür. Man hatte den Lehrling hinausgeschickt, um die Lage zu erkunden.

Der Platz war leer, bis auf Taschen, Beutel und zwei Rucksäcke, die die Frauen bei ihrer verzweifelten Gegenwehr verloren hatten. Aber auch Schuhe, Kopftücher und andere Kleidungsstücke lagen auf der Straße herum und boten einen entsetzlichen Anblick. Eine Tragödie hatte sich hier vollzogen.

Zur selben Zeit holte mich Sigrid aus meinem Bettchen und lachte mich an. »So, Peterle, heute mach ich dir mal Frühstück. Mama holt uns frisches Brot, und vielleicht bringt sie ja sogar ein Stück Kuchen mit.« Sie zog mich an und wollte mich auf den Arm nehmen, aber ich wollte lieber allein zur Treppe gehen. Dort angelangt schnappte sie mich, schwang mich durch die Luft, und wir gingen hinunter.

Während ich frühstückte, sah sie öfter auf die Uhr an der Wand. Später besprach sie sich mit Herrmann, der daraufhin das Haus verließ. Ich spielte mit Sigrid nach dem Frühstück mit der Eisenbahn.

Kurz darauf kam Herrmann in das Haus zurückgestürmt und machte Sigrid Zeichen, zu ihm in den Flur zu kommen. Sie setzte mich entschlossen in den Laufstall. Ich hörte nur noch ihre aufgeregten Stimmen.

Herrmann berichtete, dass die Bäckerei verschlossen war. Herumliegende Gegenstände vor dem Laden deuteten auf einen Überfall hin. »Da ist kein Mensch, Sigrid, der Bäcker hat dicht gemacht. Ich habe an die Tür geklopft, keine Reaktion. Als ich so hilflos herumstand, kommt vom Nebenhaus ein kleiner Blondschopf, vielleicht zwölf Jahre alt, und flüstert mir zu: Das waren Russen, mit drei Lastwagen. Dann drehte er sich um und war so schnell verschwunden, wie er gekommen war.«

Die beiden beschlossen, dass Herrmann sich bei der Kommandantur erkundigen sollte, was los war.

Es war schon später Nachmittag, als Herrmann nach Hause kam. Inzwischen war auch Veronika erschienen, die sich Sorgen um Waltraud machte. Man sah Herrmann seine Verzweiflung an.

»Ich weiß nicht weiter. Die Russen machen total dicht. Als ich die Vermutung äußerte, dass russische Soldaten die Frauen abtransportiert hätten, war der Offizier kurz davor, mich vor allen Leuten niederzuknallen. Er erklärte mir lautstark, wie sich unsere Soldaten in Russland benommen hätten und wie viele Millionen seiner Landsleute durch bestialische Taten der Deutschen ums Leben gekommen wären. Auch bei den deutschen Stellen habe ich nichts erreicht, absolut nichts.«

Alle waren zutiefst in Sorge, aber ihnen waren die Hände gebunden, etwas zu unternehmen.

Am nächsten Morgen verließ Herrmann früh das Haus, um noch einmal die Geschäftsstelle der örtlichen sowjetischen Militäradministration aufzusuchen. Wieder ohne Erfolg. Man riet ihm, solchen Gerüchten nicht weiter nachzugehen, wolle er sich nicht selbst gefährden.

Auf dem Rückweg beschloss er, bei Bäcker Hofmeister anzuklopfen. Er und seine Frau standen im Laden, hinter ihnen nichts als leere Regale. Die Männer kannten sich gut, sie waren unter anderem Kameraden bei der Freiwilligen Feuerwehr. Herrmann spürte schon beim Betreten des Geschäftes, dass er nichts erfahren würde. Und so war es. »Alles Gerüchte, Herrmann«, sagte der Bäcker blass. »Ja, hier sind ein paar Russen mit ihren Lkws durchgefahren und haben ein wenig durch die Gegend geballert. Mehr kann ich dir auch nicht sagen.«

Unmerklich wandte der Bäcker seinen Kopf zur Seite und wies nach draußen. Herrmann ging um das Haus herum, und wenige Minuten später trat Hofmeister aus der Backstube heraus.

»Herrmann, ich hatte gestern Nachmittag Besuch von zwei russischen Offizieren. Sie haben mir unmissverständlich klargemacht, was ich zu erwarten hätte, wenn ich auch nur ein Wort über das Ganze verlieren würde. Ich darf mit niemandem darüber sprechen, und meine Frau muss auch nicht wissen, was ich dir erzähle. Also ganz kurz: Um halb sechs fuhren hier drei Lastwagen vor, draußen standen eine Menge Leute, in der Mehrzahl Frauen.« Nervös schaute er sich nach allen Seiten um, ob sie beobachtet würden. »Als meine Frau nachsehen wollte, was los war, wurde sofort geschossen. Es war klar, die wollten keine Zeugen. Das ging blitzschnell, Herrmann, nach zehn Minuten war der Spuk vorbei und alle, die hier gewartet hatten, waren verschwunden.«

»Habt ihr denn irgendjemand erkannt von den Frauen?«

»Der Lehrling meinte, er hätte eure Ursel gesehen, und dann noch ein bis zwei Frauen gleich von gegenüber. Ich hab gar nichts gesehen und gesagt, von mir weißt du nichts. Ich will nicht nach Sibirien, und du tust auch gut daran, dich zurückzuhalten.«

Kopfschüttelnd stand Herrmann auf dem Platz. Er wusste nicht weiter. Ob Veronika schon etwas erfahren hatte?

Es war schon nach zehn Uhr, als er bei ihr klingelte. Es kam ihm wie eine Ewigkeit vor, bis die Tür sich öffnete. Veronika trug einen Bademantel, sie hatte zerzaustes Haar und hektische rote Flecken im Gesicht. Verunsichert berichtete er ihr, was er erfahren hatte.

»Herrmann, komm rein«, seufzte sie. »Du gibst ja doch keine Ruhe, und wenn du schon alles wissen willst, dann können wir gleich damit anfangen.«

Sie führte ihn in ihr Wohnzimmer. Auf dem Sofa saß Werner Bellmann. Dieser machte demonstrativ keine Anstalten, sich zu erheben. War er bei ihrem ersten Zusammentreffen zuvorkommend, ja fast um Freundschaft bemüht gewesen, saß nun ein selbstbewusster, Autorität ausstrahlender und gleichzeitig nachlässig gekleideter Mann da.

»Michail, komm, benimm dich. Sei ein braver Junge. Begrüße Herrn Fischer, wie sich das gehört und wie du dich in seinem Haus betragen hast.«

Als Bellmann aufstand, hielt er eine rote Jacke in der Hand. »Ich grüße Sie, Herr Fischer, und bedanke mich für den netten Abend bei Ihnen. Das hat mir gezeigt, dass es auch andere Deutsche gibt, Deutsche, mit denen zu reden und zu trinken sich lohnt. Ob es sich lohnt, mit Ihnen befreundet zu sein, wird sich zeigen.«

Er hob die Jacke in die Höhe, und Herrmann sah ein üppiges Ordensband sowie rote Schulterstücke mit drei silbernen Sternen im Dreieck. »Dies hier, Herr Fischer, ist die Uniform eines Majors der roten Armee. Gestatten, Michail Sergej Rosinski.« Er klappte die Hacken zusammen und setzte seine rechte Hand an den nicht vorhandenen Mützenrand.

Herrmann schaute der Geste fassungslos zu. »Ja, aber, was machen Sie hier?«

»Herrmann, nun sei mal nicht so begriffsstutzig«, mischte sich Veronika ein. »Was er hier macht, sieht ja wohl ein Blinder. Er tröstet mich, ich brauche viel Trost in dieser Zeit. Außerdem ist er ein guter Freund, oder etwa nicht, mein Michail?« Sie schaute ihn an, und er konnte sich ein Lächeln nicht verkneifen.

»Veronika, wir wollen Herrn Fischer nicht unnötig aufregen. Haben Sie, verehrter Herr Fischer, vielleicht gedacht, wir würden die amerikanischen Verbündeten in unseren Gebieten einfach so schalten und walten lassen? Dann wären Sie naiver, als ich gedacht habe. Ich habe in den letzten Wochen beobachtet, wie sich die Kräfteverhältnisse hier verschieben. Wo unsere Freunde, die Nazis, stecken, wie die Amerikaner die Administration regeln und anderes mehr. Ich habe viel gelernt, Herr Fischer, und diese Kenntnisse meinen Vorgesetzten mitgeteilt. Was können wir für Sie tun?«

Herrmann wusste nicht, wen er mit ›wir‹ meinte. Eine heimliche Liebschaft? War er blind gewesen, hätte er etwas bemerken müssen?

»Na, dann bin ich genau an der richtigen Stelle, Herr Bellmann«, machte er sich Mut, »oder wie wünschen Sie angeredet zu werden? Wir suchen Ursel, die Sie ja kennen. Sie ist spurlos verschwunden.«

Bellmann alias Rosinski stand da, sein Gesichtsausdruck wurde hart und unwillig. »Herr Fischer, Sie haben mir seinerzeit in Ihrem Haus Gastfreundschaft erwiesen. Wenn das nicht so wäre, würde ich jetzt anders reagieren. Wollen Sie unterstellen, dass Soldaten der Roten Armee deutsche Frauen entführen?« Unwirsch ging er zu Veronika, sagte etwas auf Russisch und verließ das Zimmer. Mit lautem Krachen schlug die Haustür hinter ihm zu.

Veronika sah Herrmann durchdringend an. »Das war mutig, mein Lieber, aber ganz knapp. Ich zieh mich um, warte hier.«

Sie kam schnell zurück, ihre Augen blitzten vor Angriffslust. »Herrmann, hier geht es ums Überleben. Für mich und für viele andere auch. Jetzt haben die Russen hier das Sagen, und da gilt es, ganz besonders vorsichtig zu sein. Ich glaube, das hast du verstanden. So, nun zum eigentlichen Punkt. Als ich Werner oder Michail, ganz wie du willst, bei euch kennengelernt habe, bin ich ihm, als er das Essen verließ, nachgelaufen. Wir waren uns vom ersten Moment an sympathisch. Gut, ich bin älter als er, aber ihn stört es nicht und mich erst recht nicht. Tatsache ist, dass er die Aufgabe hatte, hinter den Linien zu spionieren. Unter den gegebenen Bedingungen einen solchen Mann neben sich zu haben, schien mir keine schlechte Idee zu sein.«

Sie erzählte Herrmann, dass ihr Freund sehr wohl um die Disziplinlosigkeit in Teilen der Armee wisse. Er sei machtlos dagegen. Dann schickte sie Herrmann nach Hause. »Ich bange mit euch um Ursel und natürlich auch um Waltraud, denn ich befürchte das Schlimmste.«

Zwei Tage später kam Veronika zu Sigrid und Herrmann. Aus der selbstsicheren Veronika war eine sichtlich erschütterte Frau geworden. Grußlos ging sie an Sigrid vorbei und setzte sich auf das Sofa. Mit einem Taschentuch trocknete sie sich immer wieder die Augen, man merkte ihr die Anstrengung an, Fassung zu bewahren.

»Waltraud ist wieder da«, stieß sie zwischen zusammengepressten Lippen hervor. »Sie haben sie einfach vor meiner Haustür von ihrem Wagen abgeladen. Ich habe die arme Frau kaum erkannt und sie erst einmal in mein Bett gebracht. Glücklicherweise war Frau Dr. Klinkert noch in der Praxis, ich konnte sie sofort benachrichtigen. Man hat Waltraud geschlagen und missbraucht. Mehr war nicht aus ihr herauszukriegen.«

»Was ist denn mit deinem Beschützer, dem Herrn Major? Hat er sich noch mal blicken lassen?«, fragte Herrmann sarkastisch.

»Herrmann«, antwortete Veronika, »das bringt uns jetzt nicht weiter, irgendjemanden zu beschuldigen oder wild zu spekulieren. Wir alle können uns vorstellen, was passiert ist. Mehr weiß ich auch nicht.«

Es klingelte erneut, und diesmal ging Herrmann zu Tür. Als er zurückkam, folgte im Michail. Er trug seine Uniform.

Man sah ihm die Erschöpfung an. »Ja, es ist passiert, was ich nicht glauben wollte. Die Frauen und Männer sind von Soldaten einer Einheit der Roten Armee verschleppt worden. Auf dem Wagen mit den Männern gab es während der Fahrt Widerstand. Sie wurden sofort erschossen. Anlass zur Verhaftung der Deutschen, wie einige Soldaten das nannten, war der Wunsch, ausreichend Küchenpersonal zur Verfügung zu haben. Doch die Frauen sind da nie angekommen. Mittlerweile sind bis auf drei Ausnahmen alle Frauen wieder zurückgebracht worden. Zu meinem großen Bedauern gehört Ursel zu den drei Frauen, die noch vermisst werden. Ich werde alles tun, was in meiner Macht steht, um die Frauen zu finden. Mehr kann ich euch im Moment nicht sagen.«

Es war unübersehbar, wie unwohl ihm bei seinem Bericht war. Als er ging, ließ er drei verstörte Menschen zurück.

Mehr als vierzehn Tage nach dem Verschwinden hörte ich wieder ihre vertraute Stimme. Meine Mutter stand vor meinem Laufstall, beugte sich zu mir hinab, und Tränen liefen ihr unaufhörlich über das Gesicht. Ohne mich auf den Arm zu nehmen, sagte sie: »Mein Peterle, entschuldige, dass ich dich so lang allein gelassen habe. Mein kleiner Kerl, hast du gar nicht geweint, als ich weg war? Du bist so ein tapferer Junge. Alles ist wieder gut. Ich lasse dich nie wieder aus den Augen, mein Schatz.«

Ja, das war meine Mutter, aber sie roch anders und alles fühlte sich seltsam an. Ihre Stimme war stockend und rau. Dann führte Herrmann sie in unser Zimmer.

In der nächsten Zeit war es im Haus oft unruhig. Dauernd klingelte es an der Tür, Menschen kamen und gingen. Meine Mutter bekam ich in den nächsten Tagen nur selten zu Gesicht. Später erfuhr ich, dass Michail im Rahmen seiner Möglichkeiten mitgeholfen hatte herauszufinden, welche Medikamente meine Mutter benötigte, damit zumindest die körperlichen Schäden heilen konnten. Veronika hatte mit der Ärztin alles besprochen. Sie hatte Veronika geraten, sich an Apotheker Langenhagen zu wenden.

Auf der Suche nach Sigrid hörte Veronika im Flur plötzlich flüsternde Stimmen. Als sie nachsehen wollte, merkte sie, dass die Stimmen aus dem Keller kamen. Es ging sie nichts an, aber mit wem redete Sigrid? Als sie sich bemerkbar machte, kam Sigrid gleich zur Treppe gelaufen und sah in den Flur nach oben.

»Ach, Veronika, du bist's. Was gibt es, was sagt die Ärztin?« Bei diesen Worten stieg sie hastig die Treppe hoch, es war offensichtlich, dass es Veronika nichts anging, was sie im Keller getan hatte.

»Sigrid, wir müssen mit Ursel reden, und zwar über die Medikamente. Ich möchte, dass du bei diesem Gespräch dabei bist. Und ich glaube, es ist gut, wenn wir den kleinen Peter auch mitnehmen. Vielleicht hilft es ihr, ihn zu sehen.«

Meine Mutter lag erschöpft im Bett, freute sich aber, uns zu sehen. Veronika setzte sich zu ihr auf die Bettkante und ergriff ihre Hand. »Ursel, du brauchst viel Kraft, wir wissen das alle. Doch um dich so schnell wie möglich wieder gesund zu bekommen, benötigen wir Medikamente. Antibiotika. Aber das Zeug ist nur sehr schwer zu bekommen. Die Ärztin hat mir einen Apotheker genannt, von dem es heißt, dass er sie hat. Aber ich fürchte, wir müssen dazu an deine Ersparnisse gehen. Es ist sehr, sehr wichtig, ich will dir da nichts vormachen.«

Meine Mutter versuchte sich aufzurichten, was ihr schwerfiel. Sie hob den rechten Arm und zeigte auf die Bodenvase, die in der Ecke stand. »Unter der Vase, das vorletzte Brett«, flüsterte sie mühsam.

Veronika holte aus einer Vertiefung unter der Bodenlatte zwei Stoffbeutel hervor. Der etwas größere, leichtere Beutel enthielt offensichtlich Tabak. Im zweiten, deutlich schweren Beutel befanden sich der Schmuck und die Uhren. Veronika setzte sich an das Bett meiner Mutter und öffnete den Beutel mit dem Schmuck. »Ursel, ich nehme ein Armband und eine der Armbanduhren mit. Der Apotheker wird mir schon sagen, was er dafür herausrückt. Ich hoffe, du vertraust mir.«

Meine Mutter nickte nur und bat mit leiser Stimme darum, mich noch einmal zu ihr zu bringen. Sie strich mir übers Haar und begann zu weinen. Sigrid nahm mich auf den Arm, und wir verließen das Zimmer.

Als Veronika später bei dem Apotheker in der guten Stube saß, wurde sie barsch empfangen. »Frau König, ich kann Ihnen nicht helfen. Antibiotika unterliegen der Meldepflicht, und ich werde den Teufel tun, mich dem zu widersetzen.«

Veronika ahnte, wie schwierig ihre Mission werden würde. Aber sie wusste, wie man mit so jemandem umging. In der Stadt hatte sich herumgesprochen, was mit den Frauen passiert war.

»Herr Langenhagen, sagen Sie mal, da fällt mir ein, gehören Sie etwa zu dem Kreis der Langenhagens aus Aachen? Ich kenne da einen Karl-Ludwig, wir haben zusammen studiert.«

»Frau König, Sie spielen auf meinen Cousin an, aber das hilft Ihnen nicht weiter. Wo nichts ist, hat der Kaiser sein Recht verloren.«

»So hoch wollen wir gar nicht greifen, Herr Langenhagen. Da sollte doch unser Führer genügen, selbst wenn wir seiner verlustig gegangen sind. Tief in so manchem Parteigenossen schlummert doch immer noch ein Stück Adolf, meinen Sie nicht? Und wenn ich mir überlege, wie Ihr Cousin mit seinen Kameraden gegen die traditionellen Burschenschaften vorgegangen ist, da floss nicht nur der Wein in Strömen.«

Der Apotheker wurde blass, und seine Augen verengten sich zu boshaften Schlitzen. »Frau König, vielleicht sagen Sie mir, was Sie eigentlich von mir wollen. Die Medizin, die Sie suchen, habe ich nicht. Und versuchen Sie nicht, mich zu erpressen.«

»Herr Langenhagen«, flötete Veronika und sah ihn besonders freundlich an. »Um es geradeheraus zu sagen, ich brauche Antibiotika. Meine Freundin Ursel überlebt sonst möglicherweise nicht. Ich will nichts umsonst, ich brauche das Zeug, und zwar jetzt, und wenn ich jetzt sage, dann werde ich das Haus hier nicht ohne diese Mittel verlassen. Ich weiß, was sich in Ihrem Keller befindet. Keine Leiche, aber etwas, das meiner Freundin das Leben rettet. Ich bezahle, was immer es wert ist.«

Sie hob einen kleinen Beutel mit der Uhr und dem Armband hoch und setzte ein diabolisches Lächeln auf. »Klingeling, Herr Langenhagen, bestimmt eine gute Rendite, wie man so sagt. Auf dem Schwarzmarkt wäre die Arznei wahrscheinlich billiger, aber meine Freundin soll sich nicht auch noch mit irgendwelchen minderwertigen oder gefälschten Medikamenten herumschlagen müssen. Um sie steht es schlimm genug.«

Mit einer fast wegwerfenden Geste hielt sie dem Apotheker

den Beutel hin. Als er den Beutel öffnete, war ihm seine Verblüffung anzusehen.

»Frau König, verstehen Sie mich nicht falsch. Ich will ja gerne helfen, aber ich gehe ein sehr hohes Risiko ein. Ihr Besuch und unser Gespräch haben nicht stattgefunden. Sie dürfen unter keinen Umständen erzählen, auch der Patientin nicht, woher Sie die Medikamente bekommen haben. Wenn Sie sich daran nicht halten, kann ich Ihnen nicht mehr helfen. Ich sage das deshalb, weil es mit einer einmaligen Behandlung nicht getan ist. Und es gibt viele Frauen, die solche Medikamente dringend benötigen. Also hören Sie auf, mich erpressen zu wollen. Sehen Sie es geschäftlich. Ich habe etwas, das Sie brauchen, und ich bin offen genug, Ihnen zu sagen, dass ich an dem interessiert bin, was Sie haben. Ich schlage Folgendes vor: Ich nehme die Armbanduhr und betrachte sie als einen Teil der Bezahlung der Medikamente, die Ihrer Freundin in den nächsten acht bis zehn Tagen helfen. Danach müssen Sie wiederkommen. Sie bekommen dann von mir das unbedingt notwendige Folgepräparat, und ich werde das Armband nehmen. Ich verspreche Ihnen, dass Ihre Freundin dann körperlich gesund sein wird. Für die seelischen Verletzungen verfüge ich leider über kein Heilmittel.«

Veronika nickte, er stand auf, ging ins Nebenzimmer und kam kurz darauf mit zwei kleinen Schachteln zurück. Nachdem er ihr die Medikation erklärt hatte, fügte er hinzu: »Versuchen Sie auch, ihre seelische Verfassung zu verbessern. Gibt es da eine Möglichkeit?«

»Sie hat einen Sohn von knapp zwei Jahren, der kleine Peter ist ihr ganzer Halt.«

»Sie soll sich viel mit dem Kind beschäftigen. Spielen, vorlesen, basteln, das ist eine gute Therapie. Keine unnötige Aufregung, und sie darf keineswegs versuchen, das Kind durch die Gegend zu tragen.«

Veronika schwirrte der Kopf, und sie war froh, gehen zu können. In einer deutlich abgemilderten Form erzählte sie, was sie erlebt hatte. Dann holte sie ein Glas Wasser, und meine Mutter schluckte die ersten Tabletten.

Nachdem sie sich verabschiedet hatte, brachte mich Sigrid zu meiner Mutter. »Sigrid, das sieht hier alles so trist aus. Kannst du nicht versuchen, mir ein paar Blumen zu besorgen?«

Sigrid strahlte über das ganze Gesicht. »Das freut mich, dass du das sagst, Ursel. Blumen gibt es draußen in Hülle und Fülle. Ich koche uns jetzt einen Kaffee, und dann stecken wir die Blumen zusammen und machen uns ein paar schöne Sträuße, das kannst du doch so gut.«

Als sie etwas später zurückkam, trug sie ein Tablett mit drei Tassen, der Kaffeekanne und einem Teller mit selbst gebackenen Plätzchen. Hinter ihr betrat Herrmann das Zimmer, den Arm voller Blumen. Nachdem er die Blumen abgelegt hatte, setzte er sich zu Ursel aufs Bett. »Du bist tapfer, Ursel. Du überstehst das, und Peter wird dir dabei helfen.«

Sie tranken Kaffee, und die Frauen machten sich mit den Blumen zu schaffen.

Herrmann rutschte unruhig auf seinem Stuhl herum. »Ursel, darf ich dich etwas fragen? Sigrid hat mir erzählt, dass du hier Wertsachen versteckt hast. Vielleicht werde ich dich bald darum bitten müssen, dich in gewisser Weise an unserem Haushalt zu beteiligen. Ich weiß nicht, wie lange mich die Russen noch in meinem Amt sitzen lassen werden, aber unser Leben hier muss organisiert werden. Wir brauchen Essen und Trinken und vieles andere mehr. Du kannst dir nicht vorstellen, wie wertvoll zum Beispiel Tabak und Zigaretten geworden sind. Die Leute laufen kilometerweit für eine Zigarette oder verscherbeln ihre besten Stücke für ein bisschen Tabak.«

»Herrmann, ich verspreche euch, dass ich meinen Beitrag leisten werde. Ihr habt mir das Leben gerettet, ich vertraue euch. Neben dem Schmuck habe ich noch einen kleinen Vorrat an Tabak und Zigarettenpapier. Darüber kannst du unbegrenzt verfügen.

Aber ich will euch gegenüber auch ehrlich sein. Ich glaube nicht, dass ich hier in Roßlau bleiben kann. Ich überlege, nach Hamburg zu gehen. Wie ihr wisst, lebt dort ein Teil meiner Familie. Allerdings weiß ich überhaupt nicht, ob jemand überlebt hat und wie ich dort aufgenommen werden würde.«

Herrmann sah Sigrid an, unmerklich nickte sie. »Ursel, es gibt noch etwas, über das wir mit dir reden möchten. Du weißt, manchmal muss man sich sehr genau überlegen, ob man Menschen, die einem wichtig sind, in gewisse Dinge hineinziehen darf.«

Ein Klingeln unterbrach ihn, was er mit einer ärgerlichen Handbewegung abtun wollte, doch Sigrid war schon auf dem Weg nach unten. Aufgeregte Stimmen waren zu hören. Veronika betrat den Raum, bleich und völlig außer sich.

Herrmanns Verärgerung verschwand. »Na prima, dann ist es gleich ein Abwasch. Räumen wir jetzt mal richtig auf.«

Veronika wollte ihm zuvorkommen, aber Herrmann ließ ihr dazu keine Gelegenheit. »Veronika, du sollst alles wissen. Du hast ja kürzlich Sigrid im Keller mit jemand sprechen hören. Bevor du nun an Gespenster glaubst, sag ich es frei heraus: Unser Sohn Horst ist wieder da.«

»Wieso ... aber ... seit wann denn«, stieß Veronika hervor, nach Worten suchend.

»Seit vier Tagen, genau seit dem 5. August. Wir haben es für richtig gehalten, darüber zunächst mit niemandem zu sprechen. Wenn dein Freund Michail davon hören sollte, nehmen uns die Russen das Haus auseinander. Ihr wisst es: Horst war bei der Waffen-SS. Er ist völlig durcheinander und traumatisiert. Er kann nicht schlafen. Noch erzählt er nichts, und wir werden ihn auch nicht bedrängen. Erst einmal sind wir glücklich darüber, dass er körperlich unversehrt nach Hause gekommen ist.«

Veronika holte Luft. »Ja, mein Freund Michail, wie du so schön sagst, und das war er wirklich – aber nun ist dieser Mann weg.«

Alle starrten sie an.

»Ja, er ist verschwunden. Als ich eben nach Hause kam, lag ein Brief im Flur, unter der Tür durchgeschoben. Michail wurde nach Russland zurückbeordert. Ich kann euch den Brief gern vorlesen, wenn ihr wollt. Oder nein: Es ist mir egal, ob ihr wollt oder nicht, ich lese ihn vor.«

Ljubimaja Veronika,
ich kann mich leider nicht richtig von Dir verabschieden, so wie Du es eigentlich verdient hättest. Ich muss gehen, auch wenn ich nicht will. Wir haben eine so schöne Zeit miteinander gehabt. Du hast mir so viel Liebe gegeben, ich werde Dich nicht vergessen.
Mein Abschied ist nicht nur sehr schnell, sondern es ist auch eine Strafe für mich. Ich habe nach dem Vorfall mit Ursel nicht aufgehört, nach den Schuldigen zu suchen und sie zur Verantwortung zu ziehen. Das hat man mir sehr übel genommen, weil meine Vorgesetzten der Meinung sind, dass die Deutschen nichts anderes verdient haben.
Ich bin offiziell zwar nicht degradiert worden, aber ich habe wenig Hoffnung, dass ich in Moskau Freunde für mein Verhalten finden werde.
Denke an mich, wie ich an Dich.
Ja ljublju tebja,
Dein Michail

»Was soll ich davon halten? Ich weiß es nicht, meine Gedanken und Gefühle gehen wild durcheinander.«

»Für euch ist es doch ein Glück«, versuchte Herrmann die Dinge zu ordnen, »dass ihr von der Rückkehr unseres Sohnes nichts wusstet. Aber die Gefahr ist noch nicht vorbei. Die Mitglieder der Einheit, der Horst angehörte, werden mit Hochdruck gesucht. Kein Ton darf nach außen dringen, dass er hier ist. Ich weiß selbst nicht, wie lange ich das durchhalte. Für mich ist das eine große Belastung.«

Im Verlauf des Gesprächs wuchsen die drei noch mehr zu einer verschworenen Gemeinschaft zusammen, ein jeder spürte, dass sie sich gegenseitig stützen konnten.

Die weitere Sorge galt meiner Mutter. Gemeinsam mit der Ärztin war vereinbart worden, dass sie versuchen sollte, immer wieder eine Stunde in ihrer Werkstatt zu arbeiten, um so allmählich in einen Alltagsrhythmus zurückzufinden.

Am 20. August ging meine Mutter zum ersten Mal wieder auf die Straße. Für mich war es ein richtiges Abenteuer, endlich wieder Hand in Hand mit ihr die wenigen Schritte zur Nähwerkstatt gehen zu dürfen. Vorsichtig öffnete sie die Tür. Es roch muffig, als Erstes machte sie beide Fenster weit auf. Die Haustür hatte sie gleich hinter uns zugezogen, als sei es ihr wichtig, allein zu sein. Alles war so, wie sie die Werkstatt vor fünf Wochen verlassen hatte. Einige der fertiggestellten Kleidungsstücke waren in der Zwischenzeit abgeholt und bezahlt worden, Sigrid hatte das geregelt. Nachdem sie eine Weile an ihrem Tisch gesessen hatte, gingen wir wieder nach Hause. Die folgenden Tage verbrachten wir jede Stunde miteinander. Meine Mutter spielte mit mir, wir machten kurze und dann immer länger werdende Spaziergänge. Mir tat es gut, im Freien zu sein. Daneben liebte ich die Momente, in denen mir meine Mutter Geschichten vorlas. Mit ihrer sanften Stimme konnte sie wunderbar die Stimmen der Personen, die in den Geschichten vorkamen, zum Leben erwecken.

Die nächsten Wochen vergingen mit einer ruhigen Routine. Eines Abends, ich lag schon im Bett und hatte eine Geschichte vorgelesen bekommen, hörten wir vorsichtige Schritte die Treppe heraufkommen, gefolgt von einem leisen, eindringlichen Klopfen. Meine Mutter öffnete vorsichtig die Tür. Vor ihr stand ein junger Mann. Er legte den Zeigefinger an die Lippen und drängte sich an meiner Mutter vorbei ins Zimmer.

»Ich bin Horst, ich halte es unten im Keller nicht mehr aus. Ich muss endlich mit jemand reden. Meine Eltern haben mir von dir und deinem Sohn erzählt. Ihr seid ja gewissermaßen bei meinen Eltern zwangseinquartiert, da kannst du auch mal eine gute Tat vollbringen und mir einfach zuhören. Wie wär's damit?«

Meine Mutter erschrak, das war nicht zu übersehen, aber es war zu spüren, dass von dem jungen Mann keine Gefahr ausging. »Na gut, wenn ich dir damit helfen kann.« Sie atmete tief durch. »Deine Aggression kannst du aber am besten gleich an der Garderobe abgeben.«

Damit drehte sie sich um, holte aus der Kommode eine Flasche Cognac und stellte ein Glas dazu. »Ich darf leider nicht«, fügte sie hinzu. »Na, dann pack mal aus.« Seine rechte Hand zittert, als er das Glas zum Mund führte. Dann fing er an zu erzählen.

Als er zum Ende gelangt war, sah ihn meine Mutter an. »Horst, was du erzählst, ist kaum zu ertragen. Meine eigenen schrecklichen Momente will ich dir ersparen, du hast selbst genug gesehen, mehr als genug. Es wäre gut, wenn dir das Reden die Seele etwas leichter gemacht hätte. Aber ist dir klar, dass du auf keinen Fall länger im Haus bleiben darfst? Wenn jemand erfährt, dass du dich hier aufhältst, dann zünden uns die Russen das Haus über dem Kopf an, und wenn wir in Sibirien landen, haben wir vermutlich noch Glück gehabt.«

»Aber wo soll ich denn hin? Ich kenne niemanden mehr. Aus meiner Truppe sind fast alle tot.«

»Ich habe da von einer Sache gehört«, sagte meine Mutter. »In Frankreich gibt es angeblich eine Truppe, die ohne Ansehen der Person Leute aufnimmt. Die Gruppe nennt sich Fremdenlegion. Sie stellen offenbar Formationen mit Männern zusammen, die sich auf besondere Einsätze spezialisieren. Sie werden in die gefährlichsten Regionen der Welt geschickt, in denen es noch französische Kolonien gibt.«

Interessiert hörte Horst zu. Nach einer Weile stand er auf und bedankte sich bei meiner Mutter fürs Zuhören. Er nahm sie kurz in den Arm und verließ das Zimmer.

Wenige Tage nach dem Gespräch war Horst verschwunden. Sigrid kam eines Morgens aufgelöst zu uns. Sie weinte und hielt einen Zettel in der Hand, den sie meiner Mutter zu lesen gab.

Liebe Mama, lieber Papa,
seid mir nicht böse, aber ich kann hier nicht länger bleiben.
Ich bin eine Gefahr für Euch und für alle, die in diesem Hause leben. Wenn man mich bei Euch entdeckt, werden die Russen Euch dafür bestrafen, dass Ihr mich versteckt habt. Ich habe schwere Schuld auf mich geladen, mit der ich ganz allein fertig werden muss. Ihr könnt mir dabei nicht helfen.
Ich werde Euch immer lieb haben und ewig an Euch denken.
Euer Horst
P.S. Diesen kleinen Brief bitte sofort vernichten!!!!

Meine Mutter blieb bei ihrem Entschluss, nichts von dem Gespräch mit Horst zu sagen, sie versuchte stattdessen, Sigrid nach Kräften zu trösten. Auch von Gerhard war nie wieder ein Lebenszeichen eingetroffen. »Sigrid, ich weiß auch nicht, wo mein Bertl steckt. Falls er noch lebt, weiß er überhaupt nicht, wo wir jetzt sind. Ich habe deshalb meine Adresse beim Roten Kreuz hinterlegt.«

Die Behörden versuchten allmählich, die kommunale Organisation wieder in den Griff zu bekommen. Der anhaltende Flüchtlingsstrom, der sich über Sachsen-Anhalt ergoss, war jedoch zu groß. Streitigkeiten und Handgreiflichkeiten zwischen Bewohnern und Neuankömmlingen nahmen zu.

Herrmann kam eines Tages von einem seiner Streifzüge mit ein paar Brettern und einer kleinen Rolle Maschendraht unter dem Arm zurück. »Wir nehmen jetzt Kaninchen in die Pflege«, verkündete er. Nach kurzer Zeit war der Kaninchenstall fertig. Etwas später hielt ein Dreiradwagen vor unserer Tür. Vier Kartons wurden ausgeladen und in den Garten gebracht. Jetzt hatten wir vier Kaninchen.

»Ursel«, sagte er, als meine Mutter mit mir an der Hand neugierig vor dem Kaninchenstall stand, »ich hab ein wenig Tabak dafür opfern müssen, aber ich bin sicher, dass sich das lohnen wird. Auch wenn ich weiß, dass du die Tiere nicht auf dem Speiseplan haben willst, sag ich einfach mal: abwarten und Tee trinken.«

Allmählich lernte ich sprechen, ich plapperte alles nach und wollte am liebsten schon selbst lesen, was jedoch bereits am Umblättern der Seiten scheiterte. Ich musste alles anfassen, und mein Bewegungsdrang war schwer zu bändigen. Alle im Haus spielten mit mir, wenn sie Zeit hatten, und ging es einmal nicht nach meinem Willen, wurde ich laut. Aber meistens war ich der fröhliche Junge, den die Menschen gern auf den Arm nehmen und drücken.

Herrmann bekam eine Berufung in den Rat der Stadt. Er galt als unbelastet und sollte aktiv am Neuanfang mitwirken. Meine Mutter sprach des Öfteren darüber, dass sie unbedingt nach Hamburg gehen wollte. Jede Nacht quälten sie die albtraumhaften Erinnerungen. Sie brach in Angstschweiß aus, wenn sie nur Lastwagen fahren hörte oder russische Stimmen. Doch mittlerweile waren die Grenzen zu den westlichen Sektoren geschlossen, Grenzübertritte galten als illegal.

Eines Tages wandte sich Sigrid an meine Mutter und Veronika. »Ich muss mit euch sprechen. Etwas quält mich, ich kann es nicht für mich behalten. Vor vier Tagen klingelte es an der Tür, ein junger Mann in Uniform stand vor mir. Er ging auf Krücken, sein linkes Hosenbein war eingeschlagen. Er war noch so jung, aber wenn ihr seine Augen gesehen hättet! Leer, grau und alt, ich möchte nicht wissen, was dieser Mensch ertragen musste. Er bat hereinkommen zu dürfen und setzte sich sofort erschöpft in einen Sessel. Dann erzählte er mir, dass er mit Gerhard zusammen in Stalingrad gekämpft hatte. Als der Verlauf der Kämpfe immer klarer zeigte, wie hoffnungslos die Situation war, schoben sich die Kameraden gegenseitig Zettel zu, um sicherzustellen, dass derjenige, der vielleicht aus dieser Hölle herauskommen würde, die Familienangehörigen der anderen informierte. Gerhard ist im Januar 1943 bei Häuserkämpfen ums Leben gekommen. Gerhard wurde von einem Kopfschuss getroffen. Er war sofort tot.«

Sie musste eine Weile inne halten. »Im ersten Moment hatte ich das Gefühl, als würde eine eiskalte Hand mein Herz umklammern. Aber der Anblick dieses Häufchens Elend vor mir ließ mich meinen eigenen Schmerz anders sehen. Ich bot ihm einen Cognac an, den er dankbar in einem Rutsch hinunterkippte. Er bat darum, ihm noch ein Glas einzuschenken. Als er ging, umarmten wir uns kurz. Ich war wie gelähmt. Selbst jetzt, einige Tage später, weiß ich immer noch nicht, was ich ihn hätte fragen sollen. Mit diesem Geheimnis laufe ich seither herum.«

Sie hatten gewusst, dass sie ihren Sohn vielleicht nie wieder sehen würden. Jetzt hatten sie die Gewissheit, ein Ende mit Schrecken. Sigrid musste einen Weg finden, mit Herrmann darüber zu sprechen.

Am 5. Oktober wurde mein zweiter Geburtstag gefeiert. Ich bekam richtige Geschenke. Veronika hatte noch weitere Wagen und Anhänger für die Holzeisenbahn aufgetrieben, mit der ich besonders gern spielte. Die Fischers schenkten mir ein Schaukelpferd. Es war gebraucht, aber Herrmann hatte es angemalt und auch den buschigen Schwanz erneuert. Ich ärgerte mich, dass sich das Ding nicht von der Stelle bewegen wollte, aber wenn ich einmal darauf saß, machte mir die Schaukelei großen Spaß. Von meiner Mutter bekam ich einen Brummkreisel und zwei bunte Bilderbücher. Ich war selig, und beim Essen gab es zum Nachtisch Wackelpeter. Besser hätte ich es mir nicht wünschen können.

Einige Tage später stürzte meine Mutter in die Küche. »Sigrid, das Rote Kreuz hat eine Liste von vermissten deutschen Soldaten veröffentlicht. Mit zwei Millionen Namen, stell dir vor! Und die Dame im Büro meinte, das sei erst der Anfang. Demnächst soll noch eine Liste mit vermissten oder verloren gegangenen Kindern veröffentlicht werden.«

Während dieser Wochen, in denen in der Nähstube wenig los war, unternahmen wir regelmäßige Spaziergänge. Immer wieder führte uns der Weg in Richtung Elbe. Der Hafen und die Werft faszinierten meine Mutter, und auch ich fand das alles spannend. Sie hatte den Photoapparat wieder entdeckt, den sie sich damals in Posen gekauft hatte. Wann immer es möglich war, photographierte sie. Noch hatte sie einige Filme in Reserve, sie musste nur schauen, wer sie entwickeln konnte.

Sie bat Herrmann, ihr dabei zu helfen. Zugleich erzählte sie ihm, dass die Spaziergänge zur Elbe auch noch einen anderen Grund hatten. »Herrmann, du weißt, dass ich mit dem Gedanken spiele, nach Hamburg zu gehen. Aber diese grüne Grenze, wie sie genannt wird, ist mir zu gefährlich. Es gibt Spitzbuben, die ahnungslose Leute in die Irre führen. Man hat schon Tote gefunden, die ausgeraubt wurden.«

Herrmann wusste, dass sie uns gehen lassen mussten, aber wir waren mittlerweile ein Teil seiner Familie geworden, die er beschützen wollte. Zudem wusste er, wie schwer es sein würde, meine Mutter von ihren Plänen abzubringen.

Immer noch war sie ohne jede Nachricht von Bertl, und auch aus Wien gab es keine Reaktion. Sie wollte sich nicht entmutigen lassen und setzte erneut einen Brief an Bertls Vater auf.

Sehr geehrter Herr K.,
wir haben hier in Dessau-Roßlau eine sehr schwere Zeit hinter uns. Bis zuletzt haben wir gebetet und gebettelt, dass die Amerikaner, die die Stadt zuerst eroberten hatten, bleiben würden. Aber vergeblich. Wir sind hier das Opfer großer Politik geworden, denn die Siegermächte hatten wohl schon seit geraumer Zeit eine politische und geografische Aufteilung des Landes vorgenommen.
Die Amerikaner sind dann abgezogen, seitdem sind wir hier in Sachsen-Anhalt eine Sowjetische Besatzungszone.
Ich möchte Ihnen die Einzelheiten ersparen, aber ganz besonders

wir Frauen sind hier nicht mehr sicher, und kaum eine traut sich noch allein auf die Straße.
Auch die Versorgungslage wird immer schwieriger, und wir können nur hoffen, dass wir keinen harten Winter bekommen, sonst wird es hier viele Tote geben.
Nun haben wir Peterles 2. Geburtstag gefeiert, im Kreise einiger Freunde. Und wieder ohne seinen Vater. Mir schnürt es die Kehle zu, wenn ich diesen fröhlichen Jungen erlebe. Wie sehr würde ich es Bertl wünschen, dass er sein Kind sehen kann.
Ich will nicht zu aufdringlich sein, aber ich würde mich so sehr über eine Nachricht von Ihnen freuen.
Herzlichst
Ihre Ursula Schulz und Peterle

Herrmann berichtete, dass sie auf dem Amt der Massen von Vertriebenen, die immer noch ankamen, nicht Herr wurden. Mittlerweile lief die Verteilung nur noch über Zwangseinquartierungen. Dass das die Einheimischen nicht freute, konnte man sich denken.

»Natürlich wissen viele hier in Roßlau, wie wir hier wohnen. Besonders beliebt bin ich im Moment gerade nicht. Aber ich kann damit leben, das Sankt-Florians-Prinzip gilt immer noch. Aber sagt mal, lasst uns über etwas Schöneres sprechen. Was machen wir an Weihnachten? Wollt ihr einen Baum? Was essen wir? Gibt's ein Geschenk für Peter? Das erste Weihnachtsfest nach dem Krieg wollen wir doch gebührend feiern. Wir könnten Veronika einladen, was meint ihr? Oder gibt's noch andere Menschen, die ihr um euch haben möchtet?«

Meine Mutter und Sigrid sahen sich an. Was war denn mit Herrmann los, so voller Tatendrang hatten sie ihn schon lange nicht mehr erlebt. Meine Mutter trat Sigrid unter dem Tisch gegen das Schienbein. Sigrid presste ihre Hände fest zusammen. »Herrmann, setz dich bitte mal her, ich muss mit dir reden, und ich möchte, dass Ursel dabei bleibt«, stieß sie hervor, als würde sie ersticken.

Herrmann sah sie erstaunt an.

»Herrmann, ich muss diese Last loswerden, ich halte es nicht mehr aus. Ich muss dir sagen, dass unser Gerhard nicht mehr lebt. Ein Kamerad von ihm war vor ein paar Tagen hier und hat es mir berichtet.« Schon während sie sprach, konnte sie ihre Tränen nicht zurückhalten.

»Ich wollte dir das schon viel früher erzählen, aber ich habe es einfach nicht übers Herz gebracht. Ich wollte dich nicht noch weiter belasten, Herrmann, es tut mir so leid, verzeih mir.«

Bis auf das monotone Ticken der Wanduhr, das plötzlich übernatürlich laut klang, war es still. Herrmann saß auf der Lehne seines Lieblingssessels, sein Gesicht war unbewegt. Seine Anspannung war mit den Händen zu greifen. Langsam stand er auf, machte ein, zwei Schritte auf seine Frau zu, ging in die Knie und umfasste ihre zusammengepressten Hände.

»Sigrid, wir haben immer eine gute Ehe geführt. Diese Prüfung, die wir jetzt vom Schicksal auferlegt bekommen, zeigt, wie sehr wir zueinander gehören. Ich muss mich bei dir entschuldigen, denn auch ich weiß seit ein paar Tagen, dass unser Sohn gefallen ist. Wie du laufe ich mit diesem Wissen herum und versuche, dir diese schreckliche Nachricht zu sagen. Aber es kann keinen guten Moment dafür geben.« Er hatte über das Rote Kreuz die Nachricht erhalten.

Langsam stand meine Mutter auf und wir verließen den Raum.

Eines Tages brachte Herrmann ein paar Ballen alter Jute- und Zuckersäcke. Daraus konnte man gutes Garn herstellen, und dann hatte meine Mutter ja noch die Fallschirmseide.

Herrmann hatte noch etwas zu verkünden. »Stellt euch vor, der alte Klingenberg will ein Schwein schlachten, schwarz. Jetzt sucht er dafür einen unauffälligen Ort.«

Sigrid schlug die Hände über dem Kopf zusammen. »Du bist nicht ganz bei Trost. Du weißt, dass das Schlachten strengstens verboten ist. Willst du uns alle ins Gefängnis bringen?«

Aber Herrmann war nicht davon abzubringen. »Das machen wir nachts. Der Klingenberg hat damit Erfahrung, noch nie hat jemand etwas gemerkt. Das geht ruck zuck. Sigrid, das Schwein hat vier Zentner! Das hilft uns über den Winter und bringt uns noch jede Menge Fleisch und Wurst zum Tauschen.«

Alles Zetern und Schimpfen nützte nichts, am nächsten Abend wurde die Waschküche gründlich gereinigt und im Hof wurde eine Leiter aufgestellt. Bei Einbruch der Dunkelheit brachten Klingenberg und ein Freund auf ihrem Mopedanhänger das in einen riesigen Ballen Stoff gewickelte Schwein. Das Tier lebte noch, war aber ruhiggestellt und quiekte nicht. In der Waschküche und an allen Öffnungen hatte man Tücher aufgehängt, damit kein Licht nach draußen drang. Außerdem hatte Herrmann noch zwei kräftige Kerle angeheuert. Nun standen da fünf Mann und versuchten, das Schwein in die Waschküche zu bekommen. Nachdem das Tier mit einem Bolzenschuss getötet worden war, wurden die Füße in Taue gelegt, und unter viel Ächzen und Stöhnen wurde das Schwein an der Leiter hochgezogen. Bei der schweren Arbeit, die folgte, tranken die Männer häufiger zwischendurch einen Schnaps.

Nach mehr als acht Stunden war von dem Tier nichts mehr zu sehen. Alles war verarbeitet worden, sogar die Knochen. Zwischendurch waren immer wieder Leute vorbeigekommen, denen auf ein Klopfzeichen hin Einlass gewährt worden war. Sigrid führte eine Liste mit Namen, und wenn einer mit einem Paket oder einer bedeckten Schüssel abzog, machte sie einen Haken. »Abgerechnet wird morgen«, murmelte sie dann.

Schließlich waren die Männer völlig erschöpft, was an der Arbeit, aber wohl auch an den Schnäpsen lag.

Am nächsten Tag schlief Herrmann bis zum Abend durch,

und die Frauen reinigten den Hof und die Küche gründlich von verräterischen Spuren, man hatte Angst vor Denunzianten. Die Frauen waren immer noch mit letzten Handgriffen beschäftigt, als er energisch bestimmte: »So, nun ist Schluss. Ihr habt euch eine Pause verdient. Veronika, Ursel, vielen Dank für eure Hilfe. Ich wünsche mir, dass wir gemeinsam ein harmonisches Friedensweihnachtsfest begehen. An gutem Essen wird es uns jetzt nicht mangeln. Schon als kleines Kind habe ich mich gefreut, wenn in den Tagen vor Heiligabend das ganze Haus nach Backen duftet.«

Meine Mutter versprach, sich darum zu kümmern. Mit etwas Zucker, schwarzem Mehl, Kunsthonig und gerösteten Haferflocken sollte etwas Gutes entstehen können. Veronika bot sich an, die Gewürze mitzubringen. Mit ihrem Bestand an Weiß- und Rotweinen übernahm sie auch die Getränke.

Es waren nur noch wenige Tage bis zum Fest. Meine Mutter hatte es sich zur Gewohnheit gemacht, einmal in der Woche beim Suchdienst vorbeizugehen. »Nein, Fräulein Schulz, leider habe ich keine Neuigkeiten für Sie«, antwortete dann jedes Mal Fräulein Cramer, eine ältere Dame, die in einem vollgestopften Raum am Ende des langen Ganges saß.

Eigentlich passte diese gepflegte und nette Person überhaupt nicht in das verstaubte, unaufgeräumte Zimmer. Wenn meine Mutter kam, stand sie meist auf, räumte einen Stuhl leer, der mit Aktenordnern und Papierstapeln überhäuft war, und lud sie ein, sich zu setzen. »Es tut mir leid«, sagte sie, »aber bedenken Sie, keine Nachrichten sind auch keine schlechten Nachrichten.« Sie winkte ab. »Ach, das ist nur ein dummer Spruch, ich weiß. Bald wird das Amt personell aufgestockt. Es gibt Unmengen von Nachfragen und neuen Meldungen, wir schaffen das nicht mehr.«

Meine Mutter hatte sich öfter mit der Frau unterhalten, man war sich nähergekommen und schließlich hatte meine Mutter Fräulein Cramer in das Haus der Fischers eingeladen, mit ihnen Weihnachten zu feiern.

Der 24. Dezember 1945 war ein Montag. Es war zu warm für die Jahreszeit und zu nass, aber feierliche Gefühle aufzubringen war für die Menschen ohnehin schwierig. Die Not war einfach zu groß. Pünktlich um 16 Uhr stellten sich die Gäste und Freunde bei Sigrid und Herrmann ein. Herrmann ließ es sich nicht nehmen, alle an der Haustür im dunklen Anzug, mit einem weißen Hemd und einer silbergrauen Krawatte zu empfangen.

Wie er es sich gewünscht hatte, war den ganzen Tag über gebacken worden. Ich durfte mithelfen und versuchte, aus einem Stück Teig verschiedene Figuren zu formen. Ich war voller Eifer und mit rotem Kopf bei der Sache.

Herrmann reaktivierte das im Wohnzimmer schon lang nicht mehr genutzte Grammophon. Weihnachtslieder erklangen, von Chören gesungen. Man erfreute sich an Platten von Richard Tauber, Benjamino Gigli, Jan Kiepura und vielen anderen Sängern, die Herrmann im Laufe des Abends auflegte.

Auch Veronika König und Sibylle Cramer hatten sich in Schale geworfen und trugen kleine, liebevoll verpackte Pakete mit sich. Der Weihnachtsbaum, mehr als zwei Meter hoch, war ein Prachtstück. Fragende Blicke wehrte Herrmann ab. »Der kam so durch die Luft geflogen, da konnte ich nicht nein sagen«, lautete sein Kommentar. Auch woher die zwölf roten Kerzen kamen, fragte niemand. Der Baum war mit bunten Kugeln und Engeln in verschiedensten Ausführungen geschmückt. Sigrid erzählte, wie sie zu allen Zeiten darauf geachtet hatte, dass der Weihnachtsschmuck der Familie sorgsam in Kartons gehütet blieb.

Die Kerzen, die sich in den bunten Kugeln spiegelten, faszinierten mich. Immer wieder musste einer der Erwachsenen mich davon abhalten, in die Flammen zu greifen. Es gab viele Dinge, die meine Aufmerksamkeit auf sich zogen. Ich sah die Päckchen und zappelte ungeduldig herum, bis meine Mutter aufgab. Ich durfte ein Päckchen nach dem anderen aussuchen und vorsichtig öffnen. Beim Auspacken wurde mir geholfen, denn Papier und

Schleifchen mussten unbedingt aufbewahrt werden; in diesen Zeiten warf man nichts weg.

Fräulein Cramer hatte für mich einen Schal, eine Pudelmütze und ein paar Fäustlinge gestrickt. Von Veronika bekam ich einen Lastwagen aus Holz mit echter Gummibereifung.

Die erste Flasche Wein war bald leer, aber Veronika ließ sich nicht lumpen; sie hatte für genügend Nachschub gesorgt. Draußen war es dunkel geworden.

Irgendwann war es Zeit, zu Tisch zu gehen. Es gab Schweinefilet, dazu Sauerkraut. Auf Wunsch von Herrmann gab es Bratkartoffeln. Als Fräulein Cramer die reich gedeckte Tafel sah, kam sie aus dem Staunen nicht heraus. Wo habt ihr das nur alles her, fragte sie mehrmals, aber Herrmann ließ sich nicht aus der Reserve locken. »Fräulein Cramer, manchmal schadet zu viel Wissen nur.«

Nach dem Essen wurde ich schnell müde und ins Bett gebracht. Die Erwachsenen blieben unter sich.

Alle hingen ihren Gedanken nach. Meine Mutter dachte an ihre große Liebe, Herrmann und Sigrid fragten sich, wo ihr Horst diesen Abend wohl verbrachte und wo Gerhard begraben sein mochte. Veronika hing den Erinnerungen an die kurze Zeit mit Michail Rosinski nach. Es war ihr anzusehen, wie sehr sie ihn vermisste.

Je später der Abend wurde, desto stiller, besinnlicher wurde die Runde. Zu viel lag ihnen allen auf der Seele. Gegen Mitternacht ging man auseinander.

An den nächsten Tagen gingen wir immer wieder hinunter zum Hafen. Lastkähne lagen ruhig in den Becken, nur auf der Werft war Betrieb. Hier wurde demontiert, was immer zu transportieren war. Arbeit gab es genug und Freiwillige auch, denn die Männer konnten auf Sonderrationen hoffen.

Die Zuteilungen zu Weihnachten waren zu knapp gewesen. 500 Gramm Mehl, 125 Gramm Süßwaren oder Zucker, 70 Gramm

Butter, 300 Gramm Marmelade, zwei Kerzen und ein Stück Seife; angeblich sollte es auch Zigarillos geben. All diese Angaben waren reine Theorie, in Wirklichkeit wurden mit Glück die halben Mengen verteilt.

Herrmann war es gelungen, durch mithilfe des Tabaks den Speiseplan deutlich zu verbessern, doch auch dieser Vorrat ging allmählich zur Neige. Er würde nicht mehr lange reichen. Und Mutters Nähstube hatte so gut wie keine neuen Aufträge erhalten.

Im öffentlichen Leben war man um Routine bemüht. Die Schulen waren wieder geöffnet worden, zwar mangelte es an Lehrern, aber so kamen die Kinder wenigstens von der Straße. Im Dessauer Theater wurden erste Vorstellungen angeboten.

Meine Mutter war ruhelos. Immer wieder dachte sie an Hamburg und die Verwandten dort. Herrmann versuchte, ihr die fixe Idee, notfalls illegal über die grüne Grenze gehen zu wollen, auszureden.

Eine Tages wusste er eine Neuigkeit zu berichten. »Wenn deine Verwandten in Hamburg dir einen Brief schreiben und bestätigen, dass sie dich und dein Kind aufnehmen, dann lässt man dich hier gehen. Es muss nur sichergestellt sein, dass du selbst für deinen Lebensunterhalt sorgen kannst beziehungsweise dass deine Verwandten dich unterstützen.«

Mit neuer Hoffnung machte sich meine Mutter daran, in den wenigen Unterlagen, die sie besaß, nach konkreten Angaben zu den Hamburger Familienmitgliedern zu suchen. Sie wusste, dass zwei ältere Schwestern ihrer Mutter in Hamburg lebten, Tante Toni und Tante Hermine. Also beschloss sie, beiden einen Brief zu schreiben. Aber wie kam sie an die Adressen? Sie wusste nur, wo ihre Großmutter mütterlicherseits wohnte. Sie versah die Briefe lediglich mit den Namen und steckte sie zusammen in einen großen Umschlag, den sie an die Großmutter in der Mörkenstraße, Hamburg-Altona, schickte.

Dessau-Roßlau, Januar 1946
Liebe Tante Toni,

begann sie den ersten Brief, und den zweiten:

Liebe Patentante Hermine,
Du wirst Dich sicherlich wundern, nach so unendlich langer Zeit von mir zu hören. Aber ich habe mir die auf mich ein-prasselnden Ereignisse weder ausgesucht noch diese zu verantworten. Ich brauche Deine Hilfe.

Es folgte eine längere Beschreibung ihrer schulischen und beruflichen Stationen, die mit der Ankunft in Dessau-Roßlau endete.

Von dort schreibe ich jetzt, denn ich möchte aus Gründen, die ich in diesem Brief nicht darlegen will, hier nicht bleiben. Ich würde sehr gern mit meinem Sohn nach Hamburg kommen.
Das geht aber nur, wenn ich von Euch eine Bestätigung bekomme, dass ich in Hamburg Wohnraum habe und zudem eine Garantie von dortigen Menschen erhalte, dass diese notfalls die Versorgung für mich übernehmen.
Liebe Tante, ich habe mir hier in Roßlau eine kleine Existenz mit einer Nähstube aufgebaut. Ich muss und will arbeiten. Ihr braucht keineswegs für mich zu sorgen, das kann und werde ich selbst tun. Aber ohne eine Bestätigung von Euch bekomme ich keine Erlaubnis, in die Britische Zone einzureisen. Ich bitte Euch, helft mir. Ich werde Euch niemals zur Last fallen.
Diesem Brief füge ich ein Bild von mir und von meinem Peterle bei, damit Ihr sehen könnt, was für einen Sonnenschein Ihr mit diesem lieben und fröhlichen Kind erleben werdet.

Verschließt Eure Herzen nicht, auch wenn meine persönliche Situation, ein uneheliches Kind zu haben, nicht unbedingt hanseatischen Gepflogenheiten entspricht.
Aber ich habe nichts Unrechtes getan, es sei denn, Ihr verurteilt meine Liebe zu einem Mann, der mir nicht die Wahrheit gesagt hat.
Bitte gebt mir und meinem Kind die Gelegenheit, in den Schoß der Familie zurückzukehren. Ich warte voller Ungeduld auf eine Nachricht von Euch.

Eure Ursula Karla Ernestine Hermine Schulz

Flucht nach Hamburg

Wieder einmal ging meine Mutter bei Sibylle Cramer vorbei, um sich nach Neuigkeiten zu erkunden. Sibylle flüsterte ihr zu: »Wir haben einen neuen Chef, gestern wurde er vorgestellt. Ein Herr Meissner aus Berlin. Na ja, im ersten Moment hab ich gedacht, die Arier sterben nicht aus. Blonde Haare, blaue Augen, steifes Kreuz, wie Adolf sich das nicht besser hätte wünschen können. Er soll uns vernünftige Organisation beibringen.« Sie kicherte, schaute dabei aber ängstlich um die Ecke.

Als meine Mutter das Büro verließ, konnte sie durch die offen stehende Tür in den Raum des neuen Chefs sehen. Ihr stockte der Atem. Wen sie erblickte, war niemand anderes als der Posener Treckführer Heinsen. Schnell ging sie weiter. Das musste erst einmal verdaut werden.

»Herrmann, ich muss dir was erzählen«, platzte sie mit der Neuigkeit heraus, als sie die Küche betrat, in der Sigrid und Herrmann saßen. »Du glaubst nicht, wen ich gerade gesehen habe. Ich meine den neuen Chef der Suchdienststelle.« Herrmann sah sie verständnislos an. »Ja, den kenne ich. Der Mann ist nicht nur Chef der Suchdienstabteilung, er wird als Stellvertreter den ganzen Innenbereich leiten. Herr Meissner ist mein Vorgesetzter, und mir ist noch nichts Ungewöhnliches an ihm aufgefallen.«

Meine Mutter empörte sich. »Herrmann, dieser Herr Meissner, wie er sich jetzt nennt, leitete das Fürsorge- und Versorgungsamt in Posen. Sein Name ist Heinsen. Das war ein ganz strammer Nazi, mit dem ich mehrere Male aneinander gerasselt bin. Und damit nicht genug. Er war auch der Führer des Trecks, mit dem Peter und ich aus Posen herausgekommen sind.«

»Dass der hier ist«, meine Mutter holte Atem, »ist kaum zu ertragen. Ihr glaubt gar nicht, wie viele Schwierigkeiten der mir bereitet hat. Noch ein Punkt mehr, weshalb ich hier weg muss, so schnell wie möglich.«

Herrmann versuchte sie zu beschwichtigen. »Beruhige dich doch. Der Mann ist jetzt einer der wichtigsten Leute in der Stadt, aber welche Berührungspunkte hast du denn mit ihm? Du hast nichts zu verbergen. Leg dich einfach nicht mit ihm an.«

»Er hat den Treck ordentlich geleitet, das muss ich zugeben, auch wenn ich gleich zu Beginn eine heftige Auseinandersetzung mit ihm hatte. In einem Wutanfall hat er Peterle aus seinem Wagen genommen und auf den Boden geworfen. Stell dir das mal vor! Zum Glück war der Junge nicht schwer verletzt. Ich kann ihm das nicht verzeihen, auch wenn er sich später dafür entschuldigt hat. Während des Trecks hat er immer wieder versucht, mich in sein Vertrauen zu ziehen. Schwierig wurde es, als er davon Wind bekam, dass ich den Tabak hatte. Da war er kurz davor, mich zu erpressen. Wenn er mich sieht, wird ihn das auch nicht freuen. Aber Herrmann, der muss doch gefälschte Papiere haben! Solche Typen suchen die Russen doch, und wenn sie wüssten, um wen es sich handelt, würden sie ihn bestimmt nicht ungeschoren lassen.«

»Und genau deswegen solltest du ihn in Ruhe lassen. Geh einfach mal eine Zeit lang nicht zu Sibylle. Wenn es Neues gibt, wird sie sich schon melden.«

Herrmann schlug meiner Mutter noch vor, ob sie die Zeit nicht nutzen wolle, um ein paar Sachen auf Vorrat zu schneidern. Wenn die Menschen hoffentlich bald wieder Lust haben würden, sich etwas Neues zu leisten, dann wäre sie vorbereitet. Meine Mutter staunte über die besonnene Logik und wünschte sich selbst ein wenig mehr davon. Ihr aufgeregtes Reagieren half ja nicht weiter. Sie nahm sich vor, kühles Blut zu bewahren und sich von der Amtsstube des dubiosen Herrn fernzuhalten.

Einige Tage später, der Frühling setzte sich mit Nachdruck gegen den Winter durch, besuchte sie Veronika. Die nahm mich auf den Arm und herzte mich. »Meine Güte, der Knabe ist ja schon richtig groß geworden. Den müssen wir jetzt aber ein wenig beschäftigen. Was hältst du davon, wenn du dich auf deine Arbeit konzentrierst und ich mich ein bisschen um Peter kümmere? Ich könnte Peter morgens bei dir abholen und zu mir nehmen, dann kannst du in Ruhe arbeiten. Und mittags hast du deinen Sonnenschein wieder für dich. Was hältst du davon?« Meine Mutter nahm das Angebot gerne an. Veronika war noch nicht fertig. »Da gibt es noch etwas, das ich in meinem Keller gefunden habe.« Sie ging mit uns vor die Tür, und da stand ein tadelloses, allerdings stark verschmutztes Fahrrad. Eine kleine Sensation.

»Das leihe ich dir gerne, Ursel. Ich kann nicht gut Rad fahren, aber für dich wäre das doch etwas. Du könntest zum Beispiel mit deinem Photoapparat ins Grüne fahren. Mal raus aus der Stadt.«

Damit war der Alltag für die nächsten Wochen geregelt. Meine Mutter begab sich wieder regelmäßig in ihre Nähstube, die Arbeit machte ihr Spaß. Nur die vielen ungelösten Fragen waren nicht so einfach zu bändigen. Wo war Bertl, lebte er überhaupt noch? Würde sie jemals aus Hamburg eine Antwort bekommen? Auf eine neue Art fühlte sie sich entwurzelt. Ihr wurde bewusst, dass sie noch nie das Gefühl gehabt hatte, wirklich zu einer Familie zu gehören. Bei den Lucas in Posen hatte sie gespürt, was es bedeutete, Menschen um sich zu haben, denen man sich bedingungslos anvertrauen konnte. Die einem beistanden und halfen, ohne zu fragen. Auch mit Sigrid und Herrmann war es ähnlich, wenn auch nicht ganz so vertraut.

Sie entschloss sich, einen Brief an ihren Vater in Wustrow zu schreiben.

Herrn Wilhelm Schulz
Fehlstr. 21
Wustrow (Wendland) *Dessau, April 1946*

Lieber Papa,
wie soll eine Tochter mit einem Brief an ihren Vater beginnen, wenn beide seit über acht Jahre nichts mehr voneinander gehört haben? Vielleicht habe ich ja einmal Gelegenheit, Dir darzulegen, warum ich Dir nicht schildern kann, was ich in diesen Jahren und besonders in der Zeit davor erlebt habe.
Ich möchte Dir mit diesen Zeilen mitteilen, dass ich noch am Leben bin, was durchaus keine Selbstverständlichkeit ist.
Trotz aller widrigen Geschehnisse geht es mir den Umständen entsprechend gut.
Und wenn ich vom Leben schreibe, möchte ich Dir sagen, dass Du seit dem 5. Oktober 1943 Großvater eines prächtigen Jungen namens Peter bist. Darüber kannst Du Dich freuen.
Papa, ich denke in manchen Stunden sehr intensiv an Dich und frage mich, wie es Dir wohl geht. Du bist mir kein guter Vater gewesen. Du hast Taten und Worte zugelassen, an denen andere Mädchen zerbrochen wären. Ich bin es nicht, im Gegenteil.
Ich habe früh gelernt, ums Überleben kämpfen zu müssen. Wem ich diese Kraft zu verdanken habe, weiß ich nicht. Vielleicht Dir, vielleicht Mama.
Damit meine ich nicht die Person, die Du Dir, als ich vier Jahre alt war, ins Haus genommen hast. Samt einer Tochter, die schon mit zwei Jahren zeigte, was für ein Biest sie war. Manchen liegt das schon sehr früh im Blut.
Du warst schwach, Papa. Aber Du bist immer noch mein Vater und wirst es bleiben. Ich habe mir zeitlebens eine Familie ge-

wünscht. Was ist aus diesen Träumen geworden?
Ich habe eine große Bitte an Dich, von der ich hoffe, dass Du sie mir erfüllen magst.
Gibt es im Haus noch Bilder meiner Mutter? Ich hätte so gern ein Andenken an sie, ein Photo, einen Brief. Irgendetwas, das ich in den Händen halten kann. Etwas, das mir Halt gibt und meine kleine Illusion von Familie am Leben erhält.
Schon im Voraus dafür dankend grüße ich Dich
Deine Tochter Ursula

Leicht ging ihr der Brief nicht von der Hand. War sie zu streng? Zu distanziert? Ihr Vater sollte auf alle Fälle merken, dass sie ihm nicht verziehen hatte.

Mittlerweile war es Mai. Eines Morgens, als Veronika mich abholen kam, bat meine Mutter, einen Ausflug machen zu können. »Heute würde ich gerne mal das Fahrrad schnappen und photographieren.« Und so verließen wir gleichzeitig das Haus. Während ich Veronika begleitete, machte sich meine Mutter mit einem Rucksack und dem Fahrrad auf den Weg.

Sie fuhr Richtung Elbe, die sie über die notdürftig wiederhergestellte Brücke passierte. Die ehemalige Holzbrücke war im Krieg abgebrannt. Dahinter lag die Mosigkauer Heide, die man ihr für ihre Photoexpedition empfohlen hatte.

Es war ein schöner, warmer Tag. Eine leichte Brise streifte ihr Gesicht, und eine Bank, die ein wenig abseits des Weges stand, lud sie dazu ein, sich ein wenig auszuruhen. Dichtes Gebüsch verbarg die Sicht. Sie schaute sich vorsichtig um, dann öffnete sie den Rucksack, griff nach der kurzen Hose und begann, sich umzuziehen.

Plötzlich hörte sie neben sich ein Rascheln. Zweige wurden auseinandergebogen, und mit einem stolpernden Schritt stand auf einmal ein Mann vor ihr. Erschrocken wich sie zurück, aber die Gestalt machte den Eindruck, noch überraschter zu sein.

Je länger sie sich die Person ansah, desto schwerer fiel es ihr, nicht laut loszulachen. Der Mensch sah einfach zu komisch aus. Seine randlose Nickelbrille hing ihm quer über das Gesicht. Vor dem Bauch hatte er zwei Photoapparate hängen, und auf dem Rücken befand sich neben dem Rucksack eine Botanisiertrommel. In der linken Hand hielt er eine Art Fangnetz. Er bemühte sich, nicht noch weiter zu stolpern.

»Na, Sie haben es ja eilig. Was gibt's denn so Besonderes, das Sie hier jagen?«

Verständnislos sah er meine Mutter an, dann blickte er an sich herunter und musste selbst schmunzeln.

»Haben Sie schon einmal etwas vom Apollofalter gehört? Na, was frag ich, Sie sehen mir aus wie ein Stadtmensch. Der Apollofalter«, fuhr er aufgeregt fort, »ist eine der seltensten Spezies in Deutschland, ach, was sag ich, in ganz Europa. Er ist wunderschön. Seine Flügel haben einen hellen Grundton, verziert mit schwarzen, rot gefüllten Flecken. Seit Jahren bin ich auf der Suche nach ihm. Freunde haben mir berichtet, hier in der Heide soll es ihn noch geben. Und«, dabei hob er stolz den rechten Zeigefinger, »ich hab ihn gesehen. Da kann ich nicht auch noch auf den Weg achten, oder? Ein Prachtexemplar von Apollofalter, und ich, Hubert Beckmann, habe ihn gesehen. Meine Freunde werden mich beneiden.«

Er ging an ihr vorbei, setzte sich auf die Bank, nachdem er die Sachen meiner Mutter ins Gras gelegt hatte, griff in seinen Rucksack und holte ein dickes, reichlich zerfleddertes Buch hervor. Dann kramte er nochmals in seinem Rucksack herum, nahm einen Stift und schrieb eine Notiz in sein Buch.

»Entschuldigen Sie, aber bevor ich's vergesse, ich muss notieren, wann und wo ich den Falter gesehen habe. Das machen wir Hobbyforscher so und tauschen uns dann aus. Also, heute haben wir Dienstag, den 15. Mai 1946, und jetzt beim Gongton ist es 10.48 Uhr. Sagen Sie, darf ich Sie als meine Zeugin angeben?«

»Ja, aber ich hab den Schmetterling doch gar nicht gesehen«, entgegnete meine Mutter.

»Falter, bitte, um genau zu sein. Falter.« Er machte ein betrübtes Gesicht. »Wirklich nicht?«

»Leider nein. Ich würde Ihnen ja gern helfen, aber als Sie hier so durchs Unterholz gekrochen kamen, habe ich auf nichts anderes mehr geachtet. Sie hätten ja auch unlautere Absichten haben können.«

Erschrocken blickte er von seinem Buch auf. »Wieso? Also, äh, wie meinen Sie das?«

Einen Moment lang herrschte verlegenes Schweigen.

»Ach, ist auch egal, ich hab ihn gesehen und damit basta.« Entschlossen stand er auf, legte den Rucksack und die Sachen meiner Mutter wieder auf die Bank und machte Anstalten, zu verschwinden.

»Also, sagen Sie mal, was ist denn das für ein Benehmen! Zuerst rauschen Sie hier wie ein Elefant durchs Gelände, erschrecken mich zu Tode, halten mir Vorträge über Falter und finden es nicht einmal nötig, sich vorzustellen. So geht das nicht.« Meine Mutter stemmte die Arme in die Hüften und sah ihn kampfeslustig an.

Er wirkte eingeschüchtert. »Ich bitte um Entschuldigung, junge Frau. Dieser Falter hat mich völlig aus dem Konzept gebracht. Mein Name Hubert Beckmann«, er hielt inne, »hatte ich das vorhin nicht schon gesagt? Na, egal, ich bin 36 Jahre alt und arbeite seit ein paar Monaten in Dessau-Roßlau. Ich bin in einem Photohaus und Atelier beschäftigt, nebenher mache ich noch ein wenig Dekoration. Aber ich weiß nicht, wie lange das geht. Die Geschäfte laufen schlecht, und mein Chef wird mich nicht mehr lange bezahlen können. Und mit wem habe ich das Vergnügen, wenn ich fragen darf?«

»In der Hauptstraße gibt's doch ein Photogeschäft. Da wollte ich immer schon hin, habe es aber nie geschafft. Also, ich bin Ursula Schulz, das muss genügen. Bei angeblichen Naturforschern bin ich lieber etwas zurückhaltend mit weiteren Angaben«, grinste sie ihn frech an.

»Moment mal«, unterbrach er sie, »sind Sie das Fräulein Schulz, das bei Sigrid und Herrmann Fischer einquartiert ist?«

»Ja, aber woher wissen sie das?«

»Weil Herrmann mir schon vor einiger Zeit von einer jungen Frau erzählte, die photographiert und ein Geschäft sucht, wo sie ihre Bilder entwickeln lassen kann. Na, das ist ja ein Ding. Da radeln wir zehn Kilometer durch die Gegend und treffen uns hier.«

Auch meine Mutter fand das großartig. Sie lachten sich an.

»Darf ich mich zu Ihnen setzen«, fragte Hubert Beckmann, »ich bin nämlich schon seit heute Morgen um sechs auf den Beinen und pausenlos herumgelaufen. Für dieses Hobby muss man früh aufstehen, wissen Sie, und diese Gegend ist für uns Pflanzen- und Tierliebhaber ein wahres Paradies. Ach, mich freut besonders, dass dieser grausame Krieg, der so viel Unheil angerichtet hat, nicht alles zerstören konnte. Hier gibt es nicht nur seltene Schmetterlinge, sondern auch viele ungewöhnliche Pflanzen. Die Busch-Nelke, das Weiße Fingerkraut, Flügel-Ginster, dazu jede Menge Kleintiere, die Weidenmeise zum Beispiel oder die Gartengrasmücke. Und natürlich jede Menge Raubvögel. Es ist ein Paradies.«

Und damit lehnte er sich zurück, hielt sein blasses Gesicht in die Sonne und war endlich mal ruhig. Heimlich betrachtete sie ihn. Er war groß, bestimmt 1,90 Meter, aber sehr dünn, fast klapprig. Sein braunes Haar war leicht gewellt, und er hatte schmale, gepflegte Hände. Ein hübsches Mannsbild, könnte man sagen, und bei diesem Gedanken erschrak sie, denn so hatte sie seit Bertl keinen Mann mehr angesehen.

Sie musste schmunzeln, jaja, der Frühling. Immerhin war es nett, einen Gesprächspartner zu haben, der ihr vielleicht sogar beim Photographieren behilflich sein konnte.

Sie stellte sich hinter den Mann, sodass er sie nicht sehen

konnte, und tauschte nun endlich blitzschnell die lange gegen die kurze Hose. Gleich fühlte sie sich viel besser.

»Haben Sie schon gefrühstückt?«, fragte sie ihre neue Bekanntschaft. Er schlug die Augen auf und schüttelte den Kopf.

»Übrigens, kennen Sie das Gedicht über den Schmetterling von Wilhelm Busch?« Ohne eine Antwort abzuwarten sprang er auf und deklamierte:

Sie war ein Blümlein hübsch und fein,
Hell aufgeblüht im Sonnenschein.
Er war ein junger Schmetterling,
Der selig an der Blume hing.
Oft kam ein Bienlein mit Gebrumm
Und nascht und säuselt da herum.
Oft kroch ein Käfer kribbelkrab
Am hübschen Blümlein auf und ab.
Ach Gott, wie das dem Schmetterling
So schmerzlich durch die Seele ging.
Doch was am meisten ihn entsetzt,
Das Allerschlimmste kam zuletzt.
Ein alter Esel fraß die ganze
Von ihm so heiß geliebte Pflanze.

»Na, wie war ich?« Schon lange hatte meine Mutter nicht mehr so herzhaft gelacht wie in diesem Moment. Vorsicht, ermahnte sie sich, immer langsam mit den jungen Pferden. Aber diese Gesellschaft bereitete ihr Vergnügen.

»An Ihnen ist ein Komödiant verloren gegangen. Kommen Sie, setzen Sie sich zu mir, wir teilen uns mein kärgliches Mahl. Offenbar haben Sie ja gar nichts dabei.«

»Ich habe eine Thermoskanne mit gesüßtem Tee, das ist doch auch was.«

Schweigend saßen sie nebeneinander, aßen, tranken und hingen ihren Gedanken nach.

»Ich würde gern hier in der Gegend photographieren«, begann meine Mutter, »aber ich bin ein wenig ungeübt. Ob Sie mir wohl helfen würden?«

»Zeigen Sie mir doch mal Ihre Kamera. Oh, schön, eine Rolleicord. Sind Sie vielleicht Millionärin oder so?« Plötzlich stutzte er und hielt inne. »Na so was, diese Kamera wurde von Stewner in Posen verkauft. Wie kommen Sie denn dazu?«, fragte er neugierig.

»Ich habe ein paar Jahre in Posen gewohnt, und nach der Geburt meines Sohnes habe ich mir diese Kamera gegönnt. Einer der Verkäufer bei Stewner hat sie mir empfohlen.«

Hubert Beckmann staunte. »Wie klein ist die Welt. Ich war auch ein paar Monate in Posen und bin mit den Leuten im Geschäft gut ausgekommen. Komisch, dass wir uns da nicht getroffen haben. Manchmal macht auch der Zufall Pause. Der Stewner hatte ja in Photokreisen einen unglaublich guten Ruf. Also bewarb ich mich als Volontär bei ihm und bekam eine Zusage. Während meiner Zeit dort habe ich viel gelernt und begriffen, dass die Photographie eine ganz besondere Kunst ist. Ende 1944 bin ich dann nach Roßlau gekommen. Eigentlich komme ich aus Salzwedel, aber das kennen Sie wahrscheinlich nicht. Der beste Freund meines Vaters hat da ein Photoatelier, und ihm habe ich schon als kleiner Junge über die Schulter geschaut. Seit damals stand mein Entschluss, Photograph zu werden, fest.«

Meine Mutter hatte das Gefühl, die Erde würde sich immer schneller drehen. »Natürlich kenne ich Salzwedel. Jedenfalls vom Namen her. Ich bin in Wustrow geboren, das ist ja nur wenige Kilometer entfernt.«

»Ja, Wustrow an der Dumme. Fräulein Schulz, es gibt Schlimmeres«, und beide lachten.

Nach einiger Zeit stand Beckmann auf. »Also, genug gequatscht, ich hol mal eben mein Fahrrad. Unsere Räder schließen wir hier an, und dann gehen wir auf Photopirsch. Mal sehen, was wir vor die Linse bekommen.«

Meiner Mutter freute sich über die Gesellschaft. Er schien sich auszukennen und schlug nach wenigen Metern einen Weg seitwärts ein. Sie folgte ihm ohne Angst, bemüht, ebenso leise zu sein wie er. Beckmann zeigte ihr Pflanzen, Tierspuren und Vogelnester. Immer wieder wies er sie auf besondere Motive hin, wobei er versuchte, nicht den Besserwisser zu spielen. Er gab ihr hilfreiche Tipps. Das machte Spaß und sie lernte schnell, die Kamera besser zu nutzen.

Um die Mittagszeit ließ er nur eine kurze Pause zu, dann drängte er wieder zum Aufbruch. »Komm, wir müssen die Nachmittagssonne nutzen, da ist das Licht am besten.« Übergangslos waren sie zum Du gewechselt, es war ganz selbstverständlich geschehen.

Ehe sie es sich versahen, war es vier Uhr. Mutter erschrak, sie musste schleunigst nach Hause.

»Gib mir doch deinen Film mit, ich kann ihn entwickeln. Wir gehen dann gemeinsam die Negative durch und du kannst aussuchen, welche Bilder du haben willst.«

»Hubert, ich glaub, du bist ein ganz raffinierter Kerl,« drohte sie ihm lachend mit dem Finger. »So kannst du ja wohl sicher sein, dass wir uns noch mal sehen!«

»Also, Ursel, das ist ja eine schlimme Unterstellung, daran hab ich noch gar nicht gedacht. Aber umso besser.«

Lachend schwangen sie sich auf die Räder und fuhren zurück. Bei Veronika angekommen, klingelte Mutter stürmisch, aber niemand öffnete. Sie lief um das Haus herum, und da saßen Veronika und ich vergnüglich im Garten. Veronika las und zeigte mir Bilder.

»Entschuldige, Veronika, aber ich habe völlig die Zeit vergessen. Der Kleine hat mich wohl gar nicht vermisst?«

Veronika erzählte, was wir alles getrieben hatten und wie sehr sie den Tag genossen hatte.

Am Pfingstsonnabend klingelte ein seltener Gast. Der Postbote hatte ein Paket für meine Mutter. Ein Freudenschrei drang durch das ganze Haus. Als Sigrid und Herrmann neugierig herbeikamen, sagte sie: »Stellt euch vor, ich hab ein Paket von meinem Vater bekommen. O Gott, ich mag das gar nicht öffnen. Ich bin so aufgeregt.«

Dann erklärte sie, dass sie sich das erst einmal allein ansehen müsse. Mit dem Paket unterm Arm verschwand sie nach oben. Im Zimmer holte sie eine Schere und schnitt ungeduldig die mehrfache Verschnürung durch. Kurz darauf hielt sie ein braunes Album in der Hand. Sie begann darin zu blättern. Sie stand ganz still da, bewegte nur die Arme und die Hände, und ab und zu gab war ein Seufzer zu hören.

Sie nahm den Umschlag in die Hand, der dem Paket beilag, und drehte und wendete ihn. Dann legte sie ihn weg.

Nach dem Abendbrot brachte sie mich zu Bett, nicht ohne mir eine Geschichte vorzulesen. An dem Abend blieb sie im Zimmer und setzte sich an das geöffnete Fenster. Es war ein weicher, warmer Abend. Sie hatte sich ein Glas Wein eingeschenkt, und endlich schlitzte sie den Brief vorsichtig mit einem Messer auf.

Liebe Ursula,
Dein Brief war eine große Überraschung für mich. Ich hatte nicht mehr damit gerechnet, von Dir überhaupt ein Lebenszeichen zu erhalten.
Es freut mich, dass es Dir offensichtlich gut geht. Hier in Wustrow hat sich nicht viel verändert. Weder der Ort, noch die Menschen. Die schon gar nicht.
Ja, ich bin Dir kein guter Vater gewesen, und ich war auch Deiner Mutter kein guter Mann. Ich habe sie verführt, aus einem Hort der Geborgenheit in dieses kleine, lächerliche Dorf entführt, wo sie niemals wirklich angekommen ist. Trotz ihrer jungen Jahre war sie ein Stadtmensch und konnte hier keine Freunde finden. Der Menschenschlag hier ist zurückhaltend, Fremden gegenüber sogar feindlich gestimmt.

Es wäre meine Pflicht gewesen, sie zu beschützen. Stattdessen habe ich meine eigenen Freuden gesucht, denn Deine Mutter, entschuldige, wenn ich das so offen schreibe, ist mir schon nach kurzer Zeit fremd geworden. Sie war viel zu jung für eine Ehe, und ich wollte meine Tage nicht in ihrer bürgerlichen Gesellschaft verbringen. Auch ihren Freitod nehme ich auf mich als meine Schuld, mein Vergehen an einem jungen, blühenden Leben.
Aber wie Du weißt, gibt es eine göttliche Gerechtigkeit, und irgendwann werden wir uns alle für unsere Taten und Worte zu verantworten haben. Wenn wir Pech haben, geschieht das noch zu Lebzeiten. Und dieses verdiente Pech habe ich gehabt. Ich wurde mit einer Frau und ihrer Tochter gestraft, die mir im Laufe der Zeit die Hölle auf Erden bereitet haben. Ich bin nicht mehr Herr im Hause und habe auch nicht die mehr Kraft, mich gegen diese Person, ihre Hinterlist und Gehässigkeit zu stemmen. Schließlich habe ich resigniert und den Dingen ihren Lauf gelassen.
An dieser Stelle möchte ich nicht weiter über die Zustände berichten. Vielleicht ergibt sich ja einmal die Gelegenheit. Du bist mir jederzeit herzlich willkommen, ich würde mich über eine Begegnung mit Dir sehr freuen.
Deinem Wunsche entsprechend habe ich das Album Deiner Mutter, das ich in den letzten Jahren habe verstecken müssen, herausgesucht. Ein Photo Deiner Mutter habe ich für mich entnommen. Alle anderen Bilder sind so, wie Deine Mutter sie eingeklebt hat. Das ist das Mindeste, was ich für Dich tun kann.
Liebes Kind, ich wünsche Dir und meinem Enkelkind Peter persönliches Wohlergehen und ein baldiges Wiedersehen.
Euer Vater und Großvater
Wilhelm Schulz

Die Tränen flossen, aber das war egal. Vorsichtig blätterte sie das Photoalbum durch, wobei sie sich bemühte, die Seiten aus Seidenpapier nicht zu knicken. Endlich hielt sie Abbildungen von einem Teil der Familie in den Händen, die sie noch nie gesehen hatte. Dabei fiel ihr eine Begebenheit ein.

Einmal war die Oma aus Hamburg nach Wustrow gekommen, um nach ihrer Enkeltochter Ursula zu sehen. Die Stiefmutter hatte sie schon an der Tür abgewiesen. Dass die alte Dame eine beschwerliche Anreise gehabt hatte, interessierte sie nicht. Wie üblich hatte Ursulas Vater nicht eingegriffen, doch dann war er heimlich mit ihr zusammen durch die Hintertür geschlüpft. So hatte das kleine Mädchen wenigstens einige Worte mit ihrer Großmutter sprechen können.

»Am liebsten würde ich dich mit nach Hamburg nehmen, mein Kind«, hatte sie zu meiner Mutter gesagt. Die wäre mit Freuden mitgegangen, aber ihr Vater hatte das verhindert. »Das Mädchen bleibt hier, sie hat es hier sehr gut.« »Ja, mein Herr, das sehe ich. Besonders der zerschlissene und schmutzige Kittel und die kaputten Schuhe machen einen sehr ordentlichen Eindruck«, setzte die alte Frau schnippisch hinzu. Vater nahm meine Mutter und zerrte sie ins Haus zurück.

Das war die einzige Begegnung meiner Mutter mit ihrer Großmutter. Und so sah sie nun nach langen Jahren Bilder von ihrer Mutter, ihrer Stiefmutter samt Stiefschwester, aber auch von sich selbst. Darunter war ein ungewöhnliches Bild, das sie als kleines Mädchen nackt auf einem Bärenfell zeigte. Sie entdeckte, dass das Photo in einem Atelier in Salzwedel gemacht worden war, und sie nahm sich vor, ihren neuen Bekannten danach zu fragen. Sie entdeckte Photos von ihrer Einschulung oder ein Geburtstagsbild mit ihrer damaligen besten Freundin Ursel. Bilder einer zerrissenen, unglücklichen Kindheit. Zorn stieg in ihr auf. All diese Jahre, die unwiederbringlich vorbei waren. Das Photoalbum in den Händen zu halten, bedeutete ihr viel. Sie wollte es bis an ihr Lebensende verwahren.

Wenige Tage später kam auch noch ein Brief aus Hamburg. Ihre Patentante Hermine hatte ihr geschrieben.

Hamburg, Mai 1946

Libe Ursula,
Dein Brief an Toni und mich ist angekomen. Toni hat mir ferboten, Dir zu schreiben, aber ich finde das ist meine Pflicht als Deine Tante.
Das Du ein Kind hast, kann Toni nicht verstehen und sie will auch nichts von Dir wissen. Wenn Du nach Hamburg kommen solltest wird sie Dich nicht reinlassen.
Es tut mir ser leid, dass ich Dir sowas schreiben muss. Ich häte Dich gern wieder gesehen, vielleicht gibt es ja ein Wunder.
Deine Tante Hermine

Meine Mutter las den Brief wieder und wieder. Der Inhalt war eindeutig und überraschte sie nicht. Nur die vielen Rechtschreibfehler wunderten sie. Sie ahnte, dass diese feine hanseatische Gesellschaft eine Frau mit unehelichem Kind niemals akzeptieren, geschweige denn aufnehmen würde. Sie legte den Brief weg und schwor sich, niemandem davon zu erzählen.

Das Jahr 1946 schritt voran. Trotz aller Bemühungen, Werbung für ihre Werkstatt zu machen, lief das Geschäft nicht gut. Jetzt blieb nur noch ein Weg.

Als an einem Nachmittag im August Veronika zu Besuch kam, legte meine Mutter eine der Armbanduhren auf den Tisch. Alle Beteiligten sahen sich an, wohl wissend, was das hieß.

»Wer bietet mehr?«, fragte meine Mutter sarkastisch in die Runde. »Veronika, hast du Abnehmer, oder du, Herrmann? Wir müssen das gute Stück versilbern, da führt kein Weg dran vorbei.«

Veronika hob abwehrend die Hände. »Lasst mich da raus, dafür bin ich nicht mehr robust genug. Herrmann, du wirst schon das Beste daraus machen.« Und so wurde es beschlossen.

Mein dritter Geburtstag war von absoluter Sparsamkeit bestimmt. Es gab einen kleinen Tisch, auf dem ein Kuchen stand, und ich bekam selbst gestrickte Sachen. Eine Überraschung war der nicht angekündigte Besuch von Hubert Beckmann, der in die Gesellschaft hineinplatzte. Meine Mutter stellte ihn als ihren Photographenkollegen vor und berichtete von ihrer Begegnung in der Mosigkauer Heide.

Hubert hatte eine kleine Sammlung von Photos zusammengestellt, die er eifrig zeigte, nicht ohne das Talent meiner Mutter zu erwähnen. »Sag mal, Hubert«, fragte sie ihn, »kennst du ein Photoatelier in Salzwedel namens Fettback?« Alle fingen an zu kichern. »Nein, nein«, bremste Hubert sie, »kein Witz. Der Laden heißt tatsächlich so, und ich hab da als junger Mann gearbeitet.«

Meine Mutter lief nach oben und holte das Bild mit ihr auf dem Bärenfell. Hubert bekam den Mund gar nicht wieder zu. »Ich glaub's nicht, ich könnte schwören, dass ich das Photo gemacht habe.« Alle lachten, und meine Mutter wurde etwas verlegen. »Na ja, du wirst mir wohl nichts abgeguckt haben«, stimmte sie in das allgemeine Gelächter ein.

Hubert sah meine Mutter an. »Wollen wir nicht eine Tour machen? Gerade jetzt im Herbst sind die Farben so verschwenderisch. Es wäre ein Jammer, das zu verpassen.«

»Da muss ich erst mal fragen, ob jemand auf meinen Jungen aufpassen kann, oder könnten wir ihn mitnehmen?«

Veronika mischte sich ein. »Natürlich nehme ich den Kleinen, aber ich kann euch auch einen Kindersitz für das Fahrrad geben. Der Junge würde bestimmt gerne mitkommen.«

Hubert schüttelte unmerklich den Kopf, meine Mutter hatte aber auch so verstanden. »Ihr wisst, dass ich kaum einen Schritt ohne meinen Peter mache, aber beim Photographieren wird das nicht gehen. Man muss dabei leise sein, das wird ihm keinen Spaß machen.« Die Runde nickte zustimmend, und Hubert atmete auf, was nun allerdings auch nicht unbemerkt blieb. Sie verabredeten sich für den nächsten Freitag.

Einige Tage später stand der Briefträger erneut vor der Tür. Er brachte einen Brief für meine Mutter. Beim Anblick der Briefmarke erschrak sie. Ein Schreiben aus Wien.

»Sigrid, ich kann diesen Brief nicht allein aufmachen. Hilf mir.«

Sigrid holte ein Glas Wasser für meine Mutter, die mit zitternden Fingern den Brief öffnete. Sie beschloss, den Inhalt laut vorzulesen.

Wien, 11. September 1946

Werte Frau Schulz,
Ihre an meinen Vater gerichteten Briefe sind hier niemals bekannt geworden. Meine Mutter ist kürzlich verstorben, und beim Ordnen ihrer Akten sind diese Briefe jetzt entdeckt worden. Sie hatte diese einfach unterschlagen.
Von meinem Bruder wissen wir nur so viel, dass er sich in russischer Kriegsgefangenschaft befinden soll. Dies konnten wir durch einen Heimkehrer in Erfahrung bringen. Von ihm selbst haben wir bis heute noch nichts Schriftliches. Sollten Sie zufällig Näheres über seinen Aufenthalt in Erfahrung bringen können, erbitten wir Ihre Nachricht.
Ich selbst wohne derzeit mit meiner Familie bei meinem Vater, da unser Haus am 22. März vorigen Jahres durch einen der letzten Angriffe auf Wien zur Hälfte schwerst beschädigt wurde, meine schöne Wohnung ist mit den Möbeln und sonstigem Inventar in die Tiefe gesaust. Ich habe eine sehr schwere Zeit hinter mir.
Wir grüßen Sie und Ihr Söhnchen
Familie S.

Eine von Bertls Schwestern hatte den Brief geschrieben. Meine Mutter legte ihn mit einem Seufzer auf den Tisch. »Sigrid, mein Bertl lebt noch, da bin ich mir ganz sicher. Und solange ich nichts anderes höre, wird er für mich immer mit mir zusammen sein.«

Am Freitag stand Hubert pünktlich um neun Uhr vor der Tür. Übermütig klingelte er. Es war ein fantastischer Herbsttag, blauer Himmel, Sonnenschein, wie sich die beiden das erhofft hatten. Fröhlich fuhren sie Richtung Roßlauer Hafen. Wie schon das letzte Mal überquerten sie die Elbe und gelangten in die Mosigkauer Heide.

Diesmal sollte ein kleiner See das Ziel sein. Bald gingen sie zu Fuß weiter. Am Mittag, war Hubert, der in seinem Forscherdrang kaum aufzuhalten war, endlich einverstanden, eine Pause zu machen. Sie packten das Essen aus und setzten sich auf die Decke.

Einmal kam es zu einer kurzen Berührung zwischen ihnen, und meine Mutter zuckte zurück. Hubert schaute sie fragend an. Sie musste endlich etwas sagen.

»Hubert, du weißt, dass ich dich mag. Du bist mir ein guter Freund geworden, und darum hast du es auch verdient, dass ich offen mit dir spreche. Ich habe einen Sohn, und mein Verlobter ist in russischer Kriegsgefangenschaft. In meinem Herzen gibt es keinen Platz für einen anderen Mann. Bitte versteh mich.«

»Ich bin gerne mit dir zusammen. aber ich bin ja nicht blind. Lass uns einfach sehen, was die Zeit bringt.«

Meine Mutter war erleichtert. »Wenn wir schon dabei sind, möchte ich dir noch etwas sagen, Hubert. Eigentlich will ich so schnell wie möglich von hier weg, am liebsten nach Hamburg. Ich habe da Familie, wobei es zweifelhaft ist, ob sie mich noch aufnehmen würde. Ohne ihr Einverständnis käme ich auf legalem Weg überhaupt nicht nach Hamburg.«

Hubert lächelte. »Na, da haben wir ja noch eine Gemeinsamkeit. Mich hält nichts hier, und ich brauche nur nach Salzwedel zu fahren und fertig ist die Laube. Da sind meine Leute. Ich habe schon vor einiger Zeit wieder Kontakt zu ihnen aufgenommen.«

Meine Mutter wollte all das beiseite schieben und den Moment einfach genießen. Sie schlossen die Augen und ließen sich die Sonne ins Gesicht scheinen.

Natürlich konnte sie nicht verhindern, dass die Gedanken weiter mit ihr Karussell fuhren. Salzwedel und Wustrow, das war nur ein Katzensprung. Vielleicht sollte sie einen Abstecher zu ihrem Vater machen und von dort mit der Bahn nach Hamburg fahren.

Hubert mahnte zum Aufbruch. »Lass uns noch ein bisschen weitermachen. Hier in der Nähe sind eine Reihe von kleinen Wasserstellen und Bächen, die aus den Wiesen heraustreten. Da können wir bestimmt schöne Aufnahmen machen.«

Als sie auf einer sonnendurchfluteten Lichtung ankamen, raschelte es im Unterholz. Eine ganze Rotte Wildschweine, mehr als zwanzig Tiere, trat langsam hervor.

Es war später Nachmittag geworden und Zeit, nach Hause zu kommen. Bei meiner Mutter hatte sich ein Gedanke festgesetzt. »Hubert, ich frag dich jetzt mal ganz geradeheraus: Könntest du mir helfen, nach drüben zu gelangen? Oder kennst du jemanden in Salzwedel, der mir behilflich sein könnte? Von Salzwedel ist es doch nicht weit nach Wustrow.«

»Die grüne Grenze wird schon ziemlich stark bewacht. Es sind zwar nur zehn Kilometer, aber ich kenne die Gegend nicht. Neulich habe ich gelesen, dass die Engländer und Amerikaner damit begonnen haben, die Grenze zu sperren. Es wollen zu viele Leute rüber. Ich erkundige mich mal.«

Die folgenden Wochen brachten noch einmal eine Verschärfung der Versorgungslage. Es gab Lebensmittelkarten, aber keine Lebensmittel mehr.

Ein neues Weihnachtsfest rückte näher. Alle wollten es in dem gleichen vertrauten Kreis feiern wie im Vorjahr. Auf Vorschlag meiner Mutter luden sie auch Hubert Beckmann ein, der allein zu Hause war.

Auch diesmal wurde nicht auf einen Tannenbaum verzichtet. Pünktlich um 17 Uhr trafen alle Besucher ein. Die Frauen hatten sich viel Mühe gegeben, den Tisch zu schmücken. Wie nicht anders zu erwarten gab es Kaninchenbraten, dazu Kartoffelknödel und Rotkohl. Veronika, die eigentlich schon vor einem Jahr damit gedroht hatte, dass der Weinvorrat zu Ende gehen würde, hatte in einer versteckten Kiste noch ein paar gute Flaschen ausfindig gemacht.

Hubert war von all dem überrascht, er schaute immer wieder von einem zum anderen und konnte gar nicht glauben, in was für eine Runde er geraten war.

Der Winter 46/47 war einer der kältesten seit Langem. Jetzt rächte sich die schnelle Einführung der Bodenreform. Durch den heißen und regenarmen Sommer hatte nicht ausreichend Saatgut in die Felder eingebracht werden können. Auch die zerstörte Infrastruktur bereitete immer größere Probleme. Vereiste Bäume stürzten auf Bahngleise und es gab kein schweres Gerät, um die Gleise frei zu räumen.

Kohlenklau war das große Schlagwort. Viele Menschen sprangen auf fahrende Züge, um Kohlen von den Wagen herunterzuwerfen. Viele Kinder kamen dabei ums Leben.

Im April ließ der Winter endlich ein wenig nach, doch das nun einsetzende Tauwetter schuf neues Elend und Leid. Überschwemmungen richteten große Verwüstungen an. Der Schwarzmarkt blühte. Kartoffeln kosteten 200 Reichsmark pro Zentner, für ein Pfund Mehl wurden 30 Reichsmark verlangt. Ein Ei lag bei fünf Reichsmark.

Ende Mai brachte der Briefträger einen Brief mit Zustellungsurkunde. Absender war der Notar Heinrich Arendt aus Hamburg-Altona.

Hamburg, d. 9. Mai 1947

Sehr geehrtes Fräulein Schulz !
Im Auftrage Ihres Onkels, des Eiergroßhändlers Ernst Peters in Hamburg-Altona, Mörkenstraße 7, wende ich mich in folgender Angelegenheit an Sie; am 15.10.1946 ist Ihr Onkel, der Rentner

Herrmann Christoph Peters verstorben. Er hat ein Testament nicht hinterlassen. Sie sind somit gesetzliche Erbin nach Ihrem Onkel geworden, als einziger Abkömmling Ihrer Mutter Bertha Willbrandt geb. Peters.
Ihr Anteil beträgt 1/18 des Nachlasses. Der Nachlasswert beträgt ungefähr 9500 RM. Ihr Onkel Ernst Peters hat die Regelung des Nachlasses in die Hand genommen. Er hat verschiedentlich versucht, mit Ihnen in Fühlung zu kommen, hat aber erst jetzt Ihren Aufenthaltsort erfahren können.
Alle Erben, es sind insgesamt acht, haben Ihrem Onkel Ernst Peters zur Regelung des Nachlasses Vollmacht erteilt. Zur Vereinfachung der Angelegenheit ist es erwünscht, dass auch Sie Ihrem Onkel Vollmacht erteilen.
Ich überreiche Ihnen in der Anlage einen Entwurf einer entsprechenden Urkunde mit der Bitte, diese vor einem dortigen Notar vollziehen zu lassen und den Notar zu bitten, mir eine Ausfertigung dieser Vollmacht zu übersenden. Über den Nachlass selbst wird Ihr Onkel Ihnen gern Auskunft erteilen. Ich bitte Sie sich dieserhalb mit ihm in Verbindung zu setzen.
Hochachtungsvoll
gez. H. Ahrendt
Rechtsanwalt und Notar

Meiner Mutter zitterten die Hände. Ihr Onkel war am 15. Oktober, an ihrem 26. Geburtstag, gestorben. Wie makaber, plötzlich hatte sie Aussicht auf Geld. 9500 Reichsmark! Aber das war ihr gar nicht so wichtig, der Hinweis, dass es insgesamt acht Erben gab, beschäftigte sie viel mehr. Acht Familienmitglieder, so sah sie es.

Dann entdeckte sie, dass es noch ein zweites Blatt gab, das sie bislang übersehen hatte, der Erbschein. Auf ihm waren alle Erben mit ihren entsprechenden Anteilen verzeichnet. Sie sog diese Namen von Menschen, von denen sie fast niemand kannte, förmlich in sich auf.

Ehefrau Toni Ziercke, geb. Willbrandt
Ehefrau Hermine Fock, geb. Willbrandt
die unverehelichte Ursula Schulz
Ehefrau Elsa Meslier, geb. Peters
Witwe Marie Röhl, geb. Peters
die unverehelichte Elise Peters
Eiergroßhändler Ernst Peters
Witwe Emma Reinhold

Also gab es doch Familie in Hamburg, und sie war ein Teil davon! Und interessanterweise wohnten immer noch vier der Erben in der Mörkenstraße. Warum sollte sie einen hiesigen Notar bitten, eine Urkunde zu erstellen? Konnte sie das nicht ebenso gut auch persönlich machen? Sie würde mit Hubert nach Salzwedel fahren, heimlich die Grenze passieren und dann von Lüchow nach Hamburg fahren. Ganz einfach. Sie würde die Erbschaft antreten und in den Schoß der Familie aufgenommen werden.

Doch zuerst wollte sie noch einmal bei Sibylle Cramer vorbeischauen. Es gab keine Neuigkeiten. »Ursel, dann wäre ich schon längst bei dir gewesen. Aber ich glaube immer noch daran, dass das besser ist als schlechte Nachrichten.«

Die Tür öffnete sich, und eine Männerstimme rief: »Frau Cramer, wenn Sie so weit sind, kommen Sie doch kurz in mein Büro.«

Beim Klang der Stimme drehte sich meine Mutter um. Es traf sie wie ein Blitz, aber offensichtlich galt das für beide Personen, die sich da plötzlich in die Augen sahen. Vor ihr stand Edwin Heinsen.

Meine Mutter zeigte keinerlei Reaktion, sondern drehte sich bewusst langsam wieder zu Sibylle um. Hinter ihr wurde die Tür unsanft geschlossen.

»War das dein neuer Chef?«

»Ja, Herr Meissner. Er krempelt hier alles um, aber man merkt, dass er in diesen organisatorischen Dingen große Erfahrung hat.

Allerdings ist er ein Bürokrat, wie er im Buche steht. Pedantisch, rechthaberisch. Mit dem ist nicht gut Kirschen essen. Der hat dich ja angesehen wie ein Weltwunder.«

Meine Mutter hatte es plötzlich eilig. Sie wollte nur weg. »Sibylle, ich muss weiter, aber komm doch mal wieder vorbei.«

Ohne eine Antwort abzuwarten, verließ sie den Raum. Sie kam nicht weit. Meissner alias Heinsen stand vor seinem Zimmer. Als meine Mutter ihn erreichte, öffnete er wortlos die Tür und ließ ihr keine andere Wahl, als das Zimmer zu betreten.

»So, Fräulein Schulz, da hätten wir uns wieder«, lächelte er breit. »Sie haben sich damals elegant davongeschlichen. Ihretwegen hat sich der Weitertransport um mehrere Stunden verzögert. Das hat mir viel Ärger eingebracht. Ich habe nach Ihnen suchen lassen, da ich auf Ihre geschätzte Anwesenheit nicht verzichten wollte. Und schon gar nicht auf Ihre reichlich zur Verfügung stehenden Schmiermittel. Aber Sie waren noch schlauer und raffinierter, als ich gedacht habe.«

Er ging um seinen penibel aufgeräumten Schreibtisch herum. »Nehmen Sie doch Platz, ich denke, wir haben uns allerhand zu erzählen. Wie sind Sie hierhergekommen, und wie geht es Ihrem Sohn? Schmiermittel helfen auch heute noch, habe ich recht?«

Sein sarkastischer Ton rief in meiner Mutter eine solche Aggression hervor, dass sie sich nur mit Mühe beherrschen konnte.

»Herr Heinsen, oder sollte ich lieber Herr Meissner sagen, wie schön, Sie wohlbehalten wiederzusehen. Und gleich an der richtigen Stelle. Da können Sie wunderbar dort weitermachen, wo Sie in Posen aufgehört haben. Spielen Sie eigentlich Schach? Ich denke, wir befinden uns in einer besonderen Pattsituation. Zwischen uns herrscht ein Gleichgewicht auf Augenhöhe, bei dem sich keiner durchsetzen kann und es wohl besser auch nicht sollte. Oder was meinen Sie?«

»Sie haben sich nicht verändert, Fräulein Schulz. Immer noch die freche Klappe, immer noch aufmüpfig. Sie lernen es wohl nie.«

»Herr Meissner, so werde ich Sie von nun an nennen. Ich schlage vor, wir lassen uns gegenseitig in Ruhe. Sie tun mir nichts, und ich tue Ihnen nichts, wobei ich mich ernsthaft frage, wer hier mehr zu verlieren hat. Darüber sollten Sie wirklich nachdenken. Ich empfehle mich und wünsche einen guten Tag.«

Sie stand auf und verließ den Raum. Ihr war fast schlecht geworden. Sie fragte sich, woher sie den Mut nahm, solche Reden zu schwingen. Doch die Erfahrung hatte sie gelehrt, dass man diesen Bürohengsten nicht kleinlaut gegenübertreten durfte. Ein gesundes Selbstbewusstsein war angebracht.

Sie ging schnurstracks zum Photogeschäft. Niemand war in dem Laden, ein freundlicher älterer Herr kam aus den hinteren Räumen nach vorne.

»Ich hätte gern Herrn Beckmann gesprochen, wenn das möglich ist.«

Er lächelte sie an und drehte sich um. »Hubert, komm doch mal nach vorn. Hier wird nach dir verlangt.«

Hubert begann zu strahlen, als er meine Mutter sah. »Was für eine Überraschung. Was kann ich denn für dich tun?«

»Hubert, es ist leider nicht geschäftlich«, sagte sie mit einem entschuldigenden Blick zu dem älteren Herrn, der keine Anstalten machte, seinen Platz hinter dem Tresen zu verlassen. »Hättest du wohl heute Abend Zeit, ich würde gern etwas mit dir besprechen?«

»Ja, sicher«, er wandte sich seinem Chef zu, »Herr Becker, liegt etwas Dringendes an oder kann ich pünktlich Feierabend machen?«

»Schon gut, Hubert. Du kannst auch früher gehen, wenn du möchtest.« Sie verabredeten sich für sechs Uhr.

Den Rest des Tages verbrachte meine Mutter damit, Bilanz zu ziehen. Tabak und Zigarettenpapiere waren weg. Sie besaß noch 2000 Reichsmark, außerdem ein Armband, eine Armbanduhr und die beiden Taschenuhren. Ein Teil des Schmucks war für den illegalen Grenzübertritt bei Salzwedel bestimmt. Die Bahnfahrt nach Hamburg konnte sie eventuell mit dem Bargeld begleichen. Es war zum Verzweifeln, dass es ihr nicht gelang, ihren Warenbestand zu verkaufen. Aber die Leute hatten nichts zu essen, da spielte Kleidung keine Rolle.

Die nächste Frage war, ob es ihr gelang, Hubert zu überreden, mit ihr nach Salzwedel zu gehen. Sie spürte, dass Hubert sich Hoffnungen machte, die Beziehung zu erhalten oder sogar zu vertiefen. Sie durfte ihm auf keinen Fall etwas vorspielen. Er war ein guter Kamerad, nicht mehr und nicht weniger.

Am Abend blieb ich unten bei Sigrid, damit sie mir noch ein Bilderbuch zeigen konnte. Meine Mutter und Hubert gingen nach oben.

»Ich hatte dir ja schon gesagt, Hubert, dass ich hier weg möchte. Nun hat sich eine neue Situation ergeben, und ich möchte dich noch einmal fragen, ob du mir helfen würdest, Peterle und mich nach Salzwedel zu bringen, damit wir von dort über die Grenze nach Niedersachsen gehen. Ich möchte nach Wustrow zu meinem Vater fahren und dann einen Zug nach Hamburg nehmen.«

Hubert wurde nervös. »Ich kann die damit verbundenen Fragen gar nicht überblicken. Lass uns doch mal aufschreiben, was uns dazu einfällt.«

Hubert fing an, Fragen zu formulieren:

Soll dein Junge mit?

Wann wollen wir starten?

Wie kommen wir nach Salzwedel?

Was müssen wir mitnehmen?

Gibt es offizielle Grenzübergänge in die Britische Zone?

Ist die Grenze gesichert?

Wie kommst du nach Wustrow und dann nach Hamburg?

Wie kommst du zurück – kommst du überhaupt zurück?

Die erste Frage war sofort beantwortet. Meine Mutter stellte klar, dass sie diese Reise nicht ohne mich machen würde. Hubert merkte, dass darüber nicht zu diskutieren war. Für die Fahrt nach

Salzwedel mussten sie gemeinsam eine Reisebescheinigung beantragen. Möglicherweise konnte Rolf Meissner dabei gefährlich werden. Meine Mutter wollte nachfragen, ob Sibylle Genaueres wusste.

Vom Ablauf hatte meine Mutter eine klare, allerdings sehr theoretische Vorstellung. Sie wollte ihrem Onkel einen Brief schreiben und ihm mitteilen, dass sie nach Hamburg kommen würde. Dann wollte sie den Notar besuchen und die beiden Tanten treffen. Ihr Ziel war es herauszufinden, ob sie in Hamburg eine Bleibe für uns finden könnte.

Falls das klappen sollte, wäre die Versuchung natürlich groß, gleich ganz in Hamburg zu bleiben. Aber das konnte sie den Menschen, denen sie ihr Leben zu verdanken hatte, nicht zumuten.

Am Ende eines langen Abends stand fest, dass sie die Reise so schnell wie möglich antreten müssten. Es war Anfang Juni, sie mussten das gute Wetter ausnutzen.

Zuerst schrieb sie den Brief an den Notar.

Sehr geehrter Herr Ahrendt,
Ihr Schreiben vom 9. Mai ds. Jahres ist hier am 30. Mai angekommen, und ich danke Ihnen sehr für diese Benachrichtigung.
Ich habe mich entschlossen, persönlich in Hamburg zu erscheinen. Das hat in erster Linie den Grund, dass ich nun endlich, nach so vielen Jahren die Gelegenheit ergreifen möchte, einen Teil meiner Familie kennenzulernen. Mit meinem Onkel werde ich dann auch über die entsprechenden Formalitäten sprechen.
Ein Schreiben an meinen Onkel versende ich mit gleicher Post.
Hochachtungsvoll
Ursula Schulz

Da sie nun so schön in Schwung war, setzte sie den Brief an ihren Onkel gleich mit auf.

Lieber Onkel Ernst,
bitte entschuldige diese vertrauliche Anrede, denn Du wirst Dich wohl nicht an mich erinnern, und mir geht es ebenso. Aber wir sind eine Familie, und Du wirst Dir kaum vorstellen können, wie sehr ich mich danach gesehnt habe, auch eine Familie oder doch zumindest eine Art von Zugehörigkeit erleben zu dürfen.
Herr Notar Ahrendt hat mich vom Tod meines Onkels Ernst Peters unterrichtet und die Empfehlung ausgesprochen, Dir zur Abwicklung des Nachlasses eine entsprechende Vollmacht zu übertragen. Grundsätzlich habe ich nichts dagegen einzuwenden, aber ich möchte gern die Gelegenheit nutzen, persönlich in Hamburg zu erscheinen.
Ich habe hier noch einige Dinge zu organisieren und werde mich innerhalb der nächsten Tage auf den Weg machen. Ich hoffe sehr, dass mein Brief eher bei Euch ist als ich selbst.
Ich freue mich sehr darauf, Euch alle kennenzulernen und verbleibe mit freundlichen Grüßen
Deine Nichte Ursula

Am nächsten Morgen machte sie sich schon früh auf den Weg zu Sibylle. Sie hatte Glück, Rolf Meissner war nicht im Amt. Sibylle erbot sich, Erkundigungen einzuholen und am Abend bei ihr vorbeizukommen. Wieder zu Hause erstellte sie eine Liste der Dinge, die sie für die Reise brauchen würde. Dann informierte sie Sigrid mit gehörigem Herzklopfen über ihre Pläne.

Sigrid war außer sich. »Ursel, du setzt euer Leben aufs Spiel. Das ist kein Spaziergang. Ich weiß nicht, wie die Grenze gesichert ist, aber es gibt viele Gerüchte. Wie stellst du dir vor, mit dem Jungen auf dem Arm vor bewaffneten Grenzwächtern zu fliehen? In meinen Augen ist das vollkommen verantwortungslos.«

Die harsche Reaktion überraschte meine Mutter. In schlechter Stimmung gingen die Frauen auseinander.

Abends kam Sibylle vorbei. Sie brachte Neuigkeiten mit. »Heute kam Herr Meissner bei mir vorbei und hat sich nach dir erkundigt. Von einem Kollegen weiß ich, dass er sich auch deine Akte bringen ließ. Er hat deinen Gewerbeschein überprüfen lassen und anderes mehr. Dann habe ich mich nach der Reisebescheinigung erkundigt. Die gibt es nur mit einer wichtigen Begründung. Ich weiß ja nicht, was du vorhast, und will es auch nicht wissen. Aber wenn zum Beispiel ein Trauerfall vorliegt, kann so eine Bescheinigung schnell genehmigt werden.«

Nachdem Sibylle gegangen war, ging meine Mutter zu Herrmann und Sigrid in die Küche.

»Ich kann mich nicht mit dir streiten, Sigrid. Ich verstehe deine Sorge, mir ist auch nicht wohl dabei. Und ich weiß nicht, ob es gut ist, euch zu viel zu erzählen. Das hat nichts mit Misstrauen zu tun.«

»Sag einfach, was los ist, Ursel. Wir sind keine kleinen Kinder.« Herrmanns Stimme hatte einen resignierten Unterton.

»Ihr wisst, dass ich geerbt habe. Es sollen etwa 9500 Reichsmark sein. Aber das Geld ist mir nicht wichtig, sondern meine Familie. Es gibt zwei Tanten, die ich unbedingt sehen möchte. Deshalb will ich nach Hamburg fahren. Ich möchte ihnen meinen Sohn vorstellen. Das ist mir immens wichtig«, rief sie aus.

»Und zu einem solchen Höllenritt willst du deinen dreieinhalbjährigen Jungen mitnehmen. Deine Sehnsucht nach Familie können wir gut verstehen, aber den Kleinen auf so eine gefährliche Reise mitzunehmen, dafür haben wir kein Verständnis. Es ist verantwortungslos und egoistisch.« Herrmann hatte noch nie in so einem barschen Ton mit meiner Mutter gesprochen.

Meine Mutter berichtete, sie habe Hubert gebeten, mit uns nach Salzwedel zu fahren. »Wir werden uns vor Ort schlau machen. Wenn der Grenzübergang zu riskant ist, kann ich es eventuell allein versuchen. Ansonsten, da könnt ihr sicher sein, blasen wir alles wieder ab.« Dann kam sie auf Rolf Meissner zu sprechen. Es würde ihr wie ein Faustpfand vorkommen, wenn sie Peter hier zurückließ, sagte sie.

Herrmann nickte bedächtig. »Da ist was dran, ich stimme dir zu. Aber der Gedanke, dass du allein über die Grenze gehst und dir etwas passiert, ist für Sigrid und mich unvorstellbar.« Der Friede war wiederhergestellt und wurde mit einem Glas Wein besiegelt.

Zwei Tage später stand Hubert vor der Tür. Er berichtete, dass er sich eine Reisebescheinigung besorgt hatte. »Du musst jetzt nicht erschrecken, aber als Begründung habe ich angegeben, beim Kirchenamt in Salzwedel meine Unterlagen zwecks Heirat abholen zu wollen. Die Reisebescheinigung ist dreißig Tage gültig und gilt von heute, Freitag, den 13. Juni, an. Du bist doch nicht etwa abergläubisch?«, fragte er.

Sie lachte nur. »Alles gut, Hubert. Dann wird es jetzt ernst. Ich nehme einen kleinen Koffer mit, Peterle und ich tragen jeder einen Rucksack. Dann hat er auch etwas zu tun und kommt sich wichtig vor. Also, mein Lieber, wann geht es los?«

Hubert hatte Urlaub eingereicht, am Montag konnten sie aufbrechen.

Am Wochenende wurde alles vorbereitet, und neben Herrmann und Sigrid wurde auch Veronika eingeweiht. Meine Mutter würde das Bargeld, eine Taschenuhr und ein Armband mitnehmen. Die letzte verbliebene Armbanduhr und die Taschenuhr übergab sie zu getreuen Händen, wie sie sich ausdrückte, Veronika. Auch Sibylle wurde in die Pläne eingeweiht. Alle rieten ihr davon ab, mich über die Grenze mitzunehmen, aber meine Mutter war nicht zu überzeugen.

Früh am Montagmorgen brachte Herrmann uns mit einem Dreiradwagen zum Bahnhof nach Dessau. Der Zug hatte eine Stunde Verspätung und war völlig überfüllt. In Magdeburg mussten wir umsteigen, und nach viereinhalb Stunden Fahrt kamen wir endlich in Salzwedel an.

Die Familie Beckmann war vollzählig erschienen. Huberts Vater war nicht zu übersehen, obwohl der Bahnsteig überfüllt war. Er war ein Riese von zwei Metern.

Hubert begrüßte seine Familie herzlich, dann drehte er sich zu uns, die wir mit einem kleinen Abstand dastanden, um. Er stellte uns seinen Eltern vor und umgekehrt. »Mein Vater Waldemar, er ist, wie du siehst, der symbolische Leuchtturm der Familie. Meine liebe Mutter Ulrike, mein kleiner Bruder Ernst und meine noch kleinere Schwester Hertha.« Meine Mutter wurde von jedem mit Handschlag begrüßt, und auch ich wurde freundlich in ihren Kreis aufgenommen.

»Also, kleine Geschwister stelle ich mir anders vor«, sagte meine Mutter und alle lachten.

»Wir Kleinen müssen zusammenhalten. Ich bin die Ulrike, und du hast bestimmt nichts dagegen, wenn ich dich Ursula nenne.«

Ernst nahm den Koffer meiner Mutter, und wir gingen in Richtung Ausgang. Ernst und seine Schwester Hertha stellten unser Gepäck auf ihre Räder, und wir liefen los. Ich wollte meinen Rucksack allerdings partout nicht hergeben.

Es waren etwa zwanzig Minuten zu laufen. Als wir in eine etwas ruhigere Gegend kamen, wurden die Häuser und die Gärten größer, und dann standen wir auch schon vor dem Grundstück der Familie. Es handelte sich um ein großes Haus, zwei Stockwerke mit ausgebautem Dachgeschoss. Der sehr gepflegte Vorgarten strahlte einen gewissen Wohlstand aus. Wie bei den Fischers bildete auch hier die Wohnküche den Mittelpunkt des familiären Lebens, nur dass sie doppelt so groß war wie in Roßlau.

Waldemar Beckmann führte eine Tischlerei, und Ernst, Mitte zwanzig, arbeitete als Geselle bei ihm. Erst vor sechs Monaten war er aus dem Krieg zurückgekehrt, körperlich unversehrt, seelisch jedoch sehr angegriffen. Hertha wollte Lehrerin werden, was aber noch nicht möglich war. Also half sie ihrer Mutter in Haus und Garten.

Die Versorgungslage war hier deutlich besser als in Roßlau. Die Beckmanns fuhren jedenfalls alles Mögliche an Speisen und Getränken auf.

»Hubert, erzähl, was anliegt«, kam sein Vater schnell zur Sache. »Wir sind unter uns, also sag, wie sehen eure Pläne aus?«

Hubert erzählte von unseren Ausflügen in Roßlau. »Wir verstehen uns gut, aber damit hat es sich dann auch schon. Ursel hat einige Päckchen zu tragen, die ich respektiere. Da ist im Moment kein Platz für Spekulationen.«

Dann deutete Hubert ihr Vorhaben an und erklärte, dass sie um die Gefährlichkeit der Aktion wüssten. Auch deshalb wollten sie unter keinen Umständen die anderen mit hineinziehen.

»Gut«, sagte Waldemar. »Junge Frau, Sie sind uns mit Ihrem Kind herzlich willkommen. Dies Haus ist von nun an auch Ihr Haus. Wenn Hubert so über Sie spricht, hat das seine Bedeutung, dafür kennen wir unseren Sohn zu gut. Bleiben Sie, so lange Sie wollen, aber wenn es etwas gibt, das wir wissen sollten, dann bitte ich Sie herzlich um Aufrichtigkeit und Respekt. So, und nun entschuldigt mich, ich hab noch zu arbeiten.«

Ernst verließ zusammen mit seinem Vater den Raum. Auch Hertha erhob sich. Sie erklärte, im Gemüsegarten noch einiges tun zu wollen und fragte, ob sie mich mitnehmen dürfe. Als meine Mutter nickte, nahm mich Ulrike bei der Hand. Wir gingen hinaus in den Garten.

Hubert und meine Mutter blieben zunächst allein zurück. Seine Mutter hatte im Obergeschoss zwei Räume für uns hergerichtet. »Meine Eltern wussten noch nichts«, sagte Hubert. »Ich wollte im Vorweg keine Aufregung verursachen. Ich bring dir noch den Koffer nach oben, und wenn dir danach zumute ist, kommst du runter.«

Meine Mutter war dankbar für einen Moment Ruhe. Vom Fenster aus konnte sie sehen, wie ich durch den Garten lief.

Die Unruhe, die sie erfasst hatte, ließ sie bald wieder nach unten gehen. »Na, alles gut so weit?«

Meine Mutter bedankte sich bei Hubert, dass seine Familie uns so herzlich aufgenommen hatte.

»Meine Familie ist so. Aber wir reden hier sehr offen miteinander. Ich möchte, dass wir jetzt zu meinem Vater in die Werkstatt gehen und ausführlich darlegen, was du vorhast. Diese Ehrlichkeit bin ich ihnen schuldig.«

»Das ist ganz in meinem Sinne.« Meine Mutter legte ihre Hand auf seinen Arm. »Ich weiß, was du für mich tust.« Nachdem sie im Garten Bescheid gegeben hatten, machten sie sich auf den Weg in die Tischlerwerkstatt.

Meine Mutter liebte den Geruch von Holz und Leim. Ernst stand an der Säge, sein Vater saß in einem abgetrennten Raum, der im oberen Bereich verglast war und offensichtlich das Büro beherbergte.

»Ich hab euch schon erwartet. Die Spannung, die ihr ausstrahlt, ist ja fast greifbar«, begrüßte sie Waldemar mit einem Lächeln. »Also, raus mit der Sprache.«

Nach einem kurzen Blickwechsel begann meine Mutter alles zu erklären. »Kurz und gut, Herr Beckmann«, schloss sie ihren Bericht, »ich möchte mit Peterle über die Grenze nach Wustrow und dann weiter nach Hamburg fahren.«

»Aha, und der gute Hubert hat Sie darin bestärkt? Dann kann ich nur feststellen, Hubert, dass du offensichtlich von den Verhältnissen hier keine Ahnung hast. Viele tausend Menschen haben ähnliche Pläne wie Sie, Fräulein Schulz. Wir nennen das hier die grüne Grenze, denn von einer richtigen Absicherung zwischen uns und Niedersachsen kann man nicht sprechen. Diese Grenze wird bewacht, ist aber durchlässig. Da laufen bewaffnete Grenzer Streife, übrigens russische Soldaten, Kosaken, harte Kerle. Wir hören fast jede Nacht die Schüsse. Von den Schlepperbanden will ich gar nicht erst sprechen. Und in diesem Gebiet wollen Sie mit einem kleinen Kind illegal über die Grenze gehen? Nehmen Sie es mir nicht übel, da kann ich Sie nur für verantwortungslos halten, und den Eindruck machen Sie eigentlich nicht.«

Meine Mutter war wie vor den Kopf geschlagen. Die Standpauke von Huberts Vater blieb nicht ohne Wirkung. »Und es gibt gar keine andere Möglichkeit? Wie sieht es denn mit Zügen aus?«

»Wenn Sie von den britischen Behörden eine Zuzugsgenehmigung haben, dann ist das alles kein Problem. Dann können Sie über einen der wenigen offiziellen Grenzübergänge gehen, aber ich nehme mal an, dass Sie keine Bescheinigung besitzen.«

»Ja, das stimmt. Aber wenn meine Verwandten in Hamburg bestätigen, dass ich der Besatzungsbehörde nicht zur Last falle und eine Wohnung und Arbeit habe, dann müsste ich so eine Erlaubnis doch bekommen. Ich könnte nach Roßlau fahren, dort meine kleine Werkstatt auflösen, die fertigen Kleidungsstücke verkaufen und wieder nach Hamburg zurückkehren.«

»Junge Frau, ich will Ihnen Ihre Illusionen nicht nehmen. Aber was wissen Sie denn darüber, was in Ihrer Abwesenheit in Roßlau geschieht? Wie Hubert uns berichtet, haben Sie dort einen ernstzunehmenden Gegenspieler.«

Mit hängendem Kopf verließ meine Mutter mit Hubert die Werkstatt, nachdem sie sich bei seinem Vater für dessen offene Worte bedankt hatte. Hubert packte sie am Arm und sah sie an. »Ich hab da noch eine Idee. Mir fällt ein alter Schulfreund ein, der bei der Bahn ist. Komm, den suchen wir.«

Am Bahnhof, der noch die reinste Trümmerlandschaft war, erkundigten sie sich nach Huberts Freund. »Erste Etage, dritte Tür links, aber klopfen Sie an, sonst wird er ärgerlich.«

»Na, da wollen wir uns lieber mal an die Spielregeln halten.« Hubert klopfte energisch an die Tür, keine Reaktion. Er klopfte ein zweites Mal, diesmal wirklich unüberhörbar. »Komisch«, murmelte er, drückte die Klinke herunter und öffnete mit Schwung die Tür.

»Habe ich herein gesagt?«, knurrte ihnen ein Mann mit Nickelbrille und Ärmelschonern entgegen, der gerade eine mickrige Pflanze auf dem Fensterbrett goss, ohne sich dabei umzudrehen.

Hubert wirkte perplex. »Nee, eigentlich nicht, aber ich habe nicht gewusst, zu was für einem pingeligen Bürohengst du dich entwickelt hast«, schimpfte er laut.

Der Mann drehte sich um und strahlte übers ganze Gesicht. »Ich habe dich vom Fenster doch schon gesehen, du Heini. Da wollte ich dir mal zeigen, wie das hier bei den Sachsen zugeht. Du hast dir Unterstützung mitgebracht? Interessant, mein Lieber. Wenn ich mich recht erinnere, bist du doch eher auf der Jagd nach Schmetterlingen. Immerhin, Geschmack hast du, wenn es um Falter geht.«

Er wollte sich ausschütten vor Lachen, Hubert war das alles nur peinlich. »Ursel, glaub dem kein Wort, schon in der Schule war er unser Klassenclown. Sein Abitur hat er nur geschafft, weil sein Vater Chef der Schlachterinnung war.«

Sie umarmten sich beide, klopften sich auf die Schulter, dass es nur so krachte, und schienen eine Weile völlig zu vergessen, dass außer ihnen noch jemand im Raum war.

Meine Mutter räusperte sich vernehmlich. »Na, Jungs, Freudentränen getrocknet?«

Beide sahen sich irritiert an und fielen gleich wieder in ein wieherndes Lachen. »Na, das kann ja was werden mit euch zwei Trauerklößen.«

Nachdem Hubert sie einander vorgestellt hatte, sagte Wolfgang: »Kommt, setzt euch. Was führt euch in dieses trübe Nest?«

Hubert sah meine Mutter an. »Du kannst mit ihm ganz offen reden. Und du kannst es mit deinen eigenen Worten am besten ausdrücken, was du vorhast.«

Nach zwanzig Minuten war sie mit ihrem Bericht fertig. Wolfgang war während ihrer Rede ernst geworden.

»Also, ich kann mich den Worten des Herrn Beckmann senior nur anschließen. Die Chance für dich und dein Kind ist gleich Null. Ich verstehe, wie ernst es dir damit ist, nach Hamburg zu kommen, und ich werde dir auch helfen, wenn es Sinn macht. Aber zusammen mit dem Kind sage ich: Vergiss es. Ich würde dich dabei auch nicht unterstützen. Dein Gedanke, es mit der Bahn zu versuchen, ist hingegen gar nicht so schlecht. Es gibt immer noch einen direkten Weg nach drüben. Nicht nach Fahrplan und auch nicht ungefährlich, aber wenn sie dich erwischen, kommst du schlimmstenfalls ein paar Tage zur Abschreckung in eine Zelle. Das sind die sogenannten Kartoffelzüge, die unregelmäßig zwischen Salzwedel und Lüchow verkehren. Manchmal ist das sehr strapaziös, so eine eigentlich kurze Fahrt kann dann bis zu drei Tagen dauern. Alles schon vorgekommen.«

Meine Mutter bekam leuchtende Augen. »Was muss ich tun, um in den Genuss eines solchen Luxustransports zu kommen?« Sie sah schon wieder optimistischer aus.

»Erstens musst du sehen, wo du deinen Sohn lässt, und zweitens ist das nicht umsonst. Ich bin da nicht eingebunden und will es auch nicht sein. Es gibt einen Kollegen vor Ort, der die Hand aufhält. Ich will das nicht bewerten, auf jeden Fall ist er zuverlässig. Er wird den Zug nach drüben begleiten. Ich kann den Kontakt herstellen, alles andere will ich nicht wissen. Diesen Tipp habt ihr nicht von mir, und ihr dürfte mit keinem Menschen darüber reden. Das gilt auch für deine Elstern und Geschwister, Hubert. Also, Schotten dicht.« Er schaute auf seine Uhr. »Es ist jetzt 15.30 Uhr. In einer halben Stunde hat der Kollege Feierabend, er geht immer noch auf ein Bier in die Kneipe gleich um die Ecke. Er ist leicht zu erkennen, mit seiner Eisenbahneruniform wird er in dem Laden wahrscheinlich der Einzige sein. Wenn er seine Mütze abnimmt, ist seine blitzblank polierte Glatze nicht zu übersehen.«

Er stand auf. »Leute, ich hab noch zu tun. Seht zu, dass ihr ihn euch gleich schnappt. Solche Dinge bleiben nicht lange geheim. Ich kann euch nur viel Glück wünschen.« Er reichte beiden die Hand und komplimentierte sie hinaus.

»Komm, Ursel«, sagte Hubert. »Wir laufen noch einmal um den Block, und dann genehmigen wir uns ein Bier, ich kann das jetzt brauchen.«

Wenige Minuten später betraten sie das Lokal. Mehr oder weniger zwielichtige Gestalten saßen in der verqualmten, lauten und schon gut besuchten Kneipe. Wo es keine Abstellmöglichkeiten für die Gläser gab, hatten die Gäste sie auf den Fußboden gestellt. Gerade als sie eintraten, wurden sie Zeugen eines Handgemenges. Der Wirt, ein Kerl wie ein Baum, mit beeindruckendem Bizeps, aber auch mächtigem Bauch, war sofort zur Stelle. Wenige Augenblicke später war einer der Krakeeler mit einem Tritt ins Freie befördert.

Zurück am Tresen beäugte er die beiden. »Na, wenn ick jewusst hätte ...«, lachte er dröhnend.

Meine Mutter ließ sich nicht einschüchtern. »Werter Herr, ein gut gezapftes kühles Bier würde meinem aristokratischen Knorpel durchaus schmeicheln.« Dabei deutete sie einen leichten Knicks an.

Der Wirt prustete los. »Sauber, sauber, det jefällt mir.« Er schenkte zwei Bier ein und machte zwei Striche auf einen Zettel. Hubert stupste meine Mutter an. »Ich glaube, wir fallen hier auf. Das ist nicht gut. Es gibt schon zu viele neugierige Blicke. Übrigens ist unsere Zielperson auch schon da. Lass uns das Bier austrinken, und dann gehen wir. Wir versuchen, ihn draußen anzusprechen. Hier hat das keinen Zweck.«

Sie wechselten noch ein paar Worte, dann legte Hubert das Geld auf den Tresen und sie gingen Richtung Ausgang. Der Wirt rief ihnen nach: »Majestät sind mir jederzeit herzlich willkommen«, und meine Mutter hob, ohne sich umzudrehen, grüßend die Hand.

Draußen stöhnte sie auf. »Puh, erst mal frische Luft schnappen. Was war das denn für eine Räuberhöhle. Und geraucht haben die Leute wie die Schlote, dabei dachte ich, Zigaretten seien Mangelware.«

»Eine richtige Schwarzmarkt-Kaschemme, da wird gehandelt und verschoben. Wundert mich eigentlich, dass die das so offen machen können.«

Sie blieben auf dem Bahnhofsvorplatz stehen und beobachteten das Treiben. Überwiegend waren Frauen mit Kindern unterwegs, die meisten trugen Rucksäcke. Über allem lag eine bedrückende Spannung.

Sie hatten Glück. Nach einer Weile öffnete sich die Kneipentür, und der Eisenbahner kam heraus. Sie folgten ihm unauffällig. Als er in eine ruhige Seitenstraße einbog, erhöhte Hubert das Tempo und sprach den Mann an.

»Entschuldigen Sie bitte, ich bin ein Freund von Wolfgang Müller. Er meinte, dass Sie uns helfen könnten.« Meine Mutter war bewusst ein paar Schritte zurückgeblieben, sodass er sie in Ruhe mustern konnte.

»Was wollen Sie?«, fragte er misstrauisch.

»Meine Freundin muss nach drüben. Dringend.«

»Da ist sie in guter Gesellschaft, das wollen viele. Aber es wird immer riskanter.« Er sah immer noch meine Mutter an, machte jetzt jedoch eine Handbewegung, näher zu kommen.

»Was ist es Ihnen denn wert, junge Frau?«

»Ich weiß, dass Sie das nicht meiner grünen Augen wegen machen. Ich bin keine routinierte Grenzgängerin. Den Preis bestimmen Sie, und ob er dann auch akzeptabel ist, bestimme ich.«

Der Mann wandte sich Hubert zu. »Na, an der werden Sie noch Ihre Freude haben«, aber man merkte ihm schon an, dass er ihnen wohlgesonnen war. »Haben Sie Geld?«

»Ja, an wie viel haben Sie gedacht?«

»War nur ein Test. Vergessen Sie's. Geld ist nicht von Interesse. Mit Reichsmark können Sie bald Feuer machen. Sachwerte, junge Frau, das zählt. Uhren, Ringe, Schmuck.« Dabei guckte er auf ihre ring- und schmucklosen Hände. »Na, das sieht ja ein wenig dünn aus.«

»Meinen Sie den mangelnden Schmuck oder meine schmalen Hände?«, erwiderte sie keck. »Sie glauben ja wohl nicht, dass ich wie ein geschmückter Tannenbaum herumlaufe?«

»Haben Sie eine goldene Taschenuhr, mit Kette und so?«

»Hab ich«, bestätigte sie leichthin.

»Wie eilig ist es denn, und wann sind Sie startbereit?«

»Es ist eilig, und von mir aus noch heute.«

»Ich hab Zugang zu einem der Kartoffelzüge, die immer noch fahren. Ein Wunder, dass noch keiner diese Transporte gestoppt hat. Ich vermute, da verdienen sich eine Reihe von gutsituierten Herren noch schnell eine goldene Nase. Die Fahrten sind jedoch immer unregelmäßiger geworden und fast alle wurden auf nachts verschoben, um kein Aufsehen zu erregen. Also, junge Frau, wenn's pressiert und Sie Mumm haben, heute, Dienstag, um drei Uhr in der Nacht. Meinen Sie, Sie kriegen das geregelt?«

Jetzt erschrak meiner Mutter doch. »Mensch, Hubert, ich bekomme Angst vor meiner eigenen Courage. Aber vielleicht ist es gut, gar nicht so lange nachzudenken zu können.«

Hubert machte ihr Mut. Zu dem Mann gewandt sagte er: »Ich bringe meine Freundin zum Zug. Wann müssen wir wo sein? Und gibt es noch etwas, woran sie denken sollte?«

»Wir treffen uns pünktlich um drei am Stellwerk außerhalb des Bahnhofs in Richtung Grenze, das ist nicht zu übersehen. Nach fünfzehn bis zwanzig Minuten wird noch einmal Wasser und Kohle nachgefüllt. Sie brauchen eine Decke, eine Kerze und Streichhölzer, reichlich Wasser, bestimmt drei bis vier Flaschen, ein paar belegte Brote, Kekse. Ziehen Sie sich warm an, die Waggons sind teilweise oben offen. Was Sie für Ihre Weiterreise brauchen, müssen Sie selbst wissen. Und vergessen Sie die Uhr nicht, das sage ich Ihnen gleich. Wenn Sie da mit einer Blechzwiebel ankommen, die nichts taugt, lasse ich Sie gar nicht erst in den Zug. So, ich muss mich noch ein paar Stunden hinlegen.« Mit diesen Worten drehte er ab.

»Können Sie mir denn sagen, wie lange die Fahrt dauert?«, fragte meine Mutter.

»In Vorkriegszeiten zwanzig Minuten, in Kriegszeiten sechzig Minuten, in Nachkriegszeiten ging gar nichts, und in Kartoffeltransportzeiten zwischen einer und vierundzwanzig Stunden. Wir sehen uns, oder auch nicht.« Er verschwand.

»Was für ein kaltschnäuziger Hund«, seufzte sie. »Egal, da muss ich jetzt durch. Komm, lass uns bei dir zu Hause gleich das nächste schicksalsschwere Gespräch führen.«

Als sie nach Hause kamen, war meine Mutter gerührt, wie die ganze Familie in der Wohnküche an dem großen Tisch saß. Mich hatten sie auf eine Art Thron zwischen sich gesetzt, so war ich mit den Erwachsenen fast auf Augenhöhe. Ich strahlte.

Hubert schilderte, was wir erlebt hatten. Als er sagte, dass meine Mutter die Reise allein machen wolle, wenn sie mich bei der Familie lassen könne, war bei allen eine Erleichterung zu spüren. »Ursel«, sagte Ulrike, »du brauchst dir keine Sorgen zu machen. Wir passen auf dein Kind auf, als wenn es unser eigenes wäre. Erledige in Hamburg, was du zu erledigen hast, und komme heil und gesund wieder zurück.«

Meine Mutter atmete auf. Sie ging nach oben, um ihre Sachen zu packen. Hubert half ihr dabei. Er reichte ihr eine kleine Taschenlampe, zwei Ersatzbatterien und ein Taschenmesser. »Kerzen und Streichhölzer gibt's unten, und hier ist ein Zettel mit der Telefonnummer von Wolfgang Müller. Wenn du Gelegenheit hast zu telefonieren, ruf ihn an. Er wird mich dann informieren.«

Sie verstaute das Bargeld und das Armband in einem Brustbeutel. Die Taschenuhr, die sie als Erstes loswerden würde, steckte sie in die Außentasche des Rucksacks. Als alles erledigt war, ging sie nach unten.

Es war ein herrlich warmer Maiabend, die ganze Familie saß draußen. Alle unterhielten sich, doch die Gespräche verstummten, als sie kam.

»Du solltest dich ausruhen«, sagte Ulrike. »Mach lieber keine große Abschiedsszene. Der kleine Kerl merkt sowieso, dass irgendetwas anders ist. Leg dich hin, Hubert wird dich rechtzeitig wecken. Fühl dich von uns allen umarmt und komm bald wieder.« Damit wendete sie sich ab.

Um kurz vor halb drei Uhr weckte Hubert sie. »Du kannst noch eine Tasse Tee trinken und ein paar Kekse essen. Mutter hat dir alles bereitgestellt. Hier ist ein Beutel, den du auch über die Schulter nehmen kannst, damit du die Hände frei hast.«

Nach wenigen Minuten brachen sie in Richtung Bahngelände auf. Es war stockdunkel. Kein Mensch war unterwegs. Hubert kannte den Weg, schnell waren sie am Stellwerk. Kurze Zeit später war ein näher kommender Zug zu hören, sie sahen die Lichter der Lokomotive. Der Zug fuhr im Schritttempo, und etwa fünfzig Meter vor dem Stellwerk nahmen die Bremsen laut quietschend ihre Arbeit auf.

Vor rechts waren Schritte zu hören. »Hier herüber«, flüsterte eine Stimme, »schnell, schnell.« Es war keine Zeit für einen großen Abschied. Hubert umarmte sie kurz. »Komm bald wieder, Ursel. Ich hab dich lieb, und pass auf dich auf.« Sie nickte und lief dem Schatten hinterher, der schon fast verschwunden war.

Hubert sah einige Männer beim Stellwerk stehen, Stimmen waren zu hören. Die Lokomotive ließ Dampf ab und setzte sich langsam und schnaufend in Bewegung. Als ihn der Zug in ganzer Länge passiert hatte, stieg er die Böschung hoch und schaute lange den roten Schlusslichtern hinterher.

Auf dem Weg nach Hause machte er sich über seine eigene Zukunft Gedanken. Das Wiedersehen mit Eltern und Geschwistern hatte ihn stärker als gedacht berührt, und er beschloss, nicht wieder nach Roßlau zurückzukehren. Vielleicht hatte er Glück, und sein alter Arbeitgeber Fettback würde ihn einstellen.

Als er nach Hause kam, war er überrascht, dass Vater und Bruder schon beim Frühstück saßen. Er setzte sich dazu. »Na«, fragte sein Vater, »alles gut gegangen?«

»Ja, im Zug ist sie jedenfalls. Man kann nur hoffen, dass nichts geschieht und sie heil nach Hamburg und wieder zurück kommt.«

Sein Vater stand auf. »Wir müssen dann mal. Junge, du kannst jederzeit mit mir reden, wenn dir danach ist. Überleg dir, wie dein Weg weitergehen soll.«

»Vielen Dank, Vater. Gerade vorhin habe ich beschlossen, bei Herrn Fettback vorbeizuschauen. Ich würde gerne hier bleiben.«

Ulrike kam mit mir an der Hand an den Frühstückstisch. Sie hatte darauf bestanden, mir die Zähne zu putzen. Das war etwas, was ich gar nicht wollte. Zahnpasta schmeckte nicht gut. Immerhin gab es danach warme Milch, in die ich mein Brot tunkte. Danach sollte ich meine Spielsachen aufräumen, und dann wollten wir wieder in den Garten gehen.

Am späten Vormittag machte sich Hubert auf den Weg zum Photostudio Fettback. Er stand staunend vor dem großen Schaufenster. Der alte Fuchs, dachte er. Die Leute haben wenig zu beißen, aber hier in seinem Fenster macht er ihnen schon wieder den Mund wässrig für kreative Dinge.

Als er das Geschäft betrat, staunte er, wie voll es war. Er blieb geduldig im Hintergrund stehen. Zwei Angestellte und der Chef persönlich waren in Kundengesprächen, und tatsächlich, es wurden Porträttermine abgesprochen und Photoapparate gezeigt.

Nachdem ein Kunde gegangen war, schaute Herr Fettback in seine Richtung. Als er den Blick schon wieder abwenden wollte, trat ein freudiges Erstaunen auf sein Gesicht. »Hubert, was für eine Überraschung! Komm her, mein Junge, lass dich anschauen.«

Hubert überragte den Mann um gut fünfzehn Zentimeter, aber er wurde herzlich an den Schultern gepackt. »Ich habe oft an dich gedacht. Also, was machst du? Ach was, darüber reden wir nicht hier im Geschäft. Komm mit in mein Büro, da haben wir Ruhe.« Er informierte die Angestellte, dass es etwas länger dauern würde, klappte den Tresen hoch, und Hubert folgte seinem ehemaligen Chef.

Dann begann Hubert zu erzählen. Mit leuchtenden Augen berichtete er, wie er in Berlin in Bars und Nachtclubs und Shows gearbeitet hatte. Mit großem technischem Aufwand für richtiges Licht und Schatten zu sorgen, hatte ihm gefallen. Nach einiger Zeit hatte er das Vertrauen der Angestellten und Darsteller erworben, manchmal durfte er dann sogar die Protagonisten photographieren, wenn sie sich unbeobachtet fühlten. Im Herbst 1940 war er in das Photoatelier Stewner nach Posen gewechselt. Stewner nahm ihn mit auf Phototermine, sei es in die Umgebung von Posen, sei es bei Porträtaufnahmen. »Das waren Bilder wie Gemälde, mit einem Auge für Kleinigkeiten. Und auch bei diesen Aufnahmen spielten Licht und Schatten, Sonne und Wolken eine große Rolle.«

»Junge, du schwärmst ja richtig«, warf Carl Fettback ein.

1944 dann, nachdem Stewner eingezogen worden war, war Hubert in Dessau gelandet. »Ja, und nun bin ich hier, Carl, und ich muss dich gleich überfallen, denn ich habe mich entschlossen, möglichst hier zu bleiben. Also frage ich dich geradeheraus: Kannst du noch einen armseligen Knipser gebrauchen?«

Carl Fettback gingen verschiedene Gedanken durch den Kopf. Der Junge hatte Talent, das war offensichtlich, sonst hätte ihn Stewner nicht beschäftigt. Noch wichtiger war allerdings, dass er sich selbst schon länger mit dem Gedanken trug, mehr in die künstlerische Linie zu investieren. Da kam ihm der Mann gerade recht. Und so bot er Hubert an, bei ihm anzufangen. Er konnte ihm nicht viel Geld bieten, doch wer weiß, vielleicht gab es eine gemeinsame Basis.

Hubert freute sich, das war mehr, als er erwartet hatte. Er berichtete gleich seinem Vater und seinem Bruder von dem Gespräch.

Am nächsten Tag erschien er um 9.30 Uhr im Geschäft und wurde den Kollegen vorgestellt. Auch der folgende Arbeitstag verlief mit lauter neuen Aufgaben, aber eigentlich dachte er immer nur an Ursula. Gegen halb fünf betrat Wolfgang Müller das Geschäft und winkte ihn zu sich.

Vor der Tür stieß er hervor: »Vor zwanzig Minuten hat ein Notar aus Hamburg angerufen und ausrichten lassen, eine Dame sei gut in Hamburg angekommen. Sie lässt schöne Grüße ausrichten und wird sich wieder melden.«

Als sich Hubert bedankte, sagte Wolfgang: »Das sieht doch ein Blinder, das du in diese Frau bis über beide Ohren verliebt bist.«

Hubert lief rot an, nahm seinen Freund in den Arm und ging rasch ins Geschäft zurück. Am Abend gab er die Nachricht an seine Familie weiter, über eine Woche war sie nun schon unterwegs.

Am nächsten Sonntag war Ulrike schon früh auf. Alles war noch ganz still, daher fiel ihr ein Geräusch vor dem Fenster auf. Es klang wie ein schwaches Schlurfen. Das Schlurfen verstummte, aber ihre Gänsehaut verschwand nicht. Irgendetwas stimmte nicht. Sie rührte sich nicht, bis das Geräusch wieder einsetzte. Sie fasste sich ein Herz und schlich zu dem Fenster. Ein Quietschen zeigte an, dass die Gartentür geöffnet wurde. Wie oft hatte sie ihrem Mann schon gesagt, er solle die Tür ölen. Dann tauchte ein Kopf auf, eine Frau, die sich langsam und schwerfällig bewegte. Jetzt konnte sie die Person in voller Größe sehen.

Sie presste sich die Hand vor den Mund. Im nächsten Moment öffnete sie die Tür, sprang die Stufen hinunter und konnte die Frau gerade noch auffangen, bevor diese ins Gras fiel. »Ursula, mein Kind, was ist los? Schau mich an, rede mit mir. Du bist in Sicherheit, komm, setz dich auf.« Sie hatte bewusst laut gesprochen, und wie erhofft, öffnete sich im ersten Stock ein Fenster und Waldemar sah heraus. Er kam sofort die Treppe herunter.

Sein Poltern war so laut, dass alle aus dem Schlaf gerissen wurden. Gemeinsam brachten sie meine Mutter ins Haus und legten sie im Wohnzimmer auf das Sofa. »Nun schau dir dieses kleine Elend an«, seufzte Ulrike erschüttert. »Wo ist denn ihr Gepäck? Hubert, du siehst draußen nach, ob da noch etwas liegt. Und du, Hertha, hilfst mir, sie auszuziehen. Waldemar, du setzt heißes

Wasser auf. Und bring mir ein Glas Wasser, sie wird Durst haben. Dann brauche ich Handtuch und Waschlappen, zack zack«, rief die energisch.

Mit Hertha zusammen richtete sie meine Mutter auf und führte ihr das Glas an den Mund. »Langsam, Ursula, langsam. Es gibt noch mehr, nicht alles auf einmal.«

Ulrike wischte ihr vorsichtig Hände und Gesicht ab. Die Oberarme waren zerkratzt und schmutzig. Die lange graue Hose, viel zu warm, war verdreckt und an den Knien aufgerissen und feucht. Über der Bluse trug sie eine graue Strickjacke, ebenfalls nass und schmutzig.

»Mir ist schlecht«, sagte meine Mutter, und dabei hob und senkte sich ihre Brust. Gerade noch rechtzeitig brachte Waldemar einen Eimer, und sie erbrach sich.

Ulrike schickte Hubert nach dem Arzt. Dr. Hinrichs war seit Jahren der Hausarzt der Familie. Nach der Untersuchung sagte er: »Sie hat eine leichte Lungenentzündung, daher dieses Röcheln und das schwere Atmen. Sie ist sehr erschöpft und braucht absolute Ruhe. Und viel zu trinken und gute Ernährung.« Er holte eine Packung aus seiner Tasche. »Von diesen Tabletten gibst du ihr drei Stück am Tag, und ansonsten sorgst du für Ruhe. Bedrängt sie nicht, stellt keine Fragen. Sie ist robust, sonst wäre sie nicht so weit gekommen. Wenn sie erzählen will, wird sie das ganz von allein tun. Ich komme morgen Abend wieder vorbei.«

Ulrike ging zur Speisekammer, nahm ein Glas selbst gemachte Leberwurst und reichte sie dem Doktor. »Genügt das für den Sonntagseinsatz?«

»Dafür komme ich dreimal die Woche, Ulrike, vielen Dank.«

Ulrike und Hertha brachten meine Mutter in ihr Zimmer. Sie wuschen sie gründlich, zogen ihr ein frisches Nachthemd an und legten sie ins Bett.

»Wo ist mein Junge? Ich möchte ihn sehen, bitte«, bat sie mit leiser Stimme.

Hertha holte mich von nebenan, wo ich spielte. Als meine Mutter mich sah, fing sie zu weinen an. Ich streichelte sie. Ich hatte in den zurückliegenden Tagen bemerkt, dass sie nicht da war, mir aber keine Sorgen gemacht. Alle hatten mich beschäftigt und abgelenkt, und irgendwann, das wusste ich, würde sie wiederkommen.

Sie nahm mich ganz fest in den Arm. »Mein kleiner Mann, ich hatte Angst, ich seh dich nicht wieder.«

Hertha nahm mich an die Hand. »So, nun lassen wir deine Mutter ein wenig schlafen. Wir sind alle hier im Haus, du musst dir keine Sorgen machen.«

Meine Mutter schlief fast vierundzwanzig Stunden. Als sie wieder aufwachte, standen Ulrike und ich an ihrem Bett. Sie wollte sich aufrichten. »Oh, das geht zu schnell«, murmelte sie. »Mir ist ganz schwindlig.«

»Der Arzt hat gesagt, dass du schwach bist«, sagte Ulrike. »Er wird heute Abend noch einmal nach dir schauen. Ein paar kleine Schritte darfst du später machen, doch alles nur ganz langsam. Möchtest du etwas essen?«

Meine Mutter nickte, und Ulrike schlug ihr vor, in die Küche hinunterzukommen. Als sie vorsichtig die Treppen hinuntergegangen war, schnupperte sie in die Luft. Es roch nach Hühnerbrühe.

»Es ist zwar nicht die Jahreszeit, aber erstens war das Huhn unvorsichtig, und zweitens passt das genau in den Ernährungsplan des Doktors.«

Meine Mutter schlürfte die Suppe, als hätte sie wochenlang nichts gegessen. Nach zwei Tassen lehnte sie sich zurück. »Ulrike, das war gut. Mit jedem Löffel meine ich zu spüren, wie ich wieder zu Kräften komme.«

Ulrike erklärte ihr, dass sie sich ausruhen müsse, ob ihr das gefalle oder nicht. Dann schob sie noch die Nachricht hinterher, dass Hubert bei seinem alten Chef die Arbeit aufgenommen hätte.

Die beiden Frauen sprachen über Hubert, bis Ulrike stoppte. »Ursula, ich schätze deine ehrliche Art, aber du solltest selbst mit Hubert reden. Ich gehe in den Garten und nehme Peterle mit, dann habt ihr Zeit.«

Als sie allein war mit Hubert, wusste sie nicht, was sie sagen sollte. Also erwähnte sie, wie sehr sie sich freue, dass er in das Photogeschäft hatte zurückkehren können.

»Mutter kann ja gar nichts für sich behalten. Ja, ich habe mich entschieden, hier zu bleiben. Das ist meine Heimat, und wenn ich dann noch arbeiten kann, dann ist das Glück perfekt. Fast. Jetzt würdest nur noch du fehlen, Ursel. Ich bin mit Worten nicht so geschickt, das weißt du. Ich kann keine großen Sprüche machen, aber ich hab dich sehr lieb gewonnen, dich und den Peter ebenso. Und wie du gespürt hast, hat meine Familie dich ebenfalls ins Herz geschlossen. Du passt zu uns, und wir zu dir.«

Er stöhnte. »Ich bin froh, dass das endlich raus ist. Das war ja nicht mehr auszuhalten.«

Als wäre es abgesprochen, kam in dem Augenblick der Arzt vorbei, sodass meine Mutter nicht antworten musste. Sie gingen in ihr Zimmer, wo Dr. Hinrichs sie gründlich untersuchte.

Die Familie hatte sich in der Küche versammelt, als er zurückkam. »Eigentlich darf ich Ihnen nichts sagen, aber ich betrachte Fräulein Schulz als Mitglied Ihrer Familie. Bitte schonen Sie sie weiterhin, drängen Sie sie zu nichts. Neben der leichten Lungenentzündung hat sie eine starke Prellung an der rechten Schulter und Hämatome an beiden Armen. Sonst ist sie körperlich so weit unverletzt. Die seelischen Schmerzen wiegen jedoch schwer. Wenn es geht, sollte sie sich hier bei Ihnen ausruhen dürfen. Sie spricht davon, unbedingt nach Roßlau zu wollen, um dort aufzuräumen. Falls die Reise unbedingt erforderlich ist, frühestens in vier Tagen. Und sie darf eine solche Fahrt auf keinen Fall allein unternehmen. Wie gesagt, sie sollte viel schlafen und spazieren gehen. Am besten wird es sein, wenn ihr Sohn möglichst oft bei ihr ist.«

Als Ulrike zur Speisekammer gehen wollte, bremste sie der Arzt. »Nein, bitte nicht. Wenn das alles hier gut ausgeht, dann treffen wir uns zu einem gemeinsamen Essen. Ich bringe dann meine Frau mit, sie leidet unter meinen abendlichen Hausbesuchen am meisten.«

Meine Mutter hielt es nicht lange im Bett aus. »Sag mal«, fragte sie Ulrike, »kannst du nähen? Ich hab in dem kleinen Zimmer, wo du deine Wäsche lagerst, eine Nähmaschine gesehen.«

»Ja, aber die steht da nur. Ab und zu versuche ich mal Knöpfe anzunähen oder Ähnliches, mehr kann ich nicht.«

Meine Mutter bat darum, kleine Ausbesserungen vornehmen zu dürfen. Sie stellte fest, dass die Nähmaschine tadellos in Ordnung war. »Also mal los, Ulrike, was gibt es, das du schon immer mal ausbessern oder flicken wolltest?«

Ulrike öffnete einen Schrank und zog ein großes Bündel Kleidungsstücke heraus. Sie war eine gewissenhafte Hausfrau, aber das Nähen war nicht ihre Sache.

Meine Mutter blühte förmlich auf. Das Haus war den ganzen Tag über erfüllt vom Rattern der Nähmaschine. Oft ermahnte Ulrike sie, eine Pause zu machen oder etwas zu essen und zu trinken.

Abends machten wir einen kleinen Gang durch den Garten, aber jetzt war sie sehr erschöpft. Als wir durch das Küchenfenster sahen, sagte meine Mutter zu der am Tisch versammelten Familie: »So geht es mir schon viel besser. Endlich kann ich meine Schulden ein wenig abarbeiten. Und morgen mache ich weiter«, setzte sie lachend hinzu.

Am nächsten Morgen begann sie gleich nach dem Frühstück zu nähen; gegen Mittag war der ganze Stapel fertig.

»Ulrike, ich bin so unruhig. Ich möchte gerne nach Roßlau zurück. Am liebsten schon am Samstag oder Sonntag.«

Ulrike erklärte ihr, dass Hubert versprochen hatte, sie zu begleiten. Darüber war meine Mutter natürlich erfreut.

»Vielleicht könnte ich euch heute Abend erzählen, wie meine Reise nach Hamburg verlaufen ist und wie sie dann schlimm endete?« Sie vereinbarten, sich um sieben Uhr im Wohnzimmer zu treffen.

Als sie zusammengekommen waren, bekam jede der Damen ein Glas Wein. Für die Männer stand Bier auf dem Tisch.

Ich weiß bis heute nicht, wie der Mensch heißt, zu dem du mich, Hubert, gebracht hast. Ich mochte auch nicht fragen, ich dachte mir, vielleicht ist es besser so.

Der Waggon, in den er mich brachte, war voller Kartoffeln. Zum Teil in Säcken, aber auch lose. In einer Ecke hatte der Mann eine Art Verschlag gebaut, in dem ich mich verstecken konnte. Zuvor ließ er sich allerdings die Taschenuhr zeigen. Nachdem er anerkennend genickt hatte, steckte er sie gleich ein und verschwand. Nach einigen Minuten kam er wieder zurück.

»Ihre Uhr ist wirklich ein besonders schönes Stück. Hier, nehmen Sie, Sie werden es brauchen.« Er reichte mir zwei Flaschen Wasser, einen Laib Brot und einige Äpfel. Etwas verlegen drückte er mir einen Eimer in die Hand. »Für Ihr Geschäft, es tut mir leid, aber es geht nicht anders. Und bitte, verlassen Sie diesen Platz nicht. Gerade wenn der Zug langsamer wird, ist es am gefährlichsten. Sie dürfen dann auch nicht aus dem Wagen schauen. Übrigens hat es eine Fahrplanänderung gegeben. Der Zug fährt durch bis Uelzen. Ich fahre bis Uelzen mit, wo wollen Sie eigentlich hin?«

Wir stellten fest, dass ich Glück hatte. So kam ich Hamburg schon ein ganzes Stück näher.

Morgens, als es hell wurde, passierten wir offensichtlich eine Grenzkontrolle. Stimmen wurden laut, deutsche und russische. Die Wagentür wurde aufgerissen, man hörte Menschen herumlaufen, dann wurde die Tür wieder zugeschoben.

Vor lauter Angst konnte ich nicht wirklich schlafen. Ich war dem Mann sehr dankbar für die zusätzlichen Vorräte. Ohne sie hätte ich Probleme gehabt. Um elf Uhr waren wir in Uelzen. Der Mann kam zu mir, er wirkte erleichtert, dass alles geklappt hatte. Er half mir beim Austeigen und verabschiedete sich: »Machen Sie's gut.«

Ich lief an den Schienen entlang zum Bahnhof, um mich frisch machen zu können. Vor dem Wartesaal fand ich Rot-Kreuz-Schwestern, die mich zur Bahnhofsmission brachten. Anschließend besorgte ich mir eine Fahrkarte nach Hamburg. Ich war erleichtert, wie gut alles gegangen war.

Je näher wir Hamburg kamen, umso deutlicher wurde das Ausmaß der Schäden, die die Stadt erlitten hatte. Von einem Hafen konnte kaum noch gesprochen werden. Alles war zerstört und verwüstet, doch man sah überall Menschen herumlaufen. Offensichtlich waren sie mit Aufräumarbeiten beschäftigt. Der Anblick des Hauptbahnhofs war trostlos. Nur wenige Bahnsteige waren noch nutzbar, keine einzige Scheibe war heil geblieben. Außerhalb des Bahnhofs schien alles eine große Schutthalde zu sein, aus den Einkaufsstraßen waren kleine Trampelpfade geworden.

Ich war entschlossen, auf dem schnellsten Wege den Notar aufzusuchen. Sein Büro befand sich unmittelbar neben dem Bahnhof Altona. Ein freundlicher Bahnhofspolizist schlug mir vor, mit der Straßenbahn dorthin zu fahren.

Kurze Zeit später stand ich vor der Tür des Notariats in der Altonaer Bahnhofstraße. Es dauerte eine ganze Weile, dann wurde mir geöffnet. Der Mann, etwa Mitte fünfzig, dunkles gescheiteltes Haar, sah mich freundlich an.

»Lassen Sie mich raten«, kam er mir zuvor. »Ich vermute, Sie sind Fräulein Ursula Schulz. Hab ich recht?«, lächelte er.

»Genau, Herr Notar Arendt, da sind wir wohl zwei Hellseher.«

»Das will ich wohl meinen. Kommen Sie rein.« Er bat mich in den Korridor. »Legen Sie bitte ab, ich kann Ihnen eine Tasse echten englischen Tee anbieten.«

»Das würde mir ausgesprochen guttun.«

Er ging in eine kleine Küche, ich folgte ihm. Als ich sah, wie unbeholfen er hantierte, wollte ich ihm schon zur Hand gehen, ließ es aber gerade noch sein.

»Früher hatte ich eine Anwaltsgehilfin. So ändern sich die Zeiten.« Aus einem Schrank kramte er ein Tablett hervor. Er fragte nach Zucker oder Milch.

»Zucker genügt, vielen Dank.«

Er nahm mir meinen Rucksack ab und ging voraus. Ich folgte ihm mit dem Tablett, auf das er wundersamerweise auch noch eine kleine Dose mit Gebäck gestellt hatte.

»Nehmen Sie doch Platz, Fräulein Schulz. Wie sind Sie denn hergekommen, wenn ich fragen darf?«

Ich berichtete möglichst neutral und ohne auf Einzelheiten einzugehen. Er schluckte das, aber ich konnte sehen, dass er mir kein Wort glaubte.

»Fräulein Schulz, ich komme gleich auf den Punkt. Doch es bedarf einer Vorrede. Ich bin Anwalt und Notar und habe Mandanten, die ich mir nicht immer aussuchen kann. In Ihrem persönlichen Fall bin ich besonders hin und her gerissen. Ihre beiden Briefe an Ihren Onkel und an mich sind gestern angekommen. Ihr Onkel ist mit wehenden Rockschößen gleich vorstellig geworden. Ich fasse zusammen: Ihr Onkel ist unter gar keinen Umständen zu einem persönlichen Gespräch oder Treffen mit Ihnen bereit. Dass sich Ihre Mutter vor vielen Jahren entschlossen hat, den Schoß der Familie zu verlassen und einen mittellosen Anstreicher zu heiraten, findet er nach wie vor unverzeihlich. Ihre Mutter, sagt er, habe Schande über die Familie gebracht. Ich empfinde es als Sippenhaft, wenn dieser Bann auch auf Sie fällt. Aber Sie sind für ihn Persona non grata. Herr Peters hat mich ausdrücklich wissen lassen, dass er Sie nicht empfangen wird, sollten Sie gegen seinen Willen den Kontakt zu ihm suchen.«

Ich war wie vom Donner gerührt. Das war doch meine Familie! Ich war doch ein Teil davon! Jedenfalls hatte ich das bisher gedacht. Meine Lippen fingen an zu zittern, und ich konnte meine Tränen nicht zurückhalten. Dafür war ich diesen weiteren Weg gegangen? Mich hatte doch nicht das Geld interessiert, nur meine Verwandten. Was für herzlose Menschen waren das denn!

Herr Arendt stand auf. »Ich bin aber noch nicht am Ende, denn Gleiches gilt auch für Ihre Tante Toni, die sich der Entscheidung Ihres Onkels angeschlossen hat. So schwer es Ihnen auch fallen mag, solche Reaktionen zu verkraften, ich geben Ihnen den Rat, ersparen Sie sich weitere Nachfragen. Gehen Sie diesen Leuten aus dem Weg. Ich habe die Vollmacht zum Vollzug der Ihnen zustehenden Erbschaft vorbereitet. Sie brauchen nur zu unterschreiben. Der guten Ordnung halber füge ich hinzu, dass sich diese Formalitäten noch eine ganze Weile hinziehen werden. Nicht nur die Stadt liegt am Boden, auch unsere richterliche Infrastruktur liegt danieder.

Nun zu dem informellen Teil unseres Gesprächs. Im Zweifelsfall werde ich leugnen, dass er jemals stattgefunden hat. Auch Ihre Tante Hermine hat mich besucht, allein. Sie ist eine herzensgute Frau, nur sehr einfach. Aus welchen Gründen auch immer hat diese Frau einen ganz eigenen Weg eingeschlagen. Nachdem sie eine Art Hilfsschule besucht hatte, fand sie eine Stelle als Hauswirtschafterin bei einem gewissen Adolf Fock. Er ist an der Universität Hamburg angestellt und beschäftigt sich mit Ahnenforschung im norddeutschen Raum. Er hat sich auf diesem Gebiet einen Namen gemacht und ist ein wohlhabender Mann. Die Position von Hermine ist, ohne es zu beschönigen, eigentlich die einer Putzfrau. Herr Fock besteht allerdings darauf, dass sie in seinem Haushalt wohnt. Sie können sich vorstellen, wie sehr die Familie Hermine dazu gedrängt hat, diese unmoralische Beziehung unverzüglich zu legalisieren. Herr Fock ist ein völlig entrückter Forscher, ein Büchernarr, hat auch gewisse sexuelle Neigungen, die sich aber ausschließlich auf eine beträchtliche Sammlung wertvoller historischer Bücher und Illustrationen erstrecken, die römische, griechische und indisch-asiatische Sexualpraktiken darstellen. In vertrautem Kreis macht Hermine keinen Hehl daraus, dass es niemals zwischen ihnen zu weitergehenden Kontakten gekommen ist. Nach Jahren des Drängens gab Herr Fock nach und heiratete Hermine. Hermine war es nur recht, dass er auf getrennten Schlafzimmern bestand. Sie hat weitestgehende Freiheiten. Wie sie mit den Haushaltsmitteln umgeht, interessiert ihn nicht. Dank einer Bankvollmacht ist sie unabhängig. Das ist in groben Zügen die Geschichte Ihrer Tante Hermine. Das Gute zum Schluss: Hermine ist über das Verhalten ihrer Verwandten maßlos empört. Sie verurteilt es. Ich empfehle Ihnen daher einen Besuch bei Ihrer Tante. Hier ist ihre Adresse. Machen Sie sich möglichst bald auf den Weg zu ihr. Hier ist meine Visitenkarte, auf ihr sind auch meine privaten Angaben vermerkt. Im Notfall rufen Sie mich an.«

Im Nu stand ich wieder vor der Tür und konnte mich gar nicht beruhigen. Im Innersten war ich aufgewühlt. In was für ein Schlangennest war ich da geraten! Mit der Straßenbahn fuhr ich zur Station Lattenkamp. Eine Frau zeigte mir den Weg. Vor mir öffneten sich mehrere Parallelstraßen, alles Sackgassen. Eine davon war der Buchsbaumweg, und es war klar, warum diese Straße so hieß.

Große, dunkle Mietshäuser zu beiden Seiten. Ganz am Ende auf der rechten Seite die Nummer 20. Mit Herzklopfen drückte ich auf die Klingel, dann ging ich die Treppen hoch. Ein gepflegtes Treppenhaus, auf jedem Absatz stand eine Pflanze. Meine Tante wohnte in der fünften Etage. Während ich hochsah, tauchte oben ein Kopf auf. Strenge, wachsame Augen musterten mich. Ich wurde langsamer und spürte, wie mich der Mut verließ. Was sollte ich machen, wenn ich auch hier abgewiesen werden würde?

»Komm ruhig näher, Ursula, ich beiße nicht«, hörte ich ihre Stimme. Das also war meine Tante Hermine, an die ich nicht die geringste Erinnerung hatte. Ich beeilte mich, nach oben zu kommen.

»Na komm, mein Kind. Ich freue mich, dass du den Weg zu mir gefunden hast.« Sie öffnete die Arme, und ich konnte mich einfach von ihr drücken lassen. Tränen schossen mir in die Augen. Zu viel hatte sich aufgestaut, endlich, endlich konnte ich loslassen.

Minutenlang umarmten wir uns. Es war, als hielten sich zwei verwandte Seelen gegenseitig fest. Später merkte ich, wie nah ich damit der Wahrheit gekommen war.

»Bevor die neugierigen Nachbarn zu viel mitkriegen«, sagte sie lächelnd, »sollten wir lieber hineingehen.« Sie schob mich in den Flur und half mir aus der Jacke. »Komm, nimm den Rucksack ab, Schuhe aus und dann mal hinein in die gute Stube.« Sie dirigierte mich, und das sollte sich in der nächsten Zeit fortsetzen.

Wie weiträumig hier alles war. Ich stand in einem großen Wohnzimmer mit dunklen, verglasten Schränken. Bücher, so weit das Auge reichte. Daneben standen asiatisch anmutende Vasen, Figuren aus Elfenbein und Jade, wie Tante Hermine mir erklärte, weil ich mich von diesen Stücken gar nicht abwenden mochte. Dicke Teppiche bedeckten den Fußboden. »Das sind echte Perser«, erklärte sie mir voller Stolz. »Es sind alles Sachen von deinem Großvater, Ursula. Er war Maschinist, aber ich nehme an, das weißt du alles schon.«

Ich wusste überhaupt nichts, hielt aber den Mund und konnte mich gar nicht sattsehen. Sie unternahm einen kleinen Rundgang mit mir. In ihrem Zimmer, das ebenfalls schön eingerichtet war, lag eine seidene Tagesdecke über dem Bett. »Wir haben Glück«, sagte sie scherzend, »Herr Fock ist nicht da.«

Mir kam es ein wenig komisch vor, dass sie nicht »mein Mann« sagte, aber der Notar hatte mich ja schon vorbereitet, dass in diesem Haushalt einiges anders war.

Auf meinen fragenden Blick hin erklärte sie: »Er ist heute Morgen nach Husum gefahren. Beim Abriss eines alten Hauses wurden Dokumente gefunden, die für seine Ahnenforschung von großer Bedeutung sind. Er bleibt ein paar Tage, die wir also für uns haben können. Ich zeige dir ganz kurz das absolute Heiligtum. Diese drei Räume sind normalerweise immer verschlossen. Ich bitte dich, das zu respektieren. Das ist sein Reich, das niemand betreten darf. Wenn ich beim Putzen irgendetwas verrücke oder umstelle, ist er immer ganz erbost. Also, in diesen Räumen hast du nichts zu suchen.«

Dann zeigte sie mir ein Gästezimmer und erklärte, noch nie einen Gast gehabt zu haben. Hier konnte ich schlafen.

»Ich weiß nicht, was du vorhast, Ursula. Wollen wir erst einmal in der Küche einen Kaffee trinken? Du magst doch hoffentlich Kaffee?«

»Ich kann mich kaum noch erinnern, wie richtiger Kaffee schmeckt. Ich kenne nur noch irgendein braunes Gesöff.«

Ich berichtete ihr, dass ich vom Notar kam. »Ich weiß das schon, Ursula, er hat deinen Besuch telefonisch angekündigt. Du scheinst den Herrn beeindruckt zu haben.«

»Hast du etwa ein Telefon, Tante Hermine?«

Wenn man eine besondere Position habe, so wie Herr Fock, hätte man auch ein Telefon, erklärte sie mir. Schon wieder dieses »Herr Fock«.

Zu dem Kaffee gab es Gebäck. Tante Hermine stellte voller Stolz eine kleine Blechdose auf den Tisch. »Belgisches Gebäck, von Collard, das Beste, was es gibt. Herr Fock hat es von einem Studienkollegen aus Brüssel bekommen. Aber nun erzähl endlich, Ursula, und wenn ich dich bitten darf, die Tante, das lassen wir besser weg. Es macht mich nur unnötig älter.«

Ich erzählte, wie ich von Roßlau über Salzwedel hierhergekommen war. Als ich das Verhalten meines Onkels schilderte, spürte ich, wie enttäuscht auch sie war.

»Ursula, ich habe dieses Verhalten meiner Verwandtschaft genauso zu spüren bekommen. Zu mir waren sie nicht anders.« Dann berichtete sie, wie sie drangsaliert worden war, weil sie mit Herrn Fock in einer Wohnung gelebt hatte, ohne verheiratet zu sein. »Herr Fock und ich haben eine Vereinbarung über unser Zusammenleben getroffen. Der Inhalt ist ganz allein unsere Sache. Immerhin haben wir dann doch geheiratet und die Spießer gaben endlich Ruhe. Nicht nur deine Mutter, auch ich habe in dieser Familie einen schweren Stand gehabt. Ich war in der Schule kein großes Licht, aber wenn ich mich umschaue, kann ich nicht feststellen, dass ich es schlecht getroffen habe. Mir geht es gut, bis auf meinen Diabetes, was körperliche Anstrengungen beschwerlich macht. Aber sonst? Herr Fock ist sehr großzügig. Ich habe genug Geld zur Verfügung, und er würde nie meine Ausgaben kontrollieren, solange das Essen seinen Wünschen entspricht. Und kochen kann ich gut.«

Sie lachte unbeschwert. Sie erklärte mir, wie sie der Kaufmann hofierte, da sie eine sehr gute Kundin sei. »Weißt du, mit Geld kann man alles machen. Und auch ich kann sehr großzügig sein. Zudem sind die Kontakte von Herrn Fock zu seinen internationalen Kollegen sehr wohltuend«, fuhr sie fort und nötigte mich, noch von den Keksen zu nehmen. Ich war überrascht, was für ein Bild von sich dieser ganz besondere Mensch mir hier bot.

Hermine fragte mich, wie mein Plan aussähe. Sie lud mich ein, bei ihr zu wohnen. Ich erklärte ihr, dass ich nach dem Notarbesuch gar nicht wüsste, was ich eigentlich noch in Hamburg sollte. War meine Mission nicht bereits erfüllt? Die Formalitäten waren erledigt, ich konnte sofort wieder nach Hause fahren.

»Schau mal«, sagte ich, »ich habe ein paar Photos von Peterle mitgebracht. Du wirst dir denken können, dass ich Heimweh nach ihm habe.« Sie war sichtlich gerührt und sagte, sie hoffe, ihn recht bald zu sehen zu bekommen.

Der Abend verging mit Erzählen, und bald merkte ich, wie müde ich war. Ich bat Hermine, mich hinlegen zu dürfen. Meine Tante wünschte mir eine gute Nacht und sagte mir noch einmal, wie sehr sie sich über die Gesellschaft von mir freute. Kaum lag mein Kopf auf dem Kissen, war ich auch schon eingeschlafen.

Der Duft von frischem Kaffee weckte mich. Dazu gab es richtigen Aufschnitt, Käse, Konfitüre. Ich konnte es gar nicht glauben.

»Ja, da staunst du, Ursula. Ich habe schnell gelernt, dass alles käuflich ist. Das, was du hier auf dem Tisch siehst, aber sogar Menschen und deren Seele kannst du kaufen. Ich gelte hier in der Straße als unfreundliche und strenge Frau. Ich schimpfe mit den Kindern, wenn sie die Treppen rauf- und runterpoltern oder zu laut auf der Straße spielen. Aber sie wissen auch alle, dass ich über Geld verfüge. Und, was noch wichtiger ist, über Brot und Eier beispielsweise. Wo die herkommen, weiß keiner. Es geht auch niemanden etwas an. Ich bin ja nun etwas gehbehindert und auf Hilfe angewiesen. Du wirst sehen, wie oft Kinder unten an der Haustür stehen. Wenn sie mich sehen, kommen sie angelaufen. Seit ich zwei Jungs, die mir meine Einkäufe nach oben getragen haben, eine kleine Tüte mit kalifornischen Trauben, weißt du, so eine besondere Art von Rosinen, als Dank gegeben habe, wird die Schar der Helfer immer größer. Ich kann das Zeug ja nicht essen und hab den Schrank voll davon.«

Sie stand auf. »Das Wetter ist herrlich, lass uns einen Spaziergang machen, wenn du zu Ende gefrühstückt hast. Was wir in den Straßen sehen, ist weniger schön, aber wir gehen zur Meenkwiese und dann gleich an die Alster, das wird dir gefallen.«

Beim Treppensteigen merkte ich, wie sehr sie das anstrengte, doch sie klagte nicht. Unten standen mehrere Kinder vor der Tür und umringten uns gleich.

»Tante Fock, ich hab den ganzen Tag Zeit. Soll ich dir tragen helfen?« Die Verwandlung, die sich auf Hermines Gesicht vollzog, war beängstigend. Aus der gütigen alten Frau wurde eine verbitterte, richtig bös ausschauende alte Frau.

»Geht weg, ihr Bande. Jetzt ist meine Nichte da. Euch brauch ich heute nicht. Aus dem Weg.«

Als wir eine Weile gegangen waren, fragte ich sie: »Hermine, wie machst du das? Du siehst ja zum Fürchten aus!«

»Gut, oder? Ich habe das vor dem Spiegel geübt. Ich finde die Wirkung auch immer wieder beachtlich.«

Ich hakte sie unter, und wir gingen über Lattenkamp und Bebelallee zur Meenkwiese, und dann waren wir am Eppendorfer Mühlenteich. Der Anblick war erschreckend, Trümmer über Trümmer, aber überall wurde aufgeräumt. Vor allem waren es zupackende Frauen, die das Bild prägten. Hinzu kamen ein paar Kinder, Halbwüchsige, alte Männer sowie einige wenige wohl frühzeitig aus der Gefangenschaft heimgekehrte Soldaten. Die Stille war beängstigend, kaum Gespräche, kein Lachen. Die Menschen waren in jeder Hinsicht erschöpft.

Mich deprimierte dieser Anblick sehr. Ich kannte diese Trümmerbilder, aber das hier war eine Großstadt, die nicht wiederzuerkennen war.

Wir kamen an einen kleinen Platz. »Guck mal, Ursula, hier stand gestern noch eine Bank. Eigentlich wollte ich mich hier einen Moment ausruhen.« Zwei Vertiefungen im Erdreich waren zu sehen, aber die Bank war weg. Die Menschen hatten Angst vor einem harten Winter, also horteten sie Holz.

Wir gingen weiter, und ich konnte dabei in der Ferne die Hamburger Innenstadt sehen oder das, was noch übrig war. »Merkwürdig«, sagte Hermine, »dass gerade die hohen Türme stehen geblieben sind. Der Michel, die Nikolaikirche, der Turm des Rathauses. Ob ich noch erleben werde, wie alles wieder aufgebaut wird?«

Auf dem Rückweg sagte Hermine zu mir: »Komm, ich stell dir mal meinen Lebensmittelhändler vor. Er hört das nicht gern, wenn ich ihn so nenne, weil er kaum noch was im Laden hat. Aber lass dich nicht täuschen, ich wette, er hat den ganzen Keller voller Sachen, die er für besondere Anlässe zurückhält. Ich behaupte sowieso, dass es mit der Reichsmark nicht lange gehen wird, aber mir glaubt ja keiner«, dabei zeigte sie ein listiges Lächeln. Vielleicht sagt man dazu auch bauernschlau, auf jeden Fall beschloss ich, Hermine ernst zu nehmen.

Resolut öffnete sie die Eingangstür des Geschäfts. Als der Inhaber, Herr Tangermann, Hermine sah, ließ er alles liegen und stehen. Seine Überraschung, dass sie nicht allein war, konnte er kaum verbergen.

»Herr Tangermann, ich möchte Ihnen meine Nichte vorstellen. Sie ist zu Besuch hier und geht mir ein wenig zur Hand. Bitte erfüllen Sie ihre Wünsche, als wären es die meinen.«

»Ach, das ist nett, junge Frau, dass Ihre Tante ein wenig Hilfe bekommt. Ich tue ja schon seit geraumer Zeit mein Bestes und helfe, wo es nur geht, nicht wahr, Frau Fock.«

»Nun überschlagen Sie sich man nicht, Sie werden ja auch entsprechend entlohnt. Heute Abend würde ich gern etwas Besonderes kochen. Was haben Sie denn im Angebot? Es ist ja gerade kein weiterer Kunde zu sehen, da können wir doch ganz offen miteinander sprechen.«

»Frau Fock, für Sie doch immer nur das Beste. Ich hätte hier ein Schweinefilet, etwa 300 Gramm, das wäre ausreichend für zwei Personen. Dazu könnte ich Ihnen noch ein kleines Paket Bandnudeln mitgeben und ein Döschen feine Erbsen.«

Der Kerl nervte mich. Er hatte etwas Devotes, und dann dieses etwas schmierige Grinsen. Ich mochte ihn nicht. »Ja, das nehmen wir. Aber ich hab noch Kartoffeln, die schmecken besser dazu. Die Nudeln nehme ich aber auch mit, die kann man immer gebrauchen. Und was wollen Sie dafür haben, Sie alter Pirat?«

Er rieb sich die Hände. »Frau Fock, Sie sagten mal, Sie hätten noch diese kalifornischen Rosinen. Ich schlage Ihnen ein Tauschgeschäft vor. Sie geben mir acht Tüten und bekommen von mir das soeben Genannte.«

Hermine tat so, als würde sie ernsthaft überlegen. »Ihnen darf man aber auch nichts erzählen. Wo ich nun gerade diese Rosinen so mag. Na gut, zur Feier des Tages, aber dann möchte ich noch eine Flasche von Ihrem feinen Burgunder, dafür lege ich dann noch zwei Tüten dazu.«

Ich fragte mich, wer hier wen über den Tisch zog. Es sollte mir egal sein, Hermine bekam, was sie wollte. Herr Tangermann packte alles in einen Karton und bot an, die Sachen später zu liefern.

»Nein, nein, lassen Sie man. Meine Nichte kann das tragen, sie bringt Ihnen nachher noch die Rosinen vorbei.«

»Aber das eilt doch nicht, Frau Fock.«

»Doch, doch. So will ich das haben.« Ohne ihn weiter zu beachten, drehte sie sich um. Ich verabschiedete mich mit einem Nicken.

Zu Hause angekommen, verstauten wir die Einkäufe. Hermine bat mich, ob ich ihr beim Putzen helfen könnte. Ich machte das gern, dabei würde ich mich noch ein wenig umsehen können. Ich war doch zu neugierig.

Die Bücher faszinierten mich. Edle Ledereinbände, zum größten Teil mit Goldaufdruck, und dann gab es eine schöne Porzellansammlung. Mehrere chinesische und japanische Service, in besonderen Farben, Teekannen, Zuckerdosen aus feinstem, fast durchsichtigem Porzellan.

»Hermine, sind diese asiatischen Sachen denn auch von Herrn Fock?«

»Nein, das kommt alles von deinem Großvater. Er ist regelmäßig in den Fernen Osten gefahren, dabei hat er diese Sachen mitgebracht. Warte mal, ich habe ein Photo von ihm.«

Sie kramte in einer Schublade. »Hier, das war ein schmucker Bursche.« Ich war ganz aufgeregt. Ein Vollbart, markantes Gesicht – und das war mein Großvater! Ich freute mich über das Bild.

Wir putzten mehrere Stunden. In den Zimmern von Herrn Fock ließ mich Hermine nicht aus den Augen, doch verstohlen sah ich mich natürlich um.

Dann verkündete Hermine, sie sei müde und wolle sich hinlegen. »Bringst du bitte dem Kaufmann die Tüten? Danach solltest du dich auch ein wenig ausruhen.« Ihre Worte waren bestimmt, sie duldete keine Widerrede. Ich machte mich zurecht und lief ich los.

Herr Tangermann gab sich sauertöpfisch. »So, Sie sind also die Nichte. Ich hatte Ihren Namen nicht verstanden.«

»Den hat Ihnen meine Tante auch nicht gesagt, Herr Tangermann. Schulz, Ursula Schulz. Hier sind die Rosinen, wie versprochen. Sie scheinen ja recht gut versorgt zu sein?«, fragte ich ihn ein wenig herausfordernd.

»Das ist alles eine Frage der Organisation, Fräulein Schulz. Wie lange bleiben Sie denn, wenn ich fragen darf?«

»Sie dürfen. Ich fahre vermutlich schon morgen wieder weg. Aber so, wie die Sache liegt, könnten wir uns recht bald wiedersehen.«

»Das würde mich sehr freuen, Fräulein Schulz. Sie sind mir jederzeit willkommen.« Seine Augen sagten etwas ganz anderes. Unsere gegenseitige Abneigung war fast mit Händen zu greifen. Ich verließ das Geschäft und eilte zurück.

Gegen halb vier kam Hermine aus ihrem Zimmer, setzte Wasser auf, und zur Abwechslung tranken wir einmal Tee. Darjeeling, wie sie stolz ankündigte. Ich wunderte mich über nichts mehr. Nachdem ich Hermine informiert hatte, dass ich am nächsten Tag nach Salzwedel zurückfahren würde, erzählte ich ihr von meiner Nähstube, die ich mir in Roßlau aufgebaut hatte. Ich gestand ihr, dass mein größter Wunsch war, in Hamburg zu leben. Sie wiederholte ihr Angebot, dass ich jederzeit bei ihr willkommen sei. Wegen einer Wohnung wollte sie für mich herausfinden, ob es hier in der Straße etwas für uns gab.

Die ganze Zeit überlegte ich, ob ich Hermine schon etwas von Bertl erzählen sollte. Ich entschied mich dagegen. Wir verbrachten einen harmonischen Abend zusammen und bereiteten gemeinsam das Essen zu. Zum ersten Mal in meinem Leben trank ich Burgunder. Hermine erzählte viel von der Familie, ich konnte gar nicht genug hören. Ich sog alles auf wie ein Schwamm.

Am nächsten Morgen verließ ich diese so gütige Frau nach einem tränenreichen Abschied und fuhr mit der Bahn zum Hauptbahnhof. Ich fand einen Zug, der bis nach Uelzen fuhr, doch dort würde sich wieder das bekannte Problem stellen, wie ich weiterkommen sollte. Mir kam der Gedanke, zwei Fliegen mit einer Klappe zu schlagen und vielleicht einen Abstecher nach Wustrow zu machen. Vielleicht sollte ich meinen Vater, meine Stiefmutter und meine Stiefschwester besuchen. Auch wenn das Verhältnis zu ihnen zerrüttet war, waren sie doch ein Teil meiner Familie. Möglicherweise könnte ich von dort leichter den Weg über die Grenze finden.

Im Zug erkundigte ich mich, wie ich von Uelzen nach Lüchow weiterkommen konnte. Der Schaffner schüttelte den Kopf. »Mit der Bahn nicht, junge Frau. So weit ich weiß, fahren dort Busse, aber wie und wann die fahren, kann ich Ihnen nicht sagen.«

Nach knapp vier Stunden Fahrt, der Zug hatte eine Reihe unplanmäßiger Stopps eingelegt, kam ich gegen 16 Uhr in Uelzen an. Ich hatte Glück: Ein Bus nach Lüchow stand schon abfahrbereit am Bahnhof.

Zwei Stunden später erreichte ich Lüchow. Ich überquerte die Straße und wollte auf einen Straßenplan schauen, achtete dabei aber nicht auf den Verkehr. Ein wütendes Getröte war die Folge. Ein Trecker blieb knapp vor mir stehen. Ein wütender Mann hob drohend die Faust und rief mir zu, gefälligst besser auszupassen. Neben ihm saß eine junge Frau auf dem Bock, ungefähr in meinem Alter. Sie schaute mich an, und ich sie, und plötzlich erkannten wir uns. »Ursel«, rief ich, »Ursula«, rief sie. So eine Überraschung! Ursel Menge, meine beste Freundin aus alten Schultagen. Wir nahmen uns in die Arme und hüpften vor dem Trecker hin und her.

Der Fahrer schüttelte nur den Kopf. »Was macht ihr hier für einen Aufstand. Ich halte den ganzen Verkehr auf. Rauf auf den Bock und dann weiter!«

»Ach Papi«, sagte Ursel, »sei doch nicht so streng. Verkehr sehe ich sowieso keinen. Erkennst du Ursula Schulz nicht mehr?«

Er nahm seine Pfeife aus dem Mund und rückte seine Brille zurecht. »Tatsächlich, aber da hätte ich schon ein paarmal hingucken müssen. Nee, mein Kind, dich hätt ich so nicht wiedererkannt. Wo willst du denn hin?«

»Herr Menge, ich würde gerne nach Wustrow und meine Eltern besuchen.« Ein leichter Schatten huschte über sein Gesicht. »Komm, steig auf, nach Wustrow müssen wir ja auch, und wegen deiner Pläne sprich mal lieber mit Ursel.«

Wir liefen um den Trecker herum, ich warf meinen Rucksack auf die Ladefläche und wir setzten uns beide. Als wir saßen, umarmten wir uns erneut. Wir waren enge Freundinnen gewesen und hatten uns so lange nicht gesehen. Das fing mit den Vornamen an, denn sie hieß tatsächlich nur Ursel und ich eben Ursula. Damit hatten wir uns unentwegt geneckt. Jetzt war ich die Schnellere und bat sie, von sich zu erzählen.

»Du weiß ja, ich wollte mal Modeschöpferin werden. Ich kann mich nur totlachen. Vielleicht könnte ich Kittel und Bauernschürzen entwerfen. Stattdessen helfe ich dem Vater auf dem Hof. Von meinen drei Brüdern ist bisher keiner aus dem verdammten Krieg wiedergekommen.«

»Ursel, ich freu mich so, dass wir uns getroffen haben. Ich war bei meiner Patentante in Hamburg, aber nicht nur. Ich bin eigentlich nach Hamburg gefahren, um eine Erbschaft anzutreten. Aber das ist alles furchtbar kompliziert. Reden wir lieber von jetzt. Wie sieht es denn aus mit einem Freund und der Liebe und so?«

Ursel zuckte mit den Schultern. »Ja, ich hab einen Freund. Rolf. Wir haben uns gleich zu Beginn des Krieges kennengelernt. Er ist wirklich nett, aber Ursula, ich weiß gar nicht mehr, wie er aussieht. Das ist alles schon so lange her. 1943 haben wir uns gegenseitige Treue geschworen und eine Ferntrauung durchgeführt. Offiziell bin ich also verheiratet. Wir haben das auf dem Standesamt in Lüchow vollzogen, sehr speziell, muss ich sagen. Da ist kein Bräutigam, auf einem Tisch liegt einfach ein Stahlhelm. Ich kann nur hoffen, dass mein Mann irgendwann mal Gelegenheit bekommt, seine Braut zu küssen. Und was ist mit dir?«

Ich wusste, dass ich meiner ehemals besten Freundin nichts vormachen musste, aber die ganze komplizierte Geschichte mit Bertl gehörte nicht hierher. Also deutete ich nur einiges an.

»Mensch, Ursula, da hast du wirklich ein paar Probleme. Und jetzt willst du deine Eltern in Wustrow sehen? Leider muss ich dir sagen, sei vorsichtig, die Probleme werden sich fortsetzen. Deine Familie ist im Ort nicht wohlgelitten, um das mal vorsichtig auszudrücken. Die Stiefmutter ist ein Drachen, wie er im Buche steht, und deine Stiefschwester Waltraud tut alles, um ihre Mutter noch zu übertreffen. Dein Vater ist mittlerweile jemand, den keiner ernst nimmt. Entschuldige, dass ich das so offen sage, aber es würde dir nicht helfen, wenn ich dir jetzt etwas vormache. Bei dem ständigen Geldmangel, den sie haben, wurde nach und nach der gesamte Hausstand verscherbelt. Erwarte nicht, dass von der Aussteuer deiner Mutter noch etwas übrig ist. Das haben sich die Herrschaften alles durch die Kehle rinnen lassen.«

Ich war entsetzt. »Und was mach ich jetzt?«

»Ich schlage vor, du kommst erst einmal zu uns. Dann besprechen wir gemeinsam, wie du vorgehst.«

Gegen halb neun Uhr erreichten wir das Gehöft von Familie Menge. Beim Abendessen brachte es Ursels Vater auf den Punkt. »Ursula, also, was willst du hier? Nicht, dass ich dich nicht hier haben wollte, aber raus mit der Sprache. Du kennst mich von früher. Auf den Tisch den Bock, und dann sehen wir, was wir daraus machen können.«

Mir war das lieb so. Was sollte das Geplänkel, ich konnte mich ihnen anvertrauen.

»Herr Menge, ich würde gern mein Elternhaus sehen. Auch wenn das nicht die angenehmste Begegnung werden wird, das muss einfach sein. Die Hauptfrage ist für mich aber, wie ich von hier aus ungeschoren nach Salzwedel komme.«

Schlagartig herrschte Stille. »Jo, so etwas hebb ick mi all dacht«, lautete Vater Menges trockner Kommentar. »Und hat sich das Fräulein schon Gedanken gemacht?«

»Nein«, sagte ich wahrheitsgemäß, »ich weiß nicht, wie hier der Grenzverkehr verläuft. Hier herüber war es schon kompliziert, doch wer geht schon freiwillig nach drüben?«

Es gäbe immer Spinner, meinte Vater Menge. Aber man dürfe nicht vergessen, dass neben den Deutschen auch Einheiten der Roten Armee an der Grenze postiert seien. »Und denen möchte keiner in die Hände fallen.«

»Kennen Sie jemanden, der mich sicher nach drüben bringen kann?«, erwiderte ich forsch.

»Vielleicht einer der Söhne vom Krüger«, überlegte er laut. »Dessen Gehöft liegt am dichtesten an der Grenze, aber der Weg führt dann durch die Moore. Das ist nicht angenehm, auch wenn die Temperaturen jetzt rapide gestiegen sind. Ja, den Helmut müsste man mal fragen.«

Als alle zu Bett gingen, machte mir Ursel ein Zeichen, mit ihr zu kommen. Draußen flüsterte sie mir zu: »Ein Bett für uns beide, das macht dir doch nichts aus? Dann können wir tratschen, so lange wir wollen.« Und das machten wir dann auch. Es war fast so wie früher.

Am nächsten Morgen war um sechs Uhr alles auf den Beinen. Wir frühstückten reichlich, und schon ging es los. Vater Menge hatte gemeint, ich solle mich auf den Besuch bei meinem Vater vorbereiten, und so saß ich mit einem Mal allein in der Küche. Ich wusste nicht, was ich tun sollte, also lief ich los. Nach zehn Minuten stand ich vor meinem Elternhaus.

Was für eine Enttäuschung! Der schöne Staketenzaun hatte schon seit ewigen Zeiten keinen Anstrich mehr gesehen. Vater war doch Maler, schoss es mir durch den Kopf. Der Vorgarten, einst der Stolz meiner Mutter, war völlig überwuchert. Auch das Haus selbst gab ein Bild des Jammers ab. Ich ging zur Tür und drückte auf die Klingel. Es regte sich nichts. Ich versuchte es erneut, und dann noch mal und noch mal.

Endlich waren Schritte zu hören. Die Tür wurde einen Spalt geöffnet, und mir kam ein Schwall muffiger Luft entgegen. In der Tür stand meine Stiefschwester, noch im Nachthemd, barfuß.

Sie hatte große Mühe, mich zu erkennen. » Ursula? Was willst du hier?« Dabei kam mir eine Alkoholfahne entgegen.

Ich nahm meine Kraft und meinen Mut zusammen. »Genau, ich bin's, Ursula. Und ich möchte von dir an der Tür meines Elternhauses nicht so abserviert werden.« Ich machte zwei Schritte nach vorn, schob sie zur Seite und stand in der Diele.

Der erste Eindruck war erschreckend. Auch hier war nichts in Ordnung. Ohne mich um meine Stiefschwester zu kümmern, ging ich ins Wohnzimmer. Die Wände waren kahl, überall dort, wo einmal Bilder gehangen hatten, sah man helle Flecken. Es war klar, was mit den Bildern geschehen war.

Waltraud schlurfte hinter mir her. »Warum hast du deinen Besuch nicht angekündigt, Ursula, wir hätten dich gern empfangen. Im Moment ist das alles etwas überraschend und unvorbereitet.«

Wutentbrannt drehte ich mich um. »Waltraud, spar dir dein Gerede. Ich bin froh, dass ich alles sehe, wie es ist. Wo ist mein Vater, und wo sind die Bilder, die hier im Wohnzimmer an der Wand hingen?«

Waltraud hatte Probleme, ihren Kater zu bekämpfen. »Ich sag Mutter sofort Bescheid, dass du da bist.«

»Du hast nicht zugehört, Schwesterlein, wo mein Vater ist, will ich wissen.«

»Da kann ich dir leider nicht helfen, den haben wir seit Tagen nicht mehr gesehen«, antwortete sie so unangenehm grinsend, dass ich ihr am liebsten an die Gurgel gegangen wäre.

Von oben waren Geräusche zu hören, und eine Gestalt, ebenfalls noch im Nachthemd, kam vorsichtig und wie in Zeitlupe, Stufe für Stufe, Schritt für Schritt die Treppe herunter.

»Mutter, sieh doch, Ursula ist da«, rief Waltraud ihr entgegen.

Die Schritte stockten für einen Moment. »Ach, das ist aber eine Überraschung.« Es klang erbärmlich. Da standen nun die beiden Frauen, die mir meine Jugend, mein Leben zur Hölle gemacht hatten. Ich kam mir vor wie der Racheengel aus der Bibel.

»Ich will wissen, wo mein Vater ist. Ich will wissen, wo die Bilder aus dem Wohnzimmer sind. Ich will sofort die Truhen und Kisten sehen, in denen die Aussteuer meiner Mutter liegt.«

Meine Stiefmutter machte ein paar Schritte auf mich zu. »Nun beruhige dich doch, du tust uns unrecht, Kind. Dein Vater hat uns hier sitzen lassen. Weil er unzuverlässig ist und ständig trinkt, konnte er keine Arbeit mehr finden. Wir mussten doch auch leben, da hatten wir irgendwann keine andere Wahl mehr, als Dinge zu verkaufen. Dein Vater hat dem immer zugestimmt. Er hat ja auch davon profitiert, sonst wären wir verhungert.«

»Wo finde ich ihn?«

»Um diese Zeit? Vielleicht im Gasthaus Zur Schnecke, da ist er am häufigsten, solange er noch Kredit bekommt.«

Ich drehte mich um und ging zur Tür. »Wenn ich wiederkomme«, rief ich ihnen zu, »will ich die verbleibenden Teile der Aussteuer meiner Mutter sehen, sonst hole ich die Polizei.«

Ich weiß bis heute nicht, woher ich die Kraft nahm, so aufzutreten. Wahrscheinlich hatte ich diese Begegnung schon oft in Gedanken durchgespielt.

Als ich auf die Straße trat, standen vor dem Haus mehrere Leute. Unsere Auseinandersetzung war bis nach draußen gedrungen. Ich verstand Wortfetzen, »Du hättest früher kommen sollen, Ursula«, »Da ist nichts mehr zu retten«. Ich wollte nicht darauf eingehen. Zielstrebig steuerte ich auf die Kneipe zu.

Schon von Weitem hörte ich das Krakeelen Betrunkener. Ich schüttelte den Kopf, knapp neun Uhr am Morgen, und die soffen schon oder immer noch. Ich öffnete die Tür, und Qualmwolken nahmen mir fast den Atem. Ich musste mich erst einmal an das

Dunkel gewöhnen. Als ich zwei, drei Schritte in den Schankraum hinein gemacht hatte, sah ich, wie sich einige Gestalten von ihren Stühlen erhoben und versuchten, in meine Richtung zu gehen. Ich steuerte die Theke an, hinter der ein Mann stand. Er sagte nichts, schaute mich an, völlig regungslos.

»Ich bin Ursula Schulz, wo ist mein Vater?«

Das war die Kraftprobe. Er sagte nichts, ich sagte auch nichts, Augenkontakt, gefolgt von gegenseitigem Abschätzen. Eine Art optisches Armdrücken. Ich hielt dagegen und gewann. Er wandte sich ab und nickte in eine Ecke, die ich nicht einsehen konnte. Dort saß eine Gestalt, Kopf auf dem Tisch. Das Gesicht lag in eine Bierlache.

Ich sah wieder den Wirt an. »So etwas hat doch normalerweise Lokalverbot, oder sind Sie hier der Samariter von Wustrow?«

»Der hat noch eine Rechnung offen.« Er bückte sich und zog unter der Theke einen Packen Zettel hervor. »Bis gestern Abend 345 Mark, ohne Trinkgeld. Bei Barzahlung«, auf eine makabre Art fing er an, über sein Wortspiel zu glucksen, »bei Barzahlung dürfen Sie ihn gleich mitnehmen.«

Ich drehte mich um und griff in meinen Brustbeutel. Verstohlen zählte ich das Geld ab und reichte es dem Wirt, der mich fassungslos anstarrte. »Also, unter diesen Umständen hat unser Freund Wilhelm natürlich Kredit und kann bleiben, so lange er will.«

Ich ging zu der zusammengesunkenen Gestalt in der Ecke. »Komm, Vater, es ist genug. Wir gehen jetzt nach Hause.« Doch allein bekam ich ihn nicht hoch. Der Wirt half mir. »Wenn er steht, dann wird das schon klappen. Kommen Sie, jeder unter eine Achsel und dann hopp.«

Es war ein Bild des Jammers. Dann standen wir vor der Tür. Mein Vater schwankte und sah mich an. Er sagte kein Wort, vielleicht war noch nicht alles verloren, und er schämte sich. So hoffte ich jedenfalls.

Wir brauchten fast eine Stunde für den kurzen Weg. Immer wieder blieb er stehen, er konnte sich kaum auf den Beinen halten. Nach wenigen Minuten war ich schweißgebadet.

Endlich standen wir vor der Haustür. Ich klopfte. Meine Stiefmutter öffnete, immer noch im Morgenmantel.

»Wo ist sein Bett?«, fragte ich energisch. Das war der einzige Ton, auf den die beiden Frauen reagierten. »Oben«, antwortete sie, »erste Tür rechts, und pass auf, dass er nicht wieder alles vollkotzt.«

Beim Anblick seines Zimmers wurde mir schlecht. Ich rief nach unten: »Wann habt ihr das Bett zuletzt bezogen? Ich brauche einen Eimer mit warmem Wasser, Seife und ein Handtuch, aber dalli.«

Mein Vater war ebenso schmutzig wie das Bett. Er schien sich tagelang nicht gewaschen zu haben. Ich setzte ihn auf einen Stuhl, wo er sofort einschlief. Ich musste aufpassen, dass er nicht umkippte.

Überraschend schnell kam Waltraud mit den Sachen nach oben. »Waltraud, schämt ihr euch nicht? Wie könnt ihr den Mann so verkommen lassen. Es ist dein Vater!«

»Deiner vielleicht, obwohl ich an deiner Stelle nicht so sicher wäre. Meiner ist es jedenfalls nicht.«

Ich weiß nicht, wie das passieren konnte, aber ich drehte mich um und knallte ihr eine, sodass ihr Kopf nach hinten flog. Hasserfüllt sah sie mich an. »Spiel dich bloß nicht so auf. Irgendwann bist du wieder weg, und dann kann er was erleben, das sag ich dir.«

Ich machte mich an die Arbeit. Ich putzte, lief hin und her, lüftete die Matratze, machte das Bettgestell sauber. Am meisten fürchtete ich mich davor, meinen Vater ausziehen zu müssen, aber es half ja nichts. Endlich lag er im Bett, sagte immer noch kein Wort und schlief sofort wieder ein.

Ich ging nach unten, aber es war mir alles zu viel. Ich wollte mit den beiden Frauen nicht mehr reden. Ohne jedes weitere Wort verließ ich das Haus und ging zu Ursel zurück.

Sie sah mir meinen Kummer sofort an. »Es war noch schlimmer, als ich dachte«, sagte ich. »Ursel, ich möchte gern noch das Grab meiner Mutter sehen. Würdest du mich begleiten? Ich schaffe das nicht allein.«

Sie hakte mich unter, und wir gingen zum Friedhof. Als ich das Grab meiner Mutter sah, war ich von Neuem entsetzt. Hier war noch nie etwas gemacht worden. Das Grab war voller Unkraut, der Grabstein zugewachsen, alles ein einziger trostloser Anblick. Auch hier machte ich mich mit Harke und Schaufel daran, ein wenig für Ordnung zu sorgen. Ursel half mir, und nach einer knappen Stunde sah die Grabstätte wieder etwas manierlicher aus.

Als alles fertig war, stellte sich Ursel abseits und ließ mich ein paar Minuten mit meinen Gefühlen allein. Es gelang mir kaum, meine Gedanken zu sortieren. Immer wieder drängten sich die wichtigen Fragen und Aufgaben, die mir bevorstanden, in den Vordergrund. Ich war nicht bereit, mich von negativen Gedanken unterkriegen zu lassen.

Ich hakte Ursel unter und lächelte schon wieder. »Komm, lass uns zu dir gehen. Ich möchte gerne noch einmal mit deinem Vater reden. Dann breche ich so schnell wie möglich auf.«

Damit unterbrach meine Mutter erschöpft ihren Bericht. »Seid mir nicht böse, ich bin todmüde, und wir wollen morgen frühzeitig los, oder, Hubert?« Sie schaute ihn fragend an, und er nickte. Sie könne die Fortsetzung ja unterwegs erzählen, sagte er. Man wünschte sich allseits gute Nacht, und jeder ging in sein Zimmer.

Im Morgengrauen brachen wir auf. Hubert versicherte seiner Mutter, sobald wie möglich zurückzukehren. Er hatte sich drei Tage Urlaub von Carl Fettback geben lassen. Am Bahnhof erfuhren wir, dass der nächste Zug um 8.30 Uhr fuhr. Wegen des Wochenendes war er brechend voll.

In Dessau mussten wir aussteigen und zwei Stunden auf einen Bus warten, der uns nach Roßlau brachte. Je näher wir dem Haus kamen, in dem wir wohnten, desto langsamer wurden die Schritte meiner Mutter. Ich hatte schon vorlaufen wollen, aber sie führte mich fest an der Hand. Auf der Straße lag Müll herum, Papier und Stofffetzen. Die Fenster ihrer Nähstube waren zugenagelt.

»Was ist denn hier passiert?«, fragte sie Hubert ängstlich. Er machte einen forschen Schritt nach vorn und öffnete die Tür in den Innenhof unseres Hauses. Auch hier ein heilloses Durcheinander. Möbel, Matratzen, alle möglichen Gegenstände standen durcheinander. Kopfkissen waren aufgerissen, Geschirr zerbrochen.

Oben öffnete sich ein Fenster, jemand streckte seinen Kopf aus unserem Zimmer. Eine Frau schrie herunter: »Tschto wam Nado? Walite otsjuda! Ne hren tut iskat. Soes net takih – sprosite v kommandanture.«

Meine Mutter sah Hubert an. »Was sagt sie? Ich versteh kein Wort.«

»Ich kann auch nur ein paar Brocken. Ich glaube, sie sagt, wir sollen abhauen. Wir hätten hier nichts zu suchen. Wir sollen zur Kommandantur gehen.«

Meine Mutter ging auf die Haustür zu. Alle Namensschilder waren entfernt worden. Die Klingel funktionierte nicht, daher klopfte sie energisch.

Ein riesiger Mensch in roter Uniform öffnete. Das Ordensband, das der Mann trug, war beeindruckend. »Was wollen?«, herrschte er sie an.

»Ich wohne hier und möchte wieder herein.«

»Nix wohnen, jetzt wohnen Offiziere von Rote Armee. Weg, Frau, dawai dawai.« Seine Worte begleitete er mit energischen Handbewegungen, dann knallte er die Tür zu.

Zurück auf der Straße sahen wir, wie der alte Bröcker uns zu sich winkte. Er zog uns in den Hauseingang seiner Wohnung.

»Sie waren drei Tage weg, Fräulein Schulz, da kam hier ein Deutscher von der Behörde in Begleitung einiger russischer Offiziere. Sie haben die Häuser in der ganzen Straße durchsucht. Auf meine Frage hin sagte der Deutsche, laut Beschluss würden die russischen Offiziere ihre Familien nach Deutschland holen, und dafür bräuchten sie Platz. Sie suchten Wohnungen, die groß genug seien für mehrere Personen.«

»Aber was ist mit den Fischers passiert?«, fragte meine Mutter.

»Den Herrmann haben sie gleich im Jeep mitgenommen, und Sigrid hatte zwei Stunden Zeit, das Haus zu räumen. Ihre Habseligkeiten wurden auf einen Lastwagen geworfen, und sie fuhren weg. In allen Häusern wurden die Deutschen rausgeworfen.

Ganz im Vertrauen muss ich Ihnen noch etwas sagen, Fräulein Schulz. Einen Tag vor der Räumungsaktion hat sich hier eine Frau Cramer als Ihre Freundin vorgestellt. Sie kam zusammen mit dieser Frau König, die ja schon oft hier war. Sie erklärten mir, sie würden Ihre Näharbeiten mitnehmen, sonst wäre alles verloren. Dann haben die beiden die gesamte Stube leergeräumt und alles auf zwei Handwagen geladen und sind verschwunden.« Seine Aufregung war ihm anzumerken. »Fräulein Schulz, ich hab nichts gesehen und auch nichts gesagt.«

Voller Angst schloss er seine Tür, und wir standen wieder auf der Straße. »Veronika«, flüsterte meine Mutter, »ich glaube, sie hat mich schon wieder gerettet.«

Meine Mutter sah Hubert an. »Ich glaube, wir sollten so schnell wie möglich zu Veronika gehen. Aber wenn du nach Hause musst, dann verstehe ich das.«

»Du spinnst, natürlich helfe ich dir. Komm, Peterle, zu Fuß, du sollst nicht immer nur getragen werden oder in einer Karre sitzen. Jetzt also Trippelschritte, und Abmarsch, kleiner Mann.«

Vor Veronikas Haus standen mehrere Lastwagen, meine Mutter ahnte Schlimmes. Nachdem sie geklopft hatte, wurde blitzschnell geöffnet.

»Na endlich, Ursula, das wurde höchste Zeit. Wo warst du denn so lange? Egal, nun seid ihr hier, kommt rein.«

Im Erdgeschoss war ein heilloses Durcheinander. Mehrere Rotgardisten standen im Flur und rauchten stinkende Zigaretten. Überall lag Gepäck. Veronika bedeutete uns, ihr nach oben zu folgen.

»War ja klar«, begann sie, »dass ich mein schönes Haus nicht allein behalten kann. Michail konnte mich eine Zeit lang beschützen, aber das ist vorbei. Im Moment prügeln wir uns darum, wer das Ober- und wer das Erdgeschoss bekommt. Vermutlich sollte ich die Klappe halten, sie können mich ja auch ganz aus dem Haus schmeißen.«

Meine Mutter erkundigte sich, was mit ihren Sachen passiert war.

»Das ist eine lange Geschichte, ich erzähle sie lieber später. Du hast es Sibylle zu verdanken, dass wir alles retten konnten. Dein Verehrer, Herr Meissner, hat sich sehr auffällig nach dir erkundigt. Er hat mehrfach versucht, dich anzutreffen. Aber das ist jetzt unwichtig. Jetzt seid ihr hier, und selbstverständlich könnt ihr hierbleiben. Auch für Hubert wird sich noch ein Plätzchen finden. Ich muss mich jetzt erst einmal um das Haus kümmern. Geht allem am besten aus dem Weg und bleibt hier oben.« Sie drehte sich um und verschwand.

Nach einer halben Stunde kehrte Veronika mit rotem Kopf und wütenden Blicken zurück. »In den Keller sollte ich«, schrie sie. »Was erlauben sich diese Gauner! Und jeder von ihnen bringt mehrere Weiber mit. Deutsche! Da hab ich dem Herrn Meissner aber was erzählt.«

»War der etwa hier?« Meine Mutter sah sie bang an.

»Na klar. Ich musste heimlich grinsen, weil er natürlich keine Ahnung hatte, dass ihr hier oben seid. Als ich ihn in meiner Wut daran erinnerte, dass schon die Nazis das Fraternisieren nicht gern gesehen haben, wurde er doch etwas unruhig. Er konnte dann die russischen Freunde davon überzeugen, dass das Haus viel zu klein sei für eine Großfamilie. Da sind sie abgezogen. Aber das war knapp, Ursula. Wir müssen sehen, wie wir mit dem Meissner klarkommen. Der kann uns das Leben zur Hölle machen.«

Veronika schlug vor, am nächsten Tag noch einmal bei Herrn Bröcker vorbeizugehen. Außerdem mussten wir herausfinden, was mit Sigrid und Herrmann geschehen war. Der Tag war lang gewesen, und alle waren müde.

Veronika teilte jedem sein Zimmer zu. Als wir die Tür hinter uns geschlossen hatten, nahm mich meine Mutter in den Arm. »Endlich haben wir ein bisschen Zeit, komm, lass dich knuddeln. Bist du schon müde, oder soll ich dir noch etwas vorlesen?«

Natürlich wollte ich noch eine Geschichte hören. »Weißt du noch, in dem Haus, wo wir gewohnt haben, da stand ein großer Apfelbaum auf der Wiese. Ich hab mit dem Baum geredet, und er hat mir ganz tolle Geschichten erzählt. Wir sehen ja von den Bäumen immer nur den Stamm und die Zweige. Doch unter der Erde haben die Bäume riesengroße Wurzeln. Mit ihnen holen sie sich das Wasser aus der Erde, damit die Früchte groß und saftig werden können. Gerade für einen Apfelbaum ist das ganz wichtig.« Meine Mutter erzählte weiter, aber ich war eingeschlafen.

Am nächsten Morgen wachte ich auf und war allein. Ich kletterte aus meinem Bett und versuchte zum ersten Mal, mich allein anzuziehen. Mit den Strümpfen und Hosenträgern hatte ich Probleme, also nahm ich diese in die Hand und ging vorsichtig, wie mir das beigebracht worden war, die Treppe hinunter.

Veronika lachte, als sie mich sah. »Ursula, jetzt wird er groß, der kleine Mann«, rief sie, und alle amüsierten sich. Meine Mutter half mir beim Anziehen.

Beim Frühstück wurde ein Plan erstellt, was alles erledigt werden sollte. Veronika führte das Wort. Sie bat Hubert, noch einen

Tag zu bleiben, damit sie einen Mann an ihrer Seite hatten. Hubert nickte zustimmend.

»Und du gehst zur Behörde, Ursula, und sprichst dort mit Sibylle. Vielleicht weiß sie genauer, welche Rolle der Meissner jetzt spielt. Vielleicht weiß sie auch, was mit Sigrid und Herrmann geworden ist. Und dann musst du zu Meissner selbst, daran führt kein Weg vorbei. Wir müssen schauen, dass von dem Kerl kein Druck ausgeht, sonst landen wir alle in Sibirien.«

Veronika und Hubert wollten zu Bröcker gehen. Ich sollte sie dabei begleiten.

In unserer Straße sah es immer noch wüst aus. Niemand fühlte sich verantwortlich dafür, sauber zu machen. Während Hubert mich fest an der Hand hielt, klingelte Veronika. Es dauerte ewig, bis sich die Tür einen Spalt öffnete.

»Herr Bröcker, ich möchte Ihnen nochmals danken, dass Sie uns ins Haus und in die Nähstube gelassen haben.« Er fuchtelte wild mit den Armen. »Psst, kein Wort, kommen Sie rein, aber schnell. Ich will kein Aufsehen.«

Der dunkle Korridor wurde von einer funzeligen Lampe beleuchtet. Es roch muffig, ich hatte ein bisschen Angst. Herr Bröcker ging voraus. Mit einem großen Schlüssel öffnete er eine schwere Tür, wir befanden uns in einem Nebenraum. Von dort ging es wieder nach oben. Wir standen nun im Garten und konnten in die Nähstube meiner Mutter gehen.

Alles lag durcheinander. Auch die beiden Nähmaschinen waren umgeworfen worden. Veronika und Hubert überlegten, wie sich zumindest eine der beiden Maschinen reparieren lassen würde. Sie beschlossen, die zweite für Ersatzteile zu benutzen.

»Und wie wollen Sie die Nähmaschine von hier wegbringen, Frau König?«

»Bröcker, Bröcker, ich dachte, Sie wären ein Mann mit Phantasie. Nachts sind alle Katzen grau. Wichtig ist der Schlüssel zum Haus, und Sie haben doch bestimmt noch einen als Ersatz?«

Herr Bröcker sagte, er wolle da nicht mit hineingezogen werden. Die Russen hätten sich so aufgeführt, da wäre jedem Angst und Bange geworden.

»Ich hab Sie immer als tapferen Mann geschätzt, Herr Bröcker«, sagte Veronika. »Wenn man Sie fragt, haben Sie den Schlüssel in dem ganzen Durcheinander hier verloren. Das ist doch nur zu verständlich. Von uns erfährt keiner etwas. Gehen sie früh ins Bett, wenn Sie wollen, bringe ich Ihnen noch einen französischen Schlummertrunk vorbei, und morgen früh ist die Welt wieder in Ordnung.«

»Aber Sie besuchen mich im Gefängnis, darauf muss ich bestehen«, versuchte er es mit Galgenhumor.

Meine Mutter kam erst am frühen Nachmittag zurück. Sie wirkte sehr erschöpft. »Was für ein Saukerl, meine Güte. Der hätte an der Front verrecken können. Jetzt macht er den Menschen immer noch das Leben schwer.«

Sie berichtete, dass sie direkt zu Sibylle gelangt war, ohne aufgehalten zu werden. Sibylle erzählte ihr, wie sie zufällig einige Sätze über eine geplante Säuberungsaktion aufgeschnappt hatte. Sie war sich nicht sicher, ob die Aktion von Meissner ausgegangen war oder ob der Befehl, russische Offiziere würden ihre Familien nachholen, tatsächlich ausgegeben worden war.

»Ich habe gemerkt, wie schlecht es Sibylle geht. Die ganze Situation macht ihr zu schaffen. Ich weiß nicht, Veronika, ob wir sie vielleicht sogar zu uns holen können. Tja, und dann kam der Meissner. Ich ging zu seinem Büro und klopfte. Zackig wie immer rief er Herein. Ich kenne ja die Masche dieser ach so hohen Herren, nicht gleich den Kopf zu heben. Nein, sie müssen eine ganze Weile so tun, als würden sie etwas schrecklich Wichtiges lesen. Es war wie im Theater. Aber so ein guter Schauspieler ist er dann doch nicht, ich sah ihm seine Überraschung an. Er setzte ein unangenehmes Grinsen auf. ›Fräulein Schulz, dass ich das noch erleben darf. Sie wieder zurück auf heimischer Scholle. Darf ich fragen, wo Sie denn so lange waren?‹ Ich konnte ihn kaum ansehen und versuchte, ihm möglichst kaltschnäuzig mitzuteilen, dass meine Reise private Gründe gehabt hatte. Was er dann sagte, erschütterte mich. ›Ach, wissen Sie, Fräulein Schulz, wir sind hier ja nicht dumm. Ich kann Ihnen versichern, Sie schaden nicht nur sich selbst, sondern auch Ihnen nahestehenden Personen. Ich konnte meine Freunde bei der russischen Armee davon überzeugen, dass es ganz wichtig wäre, Ihren Aufenthaltsort zu erfahren. Es hat auch nicht lange gedauert. Nachdem einige, zugegeben etwas grobe Verhörspezialisten Ihrem Freund, dem Herrn Fischer, das Nasenbein zertrümmert haben und damit drohten, ihm ins Knie zu schießen, plauderte seine Frau in einem solchen Tempo drauflos, dass ich mit dem Schreiben gar nicht mehr nachkam.‹ Er sonnte sich in meinem Elend, das diese Worte in mir auslösten. Aber der Kerl hätte auch wissen müssen, dass ich nicht so schnell kleinzukriegen war.

›Herr Heinsen‹, er zuckte bei der Anrede leicht zusammen, ›ich freue mich, dass auch Sie sich noch auf alte Zeiten berufen. Wir kennen uns ja nun schon lange. Mir steht noch lebhaft vor Augen, wie Sie als von der Partei auserkorener Treckführer Ihres Amtes walteten. Ich sehe noch, wie Sie den rechten Arm zum Hitlergruß ausstreckten, als sich der Treck in Marsch setzte. Heute darf ich sagen, da ist mir ein besonders schönes Photo gelungen. Sie wissen ja, es gibt Bilder, die sprechen für sich. Und damit nicht genug. Es gibt eine ganze Reihe fabelhafter Bilder von Ihnen. Erinnern Sie sich an diese Gruppe von Frauen in gestreifter Kleidung, die wir einmal überholt haben? Es gibt mehrere Photos, auf denen zu sehen ist, wie Sie sich da verhalten haben. Sie können mir glauben, die Photos sind gut versteckt und bei der Aufbewahrung der Negative bin ich ganz besonders vorsichtig gewesen.‹

Ihr werdet es nicht glauben, aber der Kerl war einfach nicht zu beeindrucken. Er war während meiner Schilderung zusammengezuckt, hatte aber gleich wieder Oberwasser.

›Wissen Sie, Fräulein Schulz, Ihre gesamte Haltung hat mich

von Anfang an beeindruckt. Endlich einmal eine deutsche Frau, die um ihr Kind kämpft. Eine Frau mit Stärke und Siegeswillen, Tugenden, die man heutzutage suchen muss. Ich dachte mir, das ist eine Kameradin auf Augenhöhe, mit Selbstbewusstsein, Charakterstärke, Willenskraft. Sie werden sich erinnern, ich habe mich während des Trecks bemüht, Sie in meine Planungen einzubeziehen, weil ich Ihren gesunden Menschenverstand geschätzt habe. Und dann kam diese große Enttäuschung, dass Sie uns im Stich gelassen haben. Aber ich bin Ihnen nicht gram. Lassen Sie uns gute Freunde sein, ich bin sicher, dass daraus noch etwas Großes erwachsen könnte.‹

Ich hab gedacht, ich dreh gleich durch. Was bildete der sich ein? Ich versuchte, meine Wut hinunterzuschlucken und diplomatisch zu sein. Ihr könnt euch vorstellen, wie schwer mir das fiel.

›Herr Meissner, Sie überraschen mich. Wir könnten uns das Leben sehr schwer machen, aber lassen Sie uns einen Nicht-Angriffspakt schließen. Sie lassen mich hier meine kleine Existenz, die ich mir aufgebaut habe, fortsetzen. Ich möchte einfach arbeiten und ruhig leben, weiter stelle ich keine Ansprüche für mich und meinen Sohn.‹ Es drängte mich jedoch, ihn in einem Punkt um seine Mithilfe zu bitten. Ich fragte ihn, ob er herausfinden könnte, was mit Sigrid und Herrmann geschehen sei.

Bei dem ganzen Theater kam ich mir ziemlich mies vor. Ich weiß nicht, wie ich das durchhalten soll, aber vielleicht haben wir jetzt erst einmal Ruhe.«

Meine Mutter sprang auf. »Sei mir nicht böse, Veronika, aber ich muss jetzt unbedingt an die frische Luft.« Veronika schlug ihr vor, die Fahrräder zu nehmen und mit Hubert und mir aus der Stadt hinauszufahren. Und so wurde es gemacht.

Als wir an einer großen Wiese ankamen, setzten sich die Erwachsenen auf eine Decke. Ich beschloss, für jeden einen Blumenstraß zu pflücken.

»Hubert«, begann meine Mutter, »das ist jetzt ein guter Moment zu reden. Ich bin dir noch die Geschichte schuldig, wie ich über die Grenze gekommen bin. Lass mich das bitte auf den Abend verschieben, dann kann ich es auch gleich Veronika erzählen. Dir möchte ich jedoch sagen, wie gut du mir als Freund tust. Wenn es Bertl nicht gäbe, könnte ich mir keinen besseren Partner wünschen.«

Danach war es zwischen den beiden lange still. Jeder hing seinen Gedanken nach. Nach einer Weile informierte Hubert meine Mutter darüber, dass er am nächsten Morgen nach Salzwedel zurückfahren würde. Er schlug vor, sie sollten versuchen, sich ab und zu wenigstens einen Brief zu schreiben.

Unversehens zog sich der Himmel zu, und es sah sehr nach Regen aus. Wir brachen schnell auf und fuhren nach Hause. Unterwegs donnerte und blitzte es, und erstaunlicherweise hatte ich gar keine Angst, sondern zeigte voller Freude in die Richtungen, wo Blitze zu sehen waren.

Zu Hause angekommen, verteilte ich großzügig die Blumensträuße. Danach zog sich jeder zurück, um sechs Uhr wurde vereinbart, sich zum Essen zu treffen.

Nach dem Essen saßen meine Mutter, Veronika, Hubert und Sibylle, die sie eingeladen hatten, um den Tisch herum. Ich spürte die große Anspannung meiner Mutter. Die Geschichte, die sie zu erzählen hatte, ließ ihr keine Ruhe.

Veronika holte zwei Flaschen Apfelsaft aus dem Keller. »Selbst der Wein ist alle, was für ein erbärmliches Leben«, schimpfte sie theatralisch.

Ich möchte euch erzählen, was ich auf dem Weg von Wustrow nach Salzwedel erlebt habe. Ursels Vater gab mir ja den Rat, zu Bauer Krüger zu gehen. Er hätte fünf Kinder, und vor allem sein fünfzehnjähriger Sohn Lorenz würde sich in diesem Gebiet gut auskennen. Für die Halbwüchsigen war die Grenze wie ein Abenteuerspielplatz.

Ursel begleitete mich und ging gleich auf Herrn Krüger zu, dem sie mich vorstellte. Er kniff die Augen zusammen. »Bist du etwa die Tochter von Wilhelm?« Ich nickte. »Bei Wilhelm haben wir alle Fehler gemacht, das ganze Dorf hat sich versündigt und nur zugesehen. Wir hätten da eingreifen müssen. Wie kann ich dir helfen?«

Ich erklärte ihm, dass ich nach Salzwedel müsse und von dort nach Roßlau, wo mein Sohn auf mich wartete. Ich fragte ihn, ob Lorenz mir dabei helfen könnte.

»Wir haben leicht zunehmenden Mond, ich würde vorschlagen, ihr solltet noch heute Abend aufbrechen.«

Ich schaute Ursel an, wir nickten einander zu. »Gut, dann bin ich gegen zehn Uhr bei Ihnen auf dem Hof. Was soll ich mitnehmen?« Er ermahnte mich, genügend Wasser mitzunehmen. Bis Salzwedel seien es knapp neun Kilometer. Spätestens gegen Mitternacht würden wir die Grenze überschreiten, dann sollte der Junge umkehren und ich alleine weitergehen.

Als ich um zehn wie vereinbart auf den Hof kam, warteten Lorenz und sein Vater schon auf mich. »Gut, dass sich ein paar Wolken zeigen. Lorenz kennt sich aus, du kannst ihm vertrauen. Lass ihn nicht aus den Augen und bleib immer dicht hinter ihm.«

Er klopfte mir und seinem Sohn auf die Schulter, sagte ihm noch etwas leise ins Ohr, und schon ging es los. Lorenz bewegte sich sehr konzentriert wie einer, der sich gut auskennt. Er sprach kein Wort und wir kamen rasch voran. An einigen Stellen wurde er besonders schnell, ich hatte Mühe, ihm zu folgen. Da er immer im Zickzack lief, hatte ich schnell die Orientierung verloren.

Bei jedem unerwarteten Geräusch schrak ich zusammen. Ich gab es auf, mir darüber Gedanken zu machen. Das Zeitgefühl kam mir völlig abhanden.

Als er unvermittelt stehen blieb, prallte ich fast gegen seinen

Rücken. Ungefähr zwanzig bis dreißig Meter vor uns befand sich eine Blockhütte, aus der Licht kam.

»Verdammt«, fluchte Lorenz leise, »wieso ist da Licht? Sonst ist da kein Mensch.« Er war sichtlich beunruhigt. Er flüsterte: »Eigentlich wollte ich dort eine kleine Pause machen, denn danach ist es nicht mehr weit. Wir müssen an dieser Hütte vorbei. Es gibt einen ganz schmalen Pfad, den wir nehmen müssen, sonst geraten wir ins Moor. Also los, langsam und ganz ruhig, tief durchatmen, keine Hektik. Versuche, auf den Weg zu achten, damit du nicht stolperst. Fertig?« Ich nickte, und Lorenz ging langsam voran.

Meter um Meter kamen wir der Hütte näher. Eine unheimliche Stille umgab uns. Glücklicherweise schoben sich immer mehr Wolken vor den Mond, aber dadurch wurde natürlich auch unsere Sicht schlechter. Wir waren jetzt unmittelbar vor der Hütte. Lorenz bückte sich und kroch auf allen Vieren unter den beiden erleuchteten Fenstern hindurch. Ich folgte ihm, so vorsichtig ich konnte, aber der Rucksack behinderte mich doch sehr.

Ich richtete mich kurz auf und konnte dabei in eins der Fenster sehen. Ich presste die Hand vor den Mund, um nicht aufzuschreien. Der Raum war voller russischer Soldaten. Einige Soldaten mit asiatischen Gesichtszügen saßen am Tisch, und einem von ihnen sah ich direkt in die Augen. Sein Blick bohrte sich in meinen.

Was nicht passieren durfte, war geschehen. Voller Panik lief ich los, vorbei an Lorenz, ich war nicht mehr zu halten. Lorenz fluchte vor sich hin und versuchte, hinter mir her zu kommen. Ich hatte einen Vorsprung von einigen Metern. Ich hörte, wie die Tür der Hütte aufgerissen wurde und laute Stimmen erklangen. »Stoj ...

Wie von Sinnen lief ich immer weiter. Die Zweige peitschten mir ins Gesicht, auf Lorenz achtete ich nicht mehr. Zwei Schüsse ertönten schnell hintereinander. Weitere Schüsse folgten, dann war es einen Moment ganz still, als wenn die Welt Atem holen würde für die nächste Katastrophe. Eine helle Stimme rief:

»Ich bleib stehen! Nicht schießen, nicht schießen!« Es folgte ein Schuss, dann war es ruhig.

Ich wollte mir nicht vorstellen, was passiert war, ich lief immer nur weiter, ohne zu wissen, wohin mich dieser Weg führte. Irgendwann konnte ich nicht mehr. Meine Beine versagten den Dienst. Ich verkroch mich in dichtes, struppiges Unterholz, so gut es eben ging.

Noch hatte ich den Rucksack auf dem Rücken, ein Träger war bei der wilden Flucht gerissen. Gierig leerte ich eine der Wasserflaschen. Bis es hell wurde, wollte ich hier im Unterholz bleiben. Ich war völlig durcheinander, dass ich Lorenz in Gefahr gebracht hatte.

Endlich färbte sich der Himmel heller. Der Sonnenaufgang stand unmittelbar bevor, und ich raffte mich auf. Den Gurt des Rucksacks hatte ich notdürftig geflickt. Es war nicht einfach, aus dem Unterholz herauszukommen. Ganz ohne Geräusche ging das nicht ab, doch nach einer Weile hatte ich es geschafft. Eine Lichtung tat sich auf, es war schon zu hell, um sie zu überqueren. Auf ihr wäre ich wie auf einem Präsentierteller gewesen. Ich hielt mich daher am Waldrand.

Meine Vorsicht war vergeblich. Zwei Schritte vor mir tauchte plötzlich ein Mann auf. Ich sah sein erschöpftes Gesicht, die tiefen Augenringe, seine Bartstoppeln, ein abstoßendes Grinsen. Er drehte sich zur Seite und rief laut: »Hallo, Jungs, ich hab den Vogel erwischt, der heute Nacht so laut war.« Aus unterschiedlichen Richtungen kamen drei Männer, die sich in einem Halbkreis um mich herum aufbauten.

»Immer unser Josef. Blind wie ein Maulwurf, aber Frauen riecht er schon auf zehn Kilometer Entfernung. Wie machst du das, du alter Bock?« Der Mann schlug sich dabei vor Lachen auf die Schenkel.

Ich zitterte wie Espenlaub, nahm mir jedoch vor, mich nicht einschüchtern zu lassen. Nur keine Angst zeigen, dachte ich mir, und schaute die vier ganz genau an. Offensichtlich gehörten sie zur deutschen Grenzpolizei. Ich hatte also tatsächlich die Grenze überschritten. Zwei von ihnen trugen alte Wehrmachtsjacken, die Schulterstücke und Kragenspiegel waren abgetrennt. Die beiden anderen hatten dunkelblaue Jacken und Hosen an und waren bewaffnet. Sie waren älter, bestimmt über fünfzig, und schienen das Wort zu führen. Einer von ihnen war der, der mit Josef angeredet worden war. Er sah mich an. »Bist du diejenige, der wir das Feuerwerk zu verdanken haben?«

»Hab ich Ihnen schon das Du angeboten?«, fragte ich zurück.

Eine der Jüngeren, bestimmt 1,80 Meter groß, machte einen Schritt auf mich zu und gab mir einen Schubs. Ich verlor das Gleichgewicht und taumelte nach hinten, konnte aber nicht verhindern, dass ich hinfiel.

Sofort war er über mir. »Pass auf, was du sagst, Mädel, sonst lernst du uns richtig kennen. Wir sind hier nämlich die Hüter der Ordnung, und solche illegalen Grenzgänger wie dich, die machen wir ganz einfach platt. Aber für dich machen wir auch gern mal eine Ausnahme. Wollen wir mal Kriegen spielen? Den Josef hast du ja schon kennengelernt. Aber der ist nichts im Vergleich zu Valentin, unserem Nesthäkchen. Ein richtig braver Milchbube. So harmlos und süß, sag doch mal was, Valentin.«

»Ach, halt die Schnauze, Herbert, immer deine blöden Sprüche. Komm, wir schnappen uns die dumme Kuh und zeigen ihr mal, was wahre Liebe ist.«

Der vierte im Bunde, Kurt, offensichtlich ihr Vorgesetzter, hielt sich deutlich zurück. Teilnahmslos hörte er sich die Sprüche an. »Seht zu, dass ihr klarkommt, aber haltet euch nicht lange auf«, knurrte er mürrisch und wandte sich ab.

Ich hatte mich wieder aufgerappelt, war aber nicht bereit, kampflos aufzugeben. Blitzschnell warf ich den Rucksack ab und lief über die Lichtung. Die Überraschung war mir geglückt, aber ich hatte keine Chance. Sie warfen mich zu Boden, und Herbert setzte sich auf mich, sodass ich mich kaum bewegen konnte. Er gab mir zwei schallende Ohrfeigen. Dann entdeckte er das Lederband um meinen Hals, an dem mein Brustbeutel hing. Brutal riss er mir das Band vom Hals. Ich schrie auf vor Schmerz.

Er stand auf, öffnete den Beutel und pfiff durch die Zähne. »Ein Goldstück, Kurt, was für ein Glück.« Er ließ das Armband durch die Finger gleiten und begann, das Geld zu zählen.

Inzwischen war Kurt zu uns gekommen. »So, jetzt ist gut, ihr habt euren Spaß gehabt. Nun will ich erst mal ein paar Sachen wissen.«

»Wieso musst du eigentlich immer der Spielverderber sein«, schrie ihn Herbert an. »Du hast hier gar nichts zu sagen, jedenfalls nicht im Moment. Hier sind wir alle gleich.«

Kurt sah ihn nur böse an und drehte sich zu mir um. »Steh auf, setz dich hier auf den Baumstamm. Ich will wissen, wo du herkommst und was heute Nacht an der Grenze los war.«

Ich erzählte, dass mich ein Junge über die Grenze bringen wollte. Und ich berichtete von dem Haus mit den russischen Soldaten und meiner Panik und den Schüssen. Alles in allem hatte ich Glück. Dieser Kurt war anständig, er versuchte, zwischen den rohen Kerlen und seinen eigenen Interessen einen Weg zu finden. Da Valentin mein Geld und meinen Schmuck an sich genommen hatte, hatte Kurt ihn nun in der Hand. Und er setzte sich durch.

Schließlich wandte er sich an Josef. »Ich möchte, dass du diese Frau jetzt zur Anhöhe bringst, von dort kann sie selbst in die Stadt gehen. Und du kommst auf dem schnellsten Weg zurück. Hast du mich verstanden?«

Josef maulte herum und beschwerte sich, immer die Drecksarbeit machen zu müssen.

»Je eher du dich auf den Weg machst, desto schneller bist du wieder zurück und darfst an deiner geliebten Flasche nuckeln. Uhrenvergleich: In dreißig Minuten bist du wieder hier, sonst schneide ich dir die Eier ab.«

Er wandte sich mir zu. »Los, Abmarsch, junge Frau.«

Josef trieb mich so an, dass ich schon bald nicht mehr konnte. Als wir auf der Anhöhe standen, sah ich die Stadt vor mir. Ich ging in die Knie und weinte nur noch. Als ich mich beruhigt hatte, war ich allein. Ich hatte nichts mehr, keinen Rucksack, kein Geld, kein Armband. Nur zerrissene Kleidung und Schmerzen am ganzen Körper und einfach Angst.

Während ihrer Erzählung hatte meine Mutter immer wieder Hubert angesehen und bemerkt, wie sich seine Mimik veränderte. »Hatte einer von denen etwas Auffälliges an sich?«, fragte er mich. Ich erwähnte, dass Kurt einen Leberfleck auf der rechten Seite seines Halses hatte. Hubert nickte. »Ich hab's mir schon gedacht, das ist Kurt Milberg, der ehemalige Hausmeister unserer Schule. Er war ein Freund meines Vaters. Eigentlich ein ganz netter Kerl, aber dann entwickelte er sich zu einem überzeugten Kommunisten. Die Nazis haben ihn mehrfach eingesperrt, aber wie durch ein Wunder hat er überlebt.«

Es war spät geworden, und Hubert sagte, dass er jetzt seine Sachen packen wollte. Die drei Frauen blieben sitzen. Veronika bot Sibylle an, zu uns zu ziehen. »Und vor allem hörst du auf, traurig zu sein. Deshalb wirst du dich hier vor allem um Peterle kümmern.« Sibylle war gerührt und nahm den Vorschlag gern an.

Als wir am nächsten Tag aufwachten, war Hubert schon weg. Veronika brachte die Situation auf den Punkt. »Ach, Ursel, vielleicht ist es besser so. Du weißt, wie sehr dich dieser Mann mag, und dann ist so ein rascher Abschied der beste Weg.«

Sie überlegten, wie meine Mutter wieder mit dem Schneidern beginnen könnte. Sie wollte neue Kleidungsstücke nähen und versuchen, den alten Bestand zu verkaufen. Zunächst aber wollte sie einige Briefe schreiben, die ihr am Herzen lagen. Der Erste ging an ihre Freundin Ursel.

Roßlau, 25. Juni 1947

Liebe Ursel,
ich bin in großer Sorge. Der Versuch, die Grenze unbehelligt zu passieren, ist fehlgeschlagen. Ich will nicht um den heißen Brei herumreden, denn ich habe in einer kritischen Situation die Nerven verloren und dabei Lorenz in Gefahr gebracht. Ich bete darum, dass ihm nichts passiert ist.
Mein weiterer Weg war ebenfalls nicht von Erfolg gekrönt. Ich wurde auf der anderen Seite von vier Grenzpolizisten abgefangen und habe es nur der Vernunft und Besonnenheit eines der Grenzer zu verdanken, dass ich noch lebe. Allerdings hat man mir alle Wertsachen und meinen Rucksack abgenommen, ich habe einfach nur Glück im Unglück gehabt.
Liebe Ursel, ich möchte mich noch einmal sehr herzlich bei Dir und Deiner Familie bedanken, dass Ihr mich so freundlich aufgenommen habt. Bitte schreib mir recht bald, denn ich kann die Gedanken an Lorenz nicht abschütteln und hoffe inständig, dass er heil zurückgekommen ist.
In Liebe,
Deine Freundin Ursula

Sie hatte schon jetzt Angst vor der Antwort. Sie fühlte einfach, dass etwas Furchtbares geschehen war.

Der zweite Brief ging nach Wien. Kurz überlegt sie, ob sie ein schlechtes Gewissen haben müsste, fand aber keinen Anlass dafür.

Roßlau, 25. Juni 1947

Sehr geehrte Frau S.
es ist lange her, dass Sie von mir gehört haben, aber auch mir und meinem Sohn ist es nicht gut ergangen. Die Lebenssituation ist extrem schwierig hier in der sowjetisch besetzten Zone.

Während im Westen schon wieder mithilfe der Amerikaner aufgebaut wird, demontieren die Russen alles, was zu tragen ist. Die Versorgungslage ist seit dem strengen Winter nicht besser geworden, und im Moment erleben wir eine große Hitzewelle im Land.
Ich habe hier Zugang zum Suchdienst gefunden und gehe praktisch einmal die Woche dorthin, in der Hoffnung, Nachricht von Bertl zu finden, bisher leider immer umsonst.
Diese Unsicherheit nagt sehr an mir. Mein kleiner Peter ist der wahre Sonnenschein in meinem Leben und richtet mich immer wieder auf. Ich würde es dem Bertl so sehr wünschen, dass er die Gelegenheit doch noch bekommt, seinen Sohn in die Arme schließen zu können.
Wir halten uns doch, bitte, gegenseitig unterrichtet?
Ich wünsche Ihnen Gesundheit und persönliches Wohlergehen.
Ihre Ursula Schulz

Den Gedanken, auch Hubert zu schreiben, verwarf sie wieder. Das würde höchstens neue Hoffnungen wecken, und das wollte sie nicht.

Der letzte Brief ging an Hermine nach Hamburg.

Roßlau, 25. Juni 1947

Liebe Hermine,
Du wirst sicherlich schon eher einen Brief von mir erwartet haben. Leider haben das sehr unglückliche und dramatische Umstände verhindert. Ich habe Glück im Unglück gehabt, aber das ist eine eigene Geschichte.
Ich möchte mich noch einmal recht herzlich für die nette Aufnahme bedanken, die ich bei Dir gefunden habe. Es kam mir vor wie im Paradies. Du warst so großzügig und hast mich so wunderbar aufgenommen, wie ich es mir schöner nicht hätte vorstellen können. Wenn ich nicht mein Peterle hier in Roßlau gehabt hätte, wäre ich

gern bei Dir geblieben. Mein ganzes Streben besteht nun darin, so schnell wie möglich von hier wegzukommen.
Zum Glück habe ich hier großartige Menschen gefunden, die sich um mich und Peterle kümmern. Der Abschied würde mir schon sehr schwer fallen. Ich möchte auch noch gern meine Nähstube ordentlich abwickeln, denn ich hatte einige Kleider und andere Textilien zum Verkauf vorbereitet.
Mein großer Wunsch und meine Hoffnung ist, dass es mir gelingt, hier in Roßlau einen guten Abschluss zu finden und recht bald mit meinem Kind zu Dir nach Hamburg kommen zu können.
Liebe Grüße an Dich, unbekannterweise natürlich auch an Herrn Fock, und guck dem Herrn Tangermann mal ab und zu auf die Finger ...
Deine Ursula

»Veronika, wir bringen mal eben die Post weg, und dann schau ich noch kurz bei Sibylle vorbei.«

In der Behörde war die Tür zu Meissners Büro geschlossen. Sibylle hatte zwei neue Kolleginnen bekommen. Sie freute sich über die kleine Unterbrechung. »Kommt herein, ihr zwei. Darf ich euch vorstellen, das ist Barbara Schneider, und da hinten in der Ecke sitzt Elisabeth Winkler. Langsam bekommt der Alltag wieder eine Form. Es wird sogar wieder geheiratet.«

Meine Mutter spitzte die Ohren. »Na, das ist ja toll. Weißt du auch, wer so guter Dinge ist?«

»Ja, eine steht neben dir. Barbara hat letzte Woche mit ihrem Zukünftigen das Aufgebot bestellt.«

»Da gratuliere ich schon mal im Vorwege. Haben Sie denn schon ein Brautkleid?«, fragte meine Mutter.

»Also, wir duzen uns, außer unserer guten Seele Sibylle sind wir doch alle im gleichen Alter. Das Brautkleid ist ein Problem, wo kriegt man in diesen Zeiten Stoff her? Und selbst wenn, wer kann so etwas nähen?«

Sibylle hatte Mühe, nicht gleich loszuplatzen. »Entschuldige, Ursula, dass ich daran nicht gedacht habe. Das ist die Lösung.«

Barbara sah beide ratlos an. »Was meint ihr, ich verstehe euch nicht.«

»Nein«, mischte sich meine Mutter ein, »das kannst du auch nicht. Ich bin gelernte Schneiderin und hatte hier in Roßlau eine Nähstube. Also eigentlich habe ich sie immer noch. Kurz vor Kriegsende hatte ich die Gelegenheit, einen großen Posten Fallschirmseide zu erstehen. Ein weißes Material, aus dem man sehr schöne Kleider, Blusen und Röcke nähen kann. Ich hatte ein wenig auf Vorrat gearbeitet, aber die fertigen Sachen kann man jederzeit ändern, wenn sie zu weit oder zu groß sind. Du kannst dir gerne einmal anschauen, ob dir etwas davon gefällt.«

Barbara war sprachlos. »Da laufe ich wochenlang durch die Gegend, und dann kommst du um die Ecke. Am liebsten würde ich gleich nach Feierabend vorbeikommen, geht das?«

»Na sicher, ich bin da. Sibylle erklärt dir, wie du zu uns kommst. Unsinn, ihr kommt ja zusammen, Sibylle wohnt doch bei uns.« Sie schüttelte den Kopf. »Ich komm langsam durcheinander. Also dann, ich bereite schon mal eine kleine Anprobe vor.«

Auf dem Rückweg war sie so fröhlich, am liebsten hätte sie laut gesungen. Konnte das sein, dass sie endlich wieder etwas verkaufen würde? »Das muss unbedingt klappen«, sagte sie zu mir. »Weißt du, Peterle, wenn Barbara zufrieden ist, dann spricht sich das herum.« Mitten auf dem Bürgersteig blieb sie stehen, nahm mich auf den Arm und küsste mich.

Zu Hause angekommen, bekam auch Veronika ein Küsschen. »Stell dir vor, eine Kollegin von Sibylle will heiraten und hat noch kein Brautkleid. Sie kommt heute Nachmittag und will etwas anprobieren, und wenn ihr das gefällt, kommen bestimmt ganz viele andere, die auch gucken wollen, und das muss unbedingt klappen und eine gute Vorstellung werden.«

»Und und und«, machte Veronika sie nach. »Beruhig dich erst

einmal und lass uns überlegen, wie wir das am besten organisieren. In deiner Schneiderstube kannst du nichts präsentieren. Wir sollten das Wohnzimmer umräumen. Das mache ich. Du gehst in deine Stube und suchst die Sachen raus, die du zeigen möchtest. Aber sei anspruchsvoll, nimm nicht nur den billigen Kram. Jetzt wird nicht gekleckert, sondern geklotzt. Nicht bescheiden sein, aber auch nicht angeben. Selbstbewusst, mit erstklassigem Material, eine ausgebildete Schneiderin mit Geschmack. So geht das, und jetzt an die Arbeit. Peter bleibt bei mir, der kann mir beim Aufräumen helfen.«

Am späten Nachmittag klingelte es. »Wir wollen zu Fräulein Schulz, ist das hier richtig?«, war eine Stimme zu vernehmen, und die anderen kicherten laut. »Ja, das schon, aber wir waren eigentlich nur auf eine junge Frau eingerichtet.«

»Entschuldigen Sie, aber ich habe meine Freundinnen mitgebracht. Sie sollen mich beraten. Das sind meine Brautjungfern, aber wer weiß, vielleicht heiraten sie ja auch bald«, fügte sie lachend hinzu.

»Na, meine Damen, dann kommen Sie mal rein in unseren Brautsalon. Ich sag Bescheid, Sie können sich schon an unserer kleinen Bar bedienen.«

Veronika instruierte Ursula. »Ich füll die Mädels ab, und du machst die Technik.«

»Wo hast du denn die Spirituosen her, ich denke, du bist völlig ausgetrocknet?«

»Mein liebes Kind, wenn du mich noch einmal als ausgetrocknet bezeichnest, kannst du dein blaues Wunder erleben. Du musst nicht alles wissen. Also los, ran an den Speck.«

In unserem Brautzimmer begrüßte meine Mutter die Schar. »So, ihr Lieben, herzlich willkommen. Lasst uns anstoßen«, prosteten sie einander zu. »Wir haben hier einige Modelle ausgestellt, die ihr euch gern ansehen könnt. Ihr könnt sie auch anprobieren, aber ich bitte dabei um äußerste Vorsicht. Ich helfe euch gern dabei.«

Barbara, um die es eigentlich ging, schritt die Parade der Kleidungsstücke ab und suchte sich ein Kleid aus. Ohne Umstände zu machen, schlüpfte sie aus Rock und Bluse und zog das Kleid an.

»Meine Güte«, sagte meine Mutter, »als hätte ich deine Maße gekannt. Das sitzt ja wie angegossen. Nur hier könnten wir vielleicht noch einen kleinen Abnäher setzen. Bleib mal stehen, ich stecke das eben ab.«

Barbara drehte sich vor dem Spiegel, der untere Teil des Kleides war glockig geschnitten und bewegte sich schwungvoll. »Mensch, Barbara, das ist ja eine Wucht«, sagte eine der Freundinnen. Barbara wollte sich dennoch weiter umschauen.

Auch ihre Freundinnen probierten Blusen und Jacken, Kleider und Mäntel. Eine sagte: »Ich war mal vor einigen Jahren in Paris, da war es ähnlich. Es gab unglaublich viele Sachen, unter denen man wählen konnte. In Roßlau hätte ich so etwas wirklich nicht erwartet.« Meine Mutter war sichtlich stolz.

Die Anprobe entwickelte ihre eigene Dynamik. Meiner Mutter ging es nicht mehr nur ums Verkaufen, voller Stolz zeigte sie die Kleidungsstücke, an denen sie so lange gearbeitet hatte und erklärte, was das Besondere war.

Veronika hatte wieder einen Soldatensender eingestellt. Wie auf Kommando erklang »Rum and Coca Cola«, es wurde noch einmal ausgeschenkt, und dann kam der Moment der Entscheidung. Das erste Brautkleid, das Barbara probiert hatte, war das Richtige. Zwei Kleinigkeiten mussten noch geändert werden, aber sie wollte es ohnehin nicht mitnehmen. Ihr Verlobter sollte es auf keinen Fall sehen.

Zur Überraschung meiner Mutter bestellte sie noch ein Kostüm für den gesetzlichen Teil der Hochzeit, wie sie es formulierte. Hinzu kamen drei Blusen, ebenfalls aus der Fallschirmseide hergestellt, zwei davon leicht eingefärbt. Dabei war ihr Sigrid zur

Hand gegangen. Für einen Moment verdüsterte sich ihre Stimmung. Die gute Sigrid, wo mochte sie jetzt wohl sein? Und Herrmann und ihr Sohn? Es fiel ihr nicht leicht, diese Gedanken zu verdrängen.

Die beiden Freundinnen wollten nun nicht zurückstehen, jede suchte sich ein Kleidungsstück aus. Der erste Großauftrag für meine Mutter! Die ausgewählten Stücke wurden separat an eine Garderobenstange gehängt und noch einmal begutachtet. Wie auf ein Stichwort ging Veronika in die Offensive.

»Meine Damen, ich darf Sie beglückwünschen, Sie haben einen sehr guten Geschmack bewiesen. Das zeigt uns, dass diese Stücke in, wie man so sagt, gute Hände kommen. Ich hoffe, Sie sind auch bereit, gute handwerkliche Arbeit zu schätzen. Alles hat bekanntlich seinen Preis. Sie wissen so gut wie wir, dass mit dem jetzt in Umlauf befindlichen Geld der Wert dieser Kleidungsstücke nicht korrekt widergespiegelt werden kann. Wir setzen daher auf Sachwerte. Ich vermute, das wird Sie wenig überraschen.«

Sie machte eine Pause. Barbara erbat einen Moment, um sich mit ihren Freundinnen absprechen zu können. Kurz darauf drehte sie sich um.

»Ja, Frau König, ich glaube, wir wissen, was Sie sagen wollen. Zwei von uns kommen aus bäuerlichen Betrieben«, sie setzte ein Lächeln auf. »Wir erleben jeden Tag, wie schwierig es ist, sich in diesen Zeiten mit ausreichend Lebensmitteln zu versorgen. Unsere Väter gehören zu den Landwirten, die daraus nicht habgierig Nutzen ziehen. Bei uns liegen in den Stallungen keine Perserteppiche übereinander. Meine Mutter ist immer darauf aus gewesen, Vorräte zu schaffen. Das macht sich jetzt bezahlt. Ich könnte mir vorstellen, dass Sie jeden Tag einen Liter frische Milch von uns bekommen. Unser Hof ist nicht weit entfernt, und Hilfskräfte haben wir genug. Ihrem Sohn wird diese Nahrungsergänzung sicher guttun. Alles andere möchte ich mit meinem Vater besprechen. Was die Ausstattung für die Hochzeit seiner Tochter betrifft, wird er sich bestimmt nicht lumpen lassen. Vielleicht kann ich auch meine Mutter bewegen, einmal bei Ihnen vorbeizuschauen. Möglicherweise können wir dann klären, was Sie sonst noch gebrauchen können. Und wenn meine Mutter einige ihrer Vorräte herausrückt, Marmeladen, eingelegtes Obst und Gemüse, dann könnte das ein fairer Preis sein, mit dem wir alle leben können.«

Meiner Mutter wuchs dieses Gespräch über den Kopf. Sie konnte ihre Tränen nicht zurückhalten, und es war ihr egal, ob das jetzt ihre Verhandlungsposition schwächte. Auch Veronika schien beeindruckt von der Sachlichkeit und Ernsthaftigkeit dieser jungen Frau.

»Einverstanden, Fräulein –«

»Bergmann, Frau König. Barbara Bergmann.«

Sie vereinbarten, sich am nächsten Nachmittag erneut zu treffen.

Barbara hatte noch etwas auf dem Herzen. »Ursula, vielleicht könnte ich noch etwas für meine Mutter aussuchen. Sie hat aber nicht unbedingt Mannequin-Maße, ich bezweifle, ob ihr diese Sachen hier passen.«

Auf die Frage nach der Konfektionsgröße tippte sie auf Größe 46.

»Ich muss mal sehen, was ich noch habe. Bei der Größe und dem vermuteten Alter deiner Mutter würde ich eher zu einem dunklen Kleid tendieren. Meinst du, sie kommt mit dunkelblau zurecht?«

Barbara zuckte mit den Schultern. Sie hatte ihre Mutter jahrelang nicht mehr in einem Kleid gesehen, sie konnte sich das gar nicht mehr vorstellen.

Die Gesellschaft löste sich auf. Meine Mutter hatte mir schon vor einiger Zeit beigebracht, einen kleinen Diener zu machen, wenn ich Erwachsenen die Hand gab. Einige irritierte das sehr, doch die jungen Damen waren entzückt.

Veronika und meine Mutter ließen sich erschöpft auf dem Sofa nieder. Sibylle versuchte, aus den verbliebenen Flaschen noch einige Tropfen herauszubekommen. »Sibylle, in der Speisekammer, hinter den Einmachgläsern unten links. Diese eine Flasche ist jetzt freigegeben.«

»So etwas, Veronika, du versteckst diesen feinen Stoff vor deinen besten Freundinnen, schäm dich«, neckte meine Mutter sie.

»Wisst ihr«, sagte meine Mutter, »ich will die Kundschaft morgen überraschen. Ich hab noch eine Rolle mit dunkelblauem Taft. Vielleicht schaffe ich es, das Kleid für die Mutter fertigzustellen. Irgendetwas sagt mir, die Mutter ist fast noch wichtiger als die Tochter. Wenn sie sieht, dass ich über Nacht ein festliches Kleid extra für sie gemacht habe, dann wird uns das bestimmt nützen.«

Sie teilten die Rollen auf, Sibylle brachte mich ins Bett, natürlich mit Vorlesen, und Veronika räumte das Wohnzimmer auf. Meine Mutter aber setzte sich an den Zuschneidetisch und begann zu arbeiten.

Als ich am nächsten Morgen aufwachte, schlief sie noch fest. Mittlerweise schaffte ich es schon gut allein, nach unten zu gehen. Veronika machte mir ein kleines Frühstück.

Später kam meine Mutter zu uns und gähnte laut. Sie erzählte, dass sie erst nach zwei Uhr ins Bett gegangen war. »Aber das Kleid ist fertig«, fügte sie stolz hinzu.

Am späten Nachmittag erschienen Mutter und Tochter. Martha Bergmann sah man auf den ersten Blick an, dass sie zupacken konnte. Konfektionsgröße 46 könnte hinkommen, spekulierte meine Mutter.

Barbara zeigte ihrer Mutter voller Begeisterung das Kleid, das sie sich ausgesucht hatte. Martha nickte. »So ein Brautkleid hätte ich bei meiner Hochzeit auch gern gehabt«, erklärte sie.

»Frau Bergmann, ich hörte von Ihrer Tochter, dass Sie für die Feier noch ein Kleid benötigen. Also habe ich ein wenig Überstunden gemacht und etwas geschneidert. Ich möchte jedoch ausdrücklich hinzufügen, dass Sie dieses Kleid nicht nehmen müssen. Ich hatte noch einen schönen Ballen Stoff, und ich hoffe, ich habe nach den Beschreibungen Ihrer Tochter Ihren Geschmack getroffen.«

Um dem Ganzen eine gewisse Dramaturgie zu verleihen, hatte Veronika das Kleid in eine Art Kleidersack gesteckt, aus dem sie das gute Stück nun hervorzog. Es war ein effektvoller Moment, und Martha Bergmann war sichtlich beeindruckt. »Sie wollen mir doch nicht erzählen, dass Sie dieses Kleid über Nacht genäht haben?«

»Doch, schauen Sie, so eine Arbeit macht mir Freude. Probieren Sie es doch einfach einmal an.«

Ohne viel Umstände zog sich Frau Bergmann das Kleid an. Meine Mutter betrachtete sie dabei kritisch, zog hier ein wenig und rückte dort zurecht. Sie erklärte, sie könnte das Kleid noch etwas länger oder kürzer machen, je nach Wunsch.

Martha drehte sich im Kreis wie ein junges Mädchen. »Das ist wirklich wunderschön, Fräulein Schulz. Das nehme ich so, wie es ist. Was meinst du, Barbara?«

»Du siehst dreißig Jahre jünger aus. Toll, und die Farbe steht dir und passt zu deinen Augen und den braunen Haaren. Papi wird staunen, sag ich dir.«

»Ja, ich bin auch sehr zufrieden. Aber genug des Lobes, kommen wir zum geschäftlichen Teil.«

Sie zählten die ganzen Kleidungsstücke auf, die Mutter und Tochter ausgewählt hatten. Überrascht fragte Martha Bergmann: »Und deine Brautjungfern? Haben sie denn gar nichts bestellt? Die können doch nicht in Rock und Bluse hinterherlaufen.«

Barbara erklärte ihr, sie wollten das nicht übertreiben. Karla und Susanne hätten sich nur privat etwas ausgesucht, alles sei schon teuer genug. Barbaras Mutter gab sich damit zufrieden.

»Meine Tochter hat mir mitgeteilt, dass Sie lieber in Sachwerten beziehungsweise in Naturalien bezahlt werden wollen. Das ist nicht ganz einfach, denn es wäre unpraktisch, wenn wir Ihnen jetzt jeden Tag Milch, Eier, Fleisch oder Kartoffeln vor die Tür stellten. Was halten Sie davon, wir machen das auf Deputat-Basis. Ich diktiere Ihnen, was ich mir vorstelle, in die Schreibmaschine, von diesem Vertrag bekommt jede von uns eine Kopie. Und schon begann sie, die Liste zu formulieren.

Dessau-Roßlau, 26. Juni 1947
Vereinbarung zwischen Frau Martha Bergmann, nachstehend als Deputat-Geber, und Fräulein Ursula Schulz, nachstehend als Deputat-Nehmer genannt.
Der Deputat-Geber verpflichtet sich, ab 1. Juli 1947 jeden Freitag folgende Mengen und Produkte frei Haus zu liefern :
5 kg Kartoffeln
2 kg Rüben
2 kg Kohl – Sorte nach Verfügbarkeit
1 kg sonstiges Gemüse nach Verfügbarkeit
5 Eier
1/2 Mettwurst
500 g Fleisch
250 g Zucker
350 g Käse
Desgleichen stellt der Deputat-Geber einmalig Konserven im Werte von RM 500 zur Verfügung, die sich der Deputat-Nehmer auf dem Gehöft des Deputat-Gebers aussuchen kann.
Diese Vereinbarung gilt für die Dauer eines Kalenderjahres bis einschl. 30. Juni 1948.

Nachdem das Diktat beendet war, war meine Mutter ganz erschrocken. Sie rechnete schnell nach, dass einige Artikel mehr als die doppelte Menge einer normalen Wochenration betrugen, und die Sachen, die man auf Lebensmittelmarken bekam, waren oft von erbärmlicher Qualität. Frau Bergmann hatte ihnen ein gutes Geschäft vorgeschlagen. Sie sah fragend Veronika an.

»Frau Bergmann, alle Bauern hier brennen doch ihren eigenen Schnaps, Sie sicher auch. Wie wär's denn mit einer Pulle Selbstgebranntem pro Monat, natürlich nur unter rein medizinischer Betrachtung.«

Frau Bergmann musste schmunzeln. »Sehen Sie, hab ich doch was vergessen, aber da ich keinen Schnaps mag, hatte ich das gar nicht im Kopf. Einverstanden, setzen wir das noch dazu.«

Alle unterschrieben den Vertrag und gaben sich die Hand. Nachdem die Kleidungsstücke sorgsam verpackt worden waren, verließen Barbara und ihre Mutter das Haus.

Veronika und meine Mutter fielen sich in die Arme. »Das ist unsere Rettung, Ursula. Der nächste harte Winter kommt bestimmt.«

Am 21. Juli erreichten meine Mutter zwei Briefe. an dem Poststempel konnte sie erkennen, dass der erste Brief aus Lüchow kam.

Liebe Ursula,
ich habe Deinen Brief erhalten, aber ihn zu meiner und Deiner Sicherheit sofort vernichtet. Ich kann und will auch nicht mit der schrecklichen Nachricht hinterm Berg halten. Lorenz wurde bei Eurem Grenzübertritt von russischen Soldaten erschossen.
Er war sofort tot. Wenigstens hat er nicht leiden müssen. Die Bestürzung im Dorf ist immer noch groß, und Du solltest tunlichst einen großen Bogen um diese Gegend machen.
Lorenz' Vater macht Dich für diesen Vorfall verantwortlich und hat andere Leute hier im Dorf, darunter auch ein paar Schulkameraden von Lorenz, angestachelt, nach Dir Ausschau zu halten. Ich habe natürlich jeden Kontakt mit Dir abgestritten, obwohl man mir heftig zugesetzt hat. Den Postboten Günter, der seit ewigen Zeiten in mich verliebt ist, habe ich vergattert, über die Zustellung Deines Briefes Stillschweigen zu bewahren. Du siehst auch, dass ich diesen Brief in Lüchow zur Post gegeben habe.

Wir können keinen Kontakt mehr halten, Ursula, dabei hatte ich mich so sehr gefreut, Dich wiederzusehen. Ich hoffe, Du kannst mit dieser Schuld leben.
Deine Ursel

Genau diese Nachricht hatte meine Mutter befürchtet, und tiefe Verzweiflung kam über sie. Sie sprach mit Veronika darüber, die sie freilich auch nicht trösten konnte.

»Ursula, ich kann deine Trauer verstehen. Aber damit machst du diesen Jungen auch nicht wieder lebendig. Ich weiß, dass du zu deiner Verantwortung stehst, aber denke an deinen Sohn. Ihm musst du ein gutes Leben bieten. Das ist deine Aufgabe.«

Der zweite Brief kam von Hermine.

Mein libes Patenkind Ursula,
ja die Tage mit Dir waren für mich eine grosse Freude und Abwechslung.
Ich kan nicht gut Brife schreiben, wie Du weist. Ich habe mit Herrn Fock gesprochen, und er hat gesagt, dass ihr hier bei uns erst einmal unterkommen könnt, wenn ihr es schaft nach Hamburg zu gelangen.
Ich bin sehr gespant auf deinen Sohn und das Du so tüchtig bist und nähen kannst, wird Dir hier in Hamburg bestimt helfen voranzukommen und Geld zu verdinen.
Ich grüsse und küsse Dich
Deine Hermine

P.S. Die Erbschaftsvormalitäten ziehen sich hin, sagt der Notar. Es kan wohl noch Monate dauern.

Über diesen Brief freute sie sich sehr. Endlich, so schien es, war sie einmal willkommen.

Abends saßen die drei Frauen oft in Veronikas Garten zusammen. Die ersten Lieferungen der Familie Bergmann waren angekommen, Veronika hatte die Aufgabe übernommen, die Sachen von der Liste abzuhaken und im Keller einzuräumen. Später wollten sie sich dann mit Martha Bergmann in ihrer legendären Konserven-Vorratskammer treffen.

Mein Geburtstag rückte näher, und meine Mutter schrieb einen Brief an Hubert.

Roßlau, 18. September 1947

Lieber Hubert,
ich wollte eigentlich schon viel früher schreiben, aber ich hatte so viel zu tun. Was für ein Glück! Auf einmal wird wieder geheiratet, und so konnte ich einen Großteil meiner Kleider, Blusen und Röcke ziemlich schnell »an die Frau bringen«. Zum Teil habe ich bis tief in die Nacht gearbeitet, um der Aufträge Herr zu werden. Sibylle und Veronika haben mich sehr unterstützt, wir hatten hier sogar zweimal eine Art von Modenschau, die allen sehr viel Spaß gemacht hat.
Lieber Hubert, ich hoffe, Dir geht es gut und Deine Arbeit bei Herrn Fettback macht Dir immer noch Freude.
Ja, zu meiner Photographiererei bin ich leider gar nicht mehr gekommen, einfach keine Zeit! Das ist sehr schade, denn Du weißt, wie gern ich mit meiner Kamera (und Dir) unterwegs war.
Vielleicht ergibt sich irgendwann wieder die Gelegenheit. Vielleicht ja schon recht bald, denn mein Peterle wird am 5. Oktober vier Jahre alt. Wie wär's denn, hättest Du nicht Lust, nach Roßlau zu kommen und seinen Geburtstag mit uns zu feiern? Das wäre doch nett.
Lass von Dir hören, mein guter Hubert.
Liebe Grüße
Ursula

Wirklich leicht ging ihr der Brief nicht von der Hand. Wo war das richtige Maß, nicht zu viel und nicht zu wenig zu sagen? Seufzend klebte sie den Briefumschlag zu und ging zur Post.

Nicht nur mein Geburtstag stand bevor, sondern auch der meiner Mutter. Veronika sorgte dafür, dass ich mich mit einem Gedicht darauf vorbereitete. Wir übten jeden Tag heimlich, bis ich es fehlerlos aufsagen konnte.

Meine Mami ist die Beste
drum wünsch ich ihr zu diesem Feste
Gesundheit Glück und Segen
stets Sonne und nie Regen
nur das Geschenk kommt später
das wünscht Dir Dein Peter

Die Wochen vergingen, und wenige Tage vor Weihnachten stand wieder der Briefträger vor der Tür und überreichte meiner Mutter einen Umschlag. Der Brief kam aus Wien, und meine Mutter hatte sofort ein schlechtes Gefühl. Sie bat Veronika und Sibylle, ihr beizustehen beim Lesen des Briefes.

Wien, 7. Dezember 1947

Liebe Frau Schulz,
Ich habe Ihren letzten Brief aus dem Juni bekommen, er hat vier Wochen gebraucht, um zu uns zu kommen. Leider muss ich Ihnen Trauriges mitteilen. Am 5. November kam ein Russlandheimkehrer aus Bryansk und teilte meinem Vater mit, dass mein Bruder im 45er Jahr im Oktober an Lungenentzündung gestorben ist. Er liegt in einem Einzelgrab in Bryansk auf dem Militärfriedhof.
Ich hab einen Monat gebraucht, um Sie hiervon zu verständigen. Wir sind alle so weg gewesen, da wir so auf ein Wiedersehen gerechnet haben. Ich höre mir keine Durchsage mehr an, da sie mich zu

stark aufregt. Viele kommen zurück, und viele liegen in der Mutter Erde. Unser Robert weilt unter den Letzteren. Es ist nicht auszudenken.
Was macht Ihr Peter, er ist schon ein großer Junge, 5 Jahre glaube ich ist er. Sollte der Brief zu ungelegener Zeit ankommen, so bitte entschuldigen Sie meine Zeilen, da ich ja gar nicht weiß, was mit Ihnen los ist.
Robert war ein guter Mensch, doch von seiner Familie wenig verstanden. Ich hätte einen großen Wunsch, und zwar möchte ich mit irgendeinem Bryansker in Verbindung treten und ihn fragen wegen meines Bruders letzter Ruhestätte.
Zu denken, ein kahler Hügel und kein Blümerl darauf. Es ist oft zum Verrücktwerden. Er ist wohl vielem im Leben ausgewichen, doch klammert man sich an einen Halm und denkt, warum musste Robert sterben.
Mein Vater hat seit August eine Hausdame, da wir, mein Mann Erich und ich, seit August unsere frisch aufgebaute Wohnung bezogen haben. Somit wieder Menschen geworden sind. Wir haben es nicht so schön wie früher, doch ein eigenes Heim ist es.
Da ich nicht weiß, wann der Brief ankommt, möchte ich Ihnen sowie Ihrem Peter ein angenehmes Weihnachtsfest und ein glückliches Neujahr wünschen.
Sind Sie in der Lage, meinen Brief zu beantworten, so wäre es mir recht, damit ich weiß, dass die Zeilen bei Ihnen angelangt sind. Also nochmals alles Gute zu den Feiertagen mit vielen Grüßen
Maria S.
Wien 18, Schulg. 14/6

Der Brief fiel zu Boden, meine Mutter schlug die Hände vors Gesicht. Sie fing furchtbar an zu weinen. Veronika brachte mich gleich ins Bett für einen Mittagsschlaf, und Sibylle versuchte, meine Mutter zu trösten. »Sei froh, dass du den Jungen an deiner Seite hast, er wird dir über die Trauer hinweghelfen.« Aber er wird mich immer an Bertl erinnern«, entgegnete meine Mutter. Dann ging sie in den Garten hinaus.

Nach einer Weile trug Veronika ihr den Mantel hinterher. »Du kannst jetzt nicht auch noch krank werden. Komm, wir setzen uns zusammen und überlegen, wie es weitergehen kann.«

»Ich kann nur wiederholen«, begann meine Mutter das Gespräch, als sie um den Tisch herum saßen, »was ich seit fast drei Jahren sage: Dieser Ort hier bringt mir kein Glück. Ich will hier nicht mehr bleiben, ich möchte so schnell wie möglich nach Hamburg gehen.«

Veronika, als die Nüchternste, fasste die Situation zusammen. Durch die Vereinbarung mit dem Bergmannschen Hof waren sie relativ gut versorgt. »Das haben wir dir zu verdanken, Ursel, deinen Schneiderkünsten.«

»Aber jetzt ist so gut wie der gesamte Stoff verbraucht«, sagte meine Mutter. »Auch Knöpfe, Reißverschlüsse und solche Dinge fehlen. Wir sollten bei Bröcker fragen, wer weiß, vielleicht findet sich in der Werkstatt doch noch etwas?«

In ihrem großen Schmerz half es ihr, die Gedanken nach vorn zu richten und zu überlegen, wie sie durch den Winter kommen konnten. Sie versprach, weiter zu nähen, so lang es eben ging. »Aber ich will auch mindestens einmal in der Woche zum Hafen gehen, vielleicht finde ich einen Weg, wie ich über die Elbe nach Hamburg gelangen kann. Ich habe von einem Interzonen-Abkommen gehört. Die Tschechen schicken auf dem Wasserweg Kohle und Zucker nach Hamburg. Wenn ich vertrauenswürdige Leute finde, könnte das eine Möglichkeit für uns sein.«

Unmittelbar nach Weihnachten machten Veronika und meine Mutter sich auf, um bei dem alten Bröcker vorbeizuschauen. Es dauerte sehr lang, bis schlurfende Schritte zu hören waren und sich die Tür öffnete. »Ach, ihr seid es«, begrüßte er die beiden Frauen. »Ich habe mich gewundert, warum ihr nicht schon viel früher gekommen seid.«

Im Wohnzimmer erklärte er, was er damit gemeint hatte. »Sehr gründlich waren die Russen nicht. Sie haben viel liegen lassen, ich hab das in ein paar Kartons gestopft und unten im Keller abgestellt. Gleich hinter der Treppe, ihr könnt das gern holen.«

Meine Mutter konnte gar nicht fassen, was sie hier alles entdeckte. Garnspulen, Reißverschlüsse, Knöpfe und andere Kleinigkeiten, sogar zwei kleine Rollen Stoff warteten auf sie. Was für ein Geschenk in der Not!

Herr Bröcker berichtete, dass einige russische Offiziere schon bald nach ihrem Einzug wieder verschwunden waren. Die Familien hatten offenbar nicht bleiben wollen, und allein waren die Männer lieber wieder in die Kaserne zu den Kameraden gezogen.

Eine weitere Nachricht erhielt meine Mutter von Herrn Meissner. Als sie einmal bei Sibylle war, bat er sie in sein Zimmer, wo er ihr mitteilte, was aus Sigrid und Herrmann geworden war. Die Russen hatten sie nach kurzer Zeit wieder laufen lassen, doch den beiden saß der Schock so in den Knochen, dass sie nur weg wollten. Herrmann hatte einen Bruder in Detmold, und Hals über Kopf waren sie zu ihm geflohen. Die Russen hatten ihnen dabei sogar geholfen. Vermutlich, dachte sich meine Mutter, war es Meissner selbst gewesen, der geholfen hatte. Wer weiß, vielleicht besaß sogar er noch einen Funken Ehrgefühl.

Im neuen Jahr gingen meine Mutter und ich einmal in der Woche, immer am Freitag nach dem Frühstück, zum Hafen hinunter. Die Elbe war zugefroren und es herrschte hier bis Mitte März so gut wie kein Betrieb. Manche Hafenarbeiter gewöhnten sich an unseren Anblick, und auch der Hafenkapitän war freundlich und sprach mit uns.

Als das Eis endlich taute, dauerte es noch einige Wochen, bis man wieder von einem regelmäßigen Schiffsverkehr sprechen konnte. Ein tschechischer Schiffsführer, mit dem sich meine Mutter ein wenig angefreundet hatte, machte ihr Hoffnung.

»Ich würde euch nicht zumuten, an Bord zu kommen, wenn ich Kohlen oder Dünger transportiere. Das geht einfach nicht. Ein Zuckertransport wäre ideal. Der Zucker ist in Säcken verpackt, da könnt ihr euch hinter einem Gestell gut verstecken. Vielleicht gibt es bald so eine Ladung.«

Doch die Monate vergingen, und nichts passierte. Politisch kam es immer mehr zu einem Machtkampf zwischen den Westmächten und der Sowjetunion, der in einer Blockade der Russen gegen Berlin kulminierte. Der gesamte Verkehr auf der Elbe kam zum Erliegen. In der sowjetischen und in der britischen Zone lagen Dutzende Schiffe und Schlepper fest, in Hamburg warteten tschechoslowakische Schiffe darauf, endlich Waren nach Hause bringen zu können.

Meine Mutter wurde immer nervöser, Veronika und Sibylle hatten Mühe, sie zu beruhigen. Ende Juli kam endlich wieder Bewegung in die Angelegenheit, und die sowjetische Militäradministration öffnete den Elbverkehr für den tschechischen Warenverkehr.

Im September deutete der tschechische Kapitän an, dass er wohl bald mit einer Zuckerladung nach Hamburg unterwegs sein würde. Aber erst mussten noch Kohlen transportiert werden, sodass es Mitte Oktober werden würde, bis es wirklich losgehen konnte.

Endlich gab es einen greifbaren Termin, und mit ihm vor Augen wurde nun unsere Abreise geplant. Von einem Tag auf den anderen war das Leben ein anderes. Die spontane Idee meiner Mutter, sofort Briefe nach Hamburg, Wustrow und Wien zu schreiben, redete Veronika ihr aus. Wie sie sie überhaupt bremste. »Ursula, das sind jetzt noch vier Wochen. Falls alles klappt. Mach mal langsam. Du hast dem Kapitän doch nicht etwa schon das Armband gegeben?«

Meine Mutter hatte es ihm lediglich gezeigt, und daraufhin hatte er sich bereit erklärt, diese Zahlungsweise zu akzeptieren.

Und wieder hatte ich Geburtstag. Ich wurde schon fünf Jahre alt. Für mich war Roßlau zu meiner Heimat geworden, obwohl ich natürlich spürte, wie sehr alles in Bewegung war. Eine wirklich ruhige Zeit hatte ich hier nicht erlebt. Meine Mutter hatte mir immer wieder von Hamburg erzählt, sodass ich mich auf das bevorstehende Abenteuer freute.

Am 14. Oktober, einen Tag vor Mutters Geburtstag, klopfte ein junger Mann um die Mittagszeit ans Küchenfenster. Veronika öffnete ihm, und der Junge übergab ihr wortlos einen Zettel. Dann verschwand er wieder.

Veronika rief meine Mutter aus ihrer Nähstube zu sich und übergab ihr den Zettel. »Oh Gott, es geht los.« Meine Mutter überflog das Blatt. »Gut, wir sollen um elf Uhr heute Abend am Hafen sein. Das Schiff heißt Vitkovice. Also: Peter legt sich noch ein wenig hin, und ich packe und mache, was noch zu erledigen ist. Am Abend haben wir dann noch Zeit, um Abschied zu nehmen.«

Doch die Stunden waren im Nu vorbei. »Ich kann euch gar nicht sagen«, begann meine Mutter das Gespräch, als die Frauen kurz zusammensaßen, »wie unendlich dankbar ich euch bin. Ihr habt uns so oft gerettet, ohne euch hätte ich das alles nie und nimmer geschafft. Ich weiß aber auch, dass ich seit dem Brief aus Wien nicht mehr so unbeschwert war wie zuvor. Ich habe mich gehen lassen. Nur Peter hat mich unbewusst angetrieben, jetzt nicht schlapp zu machen. Ich wusste nicht, dass er unter meiner Trauer leidet, aber so war es. Vielleicht hat er mich deshalb immer wieder beschäftigt und dafür gesorgt, dass ich auf andere Ideen kam.« Dann entschuldigte sie sich dafür, einige Nähutensilien eingepackt zu haben, von denen sie glaubte, dass sie ihr in Hamburg den Start erleichtern würden.

Veronika und Sibylle war anzusehen, wie traurig sie über unsere Abreise waren. Sie konnten gar nicht aufhören, mich in den Arm zu nehmen und uns alles Gute für unsere nicht ungefährliche Reise zu wünschen.

»Wir bringen euch zum Hafen, Ursula, keine Widerrede«, verkündete Veronika und stand auf. »Bevor wir hier in einem Tränenmeer ertrinken, gehen wir lieber alle zusammen die paar Schritte.« Auf der Straße war niemand unterwegs. Nach zwanzig Minuten waren die Lichter des Hafens schon zu sehen. Neben dem Häuschen des Hafenmeisters warteten zwei Gestalten, einer davon war der Junge, der den Zettel überbracht hatte.

Wir gingen zügig auf die beiden Männer zu, und plötzlich verlangsamte meine Mutter ihren Schritt. Entsetzen stand ihr ins Gesicht geschrieben. »Ich werde verrückt, der Meissner. Das gibt's doch gar nicht. Nun denn, ihr wartet hier. Ich werde das jetzt klären.«

Energisch machte sie die letzten Schritte auf ihn zu. Keine Angst zeigen, das war schon immer ihre Devise. Egal, wie sehr das Herz klopft.

»Ja der Meissner! Ich fasse es nicht. Noch so spät für einen Spaziergang unterwegs?«

Meissner war auch nicht auf den Mund gefallen. »Ich dachte mir, ich überrasche Sie mal. Denn das wollen Sie mir doch hoffentlich nicht antun, Fräulein Schulz, noch einmal ganz heimlich zu verschwinden? Aber keine Angst, ich tue Ihnen nichts. Ich werde auch nicht verhindern, dass Sie jetzt gehen. Obwohl«, er machte eine Kunstpause, »obwohl ich es natürlich gekonnt hätte. Hier passiert nichts, was ich nicht will. Ich sag es mal so: Ich bin auch froh, wenn Sie weg sind. Also, ich sag nicht auf Wiedersehen, das wäre übertrieben. Leben Sie wohl, Fräulein Schulz. Auch Ihnen einen schönen Abend.« Er nickte in Richtung von Veronika und Sibylle und ging schnell davon.

»Mir zittern die Knie«, sagte meine Mutter. »Dieser Sauhund, er kann's einfach nicht lassen. Immer muss er seine Macht zeigen. Hoffentlich lässt er wenigstens euch in Ruhe. So, und wir gehen jetzt, komm, Peter. Keine langen Szenen, dass kann doch niemand ertragen.«

Eine kurze Umarmung mit allen, dann gingen wir schnell zu dem Jungen, der schon ungeduldig auf uns wartete. Ohne ein Wort zu sagen, ging er voraus.

Die Vitkovice lag ein Stück weiter am Kai, über eine kleine Holzbrücke gelangte man auf das Schiff. Der Junge führte uns zu einer Luke über dem Laderaum. Ein kleiner Durchgang daneben war frei gelassen worden. Wir zwängten uns hindurch und stiegen über eine in die Bordwand eingelassene Treppe nach unten. Der Laderaum war zu mehr als der Hälfte mit Zuckersäcken gefüllt.

Man hatte für uns einen Platz hergerichtet, der jederzeit mit einigen Handgriffen zugebaut werden konnte. Es gab zwei Kerzen, eine Flasche Wasser und noch drei Decken.

»Nix machen, kein reden, nicht hochkommen«, wies er uns an. Dann war er wieder weg und schloss die Luke am oberen Ende der Treppe. Es war nicht so kalt wie befürchtet, ich empfand es eigentlich als ganz angenehm.

»Komm, Peter, wir legen uns einfach hin und machen die Augen zu«, flüsterte mir meine Mutter zu. Oben an Deck hörten wir Schritte und Stimmen, dann wurde die Maschine des Schiffes angeworfen, und nach wenigen Minuten spürten wir, dass wir unterwegs waren. Bald schliefen wir ein.

Irgendwann hörten wir jemand die Treppe herunterkommen. Es war der Kapitän Janik Kucera. Er brachte uns Kaffee und Saft sowie zwei belegte Brote. In der Rechten hielt er ein Päckchen.

»Na, gut geschlafen?«, fragte er in perfektem Deutsch. »Man hat mir gesagt, dass Sie heute Geburtstag haben, und dies haben mir Ihre Freundinnen für Sie mitgegeben.«

Er überreichte ihr das Paket, und meine Mutter begann lautlos zu weinen. Ihre Schultern zuckten, sie hatte ihren Kopf auf die Knie gelegt, und so zusammengekauert blieb sie längere Zeit sitzen.

Janik berührte sie sanft an der Schulter. »Kommen Sie, keine Angst. Es sind nur ganz wenige Tage, dann sind Sie dort, wo Sie sein wollen, und es wird Ihnen gut gehen. Hier ist es leider dunkel, ihr könnte die Sonne nicht sehen«, fuhr er bewusst geschäftig fort, »und das wird leider auch so bleiben. Ich kann euch bei Tageslicht nur ganz selten an Deck lassen. Die Gefahr, dass ihr gesehen werdet, ist zu groß. Den Schiffsjungen, er heißt Vojtech, habt ihr ja schon kennengelernt. Er spricht nicht gut Deutsch, aber ihr werdet euch verständigen können. Er wird ab und zu nach euch schauen. Und dann haben wir noch den Matrosen Marek, er kann sich gut mit euch unterhalten, seine Verlobte ist Deutsche. Wann immer sich eine Gelegenheit bietet, dass ihr euch die Beine an der frischen Luft vertreten könnt, wird er euch holen. Ich kann nicht viel für euch tun. Der Fluss und der Schiffsverkehr werden mir keine Zeit lassen.«

Meine Mutter erkundigte sich, wie lang die Fahrt dauern würde.

»Das wüsste ich auch gern«, sagte der Kapitän. »Das hängt davon ab, wie viel Zeit sich die Russen bei der Kontrolle lassen. Am besten wäre es, wenn es richtig voll ist. Dann geht es meistens schnell. Ich rechne mit acht bis neun Tagen.«

»Oh Gott, so lang reicht unser Proviant nicht, und unsere Wäsche erst recht nicht.«

Er lächelte. »Machen Sie sich darüber keine Gedanken, Essen und Trinken sind im Preis inbegriffen. Ich weiß, einige meiner Kollegen hat die Gier gepackt. Mich nicht. Ich lasse mich auch bezahlen, aber ich habe auch Verantwortung für die Passagiere. Ein Luxusdampfer sind wir nicht, doch Sie werden sehen: Es geht ganz gut. Wenn Sie sich waschen wollen, sagen Sie es Vojtech. So, jetzt muss ich Marek ablösen, bevor er einschläft. Wir lassen oben an der Luke eine Abdeckung offen, so bekommen Sie wenigstens frische Luft.«

Meine Mutter packte den Rucksack endgültig aus, dabei fand sie das kleine Bild, das ich am Vortag mit Veronika gemalt hatte. Es war mein Geburtstagsgeschenk für sie. Sie gab mir einen dicken Kuss. Das Geschenk der Freundinnen ließ sie unbeachtet liegen. Dann holte sie ein Spiel hervor. »So, kleiner Mann, und jetzt bringe ich dir Halma bei.«

Später kam Vojtech zu uns und machte uns Zeichen, nach oben zu kommen. Da es regnete, durften wir an die frische Luft. »Wetter schlecht, gucken gut«, meinte er.

In der Ferne sahen wir Türme und Häuser, Magdeburg, erklärte uns Vojtec. Er führte uns zum Kapitän. Für mich war der Blick aus dem Kapitänshaus faszinierend. Wir passierten eingestürzte Brücken, und immer wieder fuhren notdürftig instand gesetzte Personenfähren von einer Anlegestelle zur anderen. Vojtech nahm mich an der Hand. »Komm, ich zeig Anker«, sagte er, und der Kapitän und meine Mutter nickten.

Ganz vorn im Bug lag ein schwerer, schwarzer Anker. »Wenn Nebel, dann Anker im Wasser und Schiff läuft nicht weg«, sagte er, und wir lachten beide.

Viel zu früh mussten wir wieder nach unten. Die Zeit verging rasch, und wenn es uns langweilig wurde, gab sich meine Mutter große Mühe, mir Halma beizubringen. Einmal sagte ich ganz ernst: »Du musst mich nicht gewinnen lassen«, da war sie ziemlich erstaunt. Ich weiß nicht, ob sie absichtlich schlechter spielte.

Das Geburtstagspäckchen lag immer noch ungeöffnet da. Ich fragte sie, warum sie es nicht auspackte. »Weiß ich auch nicht, Peter, vielleicht habe ich Angst.« Ich sagte, wie gern ich ein Paket auspackte, und sie meinte: »Du hast recht. Je eher, desto besser.«

Ganz vorsichtig öffnete sie jeden Knoten und löste das Band, auch das Papier sollte möglichst nicht einreißen. Endlich war es so weit. »Der Photoapparat«, rief sie aus. »Ich hatte ihn ganz vergessen! Wie schön. Wie lang habe ich den nicht mehr in der Hand gehabt!«

Am nächsten Morgen kam der Kapitän zu uns und informierte uns über eine bevorstehende Kontrolle. »Heute Abend sind wir in Magdeburg, da kommen Grenzbeamte an Bord. Sobald wir einschätzen können, wie lang die Wartezeit wird, sagen wir euch Bescheid. Wundert euch nicht, wenn Vojtech hier unten auftaucht. Wenn wir Magdeburg hinter uns haben, kommt noch eine kleinere Kontrolle in Schnackenburg. Meistens werden da aber nur die Papiere der Besatzung überprüft.«

Als wir allein waren, nahm mich meine Mutter ganz fest in ihre Arme. »Jetzt kommt der wichtigste Moment unserer Reise, mein Peterle. Wir müssen ganz leise sein, egal, was passiert. Keiner darf wissen, dass wir hier unten sitzen. Wir dürfen keinen Mucks machen, verstehst du das?«

»Ich bin doch kein Baby mehr«, sagte ich. Ich war ganz schön aufgeregt. Vojtech kam nach unten und bedeutete uns, dass er bei uns bleiben würde.

Das Schiff schrammte offenbar an der Kaimauer entlang, es gab einen spürbaren Ruck. Stimmen waren zu hören. Dann liefen nagelbestückte Stiefel über uns hinweg. Das eiserne Deck verstärkte diese Töne bedrohlich. »Was ist hier an der Lukenabdeckung? Los, aufmachen«, befahl eine laute Stimme.

Der Kapitän erklärte, dass die Ladung Frischluft benötige, sonst würde an den Bordwänden Kondenswasser entstehen. Wenn das in die Säcke laufen würde, wäre alles unbrauchbar.

Vojtech, der es nicht lassen konnte zu rauchen, beugte sich über uns, vielleicht wollte er Kontrolleure, falls sie nach unten kämen, schon möglichst bald abfangen. In dem Moment löste sich ein Stück Glut aus seiner Zigarette und fiel mir neben meinem Hemdkragen in den Nacken. Meine Mutter beobachtete das Unglück und hielt mir blitzschnell die Hand auf den Mund.

Ich schnappte verzweifelt nach Luft und atmete heftig, gab jedoch keinen Laut von mir. Vojtech hatte gar nicht bemerkt, was er angerichtet hatte.

Die Kontrollbeamten hatten mittlerweile die Abdeckung geöffnet, und in dem Moment tauchte Vojtech auf, kletterte die Leiter hoch und sprach den Kapitän auf Tschechisch an. Dieser übersetzte: »Mein Schiffsjunge hat noch einmal die Ladung geprüft. Sie müssen verstehen, ich hafte dafür, ich kann es mir nicht leisten, dass mir wegen Schäden an der Ladung Geld von meiner Fracht abgezogen wird.«

Die Kontrolleure zuckten mit den Schultern, ihre Lust, in den Laderaum zu steigen, hielt sich in Grenzen. Sie unterhielten sich, dass sie lieber pünktlich ihren Dienst beenden wollten. Die Russen könnten das ja machen, wenn sie wollten.

Alle entfernten sich, und plötzlich war es ganz still. Wir waren wieder allein, und meine Mutter zog mir vorsichtig Pullover und Hemd aus. Als sie die rote Stelle in meinem Nacken sah, war sie bestürzt. Sie küsste die Stelle immer wieder, cremte die Brandwunde ein und nahm mich ganz fest in den Arm. Jetzt fing ich zu weinen an, ich musste richtig schluchzen. Die ganze Anspannung kam nun heraus.

Das Schiff lag unbeweglich, wir hörten nichts, wir fühlten uns von Gott und der Welt verlassen. Meine Mutter wurde ganz mutlos. Sie legte sich mit mir eng umschlungen unter die Decken. So trösteten wir uns gegenseitig. Mir blieb dieser Moment, diese Mischung aus großer Angst und Geborgenheit, sehr lang als ein ganz besonderer Moment meines Lebens in Erinnerung.

Irgendwann erwachte ich, als Vojtech vor uns stand. Er sah mich an, und als ich nickte, klopfte er mir auf die Schulter. »Bist du großes Held und tapfer.« Dann lächelte er meine Mutter an. »Alles gut. Soldaten weg. Wir fahren.«

Am nächsten Morgen kam der Kapitän. »Ist alles gut gegangen, aber wir wollen den Tag nicht vor dem Abend loben. Was sagen Sie übrigens zu meinem Deutsch?«

Meine Mutter musste lachen. »Sehr gut, wie ein Deutscher.«

Er war sichtlich stolz. »Aber wir sind noch nicht in Sicherheit. In zwanzig Flusskilometer kommt Schnackenburg. Das wird am späten Nachmittag sein. Hoffentlich sind die Leute dort ebenso lustlos wie die Herren in Magdeburg.«

Meine Mutter fragte ihn, warum er noch gar nicht nach dem Armband verlangt hätte. Er meinte, er wolle erst seinen Teil der Vereinbarung erfüllen und uns sicher über die Grenze bringen. Drüben hätten wir dann unseren Teil der Vereinbarung zu erfüllen. Meine Mutter war beeindruckt.

»Ich verspreche Ihnen, wenn wir die Grenze passiert haben, können Sie den ganzen Tag an Deck sitzen und sich die Landschaft anschauen.«

In Schnackenburg dauerte der Aufenthalt eine Stunde. Ein Mann kam an Bord, ließ sich die Papiere zeigen und winkte das Schiff durch. Kurz darauf kam der Kapitän nach unten. »So etwas habe ich überhaupt noch nicht erlebt. In zwanzig Minuten sind Sie in Freiheit. Bis dahin müssen Sie aber hier unten bleiben.«

Es kam uns wie eine Ewigkeit vor, bis Mareks Kopf in der Luke erschien. »Kommt rauf, die Luft ist rein«, lachte er, und wir krabbelten die Leiter hoch, so schnell es nur ging.

Es war schon schummerig, Lichter waren zu sehen, vor allem auf der rechten Seite. »Ja, die Grenzanlagen sind beleuchtet«, erklärte uns Marek. »Überall Kontrollen und Absperrungen, aber hier in der Flussmitte kann uns nichts mehr passieren.«

Ich wollte sofort über das Schiff spazieren, wurde aber festgehalten. »Leider musst du dich bis morgen gedulden«, sagte Marek zu mir. »Wenn es dunkel ist, gibt es zu viele Möglichkeiten, zu stolpern und hinzufallen. Morgen zeigt dir Vojtech das ganze Schiff. Du wirst staunen.«

Am Freitag, es war der 24. Oktober, passierten wir Dömitz. Meine Mutter übergab dem Kapitän ein kleines Päckchen, das er wortlos einsteckte. Für mich wurde im Ruderhaus ein Stuhl mit ein paar Polstern drauf aufgestellt, so konnte ich alles beobachten, was auf dem Fluss geschah.

Meine Mutter nutzte die Zeit, um sich gründlich zu waschen. Sie durfte die Dusche des Kapitäns benutzen. Nach ihr kam ich an die Reihe.

Am schönsten war das gemeinsame Essen mit den drei Männern. Sie freuten sich auf Hamburg, wo sie zwei Tage frei bekamen. Als ich wieder einmal etwas fragte, erklärte der Kapitän, es sei jetzt an der Zeit, dass ich mir einige seemännische Ausdrücke merken sollte. Er erklärte mir den Unterschied von Steuerbord und Backbord und dass man das auf keinen Fall verwechseln dürfe. »Wenn du mal ein richtiger Seemann werden willst, und das willst du doch bestimmt, dann musst du das wissen.«

Mir war klar, dass Seemann mein Traumberuf sein würde. Ich sagte das auch meiner Mutter, aber so richtig begeistert war sie nicht. Dann sei ich ja so oft weg, meinte sie. »Aber du kannst doch mitfahren. Nähen kann man überall, und kochen auch. Das wäre doch prima.«

Alle hielten das für eine großartige Idee.

Dann ging es Schlag auf Schlag. Hitzacker, Boizenburg, Lauenburg, Geesthacht. Namen, die ich nicht mehr vergessen würde. Irgendwann fragte ich: »Und wann kommt Hamburg?«

Der Kapitän legte seinen Arm um meine Schulter und antwortete fast würdevoll: »Noch fünfzig Kilometer, dann sind wir da.«

Nachwort

Die kleine Berta war die Jüngste von fünf Mädchen des Maschinisten August Willbrandt. Sie war hübsch, lustig, ein Wildfang, wie man sagte, und der Liebling der ganzen Familie. Dies wusste sie zu nutzen und setzte, wann immer nötig, ihren Dickkopf durch. Eines Abends schlich sie heimlich zu einem Tanzvergnügen und verliebte sich in den mittellosen Anstreicher Wilhelm Schulz aus Wustrow a. d. Dumme, einem kleinen 800-Seelen-Dorf im Landkreis Lüchow-Dannenberg. Diesen Mann wollte sie haben und keinen anderen.

Die Familie war entsetzt. War für die kleine Berta doch schon eine hoffnungsvoller junger Mann einer befreundeten hanseatischen Kaufmannsfamilie als zukünftiger Gemahl ausgesucht worden. Aber man hatte die Rechnung ohne Berta gemacht, die damit drohte, sich notfalls von ihrem Wilhelm entführen zu lassen. Die Familie gab nach und ließ Berta, versehen mit einer standesgemäßen Aussteuer, ziehen. Drei große Truhen, gefüllt mit schwerer Bett- und Tischwäsche aus Damast sowie mit wertvollem Silberbesteck. Auch bei den Antiquitäten, die der Vater von seinen Schiffsreisen aus Japan und China heimgebracht hatte, durfte sie sich reichlich bedienen.

Berta zog also nach Wustrow und versuchte mit ihrem geliebten Wilhelm glücklich zu sein, was nicht lange gut ging. Ihr Mann war ihr von Anfang an untreu. Er betrog Berta und machte sie zum Gespött des ganzen Dorfes. Berta war todunglücklich und hoffte, durch eine schnell herbeigeführte Schwangerschaft ihren Wilhelm an sich binden zu können.

So geschah es, dass Ursula Karla Ernestine Hermine Schulz am 15. Oktober 1920 das Licht der Welt erblickte. Dreiundzwanzig Jahre später wurde aus Ursula meine Mutter.

Wieder währte das Glück nur kurze Zeit. Wilhelm ließ nicht ab von seinem unmoralischen Tun, und Berta wurde immer verzweifelter. Als sie keinen Ausweg mehr sah, ging sie am 25. Januar 1924 um 10.30 Uhr in die Dumme. Sie war gerade einmal 25 Jahre alt geworden.

Wilhelm hielt sich mit der Trauer über den Verlust seiner Frau nicht lange auf und heiratete nur sechs Monate später eine Frau, die ihrerseits ein einjähriges Mädchen mit in die Ehe brachte. Für die kleine Ursula begann damit ein Martyrium. Hätte es das Märchen vom Aschenputtel nicht schon gegeben, jetzt hätte man es schreiben müssen. Von nun an musste sie im Haus und im Garten arbeiten, sie wurde ständig drangsaliert. Auch der Schulbesuch war nicht selbstverständlich.

Sie lief fort, wurde wieder eingefangen, bekam eine Tracht Prügel, lief wieder fort. So ging es immer weiter. 1928 verlor Wilhelm in der Wirtschaftskrise seine Arbeitsstelle, er war ein schlechter Anstreicher. Plötzlich stand die Familie ohne Ernährer da. Nun tat sich Wilhelm an der Erbschaft seiner verstorbenen Frau gütlich. Stück für Stück verschwand. Dann kam die Nazizeit. Ursula weigerte sich, dem Bund Deutscher Mädchen beizutreten. Wieder lief sie davon und wurde eingefangen, und irgendwann hatten selbst die Nazis keine Lust mehr, sich mit diesem widerspenstigen Mädchen abzugeben. So landete Ursula in einem Erziehungsheim. Auch hier wiederholte sich alles, sie lief weg und wurde zurückgeholt. Die Heime wechselten in schneller Folge und wurden nicht besser.

Zwei Dinge aber sollten sich später als entscheidend herausstellen: Sie lernte kochen, und sie war eine sehr begabte Schneiderin.

Mit 19 Jahren bewarb sie sich mit gefälschter Geburtsurkunde bei der Deutschen Reichsbahn als Schaffnerin. Eine gleichaltrige Kollegin wurde ihre beste Freundin. Die beiden jungen Frauen beschlossen im Jahre 1941 bei einem Aufenthalt in Posen, mit dem ständigen Unterwegssein aufzuhören und der Bahn Lebewohl zu sagen. Die Eltern der Freundin besaßen in Posen eine Wohnung, wo meine Mutter Unterschlupf fand.

Ich bin 1943 geboren, meine Kindheit und Jugend habe ich in Hamburg-Osdorf verbracht. Hier kannte ich jeden Stein, jedes Versteck, jedes gerade abgeerntete Feld, das man nach der Ernte nochmals begehen durfte. Osdorf war ein Dorf, der Schmied Leseberg stand an seiner Esse und beschlug die Pferde. Das Kopfsteinpflaster der Osdorfer Landstraße war auf beiden Seiten beängstigend schräg; man hatte Angst, die Doppeldecker-Busse, die sie damals befuhren, könnten umkippen. Reetgedeckte Häuser säumten die Straße. Jeder kannte hier jeden.

Als ich zehn Jahre alt war, merkte ich, dass meine Mutter anders war als andere Mütter. Heute würde man sagen, dass meine Mutter ein Alkoholproblem hatte. Anfang der 1950er Jahre war ich das uneheliche Kind einer Trinkerin. Meine Kindheit war nicht einfach.

Ich habe über viele Jahre hinweg, gerade auch als Erwachsener, mit meiner Mutter gehadert. Vor drei Jahren fasste ich den Entschluss, ein Buch zu schreiben. Ein Buch über den Lebensweg meiner Mutter und damit auch über meinen eigenen Weg als Kind. Mir war völlig klar, was dieses Buch werden sollte: eine Abrechnung.

Ich setzte mich an den Computer und hieb meine Wut, meinen Zorn, meine Ohnmacht und meine Enttäuschung in die Tastatur. Ich war blind vor Tränen, blind vor Wut. Als ich fünfzig Seiten geschrieben hatte, ging es plötzlich nicht mehr weiter. Ich hatte das Gefühl, gegen eine Wand gefahren zu sein.

Meine Mutter hat sich, wie viele andere Menschen dieser Jahrgänge, konsequent geweigert, auch nur ein wenig über ihr Leben zu erzählen, allenfalls hin und wieder eine Anekdote. Vieles konnte man sich zusammenreimen. Einige wenige Photos aus jener waren immerhin vorhanden.

Ich fasste den Entschluss, die Stationen ihres Lebens aufzusuchen. Ich fuhr in meine Geburtsstadt Posen, später nach Wien, und ich fuhr nach Dessau, wo wir drei Jahre auf der Flucht von Posen nach Hamburg Zwischenstation gemacht hatten. Das Aufsuchen dieser Orte, verbunden mit der Vergegenwärtigung der Geschehnisse der Jahre zwischen 1940 und Kriegsende, haben in mir die Erkenntnis wachsen lassen, dass meine Mutter sich diesen Umständen nie hat entziehen können. Ihr Leben war bestimmt von Unrecht, Krieg, von Gräueltaten, auch am eigenen Leib und an der eigenen Seele. Und trotzdem hat sie inmitten dieser widrigen, entsetzlichen Umstände auch Momente der Lebensfreude, der Liebe zu einem Mann, sie hat Freundschaft, Mut und Hoffnung erleben dürfen.

Ich begann, die Geschichte noch einmal von vorn zu schreiben, und während des Schreibens veränderte sich jetzt von Seite zu Seite, von Episode zu Episode das Bild meiner Mutter. Auf einmal konnte ich sie unverstellt sehen, als Kind ihrer Zeit. Gefangen in den Bedingungen ihrer Zeit. Ich schrieb nun anders über sie, nicht schönend, aber mit dem Bewusstsein, dass sie nicht anders hatte sein können als wie sie dann letztlich geworden ist.

Sie ist gefallen und wieder aufgestanden. Immer und immer wieder.

Als ich meine erwachsenen Söhne einmal fragte: »Wie habt ihr eure Großmutter in Erinnerung?«, da antworteten beide, unabhängig voneinander: »Sie war eine lebenslustige Frau, die von Herzen gern lachte.«

Meine Mutter hat geliebt und wurde geliebt. Meine Mutter hat Entsetzliches erlebt.

Meine Mutter hat dem Leben vergeben, und ich ihr.

Das ist die Vorgeschichte meines Buches.

Hamburg, im März 2017
Peter Koletzki

FSC
www.fsc.org
MIX
Papier aus verantwortungsvollen Quellen
Paper from responsible sources
FSC® C105338

Impressum

Hamburg, März 2017

Lektorat: Dr. Werner Irro, Hamburg

Gestaltung: Susann Richter, Hamburg

Herstellung und Verlag: BoD – Books on Demand, Norderstedt
ISBN: 9783743180895